西安电子科技大学研究生精品教材建设项目

财务报表分析

主 编 王 涛

副主编 姜晓兵 郎淳刚

西安电子科技大学出版社

内 容 简 介

本书系统地介绍了财务报表分析的基本理论、理念和方法,在吸收最新的财务分析成果的基础上,通过大量案例,介绍了财务报表分析的框架、步骤和内容。本书共 10 章,从理论基础开始,内容从分类报表持续延展到不同行业的研究,专门介绍了商业银行的财务分析。为方便学习,本书每章内容配有学习目标、案例导读、本章小结、思考与练习以及大量丰富的案例。通过阅读本书,读者可以从财务报表分析的理论基础到实践操作、从基础知识到进阶方法,对这门学科进行较为全面的了解和认识。

本书可作为经济、管理类专业研究生教材,也适合作为工商管理硕士(MBA)、公共管理硕士(MPA)、工程硕士(ME)专业培养中有关公司研究课程的教材,还可作为经济、管理类专业本科生的教材和教学参考书,对于广大经济、管理领域从事公司、投融资研究和实践的从业人员也极具参考价值。

图书在版编目(CIP)数据

财务报表分析 / 王涛主编. —西安:西安电子科技大学出版社,2019.5
ISBN 978-7-5606-5300-6

Ⅰ. ① 财… Ⅱ. ① 王… Ⅲ. ① 会计报表—会计分析—教材 Ⅳ. ① F231.5

中国版本图书馆 CIP 数据核字(2019)第 060120 号

策划编辑 戚文艳
责任编辑 王军梅 雷鸿俊
出版发行 西安电子科技大学出版社(西安市太白南路 2 号)
电 话 (029)88242885 88201467 邮 编 710071
网 址 www.xduph.com 电子邮箱 xdupfxb001@163.com
经 销 新华书店
印刷单位 咸阳华盛印务有限责任公司
版 次 2019 年 5 月第 1 版 2019 年 5 月第 1 次印刷
开 本 787 毫米×1092 毫米 1/16 印 张 21.5
字 数 511 千字
印 数 1～3000 册
定 价 53.00 元

ISBN 978-7-5606-5300-6 / F

XDUP 5602001-1

如有印装问题可调换

前　言

美国哥伦比亚大学商学研究院斯蒂芬·H·佩因曼教授在其著名的《财务报表分析与证券估值》一书中说过："财务报表是商业的透镜，而报表分析能够帮助我们调整好这个透镜的焦距，从而认清商业的本质。"随着资本市场的发展壮大和企业经营的规模化和复杂化，市场对于企业信息的需求量和需求面也在逐渐扩大和深化，同时，有效地解读和分析企业的财务信息，已成为研究企业投资和经营行为的重要工具。经济运行的各个方面均需要通过对企业的财务报表分析，了解企业的经营业绩，预测企业的发展态势，评估企业的真实价值，并通过对财务报表信息的研究，为经营管理、资本运营和投资方向提供决策依据。

本书的编者从事企业财务数据分析的实务工作已经将近 30 年，开设"财务报表分析"的研究生课程也已近 10 年时间，深深地感受到各方面对于财务报表分析知识和技能的迫切需求。近年来，编者在硕士研究生课程的基础上，又在金融学本科教学课程中开设了"财务报表分析"课程，在国际留学生工商管理硕士教学中开设了"公司财务分析"课程，教学效果反映良好，选课人数逐年大幅增加，教学内容也在不断地增加和完善，逐渐地形成了这本教材的基本框架。本书就是在编者实践和教学积累的基础上形成的成果。

本书试图在理论基础上建立一个学习框架，帮助读者理解财务分析的理论内涵和实践内容，从宏观经济、行业环境、经营策略、会计分析、财务能力、竞争实力等角度帮助学生理解企业财务报表数据的经济意义，揭示企业经营的趋势和企业价值的本质。本书的撰写摒弃就方法而方法的分析观念，把研究对象放在不断变动的市场环境中进行分析，从平衡与适应性的角度，构成研究企业价值和综合发展能力的方法框架，帮助学生理解财务信息对于资本决策和控制的影响。通过本书的学习，学生能够了解财务分析的基础程序和基本内容，熟悉企业评价的方法，掌握写作财务分析报告的核心内容和要点。

针对目前金融类企业在市场中的重要性，本书增加了商业银行的财务分析内容，同时，考虑到企业在市场中的资本关系以及财务数据的综合性要求，本书增加了合并报表分析的内容，从而提高了本书的应用范围。

本书的基本内容先后在两届硕士研究生课程、一届国际留学生硕士课程及一届本科生课程中进行了试讲，得到了学生很多的反馈意见，这对于本书的改进有很大的帮助。此外，众多从事相关实务的好友给予了积极的鼓励，从业务操作的角度也提出了很多好的建议，这些有益的观点和内容，已经被编者一一收纳至本书中，在此向他们表示深深的感谢！

本书的编写获得了西安电子科技大学研究生精品教材建设项目基金的资助，得到了西安电子科技大学经济与管理学院、研究生院、高级财务管理中心等有关部门和同事的大力支持。编者研究团队的各届硕士研究生都参与了本书的相关工作,在此对这二十几位学生的认真工作表示深深的感谢!

在编写本书的过程中,编者参阅、借鉴了大量国内外相关文献资料和同类教材,主要的文献和教材已列于书后,在此,向所有相关作者表示深深的感谢!西安电子科技大学出版社戚文艳老师等相关人员为本书的出版付出了大量的汗水和辛勤的劳动,在此,向他们致以诚挚的谢意!

本书是编者多年来从事实践和教学工作的成果,由于个人能力的局限,书中不妥之处在所难免,恳请各位专家、学者、学生以及广大读者将宝贵的批评、意见和建议及时反馈给我们,编者的电子邮箱为 wangtao5999@163.com,在此表示衷心的感谢!

编　者

2019 年 1 月

目　　录

第一章　财务报表分析的理论基础

 学习目标

(1) 掌握财务报表分析的基础理论；

(2) 理解不同公司理论视角下对于财务报表分析的解释和涵义；

(3) 熟悉财务报表分析理论工具的逻辑起点和目的。

 案例导读

被称为"现代证券分析之父"的本杰明·格雷厄姆(Benjamin Graham，1894—1976)是华尔街的传奇人物，他的财务分析学说和思想在投资领域产生了极为巨大的震动，影响了几乎三代重要的投资者。他的投资哲学——基本分析法和"风险缓冲带"为沃伦·巴菲特、马里奥·加贝利、约翰·奈夫、米歇尔·普赖斯等一大批证券投资专家所推崇。沃伦·巴菲特作为格雷厄姆的学生兼雇员对格雷厄姆更是佩服得五体投地，他说："格雷厄姆的思想，从现在起直到100年后，将会永远成为理性投资的基石。"

年轻的格雷厄姆刚在华尔街工作时，已经开始明确地表述出他对价值投资理论的观点。当时，人们习惯以道氏理论和道·琼斯指数来分析股市行情，而对单一股票、证券的分析尚停留在较为原始、粗糙的阶段，而且普通投资者在投资时通常倾向于债券投资方式，对于股票投资，投资者普遍认为过于投机，风险太大，难以把握。投资者之所以做出如此选择，一方面是因为债券有稳定的收益，并且安全系数明显高于股票；另一方面主要是因为一般公司仅公布笼统的财务报表，这使投资者难以了解其真实的财务状况。格雷厄姆通过那些上市的股票、债券公司的财务报表，以及对那些公司资产的调查研究发现，上市公司为了隐瞒利润或在债券清理时逃脱责任，常常千方百计地隐瞒公司资产，公司财务报表所披露的是低估的资产，而这一做法造成的直接后果就是反映到股市上的股票价格往往大大低于其实际价值。于是，格雷厄姆把公司和产业报告看作寻找财富的藏宝图，通过研究和分析报告以寻求公司的内在价值。1926年，在研究了北方管道公司的年报后，格雷厄姆发现该公司握有每股约值95美元的国债。格雷厄姆认为，没有任何商业上的理由支持该公司继续持有这些国债。由于竞争加剧和收益下降，北方管道公司的股票不再被大家所看好。该公司的股价已下跌至65美元/股，有6美元的分红。格雷厄姆决定买进。之后，他会见了北方管道公司的管理者，指出公司不需要这些国债，而且他们支配的这些资金实际上是属于股东的。最后，在他的不懈努力下，北方管道公司卖掉了国债，并分给股东们70美元/股的红利，格雷厄姆后来卖掉了这只股票，盈利可观。

　　格雷厄姆在实践中逐步确立了价值投资理念，在他看来，投机并不是一项好的投资，因为投机是建立在消息基础上的，其风险非常高。当股价已升至高档的上端时，很难说哪一只股票没有下跌的风险，即便是绩优股也不例外。所以，从严格意义上来讲，基于事实本身的投资和基于消息的投机，两者所蕴含的风险是截然不同的。如果一家公司真的营运良好，则其股票所含的投资风险便小，其未来的获利能力一定比较高。那么，如何判断一家公司的营运情况和未来发展，如何预测公司未来盈余和股票内在价值呢？财务分析便是在寻求答案的过程中不可或缺的工具，也是以格雷厄姆为领军人物的秉承价值投资理念的投资者进行投资决策的制胜法宝。可以说，谁能运用财务分析获取更有效率的信息，谁就占有了信息优势。

　　可以如此理解，财务分析作为价值投资的第一步尤为关键，通过了解企业的获利、偿债等各方面的实力，从而进一步预测投资后的收益水平和风险程度，以做出正确的投资决策。目前，随着会计理论与实务的发展，会计报表等财务会计信息披露的内容与方法日趋复杂，财务分析会计职业的专业化程度越来越高，会计报表所提供的信息的阅读与理解也越来越需要专业化知识，财务分析的必要性也就越来越迫切。

1.1　公司价值与财务报表分析

　　财务报表分析的逻辑起点就是认为公司的内涵价值是客观存在的，因此，财务理论试图从理论的角度寻求一定的分析方法，以确保能够解读出公司的内涵价值。

1.1.1　财务分析的前提：应计制会计报表

　　现行财务报表体系(现金流量表除外)的一个重要特征在于它们是以应计制(而非现金制)为基础来编制的。财务学理论认为，投资者对财务报表有定期的需求，而现金制会计无法合理报告某一特定期间经济业务所带来的所有经济后果，因此仅仅报告现金流量是不够的，只有应计制会计才能提供有关公司经营业绩的更为全面的信息。但是，应计程序是模糊和难以定义的，财务报表中的许多主要事项均存在多种可选的应计方法，如存货计价的先进先出法和后进先出法、资产折旧的直线法和加速法等。

　　应计制会计的使用是导致公司财务报告出现许多复杂情况的根源。因为应计制的模糊性导致其在实际运用时具有较强的主观性，需要依靠大量的假设。特别是随着时代的发展，公司的组织结构日益复杂，关联方交易极为频繁，各种融资、投资方式不断被创新，这些直接加大了应计制会计的难度，使得应计制下的财务报表成为难以被投资者(他们当中绝大部分缺乏会计基础知识)所理解的"天书"。更为重要的是，由于公司管理层对实际经营情况了如指掌，具有相对的信息优势，因此，他们往往受托对应计制财务报表的编制做出估计和假设。这进一步增加了财务报表中的"噪音"，因为会计估计和判断中或多或少包含了公司管理层的私人动机。

　　基于上述原因，应计制财务报表对于普通投资者而言缺乏可理解性，这将严重影响财务报表在证券市场上的信息传递作用,投资者面对日趋复杂的财务报表等相关信息的披露,往往感到无所适从、望而生畏。报表分析无疑犹如"解码器",它能将财务报表中的复杂信号分解为投资者所能理解的简单信号。由此可见,在信息不对称的市场中,我们不仅需要完整的信息生产、传递系统,还需要相配套的信息解释系统。

应计制财务报表的复杂性为报表分析提供了两方面契机:

首先,我们可以利用财务报表分析排除技术性错误。如前所述,经济业务的复杂性使得应计会计需要大量的估计和预测,公司管理层虽然拥有相对的信息优势,但仍是"有限理性",无法做出完全准确的判断。即使公司管理层在做出决策时是"最佳"判断,公司环境的变化和整体经济形势的发展也可能导致偏差。财务报表分析者虽然不具备信息优势,但专业优势有助其在排除这些技术性错误时发挥作用。

其次,我们可以利用财务报表分析纠正经理人员的会计政策选择。如前所述,公司管理层在进行会计政策的选择过程中,也会使会计数据产生噪音和偏误。因为他们有各种动机通过实施其会计斟酌处理权达到一定的目标,从而对公司财务报告产生系统性的影响。财务报表分析者客观公正的态度有助于他们纠正经理人员所做出的不当会计政策选择。

应计制财务报表的复杂性与易错性为财务报表分析提供了重要的机遇,也带来了挑战。尽管应计制会计信息系统比现金收付制会计包含了更多的信息含量,但这些信息极其复杂且充满杂音,只有通过有效的报表分析行为才能够"拨云见日",才能正确解读出财务报表中的信息内涵。换言之,应计制财务报表就像一座"信息富矿",但这座信息富矿深藏于迷宫之中,要想发掘这座信息富矿,就必须掌握财务报表分析这把"金钥匙"。

1.1.2 财务报告的制度框架——财务报表分析的信息基础

财务报表是外界投资者获取公司信息的重要来源,因此,公司管理层可能会通过选择会计程序来影响财务报表数据,从而误导市场,影响股价,导致市场无法区分高效率和低效率的公司,影响了资源的合理配置。因此,有必要对公司管理层的会计选择进行严格限制,甚至要求所有的公司采用同样的会计程序。这便为制定约束财务报表信息的制度框架提供了理论基础。为了更为有效地进行财务报表分析,必须深入了解这一制度框架。

1. 财务报告概念框架

财务理论认为,应当根据一套既定的概念、原则和目标来推导出正确的会计方法。因此,财务报告概念框架可以说是"准则的准则"。对于财务报表分析而言,概念框架是理解财务报表信息的重要基础。

目前大多数国家的概念框架都将财务报告的首要目标定位于:为现有和潜在的投资者、债权人以及其他使用者提供其做出理性投资、信贷和相似决策所需的有用信息,并指出上述"有用信息"是指为现有和潜在的投资者、债权人以及其他使用者,提供有助于他们评估从股利或利息中获取预期现金收入的金额、时间分布和不确定性(风险)的信息。显然,这样的信息是带有"预测"性的。但问题的关键在于以历史成本为基础的财务报表在预测未来收益时是否有用?如何在公司过去业绩和未来前景之间建立某种联系?对于此问题概念框架给出了这样的解答:虽然投资和信贷决策反映了投资者和债权人对公司未来业绩的预期,但这些预期一般建立在评价公司过去业绩的基础上。因此,报表使用者可以通过分析当期财务报表来修正对公司未来盈利状态的预期。由此可见，经典研究学派坚持了这样一种观点：维持以过去为导向的、以历史成本为基础的财务报表信息对前瞻性的投资者是有用的，财务报表信息能够帮助投资者评估未来收益。或许可以用这样一句话作为概括：缺乏对过去的认知，预测的基础就不存在；缺乏对未来的关注，过去的认知就是僵死的。

概念框架还进一步探讨了如何使财务报表信息尽可能地帮助投资者预测未来收益，答案在于相关性和可靠性。理想环境下的相关性是直接的相关性，即直接告诉投资者未来的回报；非理想环境下，相关性的概念有所扩大，只要有助于投资者对未来回报预期的判断，即是相关。也就是说，相关的会计信息是指：通过帮助使用者预测过去、现在和未来事件的结果，或坚持或更正先前的预期并在决策中起作用的信息。信息对决策的影响是通过提高决策者预测能力，或提供对先前预期的反馈来实现的。通常，信息同时作用于二者，因为关于行为结果的知识往往能提高决策者预测相似未来行为的能力。可靠的信息是指真实、可验证和中性的信息。对可靠性的强调，是支持历史成本计量基础的重要理论依据。

总而言之，财务会计概念框架所采用的"决策有用观"使财务报表具备了价值相关性，这便为财务报表分析系统提供了有效的信息输入，并使利用财务报表分析帮助使用者提高决策能力成为可能。但是，在现实会计环境下，财务报表的决策有用性并不在于直接预测公司的未来收益，而是致力于提供相关和可靠的信息，从而帮助投资者形成自己的预期。因此其相关性是"间接相关"，而且由于固有局限，现行财务报表信息也非完全可靠，在这种情况下，如何利用存在一定误差的财务报表信息对未来进行合理预测，这就需要财务报表分析来起到"桥梁"的作用，以使投资者能够在公司过去业绩和未来前景之间建立起恰当的联系。可见，现行的财务报表信息"非完全可靠，非完全相关"的特点，决定了我们必须进行财务报表分析，而且能够通过恰当的财务报表分析帮助使用者提高决策能力。

2. 会计准则

为了限制公司管理层对财务报表的操纵，各个国家都制定了相应的会计准则来对资产如何计量、负债何时记录、收入何时确认、费用何时应计等重要会计问题进行约束。会计准则带来的"硬约束"，无疑增加了财务报表的可靠性和可比性，但是，会计准则也无法确保会计信息完全真实可靠，主要原因在于：

(1) 会计准则无法完全排除公司管理层的会计选择。会计准则日益增加的统一性和限制性是以牺牲公司管理层在报表中反映真实业绩的灵活性为代价的。对于会计处理并不取决于经理私有信息的经济业务而言，严密的会计准则或许能够发挥最佳作用。但是现实中的对大量业务的经济评价往往涉及许多判断，这使得赋予公司管理层一定的会计选择权极具潜在价值，因为这种权利可以使得公司管理层在对外报表中披露内部信息，增加财务报表的相关性。此外，如果会计准则过于"刚性"，可能会诱使经理为取得期望的会计结果，耗用经济资源对经营业务进行重组。因此，现实中的制度安排是准则制定机构享有一般准则制定权，而公司管理层享有剩余准则制定权，即会计政策选择权。

(2) 会计准则通常只规定了最低的披露要求，并不限制经理自愿提供额外披露。公司管理层可以通过致股东信、管理层讨论与分析、报表附注等形式披露信息，而这些信息的披露也是影响财务报表质量的重要因素。

(3) 会计准则本身可能歪曲信息。财务报表具有许多潜在的经济后果，影响到财富在不同利益集团间的分配。各利益集团很难就何为"最佳"准则达成共识，因此，会计准则的制定很难完全按照概念框架来推导，它必然涉及各利益集团之间的平衡与协调关系。关于"最佳"会计准则的争论不仅强调传统的"技术"问题，例如何种方法才能促使收入和费用的最佳配比，而且也会涉及经济后果问题。正如泽夫(1978)所言，会计准则在许多情况下只是"微妙的平衡"，这种准则制约下的财务报表，必然包含着许多政治问题，并呈现出各种偏好，甚至是以牺牲报表信息的准确性为代价的。而且一些会计原则本身也可能导致报表信息失实，比如出于稳健性原则的考虑，会计准则往往要求研发费用计入当期损益，但对于许多高科技公司而言，巨额的研发费用对于提升公司价值极有帮助，将其费用化将会导致公司价值被低估。

由此可见，会计准则并非万能，希望利用会计准则的约束来达到财务报表信息的完全可靠相关是不可能的，会计准则体系制约下的财务报表中仍然存在诸多陷阱和不足，恰当的报表分析不应将原始报表数据视为"想当然"的信息输入，仍然需要通过一定的会计分析过程对其进行必要的调整。

3. 外部审计

外部审计的制度安排就是通过聘请独立的第三方(注册会计师)评价公司管理层编制的财务报表是否符合会计准则的要求、是否在所有重大方面公允地反映公司的财务状况、经营成果和现金流量，这就进一步限制了公司管理层歪曲财务报表的可能性，并且提高了财务报表的信息质量和可信程度。尽管外部审计的有效性有时会受到质疑，但注册会计师出具的审计报告通常被视为一种重要的财务报表派生信息。有效的财务报表分析要求在分析之前研读审计报告，对财务报表的可信程度形成初步印象。此外，"不干净"意见(如保留意见、无法表示意见和否定意见)的审计报告往往指出了财务报表中的"高危区域"，这有助于财务报表分析者确定相应的分析重点。

4. 法律责任

虽然提供前瞻性预测信息无疑有助于投资者的决策，但这样的信息披露的准确程度较低，且受到法律诉讼的威胁，从而降低了公司管理层披露前瞻性信息的积极性，影响了财务报表的信息含量。这意味着财务报表并非"万能数据库"，公司管理层也有许多难以在报表中披露的"难言之隐"，因此，应当注重对其他信息源的发掘。

1.1.3 会计收益的模糊性与收益质量分析

1. 会计收益与经济收益

收益概念一直是经济学界重要的关注对象。亚当·斯密(1890)将收益定义为财富的增加(Increase in Wealth)。林德尔(Lindahl)(1919)把收益概念理解为利息，即资本商品随着时间不断增值。费舍(Fisher)(1936)把收益定义为对应不同状态的一系列事件：精神收益享受、实际收益享受和货币收益享受。希克思(J.R.Hicks)(1946)利用林德尔和费舍引入的概念，发展了经济收益的一般理论，即收益是一个人在某一时期可供消费的数额，并且使他在期末的状况保持与期初一样好。希克思收益概念获得了相当广泛的认可，并对会计收益理论产生了很大的影响。经济收益力图计量公司的实际收益而非名义收益，因此又被称为"真实收益"。

众多研究表明，会计收益是投资者最为关心的财务报表数据，因此，对会计收益的讨论也是经典研究文献中的热门问题。但是，在现实环境下，会计收益是不能被精确解释的经济术语。会计收益的确认和计量包括了对公司交易和事件的估计，因此，会计收益并非一成不变的确定金额，而是取决于所应用的假设和会计政策。会计收益一般指投入价值与产出价值之比，或者是产出大于投入的差额，即如果投入一笔资本，则超过资本额的报酬就是收益。根据传统的观点，会计收益一般被具体化为期间交易的已实现收入和相应费用之间的差额。可见，会计收益与经济收益存在明显的差异。经济收益根据期末期初净资本的差额确定，是基于实物资本保全观，所体现的是以现行价值或公允价值为基础的"资产负债观"；会计收益是基于财务资本保全观，强调已实现收入与相关历史成本的配比，所体现的是以历史成本和实现原则为基础的"收入费用观"。由于会计计价原则的局限性，且在会计收益的计算过程中涉及会计人员一系列的主观职业判断，因此会计收益与真实收益之间往往存在偏离，会计收益也被称为"观念收益"。

会计收益就是基于实际发生的交易，具有较高的可信性，一般比较稳健，但会计收益数据也存在下列缺陷：

(1) 由于受历史成本和实现原则的限制，会计收益无法确认在既定期间内持有资产的价值增减(这显然对公司价值有重大影响)，从而不利于投资者了解本期的实际收益。

(2) 由于资产成本的计算方法不同，不同公司间的会计收益不便于比较。

(3) 稳健性原则可能导致收益数据的失真或误解，或为人为操纵期间损益提供了貌似合理的借口。

(4) 资产负债表仅仅反映了资产在特定的时间点的摊余成本，而非实际价值。

(5) 过分强调收益决定，将对资产负债表项目的计量造成困难。如难以解释递延税款和其他一些递延项目的分配等。

基于上述缺点，许多学者开始吸收经济学的收益概念来发展会计收益，促使会计收益逐渐趋向经济学收益。他们用资产的增减来定义收益，即收入代表一个会计期间内的资产增加或负债减少，而费用代表资产的减少或负债的增加，而且收益应包含资产的持有利得和损失。比如爱德华兹和贝尔就将资产的价值变动分为已实现和未实现两部分，并重新建立收益及其决定模式。根据这种观点，会计收益和经济收益就可以通过下列式子加以比较：

会计学收益+未实现的有形资产(增减)变动 - 前期已实现的有形资产(增减)+无形资产的价值变动=经济学收益

事实上，这两种收益概念的主要差别在于经济学收益比传统的会计收益有着更丰富的内涵。除了根据传统会计计量模式得出的已实现经营收益之外，经济学收益还包括在既定期间内未实现的有形资产和无形资产的价值变动。所以财务会计准则委员会(FASB)在1980发表的第3号财务会计概念框架(SFACNO.3)《公司财务报表的要素》中提出了两个不同的收益概念：盈利(Earnings)和全面收益(Comprehensive Income)。根据FASB的解释，盈利就是现行会计实务中的净收益，而全面收益则应包括"在一个期间内来自非业主交易的权益(净资产)的全部变动"，也就是包括已实现和未实现的业主权益(净资产)变动。FASB于1997年6月公布了第130号会计准则(SFAS130)《报告全面收益》，正式要求公司在财务报告中报告全面收益。这标志着会计收益趋向经济学收益的观点逐渐在财务会计理论界和实务界获得认可。

2. 会计收益质量分析

由上分析可知，虽然会计收益的发展方向是逐渐趋向经济收益，但是，会计信息系统的固有限制决定了会计收益必然包含大量估计和判断，因此最多只能"逼近"经济收益，而无法完全等同于经济收益。由于会计收益很大程度上依赖于相关假设和所选择的会计政策，因此引发了对会计收益质量的探讨。会计收益质量可以理解为会计收益和经济收益的匹配程度，区分会计收益中不同组成部分质量的高低对于报表分析结果有重大影响。一般而言，高质量的会计收益应当具有以下特征：

(1) 收益的真实性。收益的真实性包括两个层次：① 收益的确认必须以实际发生的经济业务为基础并遵循会计准则和会计制度；② 应尽量与经济收益相接近。

(2) 收益的含金量。会计收益是某一期间收入和费用配比的结果，并不直接等同于实际现金净流入与真实财富增加。如果会计收益不能转化为足够的实际现金净流入，再高的会计收益也仅仅是"账面富贵"。

(3) 收益的持续性。目前的会计收益采用"损益满计观"，会计收益既包含经常项目带来的收益，也包括非常项目带来的收益，然而，不同收益构成项目对预计公司未来现金流量有不同的意义和价值。比如由会计政策变更引起的会计盈余变化既不影响公司当期的经营业绩，也不影响公司以后的经营业绩，仅仅是一种"纸上变化"(Paper Change)。显然，持续性会计盈余是公司综合素质和竞争能力的体现，对公司未来收益有较强的预测价值，是高质量会计盈余的重要特征。

(4) 收益的稳定性。收益的稳定性是指公司收益水平变动的基本趋势。如果公司某一期收益水平很高，但各期间波动幅度很大，那么高收益就无法说明公司的经营状况良好。稳定性和持续性是两个不同的概念，收益的持续性取决于收益项目的来源，经常性业务带来的收益具有持续性，而偶发交易和事项带来的收益持续性较低。稳定性则取决于公司的业务结构、商品结构和外部环境等因素。

(5) 收益的安全性。收益与风险对称是经济生活中的普遍规律。公司外部环境不确定程度、成本性态、资本结构、管理水平的不同组合导致公司面临不同的风险水平，从而决定公司未来收益的稳定性。风险是影响公司价值的两个基本因素之一，对会计收益质量进行评价必须充分关注公司所面临的风险大小。

鉴于会计收益质量影响因素的复杂性，我们可以从以下几个方面来分析会计收益质量的高低：

(1) 分析注册会计师所出具的审计报告。在对审计报告进行分析时，必须关注与可能的收益质量有直接关系的一些审计报告异常。比如审计报告篇幅异常的长、含有异常的措词、提及重要的不确定性、公布的日期比正常的日期晚或者指出审计人员发生变化等。这些有可能意味着对于以何种方式反映一些交易，公司管理层和注册会计师的意见不一致。这些不一致通常与那些最终结果具有高度不确定性的交易有关。此外，还必须关注公司更换注册会计师的情况，公司更换注册会计师很有可能与公司管理层降低收益质量的企图有关，因为公司管理层可能会解雇那些不予配合的注册会计师。

(2) 分析公司生产经营政策的变化。在收益质量分析中，需要重视公司生产经营政策的变化。例如，管理成本中的广告费用总额或其与销售收入之间的相对数的变动应予以警惕，为了使公司能够达到它的利润目标，这些费用经常被人为调整；又如，应收账款的增长与过去的经验不一致，为了达到收益目标，公司可能正在使用信贷措施来创造销售额，这些销售可能是提供给那些具有较高风险的客户；再如公司毛利率的下降，预示着价格竞争可能正在损害公司，公司成本可能失去了控制，或者公司的产品组合可能正在发生变化。此外，在考虑公司经营政策变化对收益质量的影响时，对于公司过分依赖核心业务以外的收入来源、一次性偶发收入的增加等都需要谨慎分析，因为它们可能正在侵蚀公司的收益质量。

(3) 分析会计政策变化。会计政策的变化可能是公司经济状况发生变化的一个信号，或者进行这种变化仅仅是为了创造更高的收益增长率。例如，无形资产非正常的上升可能表明公司当期收入不足以吸收、消化应当归属于当期的开销花费，而对费用进行不当的资本化处理；又如公司当期发生非正常的大量举债，可能说明公司依靠内部产生的资金已经难以满足目前的资金需要。在进行这类分析时，对那些曾经有过利用会计政策变更达到收益预期行为的公司应尤为关注。

(4) 分析其他非正常事项。收益质量分析是一项高成本的分析性活动，把主要精力集中于最有可能发现收益质量下降的情形，关注那些异常的变动，可达到事半功倍的效果。需要重点关注的异常事项包括：公司已经取得巨大的市场份额，但销售增幅仍然高于行业平均水平；公司业绩让人难以置信地好，这可能同公司特定的销售安排或以创造性的存货转移来制造销售假象有关；公司规模扩展异常迅速，在规模扩展过快的时候，公司的内部控制往往难以满足规模扩展的需求，因此也较难发现会计舞弊行为；商业性应付款项的展期信用与过去经验不一致，或者比正常的商业信用期间长；冲销或转回引起的准备金减少，这意味着公司可能通过转回准备金来创造利润。

此外，财务报表分析者还可以通过主营业务比率、营业利润比率、非经常性损益比率、主营业务毛利率、主营业务收入现金比率等财务指标对收益质量进行定量分析。

总之，会计收益质量分析是一个极其复杂的过程，也是财务报表分析过程的必要步骤和难点所在，需要结合公司的整体经营环境，综合财务报表、报表补充资料、报表注释、管理层分析与讨论以及审计报告等多方面信息加以分析，并且这个过程具有一定的主观性。因此，对于何谓高质量收益并没有统一的标准。事实上，证券市场对不同收益质量的反应也不是一成不变的。充分了解目前证券市场对公司收益质量的整体要求，有助于对收益质量以及收益质量与获利能力及股票价格关系的深入理解。

1.1.4　财务报表分析——搜寻内涵价值的工具

由于种种局限(如会计收益与经济收益的背离)，财务报表不能完全正确地反映出公司的内涵价值。那么，上市公司的市场价格是否就是其内涵价值？对于此问题，财务理论认为市场价格总是以财务报表"面值"做出反应，无法看穿财务报表面值之下蕴涵的实质内容，因此，市场价格往往与内涵价值相背离。

虽然财务报表不能直接揭示出公司的内涵价值，但是，理性的投资者可以利用财务报表分析，以财务报告为基础，结合战略分析，全面了解公司经营环境和经营状况，预测公司未来收益,并在此基础上进行时间价值和风险价值贴现,最后评估出股票内涵价值的一个合理的区间。

利用财务报表分析估算公司内涵价值对投资决策、信贷决策、管理决策等都具有重要意义。比如在投资决策中,尽管股价的高低受到诸多主观和客观因素的影响,但归根结底还是要回归于内涵价值。因此理性的投资者可以根据对内涵价值的评估来判断股价是否被高估或低估,进而设计出合理的交易策略。

通过财务报表分析搜寻内涵价值,并以其作为基础的交易行为对证券市场而言是十分重要的。因为证券市场上对于股票价值往往存在许多不同的观点,其中许多观点缺乏系统性的思想和非理性的认识,这往往会对投资者产生极大的误导,甚至造成"投机热"(Speculative Mania)和"非理性热"(Irrational Exuberance),使得股票价格过分脱离其内涵价值,从而影响证券市场的资源配置作用。一个典型的例子就是 1998 年开始的网络股狂热,美国在线(America Online)的股价从 20 美元涨到了 150 美元,市盈率和价格销售比率分别为 649 倍和 46 倍,市价总值是通用汽车公司的 2.5 倍。这是美国在线内涵价值的真实反映吗?只需对财务报表进行分析就可轻易发现,按照美国在线当时的年销售收入(31 亿美元),如果保持 8%的销售收入利润率和 46 倍的价格销售比率,那么 10 年后美国在线的销售收入必须达到 2 910 亿美元,换而言之,美国在线 10 年内必须保持年 57%的销售增长率。稍具财务常识的人就可以发现这样的财务报表预测数字明显不切实际,或者说股票价格已经大大超出了其内涵价值。由此例可见利用财务报表分析搜寻内涵价值在防止"投机热"和"非理性热"中的重要作用。伯恩斯坦(Bernstein)和怀尔德(Wild)在 2001 年曾做出以下精辟比喻:它(财务报表分析)提醒人们在依据过去和现在业绩评估未来潜力时注意必要的戒律,它是防止人们陶醉于投机事业的快感中而不断出现判断错误的卫士。

值得注意的是,内涵价值是一个难以把握的概念。格雷厄姆和多德在《证券分析》一书中指出:内涵价值是一种有事实作为依据的价值,这样的事实包括资产、收益、股息、明确的前景等等,它有别于受到人为操纵和心理因素干扰的市场价格。威廉姆斯在其投资价值理论中指出:任何股票的价值取决于在资产的整个剩余期间所能产生的、以适当的利率贴现的现金流。虽然内涵价值没有明确的定义,但总体而言,内涵价值是与公司的未来紧密相连的,所以"买股票就是买未来"。

内涵价值的模糊性并不影响其作为财务报表分析的主要目标,因为财务报表分析的目的并不是要确定某一证券的内涵价值的"精确值"是多少,而是想以此作为一个"标杆"(Benchmark)判断出市场价格相对于内涵价值是高估还是低估。出于这样的目的,一个近似的内涵价值判断就已足够。换言之,利用恰当的财务报表分析过程搜寻出公司内涵价值的合理区间,显然有助于各种决策判断。

1.2　信息不对称与财务报表分析

1.2.1　信息不对称理论的主要观点

哈耶克(2001)指出,资源的任何配置都是特定决策的结果,而人们做出任何决策都是基于给定的信息。因此，经济生活中所面临的根本问题不是资源的最优配置问题，而是如何最好地利用分散在整个社会中的不同信息，因为资源配置的优劣取决于决策者所掌握信息的完全性与准确性。

信息经济学的研究成果表明，在现实经济生活中，各当事人掌握的信息往往是不完全、非对称的。在证券市场上，信息不对称主要有两种类型：① 投资者之间的信息不对称；② 公司管理层和投资者之间的信息不对称。

投资者之间的信息不对称使得拥有较多信息的投资者有动机"积极"交易，因为他们可以凭借信息优势在与信息较少的投资者的交易中获利。因此投资者有动机进行私人信息采集，但由于私人信息采集是有成本的，这导致投资者之间是负和博弈的关系。如果投资者之间能够达成协议，均不进行私人信息采集，那么整个投资者整体福利将得到改进。但是这种协议的执行成本极高，签订人有强烈的动机私自违反协议。

公司管理层和投资者之间的信息不对称，可能导致两种情况发生：逆向选择和道德风险。逆向选择是指公司管理层比外部投资者掌握了更多有关公司当前状况和未来前景的信息。公司管理层可能通过其信息优势来损害投资者的利益，例如通过扭曲财务报表信息来误导投资者的买卖决策。道德风险涉及公司管理层的努力工作问题，它的产生来源于所有权和经营权的分离，由于股东和债权人不可能观察到管理人员的努力程度和工作效率(或者说这样的监督行为成本太高)，于是公司管理层就有可能偷懒，或将公司状况的恶化归结为他们不可控制的因素。

1.2.2　信息不对称对资本市场的影响

在资本市场上，不确定性和风险是影响证券价格和构成证券特征的重要因素。信息的获取可以改变对证券不确定性和风险的评价，因此对证券市场的价格发现和价格均衡也就具有直接作用和决定性意义。因此，从本质上看，证券市场是一个信息市场，市场的运作过程就是信息的处理过程，正是信息在指引着社会资金流向各实体部门，从而实现证券市场的资源配置功能，市场效率的关键问题是如何提高信息的充分性、准确性和对称性。

遗憾的是，资本市场上各种类型的信息不对称严重影响了资本市场的正常运转。投资者之间的信息不对称使得拥有较少信息的投资者为了避免与信息较多者的交易而产生的损失而选择"买入—持有"的消极投资策略，这将使得市场交易萎缩；公司管理层与投资者之间的信息不对称使投资者难以获知公司的实际经营状况，他们只能根据全体公司的平均经营情况来确定愿意接受的股价，这导致了实际经营情况高于平均水平的公司便会因为股价被低估而退出市场，从而进一步降低全体公司的平均经营情况及投资者的平均估价，这样的恶性循环将不断持续，直到只剩下业绩最差的公司，在这种情况下市场崩溃在所难免。

1.2.3　信息披露——规范资本市场的工具

为了避免信息不对称对资本市场运行效率的消极影响，充分的信息披露是至关重要的。就投资者之间的信息不对称而言，信息的公开披露可以排除对具体信息的私人收集，从而减少投资者之间的信息不对称。就逆向选择而言，信息披露可以使业绩好的公司脱颖而出，得到合理的股票定价，进而促成良性的连锁反应，因为只要存在业绩差别，业绩较好的公司就有动机进行信息披露以将自己同业绩差的公司区分开来，直到市场上只剩一家业绩最差的公司。由此可见，公司是有动力进行信息披露的。就道德风险而言，目前的市场约束机制主要包括公司控制权市场和经理人市场，而这两个市场的有效运转均离不开信息披露。如果没有相关信息披露，公司的经营情况就无法被观察，经理人市场就缺乏评估不同经理人价值的相关信息，优胜劣汰的市场机制将难以发挥作用，公司控制权市场也必然因信息的阻隔而陷入僵局。当然，信息披露需要成本，完全消除市场上的信息不对称既不可能，也不经济。

由此可见，一个运行良好的证券市场应当有一套与之相适应的信息披露系统，这一系统应当包括：① 信息的产生源和信息的最终使用者；② 控制信息产生、传递和使用的法律、法规；③ 监督、执行法律、法规的机构；④ 信息中介机构，如验证信息质量的会计师事务所和分解、传播复杂信息的财务报表分析者。信息中介的生产要素包括财务信息和其他类型的数据，其产品是分析和解释。信息中介的产出同样也是一种形式信息，其中反映了他们理解、综合和解释原始数据的能力。财务报表分析者在信息源扩展和信息解释方面的竞争充分对于减弱市场上的信息不对称具有积极的意义。更为重要的是，准则制定机构往往将财务报表分析者视为投资者信息需求的代表，是"揭示更多信息的思想源泉"，因此，财务报表分析者的信息偏好往往成为未来财务呈报要求的一个重要晴雨表。

1.2.4　信息不对称对财务报表分析的涵义

1. 识别报表粉饰——财务报表分析的前置条件

财务报表是报表分析系统的基本输入信息，报表信息质量对分析结果会产生至关重要的影响。信息不对称理论表明，相对于外部投资者(包括财务报表分析者)而言，公司管理层拥有信息优势，作为"理性的经济人"，他们往往会利用各种手段将这种信息优势转换为实际利益，报表粉饰就是其滥用信息优势的重要手段。因此，财务报表分析者应当充分意识到自身所处的信息劣势地位，并对原始报表数据保持应有的怀疑态度。

1) 报表粉饰动机分析

公司管理层虽然有进行信息披露的动机，但出于下列考虑，他们往往进行选择性披露，在信息披露的过程中掺杂着个人动机，进行盈余管理，甚至进行报表粉饰或财务造假。

(1) 管理层报酬。公司管理层的薪酬水平以及工作安全性往往与财务报表数据息息相关，这为其选择会计政策和估计提供了强烈的动机。

(2) 债务契约考虑。债务契约往往对财务报表数据有特殊的要求，如利息保障倍数、流动资金比率等财务指标。违反这些指标将付出昂贵的代价，如提前还贷或更高的贷款利率，为了避免技术性违约，公司管理层经常利用会计政策和会计估计的选择来减少违约的可能性，降低融资成本。

(3) 税收考虑。公司管理层为了获得税收上的利益，也可能对财务报表数据进行操纵。

(4) 监管考虑。由于财务报表数据在许多情况下为监管者所使用，如反托拉斯行动、保护本国产业的进口关税以及税收政策等，为了影响监管结果，公司管理层可能做出不同的会计决策。

(5) 资本市场考虑。公司管理层可能做出影响资本市场上投资者看法的会计决策。当公司管理层与外部人员之间存在信息不对称时，这种会计选择战略可能成功地改变投资者的看法，至少在短期内是如此。

(6) 公司控制权的考虑。在公司控制权争夺(包括恶意收购和代理人争夺)的过程中，公司管理层力图争取大多数股东的支持，而财务报表则往往被视为公司管理层业绩的"指示器"，是影响股东选择的重要因素。因此，在公司控制权的争夺中，公司管理层可能试图做出影响股东决策的会计选择。

(7) 相关利害集团考虑。公司管理层还可能做出影响公司重要相关利害集团看法的会计决策。例如工会可能将损益表上的高收益作为要求提高工资的有力证据，在面临工会劳工合同谈判时，公司管理层可能做出减少会计收益的决策。公司希望通过财务报表数据加以影响的其他重要利害集团还包括供应商和客户。

(8) 竞争考虑。行业中的竞争动力也可能影响公司会计政策和方法的选择。比如某些私有信息(如关键生产线毛利率)的披露可能帮助竞争者进行业务决策，从而影响公司的竞争地位；过高的报表收益也可能诱使更多的厂商进入，从而加剧竞争。

2) 报表粉饰机会分析

早期的会计政策选择权完全归公司管理层所有，这导致了他们对会计政策选择权的滥用。1929—1933 年的大萧条促使了限制公司管理层操纵财务报表的会计准则的产生。但是，由于准则制定成本的限制，所制定的会计准则只能是"通用"的会计准则，不可能针对每个公司的不同情况制定差异化的会计准则。统一的会计准则虽然限制了公司管理层歪曲财务报表的能力，但在一定程度上是以牺牲公司管理层利用会计政策选择来充分反映专有信息为代价的，因为他们对公司的经营情况有着独一无二的信息优势，这样的特有信息对于做出正确的会计政策和会计估计选择是很有帮助的。因此，在现行的制度安排下往往是政府享有一般通用的会计准则制定权，而公司管理层仍然保留一定的会计斟酌处理权。授予公司管理层会计斟酌处理权是很有价值的，因为它使管理层能够在对外报告的财务报表中反映内部信息，但同时也为他们进行报表操纵提供了可乘之机，公司管理层可以轻而易举地在通用会计准则允许的范围内通过对折旧政策(直线或加速)、存货计价政策(先进先出或后进先出)、商誉摊销政策(减值测试法或平均摊销法)等做出选择，从而对财务报表施加重大影响，甚至使财务报表成为"哈哈镜"，完全歪曲了公司的真实经营情况。

由上分析可见，财务报表中充满了各种"杂音"，而财务报表作为财务报表分析系统的基本信息输入，其信息质量的高低对分析结果将产生重大影响。因此，要进行正确的财务报表分析，首先必须"去伪存真"，尽量过滤掉报表中存在的"杂音"，为其后的报表分析过程夯实信息基础。

2. 竞争性信息收集——财务报表分析的有效保障

由于信息不对称的存在，财务报表分析者无法获得完全的内部信息，因此，必须依靠对公司所处行业及其竞争战略的了解来解释财务报表。成功的财务报表分析者不仅必须了解行业经济特征，而且应很好地把握目标公司的竞争战略。尽管相对于公司管理层而言，财务报表分析者处于信息劣势，但是他们可以通过信息源的扩展以及处理信息时更为客观的态度来弥补这一信息劣势，通过正确的财务报表分析从各类信息源中"提取"出公司管理层所掌握的内部信息。只有收集到充分、恰当的相关信息，才能得到科学合理的报表分析结果。

任何一张财务报表背后都有着极为丰富的"故事"，是各种因素相互作用所产生的综合结果。恰当的财务报表分析不能只将目光局限于三张主要财务报表(资产负债表、利润表和现金流量表)，只有深入了解了财务报表背后的故事(如公司经营、投资和筹资活动的特点，以及对这些活动所产生的经济后果进行确认、计量和报告的会计系统)，才能对财务报表数据有更为深入的了解。

由此可见，信息的收集是财务报表分析的基础和不可分割的组成部分，它对于保证财务报表分析工作的顺利进行，提高分析质量与效果都有着重要作用，主要体现在三个方面：

(1) 信息收集是财务报表分析的根本依据。没有相关信息，财务报表分析就如"无米之炊"。如果缺乏有关公司经营环境和经营战略方面的信息，就无法分析公司的利润驱动因子和主要风险；如果没有主要财务报表信息，就无法正确评价公司的财务状况、经营成果和现金流量；如果缺乏有关公司未来发展前景的信息，就无法在现在和未来之间搭起桥梁，判断公司的价值所在。

(2) 搜集和整理信息也是财务报表分析的重要步骤和方法。从某种程度上而言，信息的搜集和整理的过程，就是财务报表分析的过程。财务报表分析所用的信息并不是取之即来、来之即用的。不同的分析目的和分析要求，所需要的信息是不同的，这些信息在来源、内容和形式上均存在着显著差异。因此，信息的搜集与整理是财务报表分析的基础环节。

(3) 信息的数量和质量，对财务报表分析的质量和效果影响重大。信息的准确性、及时性和完整性对提高财务报表分析的质量和效果是至关重要的，使用错误的、过时的或不规范的财务报表分析信息，其结果只能是"输入垃圾输出垃圾"。

1.3　公司的风险与财务报表分析

1.3.1　资本资产定价模型

现代组合理论的主要内容是资本资产定价模型(CAPM)，该模型展示了证券的预期回报与风险之间的关系。按照 CAPM 模型，所有的公司特有风险均可以通过分散投资组合予以规避。因此，承担公司特有风险无法为投资者带来更高的回报，而只有系统风险才能为投资者带来超额回报。也就是说"高风险高回报"只适用于系统风险。资本资产定价理论认为，一项投资所要求的必要报酬率取决于以下三个因素：① 无风险报酬率；② 市场平均报酬率，即整个市场的平均报酬率，如果一项投资所承担的风险与市场平均风险程度相同，该项报酬率与整个市场平均报酬率相同；③ 投资组合的系统风险系数即 β 系数，它代表某一投资组合的风险程度与市场证券组合的风险程度之比。CAPM 模型说明了单个证券投资组合的期望收益率与相对风险程度间的关系，即任何资产的期望报酬一定等于无风险利率加上一个风险调整，后者相对整个市场组合的风险程度越高，需要得到的额外补偿也就越高。

1.3.2　CAPM 对财务报表分析的涵义

1. 盈利分析与风险分析并重

CAPM 模型显示出公司的价值不仅受到未来盈利能力的影响，而且与风险紧密相关。因此，财务报表分析不仅应当关注公司未来的盈利能力，还应当关注对风险的衡量和预测。

法玛和米勒(1972)指出公司的 β 可以表述为公司现金流量与现金流量市场指数之间协方差的一个函数。如果将会计盈余视为现金流量的替代量，那么理论上就可以利用会计盈余估计公司风险。鲍尔和布朗(1967)的研究就证明了会计 β(公司的盈利与盈利的市场指数之间的协方差除以盈利的市场指数的方差)与市场 β 之间的确存在显著的相关性。值得注意的是，会计盈余并非财务报表中有助于衡量公司风险的唯一变量，财务杠杆、经营杠杆等财务比率也有助于估计公司的风险。由此可见，利用财务报表分析衡量公司风险是可能的。

其他研究则显示出以财务报表分析数据为基础的风险衡量指标对于 β 有很强的预测能力，如比弗、凯特勒和斯科尔斯(1970)利用财务报表计算出了与风险度量相关的一些财务比率，如股利发放比率、财务杠杆、盈利变化和会计 β 等，他们发现这些财务比率在预测 β 时十分有效。虽然许多学者对 β 与回报之间的相关性提出了质疑，甚至提出"β 已死"的悲观观点，但造成这种情况的重要原因可能在于缺乏对 β 的正确计量，而利用财务报表信息来提高 β 估计值的准确性无疑是拯救 β 的一剂良方。另一些研究人员干脆认为以财务报表分析数据为基础的指标是比 β 更好的风险计量指标，如权益的账面价值对市场价值比率(Book-to-Market Value of Equity)、市盈率、财务杠杆等。Dhaliwal(1986)的研究进一步发现，根据表外信息对债务/权益比率进行调整后，其对 β 的预测能力显著加强。这说明了恰当的财务报表分析在预测和衡量风险方面是可以发挥作用的，通过对会计政策选择、异常项目、表外信息等因素的调整，我们可以进一步提高财务报表数据的风险评估、预测能力。

2. 财务风险与经营风险兼顾

公司经营总是在风险与机遇的权衡中寻找发展的机会，随着经营环境日趋复杂，公司所面临的风险种类日益增多。总体而言，公司面临的风险通常可以分为两类：财务风险和经营风险。公司在经营过程中不可避免地伴随着上述两种风险，因而公司有必要采取措施分别加以防范，如改变资本结构以降低财务风险，适当的多元化经营以控制经营风险等。由于各类风险对公司的影响或多或少会在财务报表上有所体现，因而财务报表分析在风险防范中的作用十分重要。

本 章 小 结

财务报表分析理论的发展与公司财务理论和会计理论的发展密不可分，相关会计财务理论从公司价值内涵、信息不对称理论和资本资产定价理论等各个方面研究财务报表分析的目的、内容和方法，从而构成了财务报表分析工具的理论基础和框架。

思 考 与 练 习

1. 高质量的会计收益应当包含哪些特征？如何进行收益质量分析？

2. 信息不对称现象对财务报表分析有什么影响？对财务报表分析提出了什么要求？反过来，财务报表分析对缓解市场中的信息不对称现象有何帮助？

3. 如何看待公司的价值与风险？

第二章　财务报表分析的原理

 学习目标

(1) 了解财务报表分析的目标、主体和应用领域；
(2) 熟悉财务报表分析的方法；
(3) 掌握财务报表分析的程序。

 案例导读

沃伦·巴菲特的投资经验

沃伦·巴菲特是一个具有传奇色彩的人物，1056 年他将 100 美元投入股市，40 年间创造了超过了 200 亿美元的财富。如果将巴菲特旗下的伯克希尔·哈撒韦公司 32 年来的逐年投资绩效与美国标准普尔 500 种票价格指数绩效相比，可以发现巴菲特有 29 年击败指数，而只有 3 年落后指数。更难能可贵的是，其中 5 年，当美国股市陷入空头走势回落之际，巴菲特却创下逐年"永不亏损"的记录。他不仅在投资领域成为无人能比的美国首富，而且成为了美国股市公认的领袖，被美国著名的基金经理人彼得·林奇誉为"历史上最优秀的投资者"，全球各地的众多股票投资者都热衷于巴菲特的投资方法和理念。

巴菲特投资成功的最重要经验是注重对公司的分析研究，通过阅读大量的年刊、季报和各类期刊，了解公司的发展前景及策略，仔细评估公司的投资价值，把握好入市时机。

由此可以看出，财务报表分析对于投资决策的重要性所在，正所谓"知己知彼才能百战不殆"。当然财务报表分析的应用领域不仅仅是投资决策，本章主要介绍财务报表分析的基本程序和基本方法。

2.1　财务报表分析的目标

2.1.1　财务报表分析的主体

财务报表分析，是指以财务报告资料及其他相关资料为依据和起点，采用专门的分析技术和方法，对企业等经济组织过去和现在的有关筹资活动、投资活动、经营活动的盈利能力、营运能力、偿债能力和增长能力进行分析和评价。财务报表分析的产生与发展是社会经济发展对财务分析信息需求与供给共同作用的结果。财务报表分析的演进是与财务分析主体的需求变化及财务报告的发展变化紧密联系在一起的。财务报表分析在不同的应用领域有不同的主体，其进行财务分析的目的是不同的，所关注的问题也是不同的，从而导致财务报表分析的作用也不尽相同。

财务报表分析的主体是指与企业存在一定现实或潜在的利益关系，为特定目的而对企业的财务状况、经营成果和现金流量情况等进行分析的单位、团体或个人。企业财务报表分析根据分析主体的不同可分为内部分析和外部分析。内部分析是由企业内部有关经营管理人员所进行的财务分析；外部分析是由对企业投资者、债权人或其他与企业有利害关系的人及代表公众利益的社会中介服务机构等所进行的财务分析。上述机构和人员共同构成了企业财务报表分析的主体。由于企业财务报表分析的主体与企业的经济利益关系不同，在进行财务报表分析时要达到的目的也就不尽相同。

1. 企业投资者

企业的投资者是指为企业提供资金并承担最终风险的所有者，包括企业的所有者和潜在投资者，不仅包括实力雄厚、组织良好的大型投资机构，如投资银行、证券公司基金公司等，也包括拥有有限资源、分散的个别投资者。一般而言，投资者面临着是否向企业投资或者是否保留其在该企业的投资的决策，为此，必须要对企业的未来收益和风险水平进行分析。

投资者进行财务分析的核心在于股票价值的预测及其影响因素的分析，也就是说所关注的信息重点就是企业的短期盈利能力和长期增长能力。因为盈利能力是投资者资本保值和增值的关键。但是投资者仅关心盈利能力是不够的，为了确保资本保值增值，长期、稳定的增长能力也是不可或缺的。因此，企业的权益报酬率水平、支付能力及营运状况等应该受到投资者的重视。

在我国 2006 年颁布的企业会计准则中，将投资者作为财务会计报告的首要使用者凸显了投资者的地位，体现了保护投资者利益的要求。投资者队伍的日益壮大对财务报告提出了更高的要求，如果财务报表中的信息与投资者的决策无关，那么财务报表就失去了编制的意义，因此说投资者是财务报表分析的首要主体。

2. 企业债权人

企业债权人是指向企业提供信用的金融部门、企事业单位和个人，主要包括贷款给企业的银行及非银行金融机构、企业债券持有者和融资租赁的出租方等。企业债权人一方面从各自经营或收益的目的出发将资金贷给企业，另一方面又要非常小心地观察和分析该企业有无违约或清算破产的可能。

一般而言，银行、金融机构及其他债权人不仅要求本金的及时收回，而且要得到相应的收益，而收益的大小又与其承担的风险程度相适应。对于短期债务的债权人，分析报表分析的重点是反映短期偿债能力的指标，如流动比率、速动比率、现金流量比率、现金到期债务比率等，对于长期债务的债权人，分析的重点应该为反映长期偿债能力的相关指标，如资产负债率、产权比率、已获利息保障倍数、债务本息保证倍数和到期债务本息的面偿付比率等。

因此，债权人进行财务分析的主要目的包括：看其对企业的借款或其他债务是否能够及时、足额收回，即企业的财务实力与信誉程度；看债权人的收益状况与风险程度是否相适应，重点分析企业的经营状况与盈利能力。这样，为了保证债权的安全性和收益性，应将偿债能力分析与盈利能力分析相结合。

3. 企业经营者

企业经营者是指受委托人委托经营管理企业及其各项资产，负有受托责任的人，主要指企业的各级经营管理人员。企业经营管理的各项资产主要来自投资者投入和从债权人借入的资金，经营者需要对这些资金的保值增值履行受托责任。由于经营者是财务报表的内部使用者，所获得的信息更加全面，因此财务分析的目的也就更加多样化。

从对企业所有者负责的角度，经营者首先应关心企业的盈利能力，这是他们的总体目标。但是，在财务分析中，他们关心的不仅仅是盈利的结果，而是盈利的原因及过程，如资产结构与营运效率分析、经营风险与财务风险分析、支付能力与偿债能力分析等。

经营者进行财务分析，其目的是及时发现生产经营中存在的问题与不足，并采取有效措施解决这些问题，使企业不仅充分利用现有资源，而且使企业盈利能力保持持续稳定增长。同时通过分析的结果，对企业内部的各个部门及其员工进行业绩评价，对以后的生产经营作出预测与决策，并合理规划未来的发展战略和经营策略。

4. 其他财务报表分析主体

其他财务报表分析的主体或服务对象主要是指国家行政管理与监督部门、与企业经营有关的单位、员工与社会公众等。国家行政管理与监督部门主要是指工商、税务、财政、证券监管及审计等部门。监管者作为经济管理和经济监督的部门，其职责就是维护市场经济秩序的公正有序，确保宏观决策所依据的信息真实可靠。譬如说，通过财务报表分析，税务部门可以审查企业的纳税申报数据是否准确合理；财政部门可以审查企业的会计法规和财务制度是否规范；证券管理部门可以审查上市公司是否遵守经济法规和市场秩序；注册会计师可以审查企业的各项会计处理是否符合会计准则，是否客观公允地反映了某一特定会计期间的财务状况和经营成果。

与企业经营有关的企业单位主要是指材料供应企业、产品购买者等。这些单位或个人出于保护自身利益的需要，也非常关心往来企业的财务状况，他们进行财务分析的主要目的是搞清楚企业的信用状况。材料供应企业可能希望与企业建立长期的合作关系，因此通过对企业的财务报表进行分析来了解企业的持续购买能力、支付能力和商业信用情况，从而调整其商品的营销策略和信用政策。产品购买者可能成为企业商品或劳务的重要客户。为了解企业能否长期持续经营下去以提供稳定的货源，能否长期履行产品质量的担保义务及其所提供的信用条件等信息，产品购买者往往需要对企业的发展能力、盈利能力等进行分析。

企业员工是企业管理的参与者，切身利益与企业息息相关，因此十分关注企业的经营状况和盈利状况。社会公众往往是潜在的投资者或债权人，通常也会对一些企业的盈利状况、收益分配等给予关注，为他们购买股票和债券提供决策的依据。

2.1.2　财务报表分析的目的

财务报表分析的目的受财务报表分析主体和财务分析服务对象的制约，不同的财务报表分析主体进行财务报表分析的目的是不同的,不同的财务报表分析的服务对象所关心的问题也是不同的。各种财务分析主体的分析目的和财务报表分析的服务对象所关心的问题,也就构成了财务报表分析的目的。财务报表分析可以帮助分析主体加深对企业的了解,降低判断的不确定性,从而增加决策的科学性。

1. 基于内部主体的财务报表分析目标

对于财务报表的内部分析主体来说,进行财务报表的分析,主要是评价企业过去的经营业绩、衡量现在的财务状况、预测未来的发展趋势,包括盈利能力分析、偿债能力分析、营运能力分析等。通过财务报表分析企业的经营者可以更有效地进行日常经营管理,把握企业的正常运转;可以了解企业是否发挥了资金的最大使用效益,有无资金能力来寻求更大的发展机会;也可以看清企业所处的发展阶段,做出是加大投资还是转产的决策,企业的经营者还可以进一步做出适合公司情况的筹资、融资、股利分配等决策。总之,财务报表分析是企业内部经营管理的有效工具。

2. 基于外部主体的财务报表分析目标

外部分析主体包括投资者、债权人、监管者及其他相关利益主体。投资者在公司中享有投资收益权和剩余财产分配权,为掌握其投资的收益和风险而进行财务分析以达到以下目标:明确是增加投资还是转让股份抽回投资,掌握公司的分红政策和投资收益等。债权人的主要目标是确定公司的债务偿付能力、盈利持续状况,分析债务按期足额偿还的安全性问题。监管者的目标就是约束企业的行为,使其符合各项法规,合理合法经营,禁止舞弊等行为。其他相关利益主体的目标也都由其与企业的经济关系所决定,或者是为了长期的供求关系,或者是为了竞争而分析比较彼此的优劣势等。

当然,外部分析主体所获得的信息必然没有内部主体那么全面和透明,因此识别企业财务状况和经营状况的"庐山真面目"(即报表的粉饰与甄别)是财务报表分析的另一目标。无论是投资者、债权人还是监管者等其他主体,所用的分析资料都是企业公开的对外报表,有的企业为了某些目的可能会操纵报表资料,这就为外部分析主体带来了障碍。因此,掌握与应用财务报表分析的程序与方法,透过表面现象看企业本质是财务报表分析的重要目标。

2.1.3　财务报表分析的作用

财务报表分析的作用主要体现在以下三个方面。

1. 财务报表分析可正确评价企业过去

正确评价过去是说明现在和揭示未来的基础。财务报表分析通过对财务报表等资料的分析能够准确地说明企业过去的业绩状况,指出企业的成绩和问题及其产生的原因,以及这个原因是主观原因还是客观原因等。这不仅对于正确评价企业过去的经营业绩是十分有益的,而且还对企业投资者和债权人的行为产生正确的影响。

2. 财务报表分析可全面反映企业现状

财务报表是企业各项生产经营活动的综合反映。但财务报表的格式及提供的数据往往是根据会计的特点和管理的一般需要设计的,它不可能提供不同目的的报表使用者所需要的各方面数据资料。根据不同分析主体的分析目的，财务报表分析采用不同的分析手段和方法，可得出反映企业在不同方面现状的指标，如反映企业资产结构的指标、企业权益结构的指标、企业支付能力和偿债能力的指标、企业营运状况的指标、企业盈利能力指标等。通过这种分析，对于全面反映和评价企业的现状有重要作用。

3. 财务报表分析可用于预测企业未来

财务报表分析不仅可用于评价过去和反映现状，更重要的是它可通过对过去与现状的分析与评价，估价企业的未来发展状况与趋势。财务报表分析对企业未来的预测具体反映在：第一，可为企业未来财务预测、财务决策和财务预算指明方向；第二，可准确评估企业的价值及价值创造，这对企业进行经营者业绩评价、资本经营和产权交易都是十分有益的；第三，可为企业进行财务危机预测提供必要信息。

2.2　财务报表分析的程序

2.2.1　财务报表分析的基本程序

1. 哈佛分析框架的基本程序

由于财务报表的质量受多种因素的影响，包括经营环境、企业战略、会计环境和会计策略等，这样便导致了资本市场上信息的不对称。要想从财务报告中提取出企业内部的信息，就需要通过对企业所面临的行业环境和所采取的竞争策略的分析来加强对企业的财务报告的解读。而有效的财务分析的前提就是合理的分析程序。下面主要介绍由哈佛大学三位教授创立的融战略分析与财务分析于一体的"哈佛分析框架"[①]该框架的基本程序如图 2-1 所示。

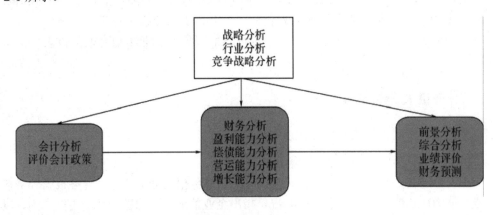

图 2-1　哈佛分析框架

根据哈佛分析框架，财务报表分析的基本程序可以由以下四个步骤构成：

---

① 佩普，希利，伯纳德. 运用财务报表进行企业分析与评估. 孔宁宁，丁志杰，译. 北京：中信出版社。

(1) 战略分析。战略分析的主要目的是通过对企业所处行业和所采取的竞争战略进行分析。明确企业的行业性质、行业地位和经营模式。具体包括行业分析和竞争战略分析两个方面。

(2) 会计分析。会计分析的主要目的是通过对企业所采取的会计政策和会计估计的合理性进行分析，从而判断该企业财务报表反映其财务状况和经营成果的真实程度。具体包括评估会计政策和评估会计估计两个方面。

(3) 财务分析。财务分析的主要目的是对企业的盈利能力、偿债能力、营运能力和增长能力等进行分析，从而评价该企业的财务状况、经营成果和现金流量等情况，具体包括盈利能力分析、偿债能力分析、营运能力分析和增长能力分析四个方面。

(4) 前景分析。前景分析的主要目的是在上述三种分析的基础上，利用一些专门的技术和方法，同时结合财务报表分析者的主观经验，对企业的目前财务状况和经营业绩进行综合分析与评价，对其未来盈利和发展前景进行预测与评估，具体包括综合分析、业绩评价、财务预测和价值评估四个方面。

2. 哈佛分析框架的逻辑思路

哈佛分析框架具有严密的逻辑性，这主要体现在它是站在企业外部的财务分析师角度来考虑分析思路的。作为一个外部财务分析师，他需要做到以下几点：

(1) 对所分析的企业进行定性了解。这是因为不同的行业，其盈利水平和发展前景不一样，同一行业不同的企业所采取的竞争战略也可能存在差别。如果不了解企业的行业性质和竞争战略，那么财务报表数据及根据其财务报表计算的指标就会失去其经济意义。战略分析是会计分析和财务分析的基础和导向，只有先通过企业的战略分析，财务报表使用者才能深入了解企业的经济状况和经济环境，并进行客观、正确地会计分析与财务分析。

(2) 甄别企业提供的财务报表数据的真实性。由于企业的管理当局出于种种动机，可能会利用会计政策和会计估计的灵活性操纵利润或者进行财务舞弊，从而导致财务报表的数据失真。在这种情况下，需要评价财务报表反映企业财务状况与经营成果的真实程度，否则就会出现"输进去是垃圾，输出来也是垃圾"的后果，从而误导财务报表使用者，甚至还会给财务报表使用者带来损失。因此，会计分析为下一步的财务分析奠定了可靠的数据基础。

(3) 分析企业财务活动的效果效率。企业财务活动的效果效率是财务报表分析的核心，因为这是财务分析师对企业未来盈利和发展前景进行合理预测与评估的根据。财务报表不仅直接反映了经营活动、投资活动和筹资活动等财务活动的结果，而且间接揭示了经营活动、投资活动和筹资活动等财务活动的效率，包括盈利能力、偿债能力、营运能力和增长能力等。对财务分析师而言，需要通过财务分析来评价企业的这四种能力。因此，财务报表分析是进行前景预测的依据。

(4) 判断企业的未来盈利和发展前景。财务报表分析的目的不仅仅在于评价过去和反映现状，更重要的是通过对过去和现状的分析与评价，预测企业的未来发展趋势，评估企业的未来发展前景，为财务报表使用者做出正确决策提供参考依据。因此，财务分析师需要利用综合分析方法、业绩评价方法、财务预测方法和企业价值评估方法，对企业的未来财务状况、经营成果和现金流量做出预测，对企业的发展前景和投资价值作出判断。从这一角度来看，前景分析是财务报表分析的终点。

可见，战略分析、会计分析、财务分析和前景分析这四个步骤依次递进、相互支持，共同构成了财务报表分析的逻辑框架。下面分别对这四个步骤进行进一步的解释。

2.2.2　战略分析

战略分析是财务报表分析的逻辑出发点和基本导向。所谓的战略分析就是通过对企业所处行业的定性分析，确定企业在行业中所处的地位和面临的竞争环境，进而掌握企业的经营风险和发展潜力，尤其是价值创造的能力。企业战略分析的关键在于企业如何根据行业分析的结果，正确选择企业的竞争策略，使企业保持持久的竞争优势和高水平的盈利能力。企业战略分析一般包括行业分析和企业竞争战略分析。

1. 行业分析

为了了解企业的背景信息，就需要进行行业分析。行业分析的目的在于分析行业的盈利水平与盈利能力，因为不同行业的盈利能力和发展前景是不同的。行业分析主要包括行业特征分析、行业生命周期分析和行业获利能力分析。

1) 行业特征分析

行业特征是指某行业在某一时期的基本属性，它综合反映了该行业的基本状况和发展趋势。了解行业的基本特征是对企业有个全面认识、进行战略分析的前提。评价行业的特征，主要是评价行业的竞争特征、需求特征、技术特征、增长特征、盈利特征等五个方面，在实际应用中，行业特征分析可通过对不同的特征因素评分，并且按照重要性程度设定不同的权重，然后进行加总得到该行业的总加权数。总加权数越大，说明行业的特征越好，越具有优势。

2) 行业生命周期分析

行业生命周期主要由市场对该行业的产品的需求状况所决定。行业的生命周期一般分为四个阶段：投入期、成长期、成熟期和衰退期。

(1) 投入期。该阶段新行业刚刚兴起，投资于这个行业的企业可能不多，对于相关产品的研发投入费用比较高，市场需求未得到开拓。从而销售收入较低，财务可能会出现亏损。在此阶段企业的经营风险比较大。

(2) 成长期。新行业的产品经过宣传和试用并得到消费者认可和偏好后便开始进入成长阶段。如果市场有发展前景，厂商便会逐渐增加产品，产品就会向多样化、优质化发展。如果市场需求扩大，厂商间的竞争日益加剧，那么，为了保持利润空间，厂商趋于积极提高生产技术、降低成本来打败对手，以便在市场上取得一席之地。

(3) 成熟期。在这个阶段，行业的发展速度停在一个适中的水平。此阶段相对较长，经过激烈竞争，产生了少数大厂商来垄断整个行业的市场。厂商的竞争手段不再是价格战，而是转向质量的提高、服务的完善等方面。在这个阶段，行业的产出增长缓慢，甚至会出现下降。

(4) 衰退期。由于替代品或新产品的出现，就像手机替换掉"大哥大"、呼机等，原行业的市场需求开始下滑。当整个行业呈现出萧条的时候，厂商为了寻求利润最大化，会慢慢地把资金转移到更有利可图的行业，当正常利润都无法实现的时候，该行业也就退出了市场。对于财务报表使用者而言，需要根据相关的信息，判断所分析企业所处的行业的发展阶段。

3) 行业盈利能力分析

行业盈利能力反映的是行业赚取利润的能力。进行行业盈利能力分析的目的是为了对企业获得正常收益的稳定性和成长性进行分析。不同行业的盈利能力存在差异，这是财务报表使用者在进行财务报表分析时不能忽视的客观事实。

案例 2-1

房地产企业平均利润率达 26.79%

财政部于 2006 年 11 月 3 日发布了一份会计信息质量检查公报，通报了 39 家房地产企业存在会计失真问题。财政部官员在接受记者采访时表示，有的房地产企业刻意隐瞒的利润率最高达 57%。

根据财政部提供的信息，2005 年，财政部对全国 39 家房地产开发企业进行了检查，涉及 133 个房地产开发项目。这 39 家企业既涉及全国性的大型房地产企业，也有区域性中小房地产企业，地域分布上兼顾了东、中、西部地区。检查发现，这些房地产开发企业隐瞒利润现象相当普遍。

财政部监督检查局局长耿虹说："检查发现严重程度不一样，有的企业是非常严重的，比如说，我们反映的平均利润率是 26.79%，比房地产开发企业账面的 12.22% 应该说高了一倍多。但是根据我们的检查结果，这当中有的企业其实际利润率是达到了 57%。"

案例 2-2

纺织业利润率只有 0.62%

据 2008 年 3 月有关媒体报道，一份权威调研结果显示，纺织行业 2/3 的企业利润率只有 0.62%，如果这些企业陷入绝境，将危及大约 1 500 万人的就业。3 月初中国纺织工业协会的高层几乎全部出动，对江苏、浙江、山东、广东、福建和河北 6 省纺织业进行摸底之后得出了这个结论。

显而易见，根据同一行业的对比，我们可以明确行业环境及其基本面，判断出评估企业所处的行业发展阶段，并可预测未来的发展趋势。同时，若出现与行业数据极端偏离的情况时，我们需要重点关注是何原因引起的这种情况，这将会得到重要的评估信息。

1982 年，迈克尔·波特提出了分析行业平均盈利能力的"五大力量理论"，包括：现有企业间的竞争、新进入企业的威胁、替代产品的威胁、客户的议价能力和供应商的议价能力，也就是说，这五种因素是行业盈利能力的重要影响因素，财务报表使用者在对行业的获利能力进行分析时可以从这五个因素着手。

一般来说，现有企业间的竞争程度越高，行业的平均盈利能力就越低。新进入企业的威胁越大，就会导致行业中的竞争者越多，这样就提高了同行业的竞争程度，降低了行业的平均盈利能力，当行业存在许多替代产品或替代服务时，其竞争程度加剧，同样的可能性，甚至导致产品价格降低，这样就会削弱行业的平均盈利能力；如果供应商的议价能力强，则有可能提升原材料的价格，从而增加企业产品的成本，同样也会削弱行业的平均盈利能力。

2. 企业竞争战略分析

正如我们所知道的，企业的盈利能力不仅受所处行业的影响，还与企业所选的竞争战略有关。即使是传统的行业，也会有佼佼者。竞争战略分析的关键在于根据行业分析的结果判断企业选择竞争战略的合理性。只有选择了合理的竞争战略，才有可能使企业保持竞争能力和高盈利能力。一般而言，给企业带来竞争优势的战略有两种：成本优势战略和产品差异战略。

对于价格弹性比较大的商品，采取成本优势战略效果将是很显著的。通过规模经济的投资、低成本模式的设计、管理费用等的降低使产品能维持低价格销售，这就是竞争中的优势。通过对市场的细分来实施产品差异战略也是一种有效的竞争战略。面对不同收入水平、不同年龄层次、不同性别的顾客，对产品的服务、外观、广告等进行差异化处理，以满足顾客的不同需求。当然在选择竞争战略的背后，也有许多不容忽视的问题，如企业的组织结构是否与所选择的竞争战略相适应、企业的竞争优势是否可持续等问题。

案例 2-3

沃尔玛与家乐福的定价方法

众所周知，"天天平价"的鼻祖是沃尔玛，做得最好的也是沃尔玛。现在我国很多连锁超市或大卖场也经常以"天天平价"作为口号，以保证最低价作为扩大销量、争取市场份额的王牌。其中，国美、苏宁等电器连锁卖场在定价方面也很像沃尔玛。沃尔玛首创了"折价销售"法，在零售店里打出"天天平价"的广告，同一种商品在沃尔玛要比在其他商店便宜得多。沃尔玛的经营理念是"低成本、低费用结构、低价格"，一般零售商的毛利都在30%左右，而沃尔玛的毛利才不足20%，但是由于经营得当，沃尔玛的纯利却比其他零售商要高出2%～4%。同是大卖场，家乐福则与其不同，它采用了一种高低结合的价格策略，即顾客经常购买、价格弹性比较大的商品定价很低，其余商品的正常售价则可能高于那些真正采用每日低价的竞争者。家乐福的这种定价方式能否成功，很大程度上取决于是否能够从厂家低价进货，而事实证明，家乐福做得也非常成功。

案例 2-4

戴尔公司的成本优势战略与微软公司的产品差异战略

戴尔公司近年来在盈利能力较低的个人计算机行业中取得了不俗的经营业绩，市场占有率从2001年的13%上升到2006年的20%，销售收入从2001年的319亿美元增加到2006年的559亿美元，净利润也从2001年的21.77亿美元提高到2006年的35.72亿美元，而且历年经营活动产生的现金流量均大大高于净利润，这些成果主要归功于它所采取的成本优势战略。戴尔公司的成本优势战略主要包括以下方面的内容：直销而放弃中间环节的经销商；适时制生产技术的采用；外包维修服务；选择性研究开发而非全面研究开发；OPM(Other People's Money)营运资金策略的运用。

与戴尔公司不同，微软公司采用的是产品差异战略，同样也取得了非凡的经营业绩。其销售收入从2001年的73亿美元提升到2006年的43亿美元，净利润也从2001年的73亿美元上升到2006年的126亿美元。微软公司如此惊人的业绩表现得益于宽松的行业竞争环境吗？答案是否定的。软件行业的竞争是十分激烈的。那么在激烈的行业竞争中，微软为何能够脱颖而出呢？究其原因，在于微软公司成功实施了产品差异战略。它的竞争战略体现在以下几个方面：致力于技术创新；注重企业形象塑造与广告促销；专注于"拿手好戏"而放弃多元化经管；竭尽全力保护版权；拒绝技术的授权使用。这些因素导致了微软公司的产品获得了80%的毛利率。

无论是定价策略的不同还是产品差异战略，企业的竞争战略实际上是根据企业的发展战略所制定的，适应于企业不同的市场定位和营销手段。合适的竞争战略将会为企业创造竞争壁垒，确立稳固的市场地位。

竞争战略分析的方法有许多，常用的包括波特分析法、SWOT 分析法、PEST 分析法等。财务报表使用者可以根据需要选择合适的方法。

2.2.3 会计分析

会计分析是财务报表分析的基础。会计分析的目的在于评价企业会计所反映的财务状况与经营成果的真实程度。众所周知，财务报表是按照会计准则经过加工而成的信息，因此为了进行有效的报表分析，财务报表使用者首先了解会计政策、会计估计的专业知识是十分必要的。会计分析相当于给表面"华丽"实质存在"水分"的财务报表"挤干水分"。会计分析主要针对资产负债表、利润表和现金流量表进行。一般来说会计分析可以分为以下四个步骤：

1. 阅读会计报告

会计报表作为分析的出发点，仔细阅读是必不可少的第一步。只有阅读财务报表后，才能对企业的会计政策、会计估计有所了解，对该公司的会计信息披露的完整性有初步认识，并应该着重注意企业的财务报表附注和财务情况说明书。了解企业会计政策和会计估计及其变更的情况，同时也要注意注册会计师的审计意见。财务报表附注是财务报表不可或缺的组成部分。财务报表使用者要全面了解企业的财务状况、经营成果和现金流量，应当详细阅读财务报表附注。财务报表附注提供财务报表信息生成的依据，并提供无法在报表上列示的财务与非财务信息，从而使得财务报表中数据的信息更加完整。财务报表附注主要包括企业的基本情况、财务报表的编制基础、遵循企业会计准则的声明、重要会计政策和会计估计，会计政策和会计估计变更及差错更正的说明、重要报表项目及其变更的解释，以及重要事项揭示等内容。

现在不仅仅是上市公司需要注册会计师独立审计，许多非上市企业，其财务报表的真实性、准确性与完整性也需要会计师事务所作为独立方进行审计。审计后，会计师事务所要出具审计报告，提供审计意见。审计意见可划分为五种类型：无保留意见、带强调事项段的无保留意见、保留意见、否定意见和无法表示意见。第一种意见可称之为标准意见，后四种称之为非标准意见，这样审计报告也分为两种类型。一般而言，如果会计师事务所出具了标准意见审计报告，则说明企业财务报表的可信度有了比较大的保证；如果会计师事务所出具了非标准意见审计报告，特别是上述四种非标准意见的后三种类型，则财务报表使用者需要对企业的财务报表给予必要的怀疑。

案例 2-5

黎明股份的保留意见审计报告

致公司全体股东：

会计师事务所(以下简称"我们")接受委托，审计了沈阳黎明服装股份有限公司(以下简称"贵公司")2001 年 6 月 30 日的资产负债表和合并资产负债表、2001 年 1 至 6 月的利润表和利润分配表及合并利润表、2001 年 1 至 6 月的合并现金流量表。这些会计报表由贵公司负责，我们的责任是对这些会计报表发表审计意见。我们的审计是依据《中国注册会计师独立审计准则》进行的。在审计过程中，我们结合贵公司的实际情况，实施了包括抽查会计记录等我们认为必要的审计程序。在审计过程中，我们发现，应收款项回函比率较低，对未取得回函的应收款项余额无法确认。除上述情况有待确定外，我们认为，上述会计报表符合《企业会计准则》和《企业会计制度》的规定，在所有重大方面公允地反映了贵公司 2001 年 6 月 30 日的财务状况、2001 年 1 至 6 月会计期间的经营成果及 2001 年 1 月至 6 月现金流量情况，会计处理方法的选用遵循了一贯性的原则。

另外，我们注意到：

① 根据沈阳市国家税务局稽查税罚字(2001)第 1003 号、第 2003 号处罚决定，公司需补缴增值税 1 618 万元、罚款 6 万元，并应从税款的滞纳之日起至缴款的当日止补缴滞纳金，滞纳金数额尚未确定；

② 公司期末应收第一大股东沈阳黎明服装集团公司的往来款 1.88 亿元，并按其资金占用额应收取集团公司的资金占用费 298 万元；

③ 根据辽宁省沈阳市中级人民法院民事判决书(2001)沈经初字第 262 号判决，公司应偿还招商银行沈阳分行长江支行贷款 188 万元及利息。同时公司第一大股东沈阳黎明服装集团公司持有的本公司国有股中的 2 000 万股，因连带保证责任而被冻结。

华伦会计师事务所有限公司

中国·北京

中国注册会计师：

中国注册会计师：

二〇〇一年八月十五日

案例 2-6

红光实业的否定意见审计报告

成都红光实业股份有限公司全体股东：

我们接受委托，审计了贵公司 1998 年 12 月 31 日的资产负债表(母公司及合并)、1998 年度利润表及利润分配表(母公司及合并)和 1998 年度现金流量表(母公司及合并)。这些会计报表由贵公司负责，我们的责任是对这些会计报表发表审计意见。我们的审计是依据《中国注册会计师独立审计准则》进行的。在审计过程中，我们结合贵公司的实际情况，实施了包括抽查会计记录等我们认为必要的审计程序。

审计中发现：

① 由于贵公司彩管生产线因彩管玻壳池炉超期运行导致大量废品，于 1998 年 3 月初

停产待修。现彩管玻壳池炉已于 1999 年 1 月拆除。该条生产线是贵公司的主要产品生产线之一，何时恢复生产难以确定；

② 贵公司的主要产品黑白显像管、黑白显像管玻壳、彩色显像管玻壳等的市场售价远低于其生产成本。现黑白显像管系列生产线于 1999 年 2 月开始间歇性停产，黑白显像管玻壳池炉处于保温状态；

③ 贵公司因严重亏损导致财务状况恶化，流动比率仅为 56.30%，流动负债超过流动资产 3.62 亿元，公司的偿债及融资能力大幅下降；

④ 贵公司账面累计应收成都红光实业集团有限公司离退休人员费用 2 362.30 万元，因公司改制过程中未对离退休人员在股份公司和集团公司之间作适当划分，我们难以确认该笔债权的合理性及可回收性，以及对 1998 年度损益的影响；

⑤ 截至 1998 年 12 月 31 日，贵公司账面尚有待处理流动资产损失 199 380 万元，因未查明原因，未列入 1998 年度损益。

由于上述问题造成的重大影响，贵公司依据持续经营假设和历史成本计价基础纳制的上述会计报表不符合《企业会计准则》和《股份有限公司会计制度》的有关规定，未能公允地反映贵公司 1998 年 12 月 31 日的财务状况及 1998 年度的经管成果和现金流量情况。

四川君和会计师事务所
四川・成都

中国注册会计师：
中国注册会计师：

一九九九年四月三日

这两份典型的非标准意见审计报告说明了企业的财务报告存在严重的问题，审计报告中指出的问题应被重点关注。这些问题将会从各方面影响到企业的日常经营，投资者需要十分警惕。

2. 评估会计策略

在评估会计策略(包括会计政策和会计估计)中，首先需要了解企业的关键会计政策是什么，企业所采取的关键会计政策是刚性的还是弹性的。如果企业选择具有较大弹性的会计政策，那么财务报表使用者需要予以重点关注，并且对企业采用的目的进行深入分析，因为会计政策的选择及其变更可能会对财务报表产生重大影响。企业选择会计政策必然是考虑有利于自身的因素，也可能利用会计政策的弹性来隐瞒真实的财务状况和经营成果。对此，财务报表使用者需要分析企业所选择的会计政策是否合理，是否与行业惯例一致，是否有利用会计政策操纵利润的嫌疑。

3. 分析财务报表变动

财务报表使用者需要了解企业提供的财务报表有哪些项目出现了变动，显著的变动往往意味着不正常的原因。因此，财务报表使用者应利用水平分析法、垂直分析法、趋势分析法等专门方法，对财务报表项目的变动额度、变动幅度和变动趋势等进行分析，寻找出显著的变动，并结合第一步，同时利用会计报表附注，判断企业对项目的显著变动是否具有充分的、合理的解释，从而排除正常变动，锁定异常变动。实践证明，不具有合理解释的异常变动项目往往存在财务舞弊的嫌疑。面对出现的潜在危险信号，财务报表使用者需要进一步搜集相关信息，寻找异常变动的真正原因，获取证实财务舞弊的直接证据。

4. 调整财务报表数据

如果通过以上步骤和方法确实发现了公司的财务舞弊现象，财务报表使用者就需要利用财务报表及其他相关资料，对财务报表相关项目的数据进行调整，以恢复该项目的本来面目。调整财务报表存在水分的项目数据，具有许多方法，如虚拟资产剔除法、异常利润剔除法、关联交易分析法等。

虚拟资产剔除法是指将财务报表中那些故意隐藏费用的"虚拟资产"项目剔除出去。众所周知，资产的本质就在于预期能给企业带来经济利益，而"虚拟资产"指的是已经发生的费用或损失，但由于企业缺乏承受能力而暂时挂账为资产的项目如待摊费用、递延资产、待处理流动资产损失和待处理固定资产损失等。在财务报表中这类资产经常被作为隐藏公司费用的"黑洞"或调节利润的"蓄水池"。一些企业往往通过不及时确认、少摊销或不摊销已经发生的费用和损失等手段，来达到减少费用、虚增利润的目的。倘若如此，财务报表使用者需要将这些虚拟资产从财务报表中剔除出去。

异常利润剔除法是指将财务报表中那些导致利润虚增的非正常利润项目剔除出去。众所周知，判断一个企业的真实盈利能力应该主要依据该企业正常经营活动所产生的利润，而异常利润指的是企业通过债务重组、股权转让、出售长期资产、非货币性交等异常事项产生的利润。由于这种利润具有偶然性或意外性，所以在判断公司盈利能力时应予以剔除。更为糟糕的是，有些企业打着债务重组、股权转让、出售长期资产、非货币性交易等业务的"旗号"，行财务舞弊之实。因此，面对这些现象，财务报表使用者需要将这些异常利润从财务报表中剔除出去。

关联交易分析法是指对财务报表中那些具有操纵利润事实的关联交易的相关项目进行调整。关联交易是企业关联方之间进行的交易，关联交易并非为法律所禁止，但有些企业违背关联交易原则，通过操纵关联交易定价，从而达到调节利润的目的。因此，如果某个企业在某一个会计期间的收入或利润主要来自于关联企业的贡献，那么财务报表使用者需要注意分析关联交易的定价政策是否合理；如果存在不合理的证据，那么应对这关联交易相关的项目进行调整。

2.2.4　财务分析

财务分析是财务报表分析的最主要部分，是"重头戏"。财务分析的主要内容是分析企业的盈利能力、偿债能力、营运能力和增长能力。财务分析的基本方法是比率分析法、因素分析法，且比率分析法又是其中最重要的方法。关于财务分析基本方法的原理将在下文中介绍。

2.2.5　前景分析

财务报表使用者进行分析的目的不仅仅在于了解企业的过去和评估企业的现状，更重要的是要预测企业未来的发展前景，以此来进行自己的投资、信贷等各种决策。也就是说，在经过战略分析、会计分析和财务分析之后，还需要进行恰当的前景分析，以实现财务报表的"决策有用性"目标。综合分析、业绩评价、财务预测和价值评估是前景分析的主要内容，也是进行前景分析的重要工具。

财务预测是指基于各种合理的基本假设，根据预期条件和各种可能影响未来经营活动、投资活动和筹资活动等重要事项，作出最恰当的预估结果，并将预期的财务状况、经营成果和现金流量变动等信息，编制成预计资产负债表、预计利润表和预计现金流量表。其中，对销售收入的预测是财务预测的重要起点。

企业价值评估就是采用专门的方法，遵循特定的程序，对企业整体价值(总资产价值)、所有者权益价值(净资产价值)或部分股权价值进行分析、估算并得出最终结论的过程。企业价值评估方法一般包括成本法、市场法和收益法三大类型，其中现金流量贴现法、EVA法、市盈率法属于较为常用的方法。

2.3　财务报表分析的方法

2.3.1　水平分析法

1. 水平分析法的定义

水平分析法，也称横向比较法，是指将反映企业报告期财务状况、经营成果和现金流量的信息与反映企业前期或历史某一时期财务状况、经营成果和现金流量的信息进行对比，研究企业财务状况、经营成果和现金流量某一方面变动情况的一种财务分析方法。例如，可以将资产负债表中的应收账款期末余额与期初余额进行比较分析，也可以将利润表中的营业收入本年数与上年数进行比较分析。当然，水平分析法所进行的对比，不是仅仅针对单一项目进行比较分析，而是对某一财务报表，如资产负债表、利润表进行全面、综合的对比分析。因此，通常也将水平分析法称为会计报表分析方法。

2. 水平分析法的原理

水平分析法的基本原理是将报表资料中不同时期的同项数据进行对比，对比的方式主要有绝对数和相对数两种，即分别计算变动额和变动率，其计算公式如下：

$$变动额 = 报表某项目分析本期金额 - 报表同项目基期金额变动额$$

$$变动率 = \frac{变动额}{报表某项目基期金额} \times 100\%$$

3. 水平分析法的应用

变动额衡量的是企业财务报表某一项目的变动额度，反映了该项目的变动规模；变动率衡量的是企业财务报表某一项目的变动幅度，反映了该项目的变动程度。因此，运用水平分析法，可以了解项目增减变动额度和变动幅度情况，从而发现可疑点。一般而言，变动额度多少视为异常应根据企业资产基础或收入基础确定，变动幅度如果超过20%则应视为异常，当然还必须结合项目的性质。需要提出的是，在应用水平分析法的过程中应将两种对比方式结合运用,仅用变动量或仅用变动率都可能得出片面的,甚至是错误的结论。

案例 2-7

琼民源造假案

琼民源公司于 1993 年在深圳上市,1997 年 1 月 22 日和 2 月 1 日发布公告宣称,公司在 1996 年实现利润 5.7 亿元,每股收益高达 0.867 元,净利润高达 4.85 亿元,结果引发市场强烈反响,股价波动异常。后经查实,发现琼民源公司存在财务舞弊,虚构利润 5.4 亿元,虚增资本公积 6.57 亿元。其实,对琼民源在短短一年的时间里就取得如此惊人的业绩,略有财务报表分析知识的投资者都会提出质疑。下面对琼民源 1996 年与 1995 年的经营业绩主要指标进行一下水平分析,如表 2-1 所示。

表 2-1　琼民源 1996 年与 1995 年经营业绩水平分析表

财务指标	1996 年金额	1995 年金额	变动额	变动率
利润总额	57 093 万元	67 万元	57 026	85 113.43%
净利润	48 529 万元	38 万元	48 491	127 607.89%
每股收益	0.78 元	0.009 元	0.869 1	96 566.67%
资本公积	110 351 万元	44 617 万元	65 734	147.33%

从表 2-1 中可见,无论从变动额看,还是从变动率看,公司 1996 年的利润总额、净利润、每股收益、资本公积等指标都比 1995 年增长很大,显然属于一种非正常增长。琼民源公司给出的解释是:"公司投资北京的战略决策获得巨大成功,开启和培育了公司获得高收益的新利润增长点,使公司今后稳健、持续获得利润有了可靠保证"。这种含糊其辞的解释实在难以让人信服。实际上,在 1996 年利润总额中有 5.4 亿元是虚构的,是该公司在未取得土地使用权的情况下,通过与关联企业及其他公司签订的未经国家有关部门批准的合作建房、权益转让等无效合同编造的。另外,在财务报表附注中对于资本公积发生巨额增加只字不提,没有任何解释。后经查实,才发现资本公积的所谓增加是未经国家有关部门批准立项和确认的情况下,对 4 个投资项目的资产进行评估而产生的。显然,这 6.57 亿元的资本公积也是虚增的。

案例 2-8

EA 公司存货存在水分备受关注

CCTV《经济半小时》于 2008 年 5 月 9 日播出了来自上海国家会计学院一名青年教师夏草的"沪市十公司年报造假嫌疑"的报道,其中以服装制造而闻名于世的 EA 公司名列其中。夏草根据 EA 公司近几年来的经营状况分析,该公司 1999 年年底存货为 12.1 亿元,而 2000 年以后存货一直都在 20 多亿元的高位盘整,2006 年年底更是飙升至 34 亿元(与1999 年相比,变动额高达 21.9 亿元,变动率高达 180.99%)。同时,该公司近几年的资金非常紧张,根据其财务报表可以看出,EA 公司的债务总额从 2004 年的 34.55 亿元飙升至今年第三季度的 89.70 亿元(与 2004 年相比，变动额高达 5 515 亿元，变动率高达 161.49%)，负债总额竟超过资产总额的 50%。资产伴随着收入的增长，表面上没有任何异常，可是要注意的是，EA 公司自 2000 年以来，存货一直在 20 多个亿高位盘整，而上市公司资金非常紧张，债务压力很大。据此，夏草认为，EA 公司有虚构存货 20 亿元的嫌疑。由于无法进一步获得直接证据，因此对于 EA 公司的存货只能是予以更多的关注。

案例 2-9

某钢结构有限公司财务舞弊

某钢结构有限公司 2000 年成立，该企业 2004 年、2005 年主要财务及税收指标如表 2-2 所示。

表 2-2　主要财务及税收指标　　　单位：万元

项目 ＼ 年度	2004 年	2005 年	差额	变动率%
主营业务收入	1 171.5	1 346.6	175.1	14.95
主营业务成本	992.5	1 190.53	198.03	19.95
主营业务利润	179	156.07	−22.93	−12.81
主营业务利润率	15.28%	11.59%	−3.69%	−24.15
其他业务利润	0	0	0	0
应纳增值税	12.5	4.95	−7.55	−60.4
税收负担率	1.07%	0.37%	−0.70%	−65.45

检查人员通过水平分析找到以下疑点：

① 钢结构制造、安装业是近几年新兴的一种行业，这个行业的平均毛利率大致为 15%，行业的平均税收负担率大致为 2%～3%。为什么该企业两个年度的税收负担率水平均低于行业的平均税收负担率水平？

② 为什么 2005 年的收入增长了 14.95%，而税收负担却下降了 0.7 个百分点，下降幅度达 65 个百分点？

③ 2005 年企业主营业务收入增加了 15 个百分点，而成本增加了 20 个百分点，导致该年比 2004 年少缴增值税 7.55 万元，企业是否有隐瞒收入、不及时确认收入或增加成本逃税的可能？

带着这些疑问，检查人员到该企业进行实地检查。通过检查该企业的财务资料发现，2005 年度，该企业共与包括文化广场建设指挥部在内的十几家企业签订了工程合同，其中与六家企业的工程项目都巧立名目以工程未竣工为借口，将经营收入计在往来账中，没有按规定如实结转收入，也未申报纳税。结合该企业的实际情况，本次检查共查获收入 157.5 万元，查补增值税 27.4 万元。

这三个典型的案例都是通过水平分析法发现指标间的异常变化，在没有适当理由的情况下，我们可以带着质疑寻找背后的原因。同时，数据间存在的内部关系我们也应当特别关注，往往一个数据出现异常时，我们可以通过分解，寻找其相关数据的变化进而得出问题所在的关键。

2.3.2 垂直分析法

1. 垂直分析法的定义

垂直分析法，也叫结构分析法、纵向分析法，也属于比较分析法的一种类型。与水平分析法不同，垂直分析法的基本点不是将企业报告期的分析数据直接与基期进行对比，以求出增减变动量和增减变动率，而是通过计算财务报表中各项目占总体的比重或结构，反映财务报表中各项目的相对重要性及财务报表的总体结构关系。垂直分析法可分别应用于资产负债表、利润表、现金流量表等财务报表。财务报表经过垂直分析法处理后，通常称为同度量报表、总体结构报表、共同比报表等。

2. 垂直分析法的原理

垂直分析法的一般步骤如下：

(1) 确定报表中各项目占总额的比重或百分比，其计算公式如下：

$$某项目的比重 = \frac{该项目金额}{各项目总金额} \times 100\%$$

(2) 通过各项目的比重，分析各项目在企业经营中的重要性。一般而言，项目比重越大，说明其重要程度越高，对总体的影响越大。

(3) 将分析期各项目的比重与前期同项目比重对比，研究各项目的比重变动情况。也可将本企业报告期某项目比重与同行业企业的可比项目比重进行对比，从而确定差异。

3. 垂直分析法的应用

(1) 总体基础的唯一性。在财务报表分析中，总是将财务报表中某一关键项目当做一个整体，然后再把构成这个整体的部分与之进行对比，因此总体基础的选择需要事先明确，一般来说，如果对资产负债表进行垂直分析，则选择资产总额作为总体基础；如果对利润表进行垂直分析则选择营业收入；如果对现金流量表进行垂直分析，则分别选择现金流入总额和现金流出总额作为总体基础。除此以外，财务报表使用者还可以根据需要进一步确定不同的总体基础，如流动资产总额(进行流动资产结构分析)、存货总额(进行存货结构分析)、流动负债总额(进行流动负债结构分析)等。

(2) 分析角度的多维性。即使对于同一种总体基础，财务报表使用者也可以从不同维度进行分析，从而满足不同的分析目的。例如，对于资产结构分析，既可以从流动资产与非流动资产比例角度分析，也可以从有形资产与无形资产角度分析；对于应收账款结构分析，既可以进行账龄结构分析，也可以进行客户结构分析；对于负债结构，不仅可以进行负债期限结构分析，还可以进行负债方式结构分析、负债成本结构分析；对于营业收入结构，既可以分析营业收入来源的业务结构，也可以分析营业收入来源的地区结构。总之，财务报表使用者可以具体情况具体分析，在实际分析中根据不同的需要灵活地选择分析角度，而不能局限于单一角度的分析。

（3）项目数据的可比性。在进行同一企业前后期或不同企业同一期的结构对比时，应尽量保持结构比重计算口径的一致性。因为如果同一企业前后期或不同企业同一期对于同一个项目采取不同的会计政策和会计估计，会直接导致数据的不可比。例如，固定资产折旧方法包括平均年限法、双倍余额递减法、年数总和法等，对于同一类型的固定资产采用不同的折旧方法会导致企业固定资产价值大小不同，从而使计算出来的结构比重不可比。再如，存货计价存在加权平均法、先进先出法等多种方法可供选择，两个企业或同一企业不同时期，即使实际情况完全相同，也会因为采用不同的计价方法，对期末存货、企业利润等产生重大影响。如果面临这样的情形，财务报表使用者需要进行调整。

案例 2-10

蓝田股份存货结构质疑

蓝田股份财务舞弊案件众人皆知，但是可能还有许多人不知道蓝田股份的曝光是与中央财经大学财经研究所的一名研究员的研究密切相关的。她叫刘姝威，因为"蓝田事件"她生平第一次被立案诉讼，第一次收到死亡威胁，第一次打110报警电话，也正因为"蓝田事件"，她于2002年成为了CCTV中国经济年度人物。

2001年9月，刘姝威着手写一本名为《上市公司虚假会计报表识别技术》的书，以蓝田股份为案例进行分析时，发现蓝田股份的会计报表竟然是相似的。出于一个学者的良知和责任，她以"应立即停止对蓝田股份发放贷款"为标题，在《金融内参》上发表了一篇质疑"蓝田神话"的文章，从而引发了轰动全国的"蓝田事件"。此后，刘姝威遭遇了她人生的3个第一次。面对亲身之祸，刘姝威回答："我最后没有放弃，是因为我的结论是对的。"她对蓝田股份虚报表的结论是用国际通用的财务报表分析方法分析与推算出来的。刘姝威的《上市公司会计报表识别技术》一书2002年上市以来，已经印刷了3次，她说，"如果投资者都能够掌握基本的识别虚假会计报表的技巧，那么谁还敢造假？"

我们以蓝田股份的存货结构为例来说明垂直分析法的应用。蓝田股份2000年12月31日的存货是279 344 857.29元。根据其会计报表附注，存货的明细资料如表2-3所示。

表2-3　蓝田股份2000年存货结构　　　　单位：元

项　目	期　初		期　末	
	金额	百分比%	金额	百分比%
原材料	10 730 985.16	4.032	13 875 667.01	4.967
库存商品	1 064 540.82	0.4	44 460.85	0.016
低值易耗品	183 295.9	0.069	2 598 373.02	0.93
产成品	40 215 082.73	15.11	920 332.9	3.295
在产品	212 298 168.5	79.768	229 742 603	82.243
其他	2 759.7	0.001	23 880 420.49	8.549
合计	266 143 842.8	100	279 344 875.3	100

从表 2-3 中可以看出，在蓝田股份 2000 年存货中在产品达 2 亿多元，其所占比重高达约 80%，而蓝田股份的主营产品是农副水产品和饮料。这种存货不易于保存，在产品滞销或腐烂变质就会带来巨大损失。与同行业比较，不难发现在产品占存货百分比高于同行业平均值的 1 倍，在产品绝对值高于同行业平均值的 3 倍。基于此，刘姝威研究员指出，蓝田股份的存货及其结构应该是调查的重点，存货很可能存在着虚假成分。

案例 2-11

四川长虹应收账款结构分析

2004 年末，四川长虹电器股份有限公司发布了一个惊人的消息：长虹的美国进口商 Apex 公司拖欠长虹的应收账款高达 4.675 亿美元。而可能收回的资金约计 1.5 亿美元，加之其他原因，预计 2004 年度会出现巨大亏损。下面对长虹 2001—2003 年的应收账款作详细的分析，如表 2-4 所示。

表 2-4　四川长虹应收账款分析表

项　　目	2003 年	2002 年	2001 年
应收账款净额/万元	498 513.35	422 020.9	288 070.76
应收账款增长率/%	18.13	46.5	58.15
资产总计/万元	2 140 020.27	1 867 036.72	1 763 751.17
应收账款占资产比重/%	23.29	22.6	16.33
主营业务收入/万元	1 413 319.55	1 258 518.47	951 461.85
应收账款占主营业务收入比重/%	35.27	33.53	30.28

从表 2-4 中可以看出，四川长虹 2001—2003 年间虽然应收账款净额增长率在逐年下降，但其规模却在不断上涨，而且在总资产规模不断扩大的情况下，应收账款占资产的比重仍然在逐年增大，可见公司应收账款的增长速度超过了总资产的增长速度，这是一个相当危险的信号。从另一个角度观察，四川长虹在主营业务收入逐年增长的情况下，其应收账款占主营业务收入的比重也呈逐年变大的趋势，表明公司的应收账款增长速度超过了主营业务收入的增长速度，这说明公司的收入质量并不高，应该引起投资者的高度重视。总之，当销售收入和净利润的增长主要来自于单一或极少数客户时，尤其应当关注应收账款的回收情况，审慎评估这些客户的信用风险。

案例 2-12

外销赚钱内销亏损的"石蜡"

大连某蜡制品厂成立于 1999 年 8 月，属于私营个人合伙企业(在地税部门缴纳个人所得税)，实收资本 420 万元，主要从事化工蜡、皂用蜡的生产销售。销售的对象既有通过外贸出口又有内销。检查人员通过调查发现，企业的毛利率、税负很低。检查人员将销售收入、销售成本、销售数量按内销与出口进行了分类统计，如表 2-5 所示。

表 2-5　大连某蜡制品厂内销与出口的分类统计

年度	出口收入/万元	出口成本/万元	出口数量/t	出口单价/(元/t)	平均成本/(元/t)	毛利率
2004 年	19 124	18 101	45 812	4 174	3 951	5.34%
2005 年	16 799	16 061	31 112	5 399	5 162	4.39%
合计	35 923	34 162	76 924	4 670	4 441	4.90%
年度	内销收入/万元	内销成本/万元	内销数量/t	内销单价/(元/t)	平均成本/(元/t)	毛利率
2004 年	11 227	11 235	35 411	3 170	3 172	−0.07%
2005 年	17 819	17 032	43 839	4 064	3 946	2.90%
合计	29 046	28 537	79 250	3 665	3 600	1.75%

从表 2-5 可以看出，该企业 2004 年内销收入与内销成本倒挂是最大的疑点。2004 年出口销售毛利率为 5.34%，而内销毛利为 −0.07%，这与近年来石蜡市场价格飞涨、供不应求的情况严重不符。经过进一步调查发现，这家企业进货及销售均负担运输费用，本来销售与成本已经倒挂，再搭上运费，显然是不正常的。检查人员又对该企业原材料的购进、产成品的销售情况进行统计，2004 年内销原材料——石蜡的平均单价为 3 074.4 元/吨，而当年销售价低于 3 000 元/吨的有 9 000 吨。这样大量的低价销售，还要搭上运费，这背后究竟意味着什么？根据上述疑点分析，检查人员判断该企业采取提高开具发票的销售数量降低销售单价的手段，在数量上把账面作平，从而形成成本与收入倒挂，以掩盖销售不开票、不入账而进行偷税的实质。

这三个案例采用了垂直分析法的同时也结合了其他的分析方法，可以明显地看出，在关注财务报表数据的变化时，并非生搬硬套，要灵活的结合实际，考虑宏观行业环境、企业性质、产品特征等方面，在垂直分析的同时结合水平分析，可将相同实质的经营业务相对比，具体分析出异常变化的原因。当然，我们首先要打好基础，学会应用基本的分析方法，在实际应用中考虑各方面因素。

2.3.3　趋势分析法

1. 趋势分析法的定义

趋势分析法是根据企业连续若干会计期间(至少三期)的分析资料，运用指数或动态比率的计算，比较和研究不同会计期间相关项目的变动情况和发展趋势的一种财务分析方法，也叫动态分析法。趋势分析法既可用于对财务报表的整体分析，即研究一定时期财务报表所有项目的变动趋势，也可对某些主要指标的发展趋势进行重点分析。

2. 趋势分析法的原理

趋势分析法的一般步骤如下：

(1) 计算趋势比率或指数。趋势指数的计算通常有两种方法：一是定基指数，二是环比指数。定基指数就是各个时期的指数都是以某一固定时期为基期来计算的，环比指数则是各个时期的指数以前一期为基期来计算的，趋势分析法通常采用定基指数，两种指数的计算公式分别如下：

$$定基指数 = \frac{某一分析期某指标数据}{固定基期某指标数据}, \qquad 环比指数 = \frac{某一分析期某指标数据}{前期某指标数据}$$

(2) 根据指数计算结果，评价与判断企业该指标的变动趋势及其合理性。

(3) 预测未来的发展趋势，根据企业分析期该项目的变动情况、研究其变动趋势或总结其变动规律，从而可预测出企业该项目的未来发展情况。

3. 趋势分析法的应用

应用趋势分析法，需要注意以下几点：

(1) 比较的指标，既可以直接针对财务报表的项目，也可以针对财务指标，如净资产收益率、流动比率、资产负债率等，还可以针对结构比重。

(2) 比较的形式，除了计算定基指数或环比指数以外，财务报表使用者还可以不加以处理，直接采用趋势分析图的形式进行比较分析，这样更加直观。

(3) 比较的基础，财务报表使用者需要注意，当某项目基期为零或负数时就不能计算趋势指数，因为这样比较会失去实际意义，此时可以采用趋势分析图的形式。

(4) 对于计算趋势指数的财务报表数据，财务报表使用者同样要注意比较前后期的会计政策、会计估计的一致性，如果会计政策、会计估计不一致，那么趋势指数也会失去比较的实际意义。

(5) 对分析结果，财务报表使用者需要注意排除偶然性或意外性因素的影响。对于健康发展的企业，其发展规律通常应该是稳步上升或下降的趋势(视分析项目不同而定)，但有可能由于一些偶然性或意外性的因素，在某一分析期出现背离整个发展趋势的情形，此时财务报表使用者应该深入分析其是否受一些偶然性或意外性因素的影响，从而对企业该项目的真实发展趋势作出合理判断。

案例 2-13

银广夏净利润与主营业务收入趋势分析

银广夏是我国股票市场中一个因造假而臭名昭著的上市公司，它主要是通过虚构主营业务收入的手段来达到虚增利润的目的。其实，我们利用趋势分析法是很容易发现银广夏造假的。以银广夏 1997—2000 年会计报表为例，进行净利润的趋势分析，并以此查明其净利润出现大幅度波动的真正原因。根据银广夏对外披露的年报信息，首先可以编制银广夏 1997—2000 年净利润趋势分析表(表 2-6)或者绘制出银广夏 1997—2000 年净利润趋势图，如图 2-2 所示。

表 2-6　银广夏 1997—2000 年净利润

	1997 年	1998 年	1999 年	2000 年
净利润/万元	3 937	5 847	12 779	41 765
定基指数/%	100	148.51	324.59	1 060.83

表 2-6 和图 2-2 显示，从 1998 年开始，银广夏的净利润加速增长，2000 年净利润比上年增长 226.83%，与 1998 年相比增长了将近 10 倍。作为一名投资者，你认为这是正常的吗？一名具有财务报表分析知识的投资者，应该质疑银广夏的净利润为什么会发生如此大的波动？

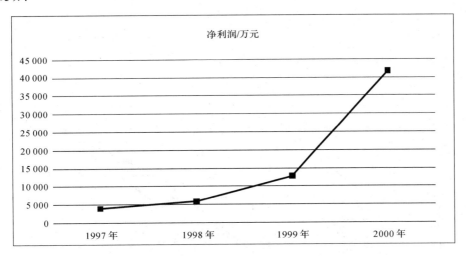

图 2-2　银广夏 1997—2000 年净利润趋势图

为了寻找答案，应该分析与其相关的财务指标是否也发生了相应的波动，从而找出净利润异常变动的真实原因。净利润的主要影响因素是主营业务收入，那么应该分析其主营业务收入是否也出现了相应波动。表 2-7 和图 2-3 是银广夏的相关资料信息。

表 2-7　银广夏 1997—2000 年主营业务收入

	1997 年	1998 年	1999 年	2000 年
主营业务收入/万元	32 432	60 628	52 604	90 899
定基指数/%	100	186.94	162.2	280.28

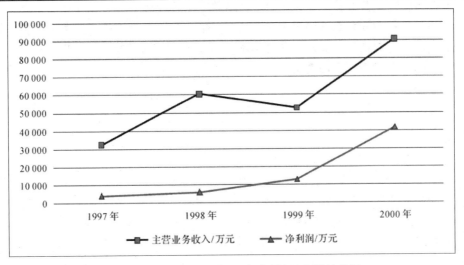

图 2-3　银广夏 1997—2000 年净利和净利润趋势图

根据表2-7和图2-3可以发现银广夏1997—2000年主营业务收入与净利润的趋势存在差异，1999年净利润增长1118.54%，而主营业务收入却下降13.24%。

由此，进一步分析银广夏的与主营业务收入相关的其他财务指标是否也出现了异动，同样，根据财务报表数据将其绘制成趋势图，如图2-4所示。

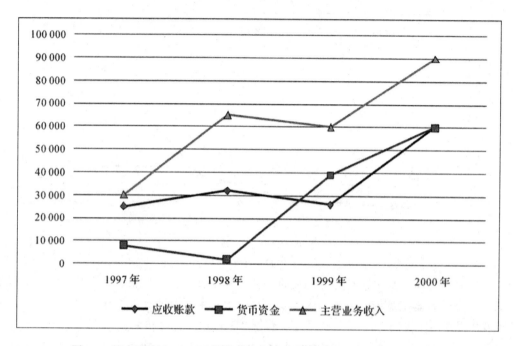

图2-4　银广夏1997—2000年货币资金、应收账款和主营业务收入趋势图

图2-4清晰地显示，银广夏1998年主营业务收入上升没有增加货币资金，应收账款和货币资金的波动幅度与主营业务收入不一致，1999年货币资金大幅度上升不是来源于主营业务收入。那么到底是什么原因造成货币资金与主营业务收入和应收账款没有发生相应的波动，而且1999年在主营业务收入和应收账款下降的情况下，为什么货币资金却大幅度上升呢？通过进一步分析企业的现金流量发现，银广夏的经营活动和投资活动主要是依赖外部筹资，其自身创造现金流量的能力本不足以维持正常的经营活动和投资活动。因此，有理由怀疑银广夏财务报表的真实性。

案例2-14

天津磁卡应收款项与存货的趋势分析

天津环球磁卡股份有限公司于1903年12月06日上市，经营范围为：研创、生产信用卡及信用卡专用设备、印刷金融票证等。天津磁卡曾在2000年、2001年进行财务造假而受到证监会处罚。表2-8是天津磁卡1998—2002年中的应收款项、存货、主营业务收入趋势分析表。

表 2-8 天津磁卡 1999 年—2002 年中的应收款项、存货、主营业务收入的趋势

单位：万元

项目	1998 年	1999 年	2000 年	2001 年	2002 年
应收票据	0	0	0	8 536	7 864
应收账款	8 101	11 485	12 403	26 294	29 533
其他应收款	25 497	60 215	96 294	77 957	107 390
预付账款	2 302	8 338	2 617	8 911	8 753
应收款项	35 900	80 038	111 314	121 698	153 540
存货	2 478	6 191	27 564	17 838	20 592
应收款项和存货合计	38 378	86 229	138 878	139 536	174 132
应收款项与存货变动趋势	100%	224.68%	361.87%	363.58%	453.72%
主营业务收入	31 305	37 671	37 671	61 587	18 639

从表 2-8 可以看出，天津磁卡从 1998 年以来，年收入基本稳定在 3.7 亿元左右(2001年，如果去掉涉嫌作假的验钞机收入 2.2 亿元，约为 3.9 亿元)。但应收款项和存货总体呈迅速增长趋势，从 1998 年的 3.8 亿增长到 2002 年中期的 17.4 亿元，但截至 2002 年 6 月30 日，15.3 亿元的应收款项只提取了 0.9 亿元的减值准备，显然计提不够充分。另外，存货的跌价准备计提也不够充分，这样就使公司的利润质量大打折扣。

案例 2-15

四川长虹盈利变动趋势

四川长虹在 2004 年一夜之间冒出巨大亏损，震惊了整个证券市场乃至整个社会。本案例着重关注长虹在 2000—2003 年的盈利趋势，见表 2-9。

表 2-9 2000—2003 年四川长虹的盈利趋势分析表　　单位：万元

项目	2003 年	2002 年	2001 年
主营业务收入	1 413 319.55	1 258 518.47	951 461.85
主营业务收入定基指数	148.54%	132.27%	100%
净利润	24 165.19	17 620.27	8 853.59
净利润定基指数	272.94%	199.02%	100%
经营活动现金流量净额	−74 402.61	−298 795.69	137 343.45

根据表 2-9 可以看出，与 2001—2003 年主营收入和净利润"欣欣向荣"局面背道而驰的是经营活动产生的现金流量急剧萎缩。主营业务利润和净利润在逐年增加，但是经营活动产生的现金流量净额却呈现下降的趋势，甚至出现入不敷出的现象。从中可以得到的启示是投资者应对盈利与经营性现金流量相互背离的公司保持高度关注。

相信这三个案例已经教会了大家如何简单的应用趋势分析法，不仅要关注数据的异常变动，还应将一个单一的指标联系其相关数据进行趋势分析，正如在分析主营业务收入时应考虑货币资金和应收账款的变化，其内在联系可以得出很多重要信息，比如营业收入的质量如何。不同数据之间存在的勾稽关系，分析它们之间的变动是否符合常态，也可帮助你挖掘到更多的信息。

2.3.4　比率分析法

1. 比率分析法的定义

比率分析法是利用两个或若干个与财务报表相关的项目之间的某种关联关系，运用相对数来考察、计量和评价，借以评价企业财务状况、经营业绩和现金流量的一种财务分析方法。比率分析法是财务分析中最基本、最常用的一种方法。

2. 比率分析法的原理

比率常用的具体表现形式包括：百分率，如净资产收益率10%；比率，如流动比率为2∶1；分数，如资产负债率为1/2。

财务比率按照反映的内容可以分为：盈利能力比率、营运能力比率、偿债能力比率、增长能力比率。2006年国务院国有资产监督委员会颁布的企业综合绩效评价指标体系，就是将财务绩效定量评价指标划分为这四种类型(只是有些类型的叫法有所区别)，具体见表2-10。

表 2-10　企业综合绩效评价指标体系

评价指标类别	财务绩效定量评价指标	
	基本指标	修正指标
一、盈利能力状况	净资产收益率 总资产报酬率	销售(营业)利润率 盈余现金保障倍数 成本费用利润率 资本收益率
二、资产质量状况	总资产周转率 应收账款周转率	不良资产比率 流动资产周转率 资产现金回收率
三、债务风险状况	资产负债率 已获利息倍数	速动比率 现金流动负债比率 带息负债比率 或有负债比率
四、经营增长状况	销售(营业)增长率 资本保值增值率	销售(营业)利润增长率 总资产增长率 技术投入比率

案例 2-16

从"生"到"死"：财务指标决定一切

毫不夸张地说，上市公司从"生"(上市)到"死"(摘牌退市)，财务指标的变化是上市公司变化的最直观反映。正因为财务指标如此重要，所以，一些上市公司总是出于各种目的想方设法操纵利润、粉饰报表。从最初的"原野事件"、"琼民源事件"，到"东方锅炉事件"、"大庆联谊事件"，再到"蓝田股份事件"、"银广夏事件"，无不令人触目惊心。对于一名财务分析人员而言，了解一些有关上市公司管理的规定有助于更好地进行上市公司财务报表分析。

上市：根据《公司法》、《证券法》和中国证监会 2006 年公布的《首次公开发行股票并上市管理办法》的相关规定，股份有限公司申请其股票上市，必须符合与财务相关的条件是：最近 3 个会计年度净利润均为正数且累计超过人民币 3 000 万元，净利润以扣除非经常性损益前后较低者为计算依据；最近 3 个会计年度经营活动产生的现金流量净额累计超过人民币 5 000 万元，或者最近 3 个会计年度营业收入累计超过人民币 3 亿元；发行前股本总额不少于人民币 3 000 万元；最近一期期末无形资产(扣除土地使用权、水面养殖权和采矿权等后)占净资产的比例不高于 20%；最近一期期末不存在未弥补亏损。

配股：根据《证券法》、《公司法》和中国证监会于 2006 年公布的《上市公司证券发行管理办法》的相关规定，上市公司向原股东配售股份(以下简称配股)应符合的财务条件为：最近 3 个会计年度连续盈利，扣除非经常性损益后的净利润与扣除前的净利润相比，以低者作为加权平均净资产收益率的计算依据；最近 3 年及最近一期财务报表未被注册会计师出具保留意见、否定意见或无法表示意见的审计报告；资产质量良好，不良资产不足以对公司财务状况造成重大不利影响；最近 3 年资产减值准备计提充分合理，不存在操纵经营业绩的情形；最近 3 年以现金或股票方式累计分配的利润不少于最近 3 年年均可分配利润的 20%。

增发：根据《证券法》、《公司法》和中国证监会于 2006 年公布的《上市公司证券发行管理办法》的相关规定，上市公司向不特定对象公开募集股份(以下简称增发)，除应当符合上述配股的条件外，还应当符合以下与财务相关的条件：最近 3 个会计年度加权平均净资产收益率平均不低于 6%，扣除非经常性损益后的净利润与扣除前的净利润相比，以低者作为加权平均净资产收益率的计算依据，除金融类企业外；最近一期期末不存在持有金额较大的交易性金融资产和可供出售的金融资产、借予他人项、委托理财等财务性投资的情形。

发行可转换债券：根据《证券法》、《公司法》和中国证监会于 2006 年公布的《上市公司证券发行管理办法》的相关规定，上市公司公开发行可转换债券，除了应当符合增发股票的一般条件之外，还应当符合以下条件：最近 3 个会计年度加权平均净资产收益率平均不低于 6%，扣除非经常性损益后的净利润与扣除前的净利润相比，以低者作为加权平均净资产收益率的计算依据；本次发行后累计公司债券余额不超过最近一期期末净资产额的 40%；最近 3 个会计年度实现的年均可分配利润不少于公司债券一年的利息。

特别处理：根据证券交易所上市规则的规定及证监会 1998 年 3 月发布的《关于上市公司状况异常期间的股票特别处理方式的通知》，上市公司连续两年亏损或者净资产低于面值的，需进行特别处理，对股票交易进行限制，报价日涨跌幅限制为 5%，以提请市场投资者注意风险，称为"特别处理"(Special Treatment，简称"ST")。2003 年起，沪深交易所对有退市风险的 ST 股票前加注"*"，以"*ST"为标志对有退市风险的股票进行提示。

上市交易暂停：根据《证券法》规定，上市公司在财务方面具有下列情形之一的由证券交易所决定暂停其股票上市交易：公司股本总额、股权分布等发生变化不再具备上市条件；公司不按规定公开其财务状况，或者对财务会计报告作虚假记载，可能误导投资者；公司最近3年连续亏损。

上市交易终止：根据《证券法》规定，上市公司在财务方面具有下列情形之一的，由证券交易所决定终止其股票上市交易：公司股本总额、股权分布等发生变化不再具备上市条件，在规定的期限内仍不能达到上市条件；公司不按规定公开其财务状况，或者对财务会计报告作虚假记载，且拒绝纠正；公司最近3年连续亏损，在其后一个年度内未能恢复盈利。

3. 比率分析法的应用

在计算出财务比率之后，财务报表使用者还需要选择财务分析标准分析财务比率，否则财务比率就只有单纯的字面定义，而缺乏经济含义。财务分析标准的意义就在于它为财务比率的应用提供了参照物。对于外部财务报表使用者而言，常用的财务分析标准包括以下三种类型：

1) 经验标准

经验标准是在财务比率分析中经常采用的一种标准。所谓经验标准，是指这个标准的形成依据大量的实践经验的检验。例如，流动比率的经验标准为2：1、速动比率的经验标准是1：1、资产负债率不应超过50%等。其实，这些经验标准都属于经验之谈，并没有充分的科学依据。因此，财务报表使用者不能把这种经验标准当做是一种绝对标准，认为不论什么公司、什么行业、什么时间、什么环境都是适用的；实际上，经验标准只是对一般情况而言，并不是适用于一切领域或一切情况的绝对标准。财务报表使用者只能利用经验标准作出初步的判断，要下准确的结论，还得结合实际情况作进一步深入分析。例如，假设一个企业的流动比率大于2：1，但在流动资产结构中存在大量应收账款和许多积压存货；而另一个企业的流动比率虽然低于2：1，但货币资金在流动资产中占较大比重，应收账款、存货所占比重较低，这时就不能根据经验标准认为前一企业的短期偿债能力就一定好于后一企业。总之，在应用经验标准时应该具体情况具体分析，而不能生搬硬套。

2) 历史标准

历史标准是指以企业过去某一会计期间的实际业绩为标准。这种标准对于评价企业自身财务状况、经营业绩和资金情况是否改善是非常有益的。历史标准可选择企业历史最高水平，也可选择企业正常经营条件下的业绩水平。另外，在财务分析中，经常将本年的财务状况与上年进行对比，此时企业上年的业绩水平实际上也可看做是历史标准。应用历史标准的优点主要是可靠性比较高，能反映企业曾经达到的水平。但历史标准也有其不足之处，这主要是仅仅运用历史标准可能引起企业"故步自封"或者"夜郎自大"，既有可能脱离企业战略要求，丧失挑战性，又有可能造成企业落后于同行业的竞争对手。因此，财务报表使用者除了应用历史标准，还可以应用其他财务分析标准。

3) 行业标准

行业标准是财务分析中广泛采用的标准，它是按行业制定的，或能反映行业财务状况和经营状况的基本水平。当然，也可选择同行业某一先进企业的业绩水平作为行业标准。企业在财务分析中运用行业标准，能说明企业在行业中所处的地位与水平。应当指出，运用行业标准有三个限制条件：

(1) 同行业内的两个企业并不一定是可比的。例如，同是石油行业的两个企业，一个可能从市场购买原油生产石油产品；另一个则是融开采、生产、提炼到销售石油产品为一体，这两个公司的经营就是不可比的。

(2) 一些大的企业往往跨行业经营，企业的不同经营业务可能有着不同的盈利水平和风险程度，这时用行业统一标准进行评价显然是不合适的。解决这一问题的方法是将企业经营的不同业务的资产、收入、费用、利润等分项报告。

(3) 应用行业标准还受不同企业采用的不同会计政策、会计估计的限制，同行业企业如果采用不同的会计政策、会计估计方法，也会影响评价的准确性。例如，由于存货发出的计价方法不同，不仅可能影响存货的价值，而且可能影响成本的水平。因此，在利用行业标准时还存在一个问题，就是如何获得行业标准。财务报表使用者在采用行业标准时，也要注意这些限制。

利用行业标准还存在一个问题，就是如何获得行业标准。这常常成为大多数财务报表使用者的难题。我们认为，财务报表使用者可以考虑以下两条途径：其一，自行计算。财务报表使用者可以采用算术平均法、综合报表法和中位数法选择若干同行业相关企业的同一比率计算出标准比率，这个标准比率即可成为行业标准；其二，外部获取。根据多年的管理咨询经验，可以通过一些方式获得行业历史数据，如财政部、国资委每年重新修订并公开出版的企业综合绩效评价标准值手册；上市公司公开披露的数据(一些媒体和管理咨询公司经常出台各种上市公司经营业绩排行榜)；行业协会的统计数据(有许多行业协会经常对本行业的企业经营业绩进行统计分析)；官方统计数据(如国家统计局、各种正式出版的统计年鉴)。

可见，各种财务分析评价标准都有其优点与不足，在财务分析中不应孤立地选用某种标准，而应综合应用各种标准，从不同角度对企业财务状况、经营成果和现金流量进行评价，这样才有利于得出正确结论。

案例 2-17

蓝田股份短期偿债能力分析

为了分析蓝田股份 1997—2000 年短期偿债能力，可选择流动比率和流动资产周转率进行比较，如表 2-11。并根据表 2-11 绘制了图 2-5。

表 2-11　蓝田股份 1997—2000 年流动比率和流动资产周转率分析表

项　　目	1997 年	1998 年	1999 年	2000 年
流动比率	2.11	1.68	1.07	0.77
流动资产周转率/%	3.55	1.96	1.09	0.85

从图 2-5 可以看出，蓝田股份 1997—2000 年流动比率和流动资产周转率在逐年下降，到 2000 年二者均小于 1，这说明短期偿债能力越来越弱，令人担忧。

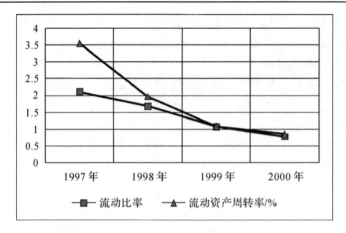

图 2-5　蓝田股份 1997—2000 年流动比率和流动资产周转率分析图

案例 2-18

TX 集团饲养业毛利率出现异常变动

TX 集团是一家上市公司，它的主业为油脂业及农业产品的生产、销售等。根据该公司的年报资料，1998—2001 年中期的养猪业绩如表 2-12 所示。

表 2-12　养猪业绩

单位：万元

项　　目	1998 年	1999 年	2000 年	2001 年(中)
主营业务收入	3 331	3 870	5 547	3 377
主营业务利润	777	1 005	2 913	1 111
毛利率	23.33%	25.97%	52.51%	32.90%

从表 2-12 可以看出，2000 年养猪业绩竟然能达到 52.51%的毛利率，不仅比前后其他几年的毛利率要高得多，而且比一般行业的平均毛利率还要高出很多，令人难以相信。况且，市场上动物养殖的竞争很激烈，因此有理由怀疑高毛利率的背后可能存在虚构收入或虚减成本的可能。

案例 2-19

同仁堂分拆上市后的营运能力分析①

同仁堂作为医药行业的老字号企业，经营业绩一直不错。为应对国内外的竞争，于 2000 年成功实现了分拆上市，由同仁堂分拆并控股的同仁堂科技发展股份有限公司在香港创业板闪亮登场。下面主要针对其营运能力进行分析，有关数据如表 2-13 和表 2-14 所示。

---

① 本案例改编自：王化成，数字的奥秘：中国上市公司财务分析案例。北京：中国人民大学出版社，2006.

表 2-13　同仁堂营运能力纵向比较表　　　　　　　　单位：次

年度	应收账款周转率	存货周转率	固定资产周转率	股东权益周转率	总资产周转率
1998 年	6.11	1.09	3.72	1.10	0.67
1999 年	6.79	0.99	3.77	1.16	0.73
2000 年	7.92	0.95	3.30	1.20	0.71
2001 年	12.05	1.35	3.83	1.47	0.84
2002 年	13.29	1.29	3.89	1.51	0.86
2003 年	12.83	1.15	3.49	1.43	0.83
2004 年	11.57	1.15	3.53	1.29	0.78

表 2-14　同仁堂 2003 年营运能力与行业平均值比较表　　　　　单位：次

指标	数值	行业平均值	行业排名
应收账款周转率	12.83	2.21	3
存货周转率	1.15	3.41	59
固定资产周转率	3.49	1.97	5
股东权益周转率	1.43	2.11	19

从表 2-13 和表 2-14 的数据中可以清楚地看到，企业存货周转情况比较差，与销售量相比存货过多，可能存在存货积压的状况。由于中药的特性，过期的中药价值要远远低于账面价值。存货的积压在一定程度上影响了总资产周转率，从而影响净资产收益率。因此，同仁堂必须调整存货的管理，加大销售量，提高存货周转率，缩短存货周转天数。总体看来，同仁堂的营运能力有些不足，资产周转速度尤其是存货周转速度亟待提高。

对于比率分析法，确实十分方便和直观，但是，对于标准的选取则较为困难，在实际生活中应灵活使用。不管是经验标准、历史标准还是行业标准都要考虑企业内在的特性，此外，还可以找出对标企业，二者作对比分析。

2.3.5　因素分析法

1. 因素分析法的定义

因素分析法是指依据财务指标与其影响因素之间的关系，按照一定的程序分析各因素对财务指标差异影响程度的一种技术方法。因素分析法主要用来确定财务指标前后期发生变动或产生差异的主要原因。

2. 因素分析法的原理

因素分析法按分析特点的不同，可以分为连环替代法和差额计算法两种。其中最常用的就是连环替代法，其基本程序如下：

(1) 确定财务指标与其影响因素之间的关系，建立因素分析式。

$$Y = a \cdot b \cdot c$$

(2) 根据财务指标的分析期数值与基期数值列出两个因素分析式，确定分析对象。

基期值为

$$Y_0 = a_0 \cdot b_0 \cdot c_0$$

分析期值为

$$Y_1 = a_1 \cdot b_1 \cdot c_1$$

差异值为

$$\Delta Y = Y_1 - Y_0$$

其中，ΔY 就是分析对象。

(3) 按因素分析式中各因素的排列顺序逐一替代，并计算出每次替代的结果。

替代因素一，即

$$Y_2 = a_1 \cdot b_0 \cdot c_0$$

替代因素二，即

$$Y_3 = a_1 \cdot b_1 \cdot c_0$$

替代因素三，即

$$Y_1 = a_1 \cdot b_1 \cdot c_1$$

(4) 比较各因素的替代结果，确定各因素对财务指标的影响程度。

因素一对财务指标的影响程度，即 $\Delta a = Y_2 - Y_0$；

因素二对财务指标的影响程度，即 $\Delta b = Y_3 - Y_2$；

因素三对财务指标的影响程度，即 $\Delta c = Y_1 - Y_3$。

(5) 检验分析结果。将各因素变动影响程度相加，检验是否等于分析对象，即

$$\Delta Y = \Delta a + \Delta b + \Delta c$$

差额计算法是连环替代法的一种简化形式，其因素分析的原理与连环替代法是相同的，区别在于分析程序上。差额计算法可直接利用各影响因素的实际数与基期数的差额，在其他因素不变的特定条件下，计算各因素对分析指标的影响程度，即差额计算法是将连环替代法的步骤(3)和(4)合二为一。需要注意的是，并非所有连环替代法都可按差额计算法的方式进行简化。尤其是在因素关系式存在加或减的情况下，在运用差额计算法的时候，一定要注意先将关系式拆分成独立项，然后再分析。

3. 因素分析法的应用

按照我国财务学者、财务分析国家级精品课负责人张先治教授(1995)的建议，在应用因素分析法的过程中，财务报表使用者还需要注意以下几个问题：

1) 因素分解的相关性问题

所谓因素分解的相关性，是指分析指标与其影响因素之间必须真正相关，即有实际经济意义，各影响因素的变动确实能说明分析指标差异产生的原因。这就是说，经济意义上的因素分解与数学上的因素分解不同，不是在数学算式上相等就行，而要看经济意义。例如，将影响材料费用的因素分解为下面两个等式从数学上都是成立的，

材料费用 = 产品产量 × 单位产品材料费用

材料货用 = 工人人数 × 每人消耗材料费用

但是从经济意义上说，只有前一个因素分解式是正确的，后一因素分解式在经济上没

有任何意义。因为工人人数和每人消耗材料费用到底是增加有利还是减少有利无法从这个等式说清楚。当然，有经济意义的因素分解式并不是唯一的，一个经济指标从不同角度看，可分解为不同的有经济意义的因素分解式。这就需要在因素分解时，根据分析的目的和要求，确定合适的因素分解式，找出分析指标变动的真正原因。

2) 分析前提的假定性

所谓分析前提的假定性，是指分析某一因素对经济指标差异的影响时，必须假定其他因素不变，否则就不能分清各单一因素对分析对象的影响程度。但是实际上，有些因素对经济指标的影响是共同作用的结果，如果共同影响的因素越多，那么这种假定的准确性就越差，分析结果的准确性也就会降低。因此，在因素分解时，并非分解的因素越多越好，而应根据实际情况，具体问题具体分析，尽量减少对相互影响较大的因素再分解，使之与分析前提的假设基本相符；否则，因素分解过细，从表面看有利于分清原因和责任，但是在共同影响因素较多时反而影响了分析结果的正确性。

3) 因素替代的顺序性

前面谈到因素分解不仅要因素确定准确，而且因素排列顺序也不能交换，这里特别要强调的是不存在乘法交换律问题。因为分析前提的假定性的原因，按不同顺序计算的结果是不同的。那么，如何确定正确的替代顺序呢？这是一个理论上和实践中都没有很好解决的问题。传统的方法是依据数量指标在前、质量指标在后的原则进行排列；现在也有人提出依据重要性原则排列，即主要的影响因素排在前面，次要因素排在后面。但是无论何种排列方法，都缺少坚实的理论基础。正因为如此，许多人对连环替代法提出异议，并试图加以改善，但至今仍无人们公认的好的解决方法。一般地说，替代顺序在前的因素对经济指标影响的程度不受其他因素影响或影响较小，排列在后的因素中含有其他因素共同作用的成分，从这个角度看问题，为了分清责任，将对分析指标影响较大的、并能明确责任的因素放在前面可能要好一些。

4) 顺序替代的连环性

连环性是指在确定各因素变动对分析对象影响时，都是将某因素替代后的结果与该因素替代前的结果对比，一环套一环。这样既能保证各因素对分析对象影响结果的可分性，又便于检验分析结果的准确性。因为只有连环替代并确定各因素影响额，才能保证各因素对经济指标的影响之和与分析对象相等。

案例 2-20

中成股份总资产周转率分析

中国成套设备出口集团成立于 1959 年 11 月，1998 年集团总公司根据国家体制改革的部署，确定改建为股份制有限公司，并于 1999 年 2 月正式挂牌经营。中国成套设备股份有限公司(以下简称"中成股份")的经营范围为自营和代理除国家组织统一联合经营的出口商品和国家实行核定公司经营的进口商品以外的其他商品及技术的进出口业务；经营进料加工和"三来一补"业务；经营对销贸易和转口贸易；承担我国对外经济技术援助项目和对外提供一般物资援助项目，承包各类境外工程和境内外资工程；提供经济、贸易、技术、信息的咨询和交流服务。

企业财务分析人员在进行资产营运情况分析时发现该公司 2004 年的总资产周转率有所下降，因此需进一步分析其下降的原因。下面利用中成股份 2003 年和 2004 年的财务报表的相关数据，如表 2-15 所示，用因素分析法来分析该公司总资产周转率下降的原因。

表 2-15　中成股份关键财务指标　　　　　　　　　　　单位：万元

项　目	2004 年	2003 年	差异
主营业务收入	58 422.41	79 707.85	21 285.44
平均总资产	105 034.72	206 860.35	101 865.23
平均流动资产	87 345.17	133 989.48	46 644.31
总资产周转率	0.56	0.39	−0.17
流动资产周转次数	0.67	0.59	−0.08
流动资产占总资产比重(%)	83.16	64.77	−18.39

$$全部资产周转率 = \frac{总收入}{平均总资产} = \frac{销售收入}{平均流动资产} \times \frac{平均流动资产}{平均总资产}$$
$$= 流动资产周转次数 \times 流动资产占总资产比重$$

分析对象：
$$0.39 - 0.56 = -0.17$$

流动资产周转速度对总资产周转率的影响为
$$(0.59 - 0.67) \times 83.16\% = -0.067(次)$$

流动资产占总资产比重变动对总资产周转率的影响为
$$0.59 \times (64.77\% - 83.16\%) = -0.103(次)$$

可见，中成股份 2004 年的总资产周转率和 2003 年相比下降了 0.17，说明资产总体营运效率较差而且还有所下降，其中主要原因是其流动资产的比率大幅下降，使总资产周转率下降了 0.103 次，流动资产本身的周转速度也有所下降。中成股份 2004 年的主营业务收入和资产虽然都有大幅提高，但资产整体的运营效果并不理想，这可能与中成股份 2004 年增加了许多的固定资产投资项目有关，其盈利效果和运营效率受到了一定影响。

因此，中成公司管理层更应该关注公司整体资产效率的提高，虽然在 2004 年大幅度增加了负债筹资和固定资产投资，但如果不及时加强管理很可能造成未来的经营效率不佳，加大自身的财务风险。

这个案例说明，我们可以通过将一个指标进行因素分解，然后分析各个因素的变化，就可以理解如果某方面出现问题，应该从哪个角度入手解决，这种方法比较迅速直观，有说服力。

2.3.6　综合分析法

1. 综合分析法的定义

企业的各项财务活动、各张财务报表、各项财务指标是相互联系的，并且相互影响，这就需要财务报表使用者将企业财务活动看作是一个大系统，将不同财务报表和不同财务指标结合起来，对系统中相互依存、相互作用的各种因素进行综合分析。这样，有利于财务报表使用者全方位地了解所分析企业的财务状况、经营业绩和现金流量，并借以对所分析企业整体作出系统的、全面的评价。单独分析任何一项或一类财务指标，都难以全面评价所分析企业的财务状况和经营成果。

2. 综合分析法的原理

应用比较广泛的综合分析法有沃尔评分法、杜邦财务分析体系、帕利普财务分析体系等，在此主要介绍杜邦财务分析体系。杜邦财务分析体系是利用各个主要财务比率指标之间的内在联系，建立财务分析指标体系，综合分析企业的财务状况的一种方法。由于分析方法是由杜邦公司的财务主管布朗发明，并由杜邦公司最初采用，所以称之为杜邦财务分析体系。它的特点是：将若干反映企业盈利能力、偿债能力和营运能力的比率按其内在联系有机结合起来，形成一个完整的指标体系，并最终通过净资产收益率这一核心指标来综合反映，具体如图2-6所示。

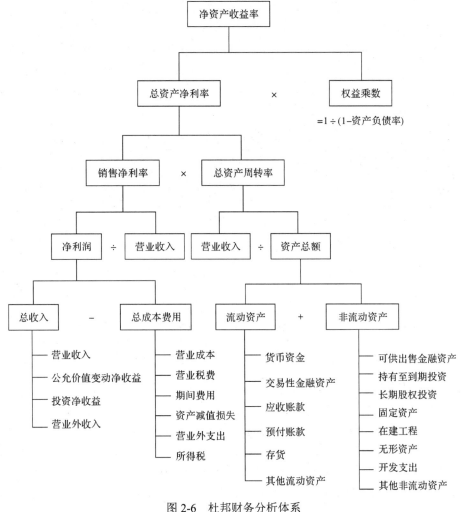

图2-6　杜邦财务分析体系

3. 综合分析法的应用

通过杜邦财务分析体系，一方面可从销售规模、成本费用、资产营运、资本结构方面分析净资产收益率增减变动的原因；另一方面可协调企业经营政策和财务政策之间的关系，促使净资产收益率达到最大化，实现股东价值最大化目标。这种方法简单实用，因而为众多跨国公司广泛采用。但是随着经济的发展和社会的进步，杜邦财务体系也日益暴露了一些局限性，如只包括了财务方面的信息，未反映非财务分析，未考虑股利政策影响，无法体现可持续增长的理念等。正因为如此，人们不断对杜邦财务分析体系的改进与完善提出了许多建议，如哈佛大学商学院教授帕利普等教授就提出了以可持续增长率为核心指标的综合财务分析体系。

案例 2-21

一个软件企业的振兴之路

AB 公司成立于 1995 年 8 月，主营计算机、软件开发、系统集成、通信、电子技术开发，引进计算机、通信、电子技术开发及咨询服务，目前注册资本为 3 500 万元，员工 1 100 人，95%为本科以上学历。

AB 公司近几年的业绩：全国软件出口位居上游；中国软件产业最大规模前 100 家企业之一；最具竞争力、成长性的中国软件企业；年报显示，2003 年 AB 公司的总资产 1.77 亿元，实现营业收入 1.81 亿元，分别是公司成立当年的 80 倍和 52 倍。AB 公司的财务指标体系见表 2-16。

表 2-16　AB 公司的财务指标

项 目	行次及逻辑关系	2001 年	2002 年	2003 年
销售净利率	1	11.70%	12.77%	16.77%
总资产周转率	2	1.02	1.34	1.02
总资产净利率	3 = 1 × 2	11.93%	17.11%	17.11%
验证	4 = 3	11.93%	17.11%	17.11%
权益乘数	5	1.76	1.29	1.30
净资产收益率	6 = 4 × 5	21%	22.07%	22.24%
验证	7	21%	22.07%	22.24%

此案例按照杜邦分析做了一个基础的示范，在实际分析时，杜邦分析可继续细化到一个更基础的因素中。

杜邦分析体系的权益乘数表示企业的负债程度，权益乘数越大，企业的负债程度越高。权益乘数能给企业带来较大的杠杆利益，同时也会给企业带来较大的风险。尽管 AB 公司总资产周转率有所降低，但由于销售净利率不断提高，权益乘数略有上升，所以净资产收益率仍然保持了一定的增长势头。需要注意的是企业下一步需要改善资本结构，扩大资本金注入规模，借以减少企业的负债，提高净资产的运营效率。

本 章 小 结

　　企业财务报表分析根据分析主体的不同，可分为内部分析和外部分析。内部分析是由企业内部有关经营管理人员所进行的财务分析；外部分析是由对企业投资者、债权人或其他与企业有利害关系的人，以及代表公众利益的社会中介服务机构等所进行的财务分析。上述机构和人员共同构成了企业财务报表分析的主体，由于与企业的经济利益关系不同，在进行财务报表分析时，要达到的目的也就不尽相同。

　　财务报表分析的作用主要体现在以下三个方面：正确评价企业过去；全面反映企业现状；可用于预测企业未来。

　　有效的财务分析的前提是合理的分析程序。本章主要介绍了融战略分析与财务报表分析于一体的"哈佛分析框架"。根据哈佛分析框架，财务报表分析的基本程序可以由以下四个步骤构成。

　　(1) 战略分析。战略分析是财务报表分析的逻辑出发点和基本导向。所谓战略分析，就是通过对企业所处行业的定性分析，确定企业在行业中所处的地位和面临的竞争环境，进而掌握企业的经营风险和发展潜力，尤其是价值创造的能力。企业战略分析的关键在于企业如何根据行业分析的结果，正确选择企业的竞争策略，使企业能保持持久竞争优势和高水平盈利能力。企业战略分析一般包括行业分析和企业竞争战略分析。

　　(2) 会计分析。会计分析是财务报表分析的基础。会计分析的目的在于评价企业会计所反映的财务状况与经营成果的真实程度，具体包括评估会计政策和评估会计估计两个方面。众所周知，财务报表是按照会计准则经过加工而成的信息，因此为了进行有效的报表分析，财务报表使用者首先应了解会计政策、会计估计的专业知识。会计分析相当于给表面"华丽"实质存在"水分"的财务报表"挤干水分"。会计分析主要针对资产负债表、利润表和现金流量表进行。一般来说，会计分析可以分为以下五个步骤：阅读会计报告；评估会计策略；分析财务报表变动；调整财务报表数据。分析财务报表变动的方法主要是水平分析法、垂直分析法和趋势分析法。本章对这三种方法的定义、原理和应用做了重点介绍。

　　(3) 财务分析。财务分析是财务报表分析的最主要部分，是"重头戏"。财务分析的主要目的是对企业的盈利能力、偿债能力、营运能力和增长能力等方面进行分析，从而评价该企业的财务状况、经营成果和现金流量等情况，具体包括盈利能力分析、偿债能力分析、营运能力分析和增长能力分析四个方面。财务分析的基本方法是比率分析法、因素分析法，其中比率分析法又是最重要的方法。本章分别介绍了比率分析法、因素分析法的定义、原理和应用。

　　(4) 前景分析。在经过战略分析、会计分析和财务分析之后，还需要进行恰当的前景分析，以实现财务报表的"决策有用性"目地。前景分析的主要目的是在上述三种分析的基础上，利用一些专门的技术和方法，同时结合财务报表分析者的主观经验，对企业的目前财务状况和经营业绩进行综合分析与评价，对其未来盈利和发展前景进行预测与评估。前景分析具体包括综合分析、业绩评价、财务预测和价值评估四个方面。综合分析、业绩评价、财务预测和价值评估所利用的方法也是进行前景分析的重要工具。本章介绍了综合分析法的定义、原理和应用。

思考与练习

1. 财务报表分析的主体有哪些？
2. 财务报告分析的方法有哪些？
3. 财务报告分析程序一般有哪些？
4. 什么是战略分析？
5. 什么是综合分析法？

第三章 资产负债表分析

 学习目标

(1) 了解上市公司资产负债表的基本结构；

(2) 了解资产和负债的确认及计量；

(3) 掌握资产项目中如货币资金、应收账款、存货以及固定资产等的一些主要项目的质量分析方法；

(4) 掌握负债和所有者权益项目中如应付账款、长期借款、实收资本及留存收益等的一些主要项目的质量分析方法；

(5) 掌握水平分析和垂直分析方法，对资产负债表进行综合分析。

 案例导读

资产不实之痛

2007 年 4 月 21 日，上市公司九发股份公布了《关于 2006 年度亏损、资金大股东占用事宜的提示性公告》，有关内容如下：

本公司在监管机构的监督下，进行了内部自查，现披露如下：

一、公司经与 2006 年度财务审计机构沟通，预计 2006 年度经营情况将出现重大亏损，亏损金额约 5 000 万元。亏损原因：审计机构对公司 2006 年度报告期期末资产状况进行了分析，认为公司 2006 年度计提的减值准备金额不足以反映公司报告期账面资产状况，应当增加计提专项减值准备。

二、经查，发现存在公司大股东通过关联方占用资金情况，占用金额正待核实，核实后公司予以详细披露。

随后(4 月 30 日)公布的 2006 年报显示，公司当年净利润亏损 1.16 亿元。年报还对以前年度的会计差错进行了更正。

1. 公司于 2006 年对账龄较长的预付账款进行了集中清理，发现 2004 年及以前年度分别有 659 万元、1 738 万元属于未收到发票的运费。

公司由于上述会计差错更正，2005 年末的资产负债表中的预付账款调减了 587 万元，固定资产减少了 2 339 万元。

2. 由于存货中易拉罐存放的特殊性，很难实施盘点程序获得准确的数量，因此公司在结转成本时按当期出口罐头的重量估计易拉罐的耗用数量。由于估计误差，造成 2004 年度少暂估出库 167 万元，2005 年度少暂估出库 390 万元。

公司由于上述会计差错更正，2005年末的资产负债表中的存货调减了557万元。

3. 公司于2006年对与烟台市牟平区正大物贸中心的票据业务进行了清理，发现2004年漏记其他应收款1.8亿元、漏记短期借款1.4亿元、漏记应付票据4 000万元；2005年漏记新增其他应收款3.46亿元，漏记应付票据等科目4.09亿元、漏记银行存款1.87亿元。

公司由于上述会计差错更正2005年末的资产负债表中的银行存款调减了1.87亿元、其他应收款调增了5.96亿元、坏账准备调增了1 788万元、短期借款调增了3亿元、应付账款调增了1.19亿元、应付票据调减了950万元。

4. 公司所属子公司北京九发生物降解制品有限公司2004年少摊销开办费514万元。山东九发进出口有限公司于2006年对账龄较长的预付账款进行了集中清理，发现2004年有788万元属于未收到发票的运费。

公司由于上述会计差错更正2005年末的资产负债表中的长期待摊费用调减了514万元，预付账款调减了788万元。

如此大量而且金额巨大的会计差错，说明了该公司以前年度的会计报表中存在重大不实。究其原因，有可能是管理层的"主观故意"，也有可能是"无心之失"。无论怎样，带给股东的都是无法言说的痛！

我们不禁要问，一张资产负债表可以容下多少错？那么我们能不能在上市公司业绩变脸(注：该公司前三季度还是盈利4 417.25万元的，年报却亏损1.16亿元，来了个业绩大变脸。)之前，看穿"资产的迷雾"，避免或减少投资者的损失呢？

通过前面章节的学习，同学们已经对财务报表分析的原理以及基本的分析方法有了相应的了解，接下来将进入到财务报表分析的核心内容——对报表的分析，本章主要介绍资产负债表分析的基本原理。

3.1　资产负债表的基本结构

资产负债表的结构一般是指资产负债表的组成内容及各项目在表内的排列顺序。根据我国《企业会计制度》的规定，企业的资产负债表采用账户式结构，它由表头、基本内容和补充资料等组成。

(1) 表头部分。其内容包括报表名称、编制单位、报表编号、编报日期和货币计量单位等。

(2) 基本内容部分。这部分是资产负债表的核心所在，它采用账户式左右对称格式排列，左方为资产，右方为负债和所有者权益。资产负债表的基本框架如表3-1所示。

表3-1　资产负债表基本框架

流动资产	流动负债
非流动资产	非流动负债
	所有者权益

(3) 补充资料部分。补充资料部分列示或反映一些在基本内容中未能提供的重要信息或未能充分说明的信息，这部分资料主要在报表附注中列示。

资产负债表所依据的是"资产＝负债＋所有者权益"这个会计恒等式，所以资产负债表左方项目金额总计与右方项目金额总计必须相等，始终保持平衡。

(1) 资产负债表左方项目。左方为资产，它是按照流动性程度的高低即变现速度快慢的顺序排列，依次为流动资产和非流动资产。

(2) 资产负债表右方项目。右方为负债和所有者权益，它是按先负债后所有者权益排列，其中负债按照偿还时间的顺序排列，先流动负债后非流动负债，而所有者权益则是按其金额的稳定程度排列。

为了使使用者能够比较不同时点资产负债表的数据，资产负债表还就各项目可以分为"期初余额"和"期末余额"两栏分别填列。在实务中，还可能出现一些项目排列上的变化，但基本内容不会变。

这种排列的资产负债表，既可以清晰地反映企业资产的构成和来源，又可以充分反映其转化为现金的能力，以及企业的偿债能力和财务弹性，并明确划分不同投资者的权益界限，适应了不同报表使用者对各种信息的需求。

3.2　资产与负债的计量

3.2.1　资产的确认及计量

1. 资产的定义及其确认

资产是指企业过去的交易或者事项形成的、由企业拥有或者控制的、预期会给企业带来经济利益的资源[①]。根据资产的定义，资产具有以下几个方面的特征：

(1) 资产预期会给企业带来经济利益；

(2) 资产应为企业拥有或者控制的资源；

(3) 资产是由企业过去的交易或者事项形成的。

将一项资源确认为资产，需要符合资产的定义，还应同时满足以下两个条件：

(1) 与该资源有关的经济利益很可能流入企业；即该资源有较大的可能直接或者间接导致现金和现金等价物流入企业；

(2) 该资源的成本或者价值能够可靠地计量；即应当能以货币来计量。如果一项资源的成本或价值不能以货币加以计量，企业就难以确认和计量它的价值，它在未来转化为费用也很难进行计量。

对资产的确认，关键是要判断是否存在未来经济利益。任何一项资源，如果不具备未来经济利益，那么即便企业过去为取得该项资源曾发生过巨额耗费，也不能确认为资产；已确认为资产的，也应从账面上予以剔除。

① 财政部制定《企业会计准则 2006》，经济科学出版社. 2006 年版.

符合资产定义和资产确认条件的项目，应当列入资产负债表；符合资产定义，但不符合资产确认条件的项目，不应当列入资产负债表。

2. 资产的计量

为了便于投资者评价企业的管理层是否有效地履行受托责任，企业对资产进行计量必须遵循历史成本原则，即企业的资产按其获取时的交易价格计量，而不是按其现行交易价格计量。换言之，在历史成本原则下，资产反映的是投入价值，而不是产出价值。以历史成本作为资产的计量属性，最显著的优点是可以提高会计信息的可靠性，因为历史成本是资产的买卖双方达成的交易价格，具有很强的可验证性；最大的缺点是缺乏相关性，导致资产的定性与定量相背离。根据资产的定义，资产的核心是未来经济利益或未来现金流量，投资者不仅关心资产的投入价值，而且希望了解资产预期的产出价值。

正是为了解决这一缺陷，财务会计准则委员会(FASB)、国际会计准则理事会(IASB)和我国财政部最新颁布的会计准则，越来越多地引入了公允价值(Fair Value)，作为特定资产(如投资性房地产、金融工具、生物资产等)的计量属性。所谓公允价值，是指"在公平交易中，熟悉情况的交易双方自愿进行资产交换或者债务清偿的金额[①]"。根据 IASB 的规定，公允价值可分为三个层次：① 相同资产或负债的市场价格；② 相似资产或负债的市场价格；③ 按照其他估值技术估计的价值，如未来现金流量的折现值。与历史成本相比，以公允价值作为计量属性，其最大优点是提高了会计信息的相关性。缺点是，对于不存在活跃交易市场的资产，采用公允价值需要进行大量的估计和判断，据此得出的会计信息其可靠性较低。

与资产计量属性相关的另一个概念称为稳健主义。稳健主义亦称审慎性原则，它是对历史成本原则的一个修正。在市场经济环境下，企业经营活动面临诸多风险和竞争，存在着很大的不确定性。稳健主义就是会计人员面对不确定性所做出的反应(Watts，2003)[②]。根据稳健主义，凡是可能发生的损失或负债应充分地估计并确认，凡是可能产生的收入、利得或资产一般不予估计和确认。在资产计价上，它要求在资产的公允价值下跌至账面价值之下时，计提资产减值准备，确认资产减值损失。从本质上看，稳健主义为投资者提供一项附加保证，确保企业的管理层不至于高估资产的价值或低估负债的价值，从而在一定程度上会抑制管理层的机会主义行为。因此，资产负债表上的资产价值是公司管理层执行经营战略所带来的未来经济利益现值的下限。

从形式上看，资产计价就是将有意义的定量货币数额分配给各项资产的过程，而这是以一定的交换价格或转换价值为依据的。但是，企业经营面临两个市场，从而形成两种类型的交换价值，即产出价值和投入价值。因此，资产的计量属性可分为以下两类：

1) 以产出价值为基础的计量属性

产出价值以资产或劳务通过交换或转换最终脱离企业时可获得的现金数额或其等价

---

① 详见 IFRS 3，Business Combination 附录 A 及 IAS 39，Financial Instrument：Recognition and Measurement 第 43 段。

② Watts，R. L.，2003. Conservatism in accounting Part I：explanations and implications. Accounting Horizon.

物为基础。以产出价值为基础的资产计量属性主要包括：

(1) 符合要求的未来现金流量现值。未来现金流量的现值(Present Value of Future Cash Flow)应当通过折现程序确定。折现不仅包括对实际利率(资金的机会成本)的估计，还包括预期取得现金流入数额的可能性。等待时间越长，可收取的数额不确定性越大，折现值就越小。未来现金流量的现值不是一种计量属性，只有在符合公允价值的定义下，贴近公允价值，才是一项计量属性。

(2) 可实现净值。如果企业的产品在有组织且活跃的市场上销售，其可实现净值(Net Realizable Value)等于预期售价减去相关销售费用后的余额。对于作为库存商品的存货以及接近完工阶段的产品，通常以可实现净值作为预期现金流入的折现值的近似替代。

(3) 现行市价。资产项目根据其在正常情况下出售时所得到的现金或其等价物，可以用相同或相似资产在类似情况下的现行市价(Current Market Price)进行计量。以现行市价作为计量属性的主要缺点是，它所计量的财务状况，不能概括全部不具有同时期市价的项目，因为，有些不可销售的专用设备及大部分无形资产难以获取现行市价的信息。而且现行市价不具有"相加性"的特征，即各项资产显示的现金等值总和，不等于各项资产作为企业整体资产的现金等值。换言之，经过配置和组合的资产整体，其价值大于单项资产的总和。

2) 以投入价值为基础的计量属性

资产的投入价值是指为了取得资产而支付的价格，这种支付价格可以是实际和预期的。以投入价值为基础的计量属性主要包括：

(1) 历史成本。这是财务会计的资产计价所使用的传统属性。资产在初始取得时一般根据发生经济业务时的原始交换价格入账，历史成本代表资产在取得时或生产过程中的投入价值。如前所述，历史成本的最大优点是可靠性较高，因为它们具有可验证的特点。历史成本是在市场上形成的，代表买卖双方自愿达成的交换价格，具有可核查的依据和交易凭证。而且，历史成本与收益计算的实现原则、配比原则密切联系。每个会计期间的净收益是实际产出价值超过实际投入价值的差额，后者是以所耗资产的取得成本计算。但历史成本的计量属性也有其缺陷，其可靠性也是相对的。虽然在交易日，资产的历史成本有凭证为据，但是资产因位移、耗用而对其初始交易成本(历史成本)的调整、分配和账面余额的计算未必是客观的。

(2) 现行重置成本。以现行重置成本(Current Replacement Cost)作为计量属性，是基于如下假定：资产的历史成本和重置成本只有在取得那天是相同的，此后，同一资产或其等价物要用不同的交换价格才能获得。因此，只有现行成本才能表示在现实情况下取得同一资产或其等价物所需要的交换价格。

现行重置成本比历史成本有四个优点：① 现行重置成本表示企业在当前经营环境下获得资产所必须支付的数额，能使现行的投入价值和现行的销售收入配比，据此确定的经营成果更具现实意义；② 通过现行收入与现行成本的配比，可以对资产持有损益和经营损益进行有效区分，较好地反映经营管理的努力程度和经营环境对企业的影响；③ 若要持续获取这些资产且企业未对这些资产增添价值，则现行成本表示资产在期末对企业的价值；④ 以各项资产的现行重置成本相加的总数，比按照不同时期发生的历史成本相加的总数更具经济意义。以现行重置成本作为资产计量属性，其主要缺点是可靠性较低。除非在市场上可获取的资产在各方面与持有的资产保持一致，否则对持有资产的重置成本进行计量需要大量的估计和判断，难免受到主观随意性的不当影响。

3.2.2　负债的确认及计量

1. 负债的定义及其确认

负债是指企业过去的交易或者事项形成的，预期会导致经济利益流出企业的现时义务。根据负债的定义，负债具有以下几个方面的特征：

(1) 负债是企业承担的现时义务。

(2) 负债预期会导致经济利益流出企业。

(3) 负债是由企业过去的交易或者事项形成的。

将一项现时义务确认为负债，需要符合负债的定义，还需要同时满足以下两个条件：

(1) 与该义务有关的经济利益很可能流出企业。

(2) 未来流出的经济利益的金额能够可靠地计量。

符合负债定义和负债确认条件的项目，应当列入资产负债表；符合负债定义，但不符合负债确认条件的项目，不应当列入资产负债表。

2. 负债的计量

从理论上来说，负债的计量应当以未来应付金额的现值为基础，而未来应付金额通常由负债发生日的有关交易或合同所决定的。由于流动负债涉及的期间一般较短(通常少于一年)，面值与其贴现值相差不大，因此，为方便起见，会计实务中一般都是按面值(近似于其未来应付金额的现值)计量流动负债，并列示于资产负债表上。

对于长期负债[①]而言，由于偿还期限通常在一年以上，货币时间价值对未来应付金额的现值影响较大，其面值与其未来应付金额现值之间通常有较大的差额。因此，长期负债在发生之时通常以面值或实际发生额入账，其后分别按名义利率(Stated Interest Rate)、实际利率[②](Effective or Real Interest Rate) 逐期调整账面金额。

鉴于长期负债不仅对企业资本结构有重大影响，也决定着企业未来的重大现金流出，其确认和披露是否恰当、充分将直接影响财务报表质量。

3.3　资 产 分 析

3.3.1　分项分析

长期以来，我国部分上市公司在连续几年收入和利润稳定增长的情况下，却突然陷入

---

① 不包括偿还期在一年以内的长期负债。

② 此利率常常根据具体交易条件、特定金融工具之特性，包括其所含的名义利率，结合其他因素推断计算，因此也称之为推断利率(Imputed Interest Rate)。

严重的财政危机，从财务报表分析的角度来看，有一点是不容忽视的，即企业在追求"良好"的财务业绩的同时，却又在制造着大量的不良资产，致使资产质量日趋破坏，最终陷入财务困境无法自拔。因此，对企业资产的质量问题进行研究，是很重要的。

资产的质量，是指资产的变现能力或被企业在未来进一步使用的质量。企业对资产的安排和使用程度上的差异，即资产质量的好坏，主要表现在资产的账面价值与其变现价值或被进一步利用的潜在价值(可以用资产的可变现净值或公允价值来计量)之间的差异上。这将直接导致企业实现利润、创造价值水平方面的差异。

1. 货币资金

货币资金是指企业生产经营过程中停留于货币形态的那部分资金，它具有可立即作为支付手段并被普遍接受等特性。资产负债表中反映的货币资金包括企业的库存现金、银行结算存款、外埠存款、银行汇票存款、银行本票存款、信用证存款、信用卡存款和在途资金等。其特点是① 流动性最强，是现实的支付能力和偿债能力；② 是企业各种收支业务的集中点，也是资金循环控制的关键环节。

货币资金质量，主要是指企业对货币资金的运用质量以及企业货币资金的构成质量。对货币资金的质量进行分析时，主要应从以下几个方面进行。

1) 分析企业日常货币规模是否适当

为了维持企业经营活动的正常运转，企业必须持有一定量的货币资金。从财务管理的角度来看，货币资金越多，企业偿债能力就越强。但是如果一个企业货币资金经常处于一个比重比较高的状况，则是在浪费投资机会，影响资产的获利能力，增加企业的筹资成本；如果比重过低，将会影响企业的正常经营活动，进而影响企业的商业信誉。

由于企业的情况千差万别，企业货币资金的适当规模，主要受下列因素决定：

(1) 企业的资产规模与业务量。一般而言，资产总额越大，相应的货币资金也应当越多；业务量越多，处于货币资金形态的资产也就越多。

(2) 行业特点。在相同的总资产规模条件下，不同行业(如制造业、商业、金融业企业)的企业的货币资金的规模也不同，如商业企业拥有的货币资金规模要大于工业企业的货币资金规模。

(3) 资金筹措及运用货币资金的能力。如果企业拥有良好的信誉，筹资渠道通畅，就没有必要长期持有大量的货币资金。如果企业运用货币资金的能力较强，能灵活进行资金调度，那么货币资金的数量可以维持较低的水平，以提高企业的获利能力。

2) 分析企业货币资金构成质量

企业的银行存款和其他货币资金中有些是不能随时用于支付的存款，例如，不能随时支取的一年期以上的定期存款、有特定用途的信用证存款、商业汇票存款等，它们必将减弱货币资金的流动性，对此，应在报表附注中加以列示，以正确评价企业资产的流动性及其支付能力。

3) 分析货币资金内部控制制度的完善程度及实际执行质量

这里的企业货币资金收支过程中的内部控制制度，涉及企业货币资金收支的全过程。与货币资金收入有关的内部控制制度主要应该涉及销售过程和具体的收款过程两个方面。主要包括对客户的选择、销售数量与折扣等级的决定、付款条件(预付、现销、赊销或组合)

的决定、商品或产品出库数量和质量的确定等。与货币资金支出有关的内部控制制度主要应该涉及采购过程和具体的付款过程两个方面。主要包括对采购需求的确定、对采购时机的确定、对供货商的选择、采购数量与折扣等级的谈判与决定、付款条件的决定等。

2. 交易性金融资产

交易性金融资产是指企业为了近期出售而持有的金融资产，主要是企业以赚取差价为目的从二级市场购入的各种有价证券，包括股票、债券、基金等。交易性金融资产是以公允价值计量且其变动计入当期损益的金融资产。其流动性仅次于货币资金，同时具有盈亏难以把握等特点，在资产负债表中往往表现为金额经常波动、投资收益与亏损易变等。

在对交易性金融资产进行分析时，应主要关注以下几个方面：

(1) 关注交易性金融资产的构成。交易性金融资产中，债券风险较小，基金与股票风险较大，要关注交易性金融资产的构成，以便及时发现风险，予以预防。

(2) 分析交易性金融资产的盈利性大小。分析同期利润表中的"公允价值变动损益"和"投资收益"及其在会计报表附注中对它们的详细说明，通过把握它们为正还是为负来确定这项资产的盈利能力。

(3) 要注意交易性金融资产增减变动情况及其原因。在这里要注意是否有人为地将"可供出售金融资产"甚至是"持有至到期投资"及"长期股权投资"等项目转入该项目挂账之嫌，以改善其流动比率，这可以从规模的波动情况、现金支付能力和投资收益构成等方面进行判断。如交易性金融资产的金额经常波动，跨年度不变且金额较为整齐的交易性金融资产极有可能是长期投资等其他资产。由于交易性金融资产具有盈亏不定、笔数较多的特点，而长期投资收益一般具有固定性、业务笔数较少的特点。如果在投资收益的构成中出现异常情况，则是对企业操纵行为的又一佐证[①]。

3. 应收票据

应收票据是指企业因赊销产品、提供劳务等在采用商业汇票结算方式下收到的商业汇票而形成的债权。它受法律保护，具有较强的变现性。

我国《票据法》规定，票据贴现具有追索权。对企业而言，已贴现的商业汇票就是一种或有负债，如果已贴现的金额过大，也可能会对企业的财务状况带来较大影响，因此，对该项目进行分析时，应结合报表附注中的相关披露，判断已贴现的应收票据是否会影响到企业将来的偿债能力。

如果票据到期付款人无力支付或其他原因拒付，企业应按照应收票据的账面余额将其转入"应收账款"账户，从而将企业的商业债权由有期转为无期加以核算，在一定程度上这会影响该项目的变现性和周转性。

另外，在具有良好的业务合作关系的企业之间，特别是关联企业之间，目前比较流行的一种做法就是互相开具商业承兑汇票，让债权企业用商业承兑汇票向银行贴现，然后再

---

① 在 2018 年新会计准则"可供出售金融资产"转换表述为"以公允价值计量且其变动计入其他综合收益的金融资产"，通过"其他债权投资"科目和"其他权益工具投资"科目核算。"持有至到期投资"转换表述为"以摊余成本进行后续计量的金融资产"，通过"债权投资"科目核算。

将从银行取得的贴现款转划给原票据债务企业，从而达到原票据债务企业间接从银行融资的目的。值得一提的是，因此时开具商业承兑汇票的目的主要是向银行融资，故这种票据金额可能是真实的交易，也可能是不真实的交易。

4. 应收账款

应收账款是指企业因赊销商品、材料、提供劳务等业务而形成的商业债权。

应收账款增多，一方面表现为公司收入的增加，另一方面也表现为公司管理不力，使机会成本、坏账损失和收账费用增加。因此，应收账款应控制在适度规模。影响应收账款的规模的因素有：① 企业的经营方式及所处的行业特点，如广告业往往采用预收款，制造业企业常常采用赊销，商业企业相当一部分业务是现金销售，因而应收账款较少。而在采用赊销方式较多的企业中，应收账款就较多。② 企业的信用政策，放松信用政策将会刺激销售，增大债权规模；紧缩信用政策，制约销售，将减少债权规模。因此，合理确定信用政策，在刺激销售和减少坏账间寻找赊销政策的最佳点，是企业营销策略中必须解决的问题。对应收账款的质量分析，主要从以下几个方面进行。

1) 应收账款的变现性分析

(1) 对债权的账龄进行分析。债权的账龄分析就是对客户所欠账款时间的长短进行分析。由于债权的账龄长短与发生坏账可能性的大小成正比，据此可对不同账龄的债权判断其质量的高低，也可为制定或调整企业的信用政策提供依据，为企业组织催账工作和估计坏账提供依据。

采用账龄分析法时，将不同账龄的应收账款进行分组，并根据前期坏账实际发生的有关资料，确定各账龄组的估计坏账损失百分比，再将各账龄组的应收账款金额乘以对应的估计坏账损失百分比数，计算出各组的估计坏账损失额之和，即为当期的坏账损失预计金额。

(2) 对债务人的构成进行分析。分析债务人的行业构成、区域构成、债务人的所有权性质、债权人与债务人的关联状况和债务人的稳定程度，以及应收账款的大部分是否集中于少数几个客户。

(3) 对形成债权的内部经手人构成进行分析。大量实践表明，形成债权的内部经手人对企业债权的质量影响重大，对于外部报表信息使用者，显然不大可能对形成债权的内部经手人构成进行分析。但从管理者角度，完全可以实施。管理者通过考察形成债权的内部经手人的业务素质和道德素质，既可以为管理者合理调配企业内部的工作安排提供重要的参考信息，也可以引导企业的管理者较早关注企业债权质量较差的区域，及时采取有效措施。

(4) 对债权的周转情况进行分析。可以借助与应收账款周转率、应收账款平均收账期等指标进行分析。在一定的赊账政策条件下，企业应收账款平均收账期越长，债权周转速度越慢，债权的变现性也就越差。

(5) 对坏账准备政策进行分析。在分析应收账款的质量时要特别关注企业坏账准备计提的合理性。

(6) 对分期付款进行分析。分期付款应收账款较其他应收账款流动性要差，对其分析要区别于一般应收账款。

2) 对应收账款变动的分析

对应收账款变动进行分析，应重点关注应收账款增加是否正常，如果应收账款的增长率超过营业收入的增长率，则其增长可能并不合理。此时应深入分析应收账款增长的原因，除了企业销售增长带来的应收账款增长这一原因外，还有其他原因，比如企业信用政策发生变化，收账政策不当或收账工作执行不力，以及会计政策变更和会计估计变更的影响等。

3) 企业是否利用应收账款进行利润调节

首先，应关注企业会计期末突发性产生的与应收账款对应的营业收入，其次，要特别关注关联企业之间的业务往来，观察是否通过关联企业的交易操纵利润的现象。如果有，则应予以调整。最后，关注企业是否使用会计估计变更进行利润调节。

5. 存货

存货是指企业在正常生产经营过程中持有以备出售的产品或商品，或者为了出售仍然处在生产过程中的在产品，或者将在生产过程中或提供劳务过程中耗用的材料、物料等。

与其他流动资产项目相比，存货的变现能力相对较弱。存货是企业生产经营的前提条件，存货不足会无法满足企业正常生产经营的需要，容易导致企业生产经营的中断，使企业失去获利机会，因此存货应当保持在适量的水平上。

对存货的质量分析，应当从其结构、盈利性、变现性以及周转性等四个方面重点进行分析，但首先要以分析存货的物理质量、时效状况为基础。

1) 对存货的物理质量分析

例如，商业企业中的待售商品是否完好无损、制造业的产成品的质量是否符合相应产品的等级要求，等等。

2) 对存货的时效状况分析

如食品中，保质期较长的时效性相对较弱；出版物中内容较为稳定、可利用期限较长的时效性相对较弱；支持技术进步较快的存货的时效性较强，支持技术进步较慢的存货的时效性较弱等。

3) 存货构成的项目分析

存货主要分为库存材料、在产品、产成品等项目。分析存货构成的项目时，应仔细阅读报表附注中披露的存货构成项目和金额，还应结合市场销售情况，关注库存材料是否保持在再生产正常进行的最低水平；在产品是否保持在某个稳定的水平而使生产过程持续进行；产成品不同品种的盈利能力、技术状态、市场发展前景等的状况不同，企业是否过分依赖某一种产品或几种产品，否则极有可能因产品出现问题而使企业受到重创。

4) 对存货的毛利率走势进行分析

毛利率下降，或者意味着企业的产品在市场上的竞争力下降，或者意味着企业的产品生命周期出现了转折，或者意味着企业生产的产品面临激烈的竞争。企业年度间毛利率的变化也有可能是企业通过低转或高转成本、改变存货计价和盘存方式等手段，人为进行利润操纵的结果。

5) 对存货的计价分析

我国会计准则规定，企业应当采用先进先出法、加权平均法或者个别计价法确定发出存货的实际成本。存货计价方法的选择将对企业的财务状况和经营成果产生不同的影响。在通货膨胀条件下，存货的不同计价方法对资产负债表和利润表的影响见表 3-2。

表 3-2 通货膨胀条件下存货计价方法对财务报表的影响

计价方法	对资产负债表的影响	对利润表的影响
先进先出法	基本反映存货当前价值	利润被高估
后进先出法	低估存货当前价值	基本反映当前利润水平
加权平均法	介于两者之间	介于两者之间
个别计价法	存货价值符合实际	利润水平符合实际

对于着重分析企业短期偿债能力的报表使用者来说，企业利润的虚实影响不大，关键是要了解存货的变现价值。

6) 对存货跌价准备分析

存货期末计价采用成本与可变现净值孰低法，对于可变现净值低于成本的部分，应当计提存货跌价准备。对存货的变现性进行分析时，应首先对其计提的合理性进行判别，一方面要特别关注企业是否利用存货项目进行潜亏挂账；另一方面还要注意考察企业是否通过存货跌价准备计提来进行巨额摊销，为来年的"扭亏为盈"提供机会。另外，还应关注报表附注中有关存货担保、抵押方面的说明。

7) 对存货的周转性分析

对企业的存货周转率进行分析，来考察存货的周转性。在周转一次可以产生毛利率的情况下，在其他条件相同时，企业存货周转速度越快，一定时期的盈利水平也就越高。

8) 对存货的日常管理分析

企业存货质量不仅仅取决于账面数字，还与存货的日常管理密切相关。只有恰当保持各项存货的比例和库存周期，材料存货才能为生产过程消化，商品存货才能及时实现销售，从而使存货顺利变现。

6. 其他应收款

其他应收款号称企业会计报表的"垃圾桶"，包括企业除应收票据、应收账款、预付账款以外的各种应收、预付款项。报表使用者要借助报表附注仔细分析其具体构成项目的内容和发生时间，特别是金额较大、时间较长、来自关联方的其他应收款。要警惕企业利用该项目粉饰利润、大股东抽逃或无偿占用资金及转移销售收入偷逃税款等行为。

实际工作中，一些企业为了种种目的，常常把"其他应收款"作为企业调整成本费用和利润的手段。把一些本该计入当期费用的支出或本应计入其他项目的内容放在该科目中。因此分析其他应收款时，最主要的是观察企业应收款的变动趋势，如果发现企业的其他应收款余额过大甚至超过应收账款，就应该分析企业是否存在操纵利润的情况。

7. 长期股权投资

长期股权投资是企业持有的对其子公司、合营企业及联营企业的权益性投资及企业持有的对被投资单位不具有控制、共同控制或重大影响，并且在活跃市场中没有报价、公允价值不能可靠计量的权益性投资。

由于长期股权投资通常具有投资金额大、投资期限长、风险大以及能为企业带来较大的利益的特点,因而对企业的财务状况影响很大。长期股权投资的分析可以从以下几个方面进行:

1) 长期股权投资构成分析

长期股权投资构成分析主要从企业投资对象、投资规模、持股比例等方面进行分析。

2) 投资收益分析

股权投资收益分为两个部分:一是股利收益;二是股权转让的差价收益。采用成本法进行核算时,投资收益与现金是一致的;而采用权益法核算,所确认的投资收益通常与现金流入是不一致的。这也是为什么企业有利润,而没有钱的原因之一。而股权转让的差价收益具有高度不确定性,不容易计量。

3) 长期股权投资减值准备分析

应注意的是,在长期股权投资计提减值准备时,应准确区分资产与资产组,如果将本应单项计提减值准备的资产误作为资产组来处理,则会少计提减值准备,虚增利润。相反,若是将本是密切相关的一组资产仍按单项资产计提,则虚减利润,减少纳税。

8. 固定资产

固定资产是指为生产商品、提供劳务、出租或经营管理而持有的,使用寿命超过一个会计年度的有形资产。固定资产具有占用资金数额大、资金周转时间长的特点,是资产管理的重点。对固定资产的分析,可以从以下几个方面进行:

1) 固定资产分布和利用的合理性分析

在各类固定资产中,生产用固定资产,特别是其中的生产设备,同企业的生产经营直接相关。在全部资产中应占有较大比重。非生产用固定资产应在发展生产的基础上,根据实际需要增加,但增长速度一般不应超过生产用固定资产增长速度,它的比重降低应当认为是正常现象。合理配置固定资产,即可以在不增加固定资产总额的同时提高企业生产能力,又可以使固定资产得到充分利用。

2) 固定资产规模分析

固定资产的规模必须和企业生产经营的总体规模相适应,同时和流动资产保持一定的比例关系。

3) 固定资产折旧分析

在对固定资产进行折旧分析时,应从以下三个方面进行:

(1) 分析企业固定资产预计使用年限和预计净残值确定的合理性。分析时,应注意固定资产预计使用年限和预计净残值的估计是否符合国家有关规定,是否符合企业的实际情况。在实际中,一些采用直线法折旧的企业在固定资产没有减少的情况下,通过延长折旧年限,使得折旧费用大量减少,转眼之间就"扭亏为盈"。对于这样的会计信息失真现象,报表使用者在分析时应持谨慎态度,并予以调整。

(2) 分析企业固定资产折旧方法的合理性。在实际应用中,企业往往利用折旧方法的选择,来调整固定资产净值和利润。

(3) 观察企业的固定资产折旧政策前后是否一致。企业变更固定资产折旧方法,可能隐藏着一些不可告人的动机。对固定资产占总资产比重大的企业,折旧政策的调整对当期的利润影响十分重大,已成为某些上市公司调节利润的重要手段。

4) 固定资产减值准备分析

固定资产减值准备分析主要从以下几个方面进行:

(1) 固定资产可回收金额的确定,这是确定固定资产减值准备提取数的关键。

(2) 固定资产减值准备变动对固定资产的影响。

(3) 固定资产发生减值对生产经营的影响。固定资产发生减值使得固定资产价值发生变化,如果固定资产实际上已发生了减值,企业不提或者少提固定资产减值准备,不仅虚夸了固定资产价值,同时也虚夸了企业的生产能力。结果就会造成会计信息失真,潜亏严重。

5) 固定资产的周转性分析

固定资产周转率就是用来反映其利用效率的指标,企业要想提高固定资产周转率,就应加强固定资产的管理,做到固定资产投资规模得当、结构合理。此外,计算固定资产原值与全年产量的比率,并与以前年度作比较,分析其波动原因,可能会从中发现闲置固定资产或已减少固定资产未在账户上注销的情况。

9. 无形资产

无形资产是指企业拥有或者控制的没有实物形态的可辨认非货币性资产,包括专利权、非专利技术、商标权、著作权、土地使用权、特许经营权等。对无形资产的分析可以从以下几个方面进行:

1) 无形资产规模分析

在知识经济时代,企业控制的无形资产越多,其可持续发展能力和竞争能力就越强,因此企业应重视培育无形资产。

2) 正确评价无形资产的价值

对于外购的无形资产,在资产负债表中反映了其成本;对于内部开发活动形成的无形资产,其研究阶段的支出全部费用化,计入当期损益;开发阶段的支出符合条件的才能资本化。允许开发支出资本化计入无形资产成本,无疑会增加科技及创新类企业的利润调整空间。虽然《企业会计准则第 6 号——无形资产》对企业的研究阶段和开发阶段的定义进行了区分,但是在实际操作中,由于无形资产研发业务复杂、风险大,准确区分研究和开发两个阶段存在一定的难度。因此报表使用者需要注意甄别企业是否存在利用研究和开发阶段的划分进行利润操纵的行为。

3) 无形资产的摊销

无形资产摊销金额的计算正确与否,会影响无形资产账面价值及利润的真实性。因此,在分析无形资产时应仔细审核无形资产摊销是否符合会计准则的有关规定,注意企业是否有利用无形资产摊销调整利润的行为。

4) 无形资产计提减值准备分析

企业应该计提无形资产减值准备而没有计提或者少提,不仅会导致无形资产账面价值的虚增,而且会虚增当期的利润总额。对此现象,应进行分析与调整。

10. 长期待摊费用

长期待摊费用，是指企业已经支出，摊销期限在一年以上(不含一年)的各项费用。主要包括筹建期间发生的费用，待企业开始生产经营起一次计入开始经营当期的损益；经营租入固定资产的改良支出。对于企业来说，长期待摊费用应当越少越好，占资产总额比重越低越好。对该项目的分析，应从以下几个方面进行：

1) 是否存在人为将长期待摊费用作为利润调节器的情况

在当期利润不足的情况下，将部分本应当期承担的费用资本化为长期待摊费用，或将长期待摊费用挂账而延期摊销；而在当期利润较为富裕的情况下，又会采用"以丰补歉"的做法，加大长期待摊费用的摊销力度，为今后经营业绩的保持奠定基础。

2) 长期待摊费用与利润总额增长趋势是否相适应

一般情况下，长期待摊费用规模应当呈减少的趋势，如果企业长期待摊费用规模增加幅度较大，则应关注会计报表附注中关于长期待摊费用确认标准和摊销的会计政策，重点检查会计报表附注中的各类长期待摊费用项目的明细表，核查每个项目产生及摊销的合理性；同时应特别注意本年度增加较大和未予正常摊销的项目。

3.3.2 总括分析

在对企业各项资产进行具体的质量分析的基础上，有必要对企业资产质量进行总括分析。我们应根据各类资产的特点和作用以及它们构成的比重对企业作细致的分析。通过分析，使我们认识企业生产经营与管理的优势与不足，并为进一步分析这些优势和不足形成的原因提供资料。

1. 资产结构分析

资产结构就是指企业的流动资产、长期投资、固定资产、无形资产等占有资产总额的比重。企业资产结构主要受以下因素影响：

(1) 企业所处的行业特点和经营领域。不同的行业、不同的经营领域，往往需要不同的资产结构。生产性企业的固定资产的比重往往要大于流通性企业；机械行业的存货比重则一般要高于食品行业。

(2) 企业的经营情况。经营情况好的企业，其存货占资产的比重相对可能较低，货币资金则相对充裕；经营状况不佳的企业，可能由于产品积压，存货占资产的比重会较大，其货币资金则相对不足。

(3) 市场需求的季节性。若产品的市场需求具有很强的季节性，则要求企业的资产结构具有良好的适应性，即资产中临时波动的资产应占有较大比重，耐久性固定资产应占有较小比重；反之亦然。旺季和淡季的季节交换也会对企业的存货数量和货币资金的持有量产生较大的影响。

(4) 宏观经济环境。宏观经济环境制约着市场的机会、投资风险，从而直接影响企业的长期投资数额。通货膨胀效应往往直接影响到企业的存货水平、货币资金和固定资产所占的比重。一些法律或行政法规、政策，也会影响到企业的资产结构。

通过对资产结构的分析，可以看出企业的行业特点、经营特点和技术装备特点。如工业企业的非流动资产往往大于流动资产；同一行业中流动资产较高的企业稳定性较差，却较灵活，而非流动资产比重较大的企业底子较厚，但调头难；无形资产持有多的企业，开发创新能力强，而固定资产折旧比例较高的企业，技术更新换代快。

分析资产结构与变动情况通常采用垂直分析法。垂直分析法的基本要点是通过计算报表中的各项目占总体的比重，反映报表中的项目与总体关系情况及其变动情况。对资产结构变动的分析，还应对流动资产和非流动资产，分项目进行具体比较、分析，以便进一步查明原因，判断企业资产结构变动的合理性。在判断企业资产各项目结构变动合理性时应结合企业生产经营特点和实际情况。

分析流动资产比重时应注意把流动资产比重的变动与销售收入和营业利润的变动联系起来。如果营业利润和流动资产比重同时提高，说明企业正在发挥现有经营潜力，经营状况好转；如果流动资产比重上升而营业利润并没有增长，则说明企业产品销路不畅，经营形势不好；如果流动资产比重降低而销售收入和营业利润呈上升趋势，说明企业资金周转加快，经营形势优化；如果流动资产比重和营业利润、销售收入同时下降，则表明企业生产萎缩，沉淀资产增加。

分析非流动资产比重时，要注意非流动资产比重过高，首先，意味着企业非流动资产周转缓慢，变现力低，这势必会增大企业经营风险；其次，使用非流动资产会产生一笔巨大的固定费用，这种费用具有刚性，一旦生成则短期不易消除，这样会加大企业的经营风险；最后，非流动资产比重过高会削弱企业的应变能力，一旦市场行情出现较大变化，企业可能会陷入进退维谷的境地。

2. 资产规模分析

对资产规模的分析，就是利用水平分析法从数量上了解企业资产的变动情况，分析变动的具体原因。利用水平分析法的基本要点就是将企业资产负债表中不同时期的资产进行对比，对比的方式有两种：一是确定其增减变动数量；二是确定其增减变动率。应用水平分析法，可以观察资产规模以及各资产项目的增减变化情况，发现重要或者异常的变化，对这些变化再作进一步的分析，找出其变化的原因，并判断这种变化是有利还是不利的。判断企业资产规模变化是否合理，要联系企业生产经营活动的发展变化，即将资产规模增减比率同企业产值、销售收入等生产成果指标的增减比率相对比，判断增资与增产、增收之间是否协调，资产运营效率是否提高。

3. 资产结构优化分析

企业资产结构优化就是研究企业的资产中各类资产如何配置能使企业取得最佳经济效益。在企业资产结构体系中，固定资产与流动资产之间的结构比例是最重要的内容。固定资产与流动资产之间的结构比例通常称为固流结构。因此，资产结构优化分析，其实是指固流结构优化分析。

对一个企业而言，主要有三种类型的固流结构：

(1) 适中的固流结构：是指企业在一定销售量的水平上，使固定资产存量与流动资产存量的比例保持在平均合理的水平上。这种资产结构可在一定程度上提高资金的使用效率，但同时也增大了企业的经营风险和偿债风险，是一种风险一般、盈利水平一般的资产结构。

(2) 保守的固流结构：是指企业在一定销售量的水平上，维持大量的流动资产，并采取宽松的信用政策，从而使流动资金处于较高的水平。这种资产结构由于流动资产的比例较高，可降低企业的偿债或破产风险，使企业风险处于较低的水平。但流动资产占用大量资金会降低资产的运转效率，从而影响企业的盈利水平。因此，这种资产结构是一种流动性高、风险小、盈利低的资产结构。

(3) 冒险的固流结构：是尽可能少地持有流动资产，从而使企业的流动资金维持在较低水平上。这种资产结构流动资产比例较低，资产流动性较差。虽然固定资产占用量增加而相应提高了企业的盈利水平，但同时也给企业带来较大的风险。这是一种高风险、高收益的资产结构。

在实际工作当中，我们通常根据下列标准来评价企业固定资产与流动资产的结构比例是否合理：

(1) 盈利水平与风险。企业选择何种资产结构，主要取决于企业对于风险的态度。如果企业敢于冒险，就可能采取冒险的固流结构策略；如果企业倾向于保守，则宁愿选择保守的固流结构策略而不会为追求较高的资产利润率而冒险。

(2) 行业特点。一般来说，创造附加值低的企业，如商业企业，需要保持较高的资产流动性；而创造附加值高的企业，如制造业企业，需要保持较高的固定资产比重。同一行业内部，因其生产特点、生产方式的差异较小，所以其固流结构就比较接近，行业的平均固流结构比例应是本企业固流结构的主要参照标准。

(3) 企业经营规模。一般来说，规模较大的企业，固定资产比例相对高些，因其筹资能力强，流动资产比例相对低些。

企业在分析和评价目前固流结构合理性的基础上，必须对固流结构进行进一步优化。固流结构优化必须以企业采取的固流结构策略所确定的标准为依据。固流结构优化的一般步骤为：首先，分析企业的盈利水平和风险程度，判断和评价企业目前的固流结构；其次，根据盈利水平和风险、行业特点、企业规模等评价标准，按照企业选择的固流结构策略确定符合本企业实际情况的固流结构比例的目标标准；最后，对现有的固流结构比例进行优化调整。调整时，既可以调整流动资产存量，也可以调整固定资产存量，还可以同时调整固定资产存量和流动资产存量以达到确定的目标标准。

3.4　负债与权益分析

3.4.1　负债分析

1. 负债分析(分项分析)

负债按其偿还期的长短分为流动负债和非流动负债，流动负债包括短期借款、应付票据、应付账款、预收账款、应付职工薪酬、应交税费、预计负债等，非流动负债包括长期借款、应付债券、长期应付款等。

1) 短期借款

短期借款是指企业向银行或其他金融机构等借入的期限在一年以下(含一年)的各种借

款。通常短期借款占流动负债总额的比重较大，表明企业拥有较好的商业信用。在对短期借款进行分析时，应关注短期借款的数量是否与流动资产的相关项目相适应。其中有无不正常之处，应关注短期借款的偿还时间，预测企业未来的现金流量，评价企业偿付短期借款的能力。

2) 应付票据与应付账款

在对企业的应付票据与应付账款进行分析时，要关注企业应付票据与应付账款的数量变化所包含的经营质量信息。应付票据和应付账款构成了存货的财务来源，应特别注意应付票据和应付账款的规模变化及其与企业存货规模变化之间的关系。一般认为，应付票据和应付账款的规模代表了企业利用商业推动其经营活动的能力，也可以在一定程度上反映出企业在行业中的议价能力。由于应付票据和应付账款的财务成本并不相同(在我国的商业汇票普遍采用银行承兑的条件下，应付票据是有成本的)，因此，从企业应付票据和应付账款的数量变化，可以透视出企业的经营质量。

(1) 随着企业存货或营业成本的增长，应付账款相应增长。在随着企业存货或者营业成本的增长、应付账款相应增长的情况下，从债务企业的角度来说，这种增长在很大程度上代表了债务企业与供应企业在结算方式的谈判方面具有较强的能力；企业成功地利用商业信用来支持自己的经营活动，又避免了采用商业汇票结算所引起的财务费用。对债权企业来说，之所以接受这种结算方式而非采用商业汇票结算方式，是因为对债务企业的偿债能力有信心，对到期回收商业债权有信心。

(2) 随着企业存货或营业成本的增长，应付票据相应增长。在这种情况下，从债务角度来说，这种增长在很大程度上代表了债务企业处于因支付能力下降而失去与供应企业在结算方式的谈判方面的优势而不得不采用商业汇票结算的境地。同时，采用商业汇票结算，不可避免地会引起财务费用的增加、货币资金的周转压力增加。

3) 预收账款

预收账款是指企业按照合同规定向购买单位预收的款项。对于企业来说，预收账款越多越好，因为预收账款在企业发送商品或提供劳务前，可以无偿使用，在企业发送商品或提供劳务后可立即转为企业的收入；同时也预示着企业的产品销售情况很好，供不应求。除了某些特殊的行业或企业外，我们在进行报表分析时，应当对预收账款引起足够的重视，因为预收账款一般是按照收入的一定比例预交的，通过预收账款的变化可以预测企业未来营业收入的变动。

4) 应付职工薪酬

应付职工薪酬是指企业为获得职工提供的服务而给予各种形式的报酬及其他相关支出。对应付职工薪酬进行分析时，应注意企业是否存在利用职工薪酬的成本费用化与资本化的选择进行盈余管理。对于辞退福利，应关注企业是否存在根据当年经营业绩情况，利用提前或延后确认因解除与职工劳动关系给予补偿而产生的预计负债来进行盈余管理。

5) 应交税费

应交税费是企业应缴纳的增值税、消费税、营业税、所得税、资源税、土地增值税、城市维护建设税、房产税、土地使用税、车船使用税、个人所得税等。

由于应交税费涉及的税种较多，在分析此项目时，报表使用者应当了解欠税的内容，有针对性地分析企业欠税的原因。如该项目为负数，则表示企业多交的应当退回给企业或由以后年度抵交的税金。

6) 其他应付款

其他应付款反映企业除应付票据、应付账款、预收账款、应付职工薪酬、应付股利、应付利息、应交税费等经营活动以外的其他各项应付、暂收的款项。其他应付款的分析重点是：其他应付款规模与变动是否正常、是否存在企业长期占用关联方企业资金的现象。报表分析应结合财务报表附注提供的资料进行。

7) 长期借款

长期借款是指企业向银行或其他金融机构借入的期限在 1 年以上(不含 1 年)的各种借款。长期借款期限长、利率高，主要用于补充非流动资产需要。在进行报表分析时，应对企业长期借款数额的增减变动及其对企业财务状况的影响给予足够的重视。影响长期借款变动的因素有：银行信贷政策及资本市场的资金供求状况、为了满足企业对资金的长期需要、保持企业权益结构的稳定性、调整企业负债结构和财务风险。

综上所述，在对企业举债经营进行分析时应注意：第一，应避免利用非流动负债来充做短期流转使用，否则会使资金成本上升，得不偿失；第二，在资产报酬率高于负债利率的前提下，适当增加非流动负债可以增加企业的获利能力，提高投资者的投资报酬率，同时负债具有节税作用，从而使投资者得到更多回报。但在资产报酬率下降甚至低于负债利率的前提下，举借非流动负债会加大企业还本付息负担，在企业盈利不多时还会导致亏损，因而使企业风险加大；第三，应对非流动负债的增减变动及其对企业财务状况的影响给予足够的重视，企业举借非流动负债会使企业当期营运资金增加，而企业偿还非流动负债，会使企业当期营运资金减少，对于其中发现的异常情况及时进行研究和处理。

2. 负债分析(总括分析)

1) 负债结构分析

(1) 负债结构。

负债结构是指各项负债占总负债的比重，通过对负债结构的分析，可了解各项负债的性质和数额，进而判断企业负债来自何方，偿还的紧迫程度如何，揭示企业抵抗破产风险以及融资的能力。

分析流动负债占总负债的比重，可以反映出一个企业依赖短期债权人的程度。这个比率越高，说明企业偿债压力越大，这必然要求企业营运周转或资金周转也要加快。该比率越低，企业面临的偿债压力越小。对企业所有者来说，在企业不会遇到因短期债务到期不能还本付息而破产清算时，企业保持较高的流动负债比重，可以使所有者获得财务杠杆利益，同时对企业来讲则能降低融资成本，所以对该比率应确定一个合理的水平。其衡量标志是在企业不发生偿债风险的前提下，尽可能多的利用短期负债融资，因为短期负债的融资成本通常低于长期负债。同时，还应考虑资产的周转速度和流动性。如果企业的流动资产的周转速度快，从而资金回收快，可融通的短期负债就可以多些，相反，短期负债融资应少一些。

分析非流动负债占总负债的比重，可以反映企业借入资金成本的高低和筹措长期负债的能力。在资本需求量一定的情况下，非流动负债比重越高，表明企业在经营过程中借助外来长期资金的程度越高；反之，该比重越低，说明企业在经营过程中借助外来长期资金的程度越低，从而减轻企业偿债的压力。

(2) 分析负债结构应考虑的因素。

① 经济环境。特别是资本市场状况，对企业负债结构具有重要影响。当宏观银根紧缩时，企业取得短期借款可能较为困难，其长期负债的比重则相对提高；反之，企业相对容易取得短期借款，流动负债比重稍大。当然，企业负债结构主要是因为企业内部的相关因素加上外部条件配合而造成的。

② 筹资政策。当企业流动资产规模较大时，决定着企业将采取短期筹资方式，流动负债的比重就会大些；反之，当企业长期资产规模较大时，长期负债的比重就会大些。

③ 财务风险。连续性短期负债的风险往往要高于长期负债。

④ 债务偿还期。企业负债结构合理的重要标志，是在负债到期日与企业适量的现金流入量相配合，企业应根据负债偿还期限来安排企业的负债结构。

2) 负债成本分析

负债成本是指企业使用债权人资本而付出的代价。不同的负债方式所取得的资本成本往往不同，一般而言，债券成本高于银行借款成本，长期银行借款成本高于短期借款成本。企业在筹资过程中往往希望以较低的代价取得资本。所以，对资本成本的权衡，对影响企业的负债结构。

负债成本的计算公式如下：

$$负债成本 = \sum (各负债项目的资本成本×该负债项目占负债总额的比重)$$

3) 负债性质分析

负债从性质来看表现为两方面：一是向外单位的借入款项，如短期借款；二是所欠的款项。借入的款项有明确的偿还期，到期必须偿还，具有法律上的强制性，而所欠的款项，大多没有明确的支付期，何时支付，支付多少，并不具有强制性。因此，企业应根据负债的性质及自身的支付能力，妥善安排好负债的支付，保护企业自身的信用和形象。

3.4.2 所有者权益分析

所有者权益包括实收资本、资本公积、盈余公积、未分配利润四部分。所有者权益分析，可以向投资者、债权人等提供有关资本来源、净资产的增减变动、分配能力等与其决策有用的信息。因此，在进行报表分析时，应对所有者权益的金额、增减变动及其对企业财务状况的影响引起足够的重视。

1. 实收资本

实收资本是指投资者投入资本形成法定资本的价值。实收资本具有无固定利率、期限长且金额相对固定不变的特点。企业投资者增加投入资本，会使营运资金增加，表明投资者对企业未来的生产经营充满信心。将实收资本与企业注册资本数额相比较，如果该项目的数额小于注册资本数额，说明该企业的注册资本存在不到位的情况，对此应做出进一步了解，搞清资金未到位的原因，查清楚企业注册资本是否可靠，对此应给予高度重视。

2. 资本公积

资本公积是指企业收到投资者的超出其在企业注册资本中所占份额的投资，以及直接计入所有者权益的利得和损失等。在对资本公积进行分析时，应注意资本公积构成的合理性。资本溢价是"准资本"，而直接计入所有者权益的利得和损失是具有"损益性质"的资本公积，这种资本公积在企业可以停留多长时间以及是否可以转增资本都具有很大不确定性。所以报表使用者必须深入认识资本公积的性质，了解资本公积信息的充分性及股本扩张能力，借此才能评价所有者权益各组成部分的结构是否合理，避免过度使用资本公积。

3. 留存收益

留存收益是指企业从历年实现的净利润中提取或形成的留存于企业的内部积累，由盈余公积和未分配利润两部分构成。留存收益的增加，有利于资本的保全、增强企业实力、降低筹资风险、缓解财务压力。留存收益的增减变化及变动金额的多少取决于企业的盈亏状况和企业的利润分配政策。对留存收益分析的主要内容是：了解留存收益的变动金额、变动原因和变动趋势；分析留存收益的组成项目，评价其变动的合理性。

3.5　资产负债表综合分析

3.5.1　资产负债表水平分析

资产负债表水平分析是将资产负债表中各项目不同时期的数据进行比较，计算其增减百分百，分析其增减变化的原因，借以判断企业财务状况的变化趋势。

下面以格力电器股份有限公司 2015 年 12 月 31 日资产负债表的有关资料为例，进行水平分析，如表 3-3 所示。

表 3-3　格力电器股份有限公司资产负债表(水平分析)　　　　单位：万元

资　产	2015/12/31	2014/12/31	增减额/元	增减百分比/%
流动资产：				
货币资金	8 881 979.86	5 454 567.34	3 427 412.52	62.84%
衍生金融资产		8 417.75	−8 417.75	−100.00%
应收票据	1 487 980.55	5 048 057.14	−3 560 076.58	−70.52%
应收账款	287 921.21	266 134.76	21 786.45	8.19%
预付账款	84 792.91	159 148.74	−74 355.82	−46.72%
应收利息	110 977.64	124 214.60	−13 236.95	−10.66%
应收股利				
其他应收款	25 401.66	38 059.85	−12 658.19	−33.26%
买入返售金融资产	100 000.00		100 000.00	
存货	947 394.27	859 909.81	87 484.46	10.17%
一年内到期的非流动资产				

续表一

资　产	2015/12/31	2014/12/31	增减额/元	增减百分比/%
其他流动资产	168 483.35	55 837.89	112 645.46	201.74%
流动资产合计	12 094 931.46	12 014 347.88	80 583.58	0.67%
非流动资产：				
发放贷款及垫款	787 261.90	644 170.36	143 091.54	22.21%
可供出售金融资产	270 471.92	215 010.00	55 462.02	25.80%
持有至到期投资				
投资性房地产	49 154.08	50 790.15	−1 636.07	−3.22%
长期股权投资	9 545.92	9 221.31	324.61	3.52%
长期应收款				
固定资产	1 543 181.31	1 493 927.96	49 253.34	3.30%
在建工程	204 483.78	125 434.72	79 049.06	63.02%
固定资产清理	2 201.01	772.14	1 428.87	185.05%
无形资产	265 614.38	248 029.40	17 584.98	7.09%
长期待摊费用	818.24	2 094.83	−1 276.59	−60.94%
递延所得税资产	876 437.61	819 296.20	57 141.41	6.97%
其他非流动资产	65 700.01		65 700.01	
非流动资产合计	4 074 870.17	3 608 746.97	466 123.20	12.92%
资产总计	16 169 801.63	15 623 094.85	546 706.78	3.50%
负债及股东权益				
流动负债：				
短期借款	627 666.01	357 877.33	269 788.68	75.39%
向中央银行借款	800.00	1 745.70	−945.70	−54.17%
吸收存款及同业存放	56 661.22	80 651.31	−23 990.09	−29.75%
拆入资金				
衍生金融负债	118 902.84	21 570.35	97 332.49	451.23%
应付票据	742 763.58	688 196.31	54 567.27	7.93%
应付账款	2 479 426.84	2 678 495.25	−199 068.41	−7.43%
预收账款	761 959.80	642 772.24	119 187.57	18.54%
卖出回购金融资产款		58 600.00	−58 600.00	−100.00%
应付职工薪酬	169 728.26	155 049.82	14 678.44	9.47%
应交税费	297 780.00	830 887.21	−533 107.06	−64.16%
应付利息	4 838.67	3 617.79	1 220.88	33.75%

资　产	2015/12/31	2014/12/31	增减额/元	增减百分比/%
应付股利	70.79	70.79		0.00%
其他应付款	260 760.19	254 637.73	6 122.46	2.40%
递延收益－流动负债				
一年内到期的非流动负债	240 374.56	206 149.09	34 225.47	16.60%
应付短期债券				
其他流动负债	5 500 785.19	4 858 531.29	642 253.90	13.22%
流动负债合计	11 262 518.10	10 838 852.21	423 665.89	3.91%
非流动负债：				
长期借款		225 896.93	−225 896.93	−100.00%
长期应付款				
长期应付职工薪酬	12 751.85	10 671.62	2 080.22	19.49%
递延收益	13 457.17	8 844.32	4 612.85	52.16%
递延所得税负债	24 413.66	25 684.67	−1 271.01	−4.95%
其他非流动负债				
非流动负债合计	50 622.68	271 097.54	−220 474.86	−81.33%
负债合计	11 313 140.77	11 109 949.75	203 191.03	1.83%
所有者权益：				
实收资本(或股本)	601 573.00	300 787.00	300 786.54	100.00%
资本公积	18 595.06	319 126.61	−300 531.54	−94.17%
其他综合收益	−12 492.85	1 774.67	−14 267.52	−803.95%
盈余公积	349 967.16	295 808.86	54 158.30	18.31%
一般风险准备	20 776.41	13 636.41	7 140.00	52.36%
未分配利润	3 773 718.75	3 484 132.40	289 586.35	8.31%
少数股东权益	104 523.25	97 879.62	6 643.63	6.79%
归属于母公司股东权益合计	4 752 137.61	4 415 265.48	336 872.13	7.63%
所有者权益合计	4 856 660.86	4 513 145.10	343 515.76	7.61%
负债及所有者权益总计	16 169 801.63	15 623 094.85	546 706.78	3.50%

　　分析评价：从表3-3中可以看出，格力电器股份有限公司2015年年末资产总额比年初增加了54.67亿元。其中流动资产增加了8.06亿元，而非流动资产增加了46.61亿元。从资产分布来看，资产额的增长主要是由非流动资产的增长引起的。具体地讲，通过观察流动资产各个项目来看，2015年年末货币资金比2014增长了342.74亿元，而应收票据则减少了356亿元，是因为票据未到期大量进行的质押、背书和贴现，从而导致流动资产仅有0.67%的小幅增长。

从资金来源来看，2015 年年末负债总额比年初增加了 20.32 亿元，而所有者权益增加了 34.35 亿元。负债项目中，流动负债增长了 42.37 亿元，非流动负债减少了 22.05 亿元。具体地讲，流动负债的增长主要是由于其他流动负债增长引起，2015 年其他流动负债增长了 64.23 亿元，其中销售返利增长了 63.91 亿元。另外，流动负债中的应交税费 2015 年减少了 53.31 亿元，说明 2015 年销售收入下降，销售不好。非流动负债中，长期借款 2015 年减少了 22.59 亿元。所有者权益项目中，实收资本增长 30.08 亿元，未分配利润增长了 28.96 亿元，资本公积减少了 30.05 亿元。

从增长百分比来看，2015 年年末资产总额比年初增长了 3.5%，负债增长了 1.83%，所有者权益增长了 7.61%。从资产项目来看，流动资产增长了 0.67%，非流动资产增长了 12.92%。具体的，流动资产中变动幅度较大的有货币资金(62.84%)、衍生金融资产(-100%)、应收票据(-70.52%)、预付账款(-46.72%)、其他流动资产(201.74%)。非流动资产中变动幅度较大的有在建工程(63.02%)、固定资产清理(185.05%)、长期待摊费用(-60.94%)。从负债项目来看，流动负债增长 3.91%，非流动负债减少 81.33%。具体地讲，流动负债中，变化幅度较大的有短期借款(75.39%)、向中央银行借款(-54.17%)、衍生金融负债(451.23%)、卖出回购金融资产款(-100%)、应交税费(-64.16%)。非流动负债中变动幅度较大的有长期借款(-100%)、递延收益(52.16%)。从所有者权益来看，变化较大的项目有实收资本(100%)、资本公积(-94.17%)、其他综合收益(-803.95%)、一般风险准备(52.36%)。

3.5.2　资产负债表垂直分析

资产负债表垂直分析也称构成分析，是将资产负债表各项目与总额相比，计算出各项目占总额的比重，并将各项目构成与历年数据、与同行业水平进行比较，分析其变动的合理性及其原因，借以进一步判断企业财务状况的发展趋势。

下面以格力电器股份公司 2015 年 12 月 31 日资产负债表的有关资料为例，进行垂直分析，垂直分析表如表 3-4 所示。

表 3-4　格力电器股份有限公司资产负债表(垂直分析)　　　单位：万元

资　产	2015/12/31	2014/12/31	结　构		变动
			2015 年	2014 年	
流动资产：					
货币资金	8 881 979.86	5 454 567.34	54.93%	34.91%	20.02%
衍生金融资产		8 417.75	0.00%	0.05%	-0.05%
应收票据	1 487 980.55	5 048 057.14	9.20%	32.31%	-23.11%
应收账款	287 921.21	266 134.76	1.78%	1.70%	0.08%
预付账款	84 792.91	159 148.74	0.52%	1.02%	-0.49%
应收利息	110 977.64	124 214.60	0.69%	0.80%	-0.11%
应收股利					
其他应收款	25 401.66	38 059.85	0.16%	0.24%	-0.09%

资　产	2015/12/31	2014/12/31	结　构		变动
			2015 年	2014 年	
买入返售金融资产	100 000.00		0.62%		0.62%
存货	947 394.27	859 909.81	5.86%	5.50%	0.35%
一年内到期的非流动资产					
其他流动资产	168 483.35	55 837.89	1.04%	0.36%	0.68%
流动资产合计	12 094 931.46	12 014 347.88	74.80%	76.90%	−2.10%
非流动资产:					
发放贷款及垫款	787 261.90	644 170.36	4.87%	4.12%	0.75%
可供出售金融资产	270 471.92	215 010.00	1.67%	1.38%	0.30%
持有至到期投资					
投资性房地产	49 154.08	50 790.15	0.30%	0.33%	−0.02%
长期股权投资	9 545.92	9 221.31	0.06%	0.06%	0.00%
长期应收款					
固定资产	1 543 181.31	1 493 927.96	9.54%	9.56%	−0.02%
在建工程	204 483.78	125 434.72	1.26%	0.80%	0.46%
固定资产清理	2 201.01	772.14	0.01%	0.00%	0.01%
无形资产	265 614.38	248 029.40	1.64%	1.59%	0.06%
长期待摊费用	818.24	2 094.83	0.01%	0.01%	−0.01%
递延所得税资产	876 437.61	819 296.20	5.42%	5.24%	0.18%
其他非流动资产	65 700.01		0.41%	0.00%	0.41%
非流动资产合计	4 074 870.17	3 608 746.97	25.20%	23.10%	2.10%
资产总计	16 169 801.63	15 623 094.85	100%	100%	0.00%
负债及股东权益					
流动负债:					
短期借款	627 666.01	357 877.33	3.88%	2.29%	1.59%
向中央银行借款	800.00	1 745.70	0.00%	0.01%	−0.01%
吸收存款及同业存放	56 661.22	80 651.31	0.35%	0.52%	−0.17%
拆入资金					
衍生金融负债	118 902.84	21 570.35	0.74%	0.14%	0.60%
应付票据	742 763.58	688 196.31	4.59%	4.40%	0.19%
应付账款	2 479 426.84	2 678 495.25	15.33%	17.14%	−1.81%
预收账款	761 959.80	642 772.24	4.71%	4.11%	0.60%

资　产	2015/12/31	2014/12/31	结　构		变动
			2015 年	2014 年	
卖出回购金融资产款		58 600.00	0.00%	0.38%	−0.38%
应付职工薪酬	169 728.26	155 049.82	1.05%	0.99%	0.06%
应交税费	297 780.00	830 887.21	1.84%	5.32%	−3.48%
应付利息	4 838.67	3 617.79	0.03%	0.02%	0.01%
应付股利	70.79	70.79	0.00%	0.00%	0.00%
其他应付款	260 760.19	254 637.73	1.61%	1.63%	−0.02%
递延收益 – 流动负债					
一年内到期的非流动负债	240 374.56	206 149.09	1.49%	1.32%	0.17%
应付短期债券					0.00%
其他流动负债	5 500 785.19	4 858 531.29	34.02%	31.10%	2.92%
流动负债合计	11 262 518.10	10 838 852.21	69.65%	69.38%	0.27%
非流动负债：					
长期借款		225 896.93	0.00%	1.45%	−1.45%
长期应付款					
长期应付职工薪酬	12 751.85	10 671.62	0.08%	0.07%	0.01%
递延收益	13 457.17	8 844.32	0.08%	0.06%	0.03%
递延所得税负债	24 413.66	25 684.67	0.15%	0.16%	−0.01%
其他非流动负债					
非流动负债合计	50 622.68	271 097.54	0.31%	1.74%	−1.42%
负债合计	11 313 140.77	11 109 949.75	69.96%	71.11%	−1.15%
所有者权益：					
实收资本(或股本)	601 573.00	300 787.00	3.72%	1.93%	1.80%
资本公积	18 595.06	319 126.61	0.11%	2.04%	−1.93%
其他综合收益	−12 492.85	1 774.67	−0.08%	0.01%	−0.09%
盈余公积	349 967.16	295 808.86	2.16%	1.89%	0.27%
一般风险准备	20 776.41	13 636.41	0.13%	0.09%	0.04%
未分配利润	3 773 718.75	3 484 132.40	23.34%	22.30%	1.04%
少数股东权益	104 523.25	97 879.62	0.65%	0.63%	0.02%
归属于母公司股东权益合计	4 752 137.61	4 415 265.48	29.39%	28.26%	1.13%
所有者权益合计	4 856 660.86	4 513 145.10	30.04%	28.89%	1.15%
负债及所有者权益总计	16 169 801.63	15 623 094.85	100.00%	100.00%	0.00%

分析评价：从表 3-4 中看出，格力资产结构方面，流动资产所占的比重由 2014 年的 76.90%下降到 2015 年的 74.80%，而非流动资产的比重由 2014 年的 23.10%上升到 2015 年的 25.20%。由于比重变化均较小，该企业的资产结构较为稳定。

虽然流动资产比重变化很小，但是观察流动资产组成发现，货币资金的比重由 2014 年的 34.91%上升到 2015 年的 54.93%，应收票据由 2014 年的 32.31%下降到 2015 年的 9.20%，这与水平分析的结论是一致的，而非流动资产中的各项所占比重变化不大。

格力资本结构方面，负债所占比重由 2014 年的 71.11%下降到 2015 年的 69.96%，其中流动负债比重由 2014 年的 69.38%上升为 2015 年的 69.65%，非流动负债的比重由 1.74%下降为 0.31%。流动负债中：应交税费所占比重 2014 年的 5.32%下降为 2015 年的 1.84%，其他流动负债由 31.10%上升为 34.02%，短期借款占比由 2.29%上升为 3.88%。非流动负债中，2015 年长期借款占比由 1.45%下降为 0。所有者权益中，实收资本由 2014 年的 1.80%上升为 2015 年的 1.93%，资本公积则由 2.04%减少为 0.11%。

可以看到，格力的资产负债率较高，但是 2014 年到 2015 年其资产负债率有所降低。观察流动资产和流动负债所占的比重，2015 年流动资产比重为 74.80%，流动负债比重为 69.65%，说明公司营运资金充足，表明企业短期偿债风险较小。另外，通过计算固流比，很显然格力的流动资产一直处于较高水平，是保守型的固流结构。

显然，通过对比水平分析和垂直分析的结果，可以看出所得到的结论是一致的，在对资产负债表进行分析时，往往将这两种分析方法结合起来，以避免重复。

接下来，针对资产负债表中的一些重点项目进行分析：

1. 货币资金

对格力电器的货币资金项目进行深入分析，首先发现导致 2015 年货币资金增长的主要原因在于银行存款高达 97.6%的增长率，较 2014 年结构占比增加 7.9%，这可能是 2015 年经营性现金净流量高达 134%的增长所致，同时格力 2015 年已贴现应收票据 169%的增长率以及短期借款 75.4%的大幅增加也直接导致了账面过多的货币资金。其次是存放中央银行款项较 2014 年有 21.8%的下滑，不难发现，银行存款与存放同业款项成为货币资金的主要构成。

2. 应收票据

应收票据是企业为扩大销售而采取的措施，有利于企业销售的增加。格力在附注中对应收票据的具体情况进行了披露，2015 年已贴现未到期的应收票据增长了 169.7%，已背书未到期的应收票据也有 5.5%的增幅，这意味着格力利用应收票据融资增多，且 2015 年的短期借款也有 75.4%的增长，这可能是销售渠道现金流存在不平衡，销售收入惨淡，经销商销售回款存在问题所致。同时，发现格力已质押未到期的票据较上期有小幅回落，证明格力质押应收票据向其供应商开取应付票据减少，质押票据作为所有权和使用权受限制的企业资产，它的减少将使格力有更多灵活的资产用于偿债，加上贴现和背书的票据可直接融得货币资金，可见其偿债能力有所改善。

3. 应收账款

2015 年格力的应收账款周转天数为 10.20 天，2014 年为 5.89 天，与 2014 年相比，格力的应收账款周转天数有显著的增加，可能的原因是 2015 年清库存打价格战致使营收大幅下降，导致经销商现金流并不充裕，因而应收账款周转有所恶化。

对应收账款账龄进行分析，发现其一年以内的应收账款占比高达 99%以上，证明其坏账风险低，应收账款的质量高。格力在营收遭遇"滑铁卢"的同时，应收账款却较上期有 8.2%的增加，同时 1 年以内的应收账款结构比降低，1 至 2 年的应收账款结构比增加了 3%，这都说明了格力的应收账款管理较其历史水平有所恶化，但仍处于行业领先的地位，资产的流动性较高。

4. 预付账款

2015 年格力的预付账款较 2014 年减少了 46.7%，其原因在于各个账龄区间的预付账款都在减小，2～3 年的预付账款较 2014 年锐减了 93.7%，1 年以内的预付账款减小幅度也较大，原因之一是空调销量低迷，存货积压，导致原材料购买，设备投资等支出减少；原因之二是大宗商品铜、铁价格不断下跌，使得其出于成本考虑，而推迟付款。格力一年以内的预付账款占比达 90%以上，也证明其消化库存的时间短，可较快地投入组织生产。

5. 存货

对 2015 年存货构成进行分析，发现原材料与产成品是存货较 2014 年增长的主要动因，其中产成品占存货的比重最高，可见其渠道库存压力较大，那么上述对原材料预付账款的锐减便不足为奇了。

6. 其他流动负债——销售返利

销售返利以 96%的比重作为其他流动负债的主要存在形式，其次是安装修理费占比达 3.1%。虽然 2015 年销售返利在存量上有 13.7%的增长，但是计提的销售返利却是下降的，降幅约 64.15%，这应该是与格力空调销售规模下降有直接关系。销售返利是以实物——"空调"的形式返给经销商，并非企业真正需要偿还现金的负债，因而在考量企业实际偿债能力时可将其扣除。格力其他流动负债占流动负债的比重达 44.83%，成为流动负债的主要构成，其 2015 年的增长直接导致流动负债增长率穿透流动资产，营运资本出现负增长，但实质上并不意味着格力的偿债能力出现问题。

本 章 小 结

资产负债表是反映企业某一特定日期财务状况的财务报表。

资产负债表在反映企业财务状况时，是按照一定的规则对需要报告的项目进行适当归类的。资产一般分为流动资产、长期投资、固定资产、无形资产、递延资产(长期待摊费用)及其他资产等。负债分为流动负债和长期负债两类。所有者权益则主要包括实收资本(股本)、资本公积、盈余公积和未分配利润。资产负债表项目分类的基本原则应该是尽可能清楚而又概括地揭示企业财务状况的重要方面，便于分析者观察和分析财务报表有关项目之间的联系。

资产的计量属性可分为以产出价值为基础的计量属性和以投入价值为基础的计量属

性。以产出价值为基础的计量属性包括符合要求的未来现金流量现值、可实现净值和现行市价，而以投入价值为基础的计量属性则包括历史成本和现行重置成本。

负债中的流动负债一般是按面值(近似于其未来应付金额的现值)来计量，而长期负债在发生之时通常以面值或实际发生额入账，其后分别按名义利率、实际利率逐期调整账面金额。

资产负债表项目分析，是对资产负债表各项目进行质量分析，包括会计政策、会计估计等变动对相关项目的影响，项目发生变动的可能原因，项目被人为操控的可能性分析等。

货币资金分析的主要内容有：货币资金的规模分析、构成分析以及内部控制制度的完善程度及实际执行质量分析。

应收账款的分析具体来说可以从以下几个方面进行：应收账款规模合理性分析；应收账款账龄分析；应收账款的债务人分析和坏账准备计提的合理性分析；应收账款变动分析；企业是否利用应收账款进行利润调节等。

存货分析的主要内容有：存货真实性分析；存货的结构分析；存货的计价和存货跌价准备分析。

固定资产分析的主要内容有：固定资产的规模分析；固定资产的结构分析；固定资产折旧的计提分析和固定资产减值分析。

短期借款的规模分析应注意以下两点：借款规模与流动资产的规模相适应及流动资产规模的变动情况。

应付账款分析包括应付账款的变动分析，应关注企业应付账款的数量变化所包含的经营质量信息。

长期借款分析主要是对长期借款金额的变动情况进行分析。

分析所有者权益项目时应着重分析其质量，尤其注意考察股东权益内部的股东持股构成状况与企业未来发展的适应性问题。

资产负债表水平分析的目的之一就是从总体上概括了解资产、权益额的变动情况，揭示出资产、负债和所有者权益变动的差异，分析其差异产生的原因。

资产负债表垂直分析，又称作资产负债表结构分析，是通过计算资产负债表中各项目占总资产或权益总额的比重，分析评价企业资产结构和权益结构变动的合理程度。

思考与练习

1. 分析企业货币资金规模的适应性和质量应注意哪些问题？
2. 分析应收账款的质量和流动性应注意的问题有哪些？
3. 分析存货的质量和流动性应注意的问题是什么？
4. 如何理解长期资产与长期债务的对应关系？
5. 简述预计负债金额的确定。
6. 在财务报表分析采用比较分析法时常用的比较标准有哪些？各有什么作用？

7. 某公司 2015 年和 2014 年年末的比较资产负债表有关数据如下：(单位：万元)

项目	2014 年	2015 年	差额	百分比
流动资产：				
速动资产	30 000	28 000		
存货	50 000	62 000		
流动资产合计	80 000	90 000		
固定资产净额	140 000	160 000		
资产总计	220 000	250 000		
负债：				
流动负债	40 000	46 000		
长期负债	20 000	25 000		
所有者权益：				
实收资本	130 000	130 000		
盈余公积	18 000	27 000		
未分配利润	12 000	22 000		
所有者权益合计	160 000	179 000		
负债及权益合计	220 000	250 000		

要求：

(1) 将以上比较资产负债表填写完整；

(2) 分析总资产项目变化的原因；

(3) 分析负债项目变化的原因；

(4) 分析所有者权益项目变化的原因；

(5) 指出该公司应该采取的改进措施。

8. 某制造企业 2015 年 6 月 30 日资产负债表(简表)如下：

资　产		负债与所有者权益	
项目	金额	项目	金额
流动资产	201 970	流动负债	97 925
其中：速动资产	68 700	长期负债	80 000
固定资产净值	237 000	负债合计	177 925
无形资产	138 955	所有者权益	400 000
总计	577 925	总计	577 925

假定行业流动资产结构的平均值为 30%。

要求：对该企业的资产负债表进行垂直分析，并对其资产结构及负债结构做出评价。

第四章　利润表分析

 学习目标

(1) 了解利润表的基本内容和具体结构；

(2) 了解企业收入的确认和计量原则；

(3) 重点掌握对企业收入的分析方法；

(4) 重点掌握对企业成本费用的分析方法；

(5) 掌握对企业利润表进行综合分析的水平分析方法和垂直分析方法。

 案例导读

从审计报告看利润质量——江苏春兰 2007

2008 年 4 月 27 日，江苏天衡会计师事务所有限公司注册会计师对江苏春兰制冷设备股份有限公司的财务报告出具了有保留意见的审计报告。审计报告关于导致保留意见的内容为：

在审计中我们发现：截至 2007 年 12 月 31 日，财务报表反映春兰股份公司应收春兰(集团)公司下属子公司泰州春兰销售公司的货款金额为 78 645.24 万元。泰州春兰销售公司就其对春兰股份公司母公司的欠款 58 597.07 万元于 2008 年 2 月 28 日制定了还款计划，计划在 2008 年 6 月 30 日前归还 30 000 万元，其余欠款在 2008 年 12 月 31 日前归还。春兰(集团)公司于 2008 年 3 月 19 日与春兰股份公司就以上还款计划签署了还款担保协议，担保如果泰州春兰销售公司在 2008 年 12 月 31 日前不能归还上述全部欠款，则余额部分由春兰(集团)公司在 2008 年 12 月 31 日前代为归还。由于欠款金额巨大，账龄在 2~3 年的欠款金额达 40 410.81 万元，且我们受到条件限制，无法实施进一步的审计程序以了解和评估担保方春兰(集团)公司的财务状况及其履行担保承诺的能力，上述欠款能否按期足额收回尚存在不确定性。

这个案例表面涉及了企业债权可回收性的问题，但实际涉及的是企业利润的质量问题。那么，如何看待企业利润的质量？

在日常管理实践中，我们经常会看到，企业利润表里有很高的利润，但是企业在对外支付方面却经常捉襟见肘。这就出现了一个问题：企业有利润与有钱之间是什么关系？企业的利润又体现在什么项目上呢？

学完本章，相信这些问题都会得到解决。

开办企业的目的主要是为了赚钱，如果没有利润，再多的资产也是无济于事。因此，对企业的经济效益分析尤为重要。企业的利润表恰好能够满足我们的要求，利润表的列报充分反映了企业经营业绩的主要来源和构成，有助于我们分析判断企业未来前景以及是否有能力为投资者创造财富。本章第一节对利润表基本结构进行介绍；第二节和第三节分别对收入和成本进行深入分析；第四节分别使用水平分析和垂直分析对利润表进行综合分析。

4.1　利润表的基本结构

利润表是通过一定的表格来反映企业的经营成果。由于不同的国家和地区对会计报表的信息要求不完全相同，利润表的结构也不完全相同。

利润表一般由表首、正表和补充资料三部分构成。

(1) 表首。利润表的表首主要包括报表名称、编制单位、编制日期、报表编号、货币名称、计算单位等，由于利润表说明的是某一会计期间的经营成果，因而利润表的表首必须写明某一时期的起讫日期，如"某年某月"或"某年某月某日结束的会计年度"。

(2) 正表。正表是利润表的主体部分，主要反映收入、费用和利润各项目的具体内容及其相互关系。

(3) 补充资料。利润表的补充资料主要是反映利润表中的一些重要的，而且企业实现难以预测、控制，同时又是报表使用者极为关注的项目，如出售和处置部门或被投资单位所得收益、自然灾害发生的损失、会计政策变更与会计估计变更、债务重组损失等。

目前比较通用的利润表主要有单步式利润表和多步式利润表两种。

1. 单步式利润表

单步式利润表是将当期所有的收入列在一起，然后将所有的费用列在一起，两者相减得出当期净利润。由于净利润的计算只有一个抵减步骤，故称为单步式。单步式利润表实际上是将"收入 − 费用 = 利润"这一会计基本等式的表格化，其格式如表 4-1 所示。

表 4-1　利润表(单步式)

编制单位：　　　　　　　　　　　某年度　　　　　　　　　　　单位：元

项　　目	本年金额	上年金额
一、收入		
主营业务收入		
其他业务收入		
投资收益		
补贴收入		
营业外收入		
收入合计		
二、成本费用		
主营业务成本		

项　目	本年金额	上年金额
主营业务税金及附加		
营业费用		
管理费用		
财务费用		
营业外支出		
所得税		
成本费用合计		
三、净利润		

单步式利润表的优点是收入和费用归类清楚，比较直观、简单，编制方便。但其缺点是收入、费用的性质不加区分，硬性归为一类，不能揭示利润表中各要素之间的内在联系，不能提供一些重要的中间信息，如主营业务利润、营业利润、利润总额等，不便于报表使用者对其盈利进行分析与预测，也不利于同行业之间进行比较评价。只适用于业务量不多、生产经营的产品或商品单一、规模较小的企业。

2. 多步式利润表

所谓多步式，是指按一定的格式经过多个步骤，即按照企业利润形成的主要环节，将相关收入与费用进行配比，进而分别计算出不同业务的结果，然后上下相加减计算确定本期的利润总额和净利润额。也就是说，在多步式利润表上，净利润是分若干个步骤计算出来的，一般可以分为以下几步：

第一步：以营业收入为基础，计算营业利润。

$$营业利润 = 营业收入 - 营业成本 - 营业税金及附加 - 销售费用$$
$$- 管理费用 - 财务费用 - 资产减值损失$$
$$+ 公允价值变动收益(- 公允价值变动损失)$$
$$+ 投资收益(- 投资损失)$$

第二步：以营业利润为基础，计算利润总额。

$$利润总额 = 营业利润 + 营业外收入 - 营业外支出$$

第三步：计算净利润。

$$净利润 = 利润总额 - 所得税费用$$

多步式利润表的格式如表 4-2 所示。

多步式利润表将企业经营过程中发生的收入和费用，根据一定的标准，经过分类处理和浓缩，按利润形成的主次排列，列示了中间的计算过程，提供了十分丰富的中间信息，便于报表使用者对企业的经营业绩进行分析比较，预测企业的经营趋势，弥补了单步式利润表的不足。我国一般采用多步式利润表格式。

但多步式利润表也存在一定的不足，主要表现在：报表编制较为繁琐，且易使人产生收入与费用的配比有先后顺序的误解；收入、费用的分类带有主观性。

不难看出，单步式和多步式利润表的主要区别在于具体结构不同，揭示的中间信息不一样，实际上它们包含的内容是一致的，而且二者可相互转换。

表 4-2　利润表(多步式)

编制单位：　　　　　　　　　　　某年度　　　　　　　　　　　单位：元

项　目	本年金额	上年金额
一、主营业务收入		
减：主营业务成本		
主营业务税金及附加		
二、主营业务利润		
加：其他业务利润		
减：销售费用		
管理费用		
财务费用		
三、营业利润		
加：投资收益		
补贴收入		
营业外收入		
减：营业外支出		
四、利润总额		
减：所得税		
五、净利润		

4.2　收　入　分　析

4.2.1　收入的性质和特点

收入是指企业在日常活动中形成的、会导致所有者权益增加的、与所有者投入资本无关的经济利益的总流入。主要包括销售商品收入、提供劳务收入和让渡资产使用权收入。其中，日常活动是指企业为完成其经营目标所从事的经营性活动以及与之相关的其他活动。企业代第三方收取的款项，应当作为负债处理，不应当确认为收入。

收入具有以下特点：

(1) 收入从企业的日常活动中产生，而不是从偶发的交易或者事项中产生，如工商企业销售商品、提供劳务的收入等。

(2) 收入既可以表现为企业货币资产或非货币资产的增加，如增加银行存款、应收账款等；也可能表现为企业负债的减少，如以商品或劳务抵偿债务；或者二者兼而有之。这里所指的以商品或劳务抵债，不包括债务重组中的以商品抵债。

(3) 收入能导致企业所有者权益的增加。企业收入扣除相关成本费用后的净额，既可能增加所有者权益，也可能减少所有者权益。收入准则中仅指收入本身导致的所有者权益的增加，而不是指收入扣除相关成本费用后的利润对所有者权益的影响，因此，准则将收入定义为"经济利益的总流入"。

(4) 收入只包括本企业经济利益的流入，不包括为第三方或客户代收的款项，如增值税、代收利息等。代收的款项，一方面增加企业的资产，一方面增加企业的负债，因此不增加企业的所有者权益，也不属于本企业的经济利益，不能作为本企业的收入。

4.2.2　收入的确认和计量

收入的确认与计量实际上是指收入在什么时候、以多大金额入账，并在利润表上反映的问题。我国的《企业会计制度》对收入的确认和计量标准规定得比较原则、比较注重交易的经济实质，这就要求企业在对收入进行确认和计量时，要针对不同交易的特点，分析交易的实质，正确地判断每项交易中的收入何时确认及如何计量。

1. 销售商品收入

销售商品收入同时满足下列条件的，才能予以确认：

(1) 企业已将商品所有权上的主要风险和报酬转移给购货方；

(2) 企业既没有保留通常与所有权相联系的继续管理权，也没有对已售出的商品实施有效控制；

(3) 收入的金额能够可靠地计量；

(4) 相关的经济利益很可能流入企业；

(5) 相关的已发生或将发生的成本能够可靠地计量。

销售商品的收入，应当按照企业与购货方签订的合同或协议金额或双方接受的金额确定。企业在确定销售商品收入的金额时，不考虑各种预计可能会发生的现金折扣、销售折让。现金折扣在实际发生时计入当期财务费用。发生在收入确认之前的销售折让，其处理相当于商业折扣；而发生在收入确认之后的销售折让，则应当直接冲减当期收入。此外，销售退回的商品金额也应当从销售收入中扣减。

2. 提供劳务收入

企业在资产负债表日提供劳务交易的结果能够可靠估计的，应当采用完工百分比法确认提供劳务收入。完工百分比法，是指按照提供劳务交易的完工进度确认收入和费用的方法。

提供劳务交易的结果能够可靠估计，是指同时满足下列条件：

(1) 收入的金额能够可靠地计量；

(2) 相关的经济利益很可能流入企业；

(3) 交易的完工进度能够可靠地确定；

(4) 交易中已发生和将发生的成本能够可靠地计量。

企业确认提供劳务交易的完工进度，可以选用下列方法：

(1) 已完工作的测量；

(2) 已经提供的劳务占应提供劳务总量的比例;

(3) 已经发生的成本占估计总成本的比例。

3. 让渡资产使用权收入

让渡资产使用权收入包括利息收入、使用费收入等。让渡资产使用权收入同时满足下列条件的,才能予以确认:

(1) 相关的经济利益很可能流入企业;

(2) 收入的金额能够可靠地计量。

企业应当分别按下列情况确定让渡资产使用权收入金额:

(1) 利息收入金额,按照他人使用本企业货币资金的时间和实际利率计算确定;

(2) 使用费收入金额,按照有关合同或协议约定的收费时间和方法计算确定。

4. 收入的披露

企业应当在附注中披露与收入有关的下列信息:

(1) 收入确认所采用的会计政策,包括确定提供劳务交易完工进度的方法;

(2) 本期确认的销售商品收入、提供劳务收入、利息收入和使用费收入的金额。

4.2.3 收入分析

在市场经济条件下,企业只有不断地增加收入、扩大利润,才能提高其偿债能力,筹集更多的资金,以扩大生产经营规模,提高其市场竞争力。因此,收入的大小直接关系到企业的生存和发展。所以要经常对收入的合理性进行分析,了解收入的构成及其变化,判断其中存在的问题,为企业的经营决策服务。收入分析,可以从以下几个方面进行。

1. 收入合理性分析

1) 比较分析

可以选用收入增长率、销售毛利率、销售利润率、应收账款周转率、总资产周转率等指标进行分析,并在横向上将本公司和同行业其他公司的资料进行比较,纵向上将本公司不同时期的资料进行比较,如果差异较大,分析人员应将其划分为具有潜在风险的领域并予以特别关注,设计必要的分析程序,进一步证实或利用其他分析程序佐证其变动是否合理。

2) 关注日后退货事项

有的公司为了提高报告年度的经营业绩,在年末集中实现"销售",但这些销售只是"纸面富贵",并未真正实现,往往在期后表现为销货退回。因此,应关注资产负债表日后有无大额或连续的退货,并查明这些退货是否为年末集中"销售"的部分。为了进一步证实报告期收入确认的合理性,还应结合分析银行存款和应收账款的有关变动情况。

3) 注意收入和费用的确认方式或确认时间的一致性

某些业务是一个整体性系统而不是单一的产品(如建筑施工),销售过程是连续的并存在跨年度销售,应当关注上市公司是否客观地按进度划分销售收入实现比率。尤其需要注意上市公司可能存在的人为安排销售收入、资产出售、研究支出、广告支出、维修费用的实际发生时间来调节收入和费用。

4) 收入与应收账款的对比分析

应收账款的增幅高于营业收入，这可能意味着：公司放宽信用条件以刺激销售；公司违反规定，提前确认收入；公司虚构收入等。

2. 收入结构分析

收入结构是指不同性质的收入与总收入的比重。对收入的结构分析，可以从以下几个方面进行。

1) 经常性收入比重

全部收入包括营业收入、投资收入和营业外收入，它有经常性业务收入和非经常性业务收入之分。不同性质的收入对企业盈利能力的质量有影响，所以分析收入结构时应注意收入的性质。经常性收入主要就是营业收入，其一般具有持续发展能力，而基于偶发事项或间断性的业务引起的非经常性收入，即使在性质上是营业性的，其也是不稳定的。因此，对企业来说，使再生的经常性收入始终保持一个较高的比例，无疑是必要的。借助这个结构分析，可以分析企业持续经营能力的大小。

2) 有效收入比重

会计上的收入是按照权责发生制的原则来确认的。在市场经济条件下，按照这个原则确认收入，就有可能出现这样一种情况：收入已经确认或体现在报表上，但货款未收到甚至出现坏账。这种收入实际上就是无效收入。无效收入不仅不能为企业带来实际经济利益，而且还会给企业带来经济损失。因此，企业在进行收入结构分析时，应根据其经验以及相关的资料对无效收入做出合理估计。

3) 地区结构

占营业收入比重大的地区是企业过去业绩的主要地区增长点。从消费者的心理与行为表现来看，不同地区的消费者对不同品牌的商品具有不同的偏好。不同地区的市场潜力则在很大程度上制约企业的未来发展。

4) 关联方交易的比重

在企业形成集团化经营的条件下，集团内各个企业之间就有可能发生关联方交易。由于关联方之间的密切联系，关联方之间就有可能为了"包装"某个企业的业绩而人为地制造一些业务。当然，关联方之间的交易也有企业间正常交易的成分，但是分析者必须关注以关联方销售为主体形成的营业收入在交易价格、交易的实现时间等方面的非市场化因素。即使是非关联方交易，也需要注意一家公司收入是否大部分来自于同一家公司。例如银广夏，当时取得的惊人利润大部分来自出口，而出口又主要通过一家德国公司完成，事后发现这是一场银广夏自编自导的骗局。

5) 行政手段对企业收入的贡献

在我国社会主义市场经济的发展过程中，部门或地区行政因素对企业营业收入的影响也不容忽视。应该说，与关联方交易一样，在特定行业的特定发展阶段，尤其是那些需要保护的处于发展初期的新兴行业，部门或地区的特定行政手段确实可以对其发展起到积极的促进作用。但是，处于稳定发展阶段的行业或企业，其营业收入应主要依靠市场来实现。因此，可以说，部门或地区行政手段对处于稳定发展阶段、营业收入影响大的企业，其形成的利润即使在过去是好的，其未来发展前景也有待考察。

3. 收入趋势分析

要对企业收入进行连续若干年的趋势分析，以判断其收入的稳定性。只有收入较为稳定或稳步增长的企业，其生产和再生产才能正常进行。

4. 主要收入项目分析

1) 营业收入

营业收入是指企业自身营业活动所取得的收入，具体包括主营业务收入和其他业务收入。企业所取得的营业收入是其生产经营业务的最终环节，是企业生产经营成果是否得到社会承认的重要标志。同时，营业收入又是许多经济指标(如销售利润率、资产周转率等)的计算基数。因此，营业收入项目的真实与否，在财务报告分析中至关重要。对营业收入的解读，应重点注意以下几个方面：

(1) 营业收入的确认。

销售商品收入的确认原则前文中已经说明，这里需要注意的是，在明确收入确认条件的基础上，应着重进行以下几个方面的分析：① 收入确认时间的合法性的分析，即分析本期收入和前期收入或后期收入的界限是否分清；② 特殊情况下企业收入确认的分析，如商品需要安装或检验时收入的确认，附有销售退回条件的商品销售收入的确认等。

(2) 收入和利得的界限。

收入属于企业主要的、经常性的业务收入。收入和相关成本在会计报表中应分别反映。利得是指收入以外的其他收益，通常是从偶发的经济业务中获得，属于那种不经过经营过程就能取得或不曾期望获得的收益，如企业接受捐赠或政府补助取得的资产、因其他企业违约收取的罚款、处理固定资产净损益、债务重组利得等。利得属于偶发性的收益，在报表中通常以净额反映[①]。

(3) 营业收入与资产负债表、现金流量表中相关项目配比。

收入的实现并非只体现在利润表上，由于会计要素之间的联系，考察收入的真实性、合理性，可以借助其与资产负债表、现金流量表中相关项目之间的配比关系进行判断。

① 营业收入与企业规模(资产总额)的配比。企业是一个经济实体，其生产经营的目标是创造经济效益，而经济效益必须通过营业收入来取得。因此，企业应保持相当数量的营业收入。分析营业收入数额是否正常，可以将营业收入与资产负债表的资产总额进行配比。营业收入代表了企业的经营能力和获利能力，这种能力应当与企业的生产经营规模(资产总额)相适应。这种分析应当结合行业特征、企业生产经营规模及企业生产经营生命周期来开展。比如，主营业务收入占资产总额的比重，处于成长或衰退阶段的企业较低，处于成熟阶段的企业较高；工业企业和商业企业较高，有些特殊行业(如航天、饭店服务业)较低。若二者不配比(过低或过高)，则需要进一步查明原因。

② 营业收入与应收账款配比。通过将营业收入与应收账款配比，可以观察企业的信

---

① 2018 年新会计准则规定，企业收到的政府补助，若与日常活动相关，应计入"其他收益"新项目，与日常活动无关计入"营业外收入"。

用政策，是以赊销为主，还是以现金销售为主。一般而言，如果赊销比重较大，应进一步将其与本期预算、与企业往年同期实际、与行业水平(如国家统计局预算的指标)进行比较，评价企业主营业务收入的质量。

③ 营业收入与相关税费配比。会计报表中其他一些项目，如利润表中的"营业税金及附加"、"应交税费"，现金流量表中的"交纳的各种税费"、"收到的税费返还"等也与营业收入存在一定的配比性。因为营业收入不仅要影响所得税，更重要的是，它还是有关流转税项目的计税基础，企业取得营业收入不仅会增加资产，也会伴随着税金的支付。

④ 营业收入与其现金流量的配比。营业收入与现金流量表中有关经营活动的现金流量项目之间也应当存在一定的配比关系。如果营业收入高速增长，而"销售商品、提供劳务收到的现金"等经营活动的现金流量却没有相应地增长，则很可能意味着营业收入质量不高，甚至是捏造的。

(4) 利用非财务信息分析营业收入的真实性和影响企业盈利能力的因素。

企业一定时期的利润关系到企业不同利益集团(如投资人、债权人、经营管理者、职工、国家等)的利益。而收入是利润的源泉，因此，营业收入是人们关注的焦点，真实性可以说是对营业收入的基本质量要求。判断企业的营业收入是否真实，除了上面提到的一些财务会计方法外，往往还需要借助于其他非财务信息，比如企业所在行业的景气指数、企业的市场占有率，甚至一些生活常识等。

(5) 对营业收入的构成进行的分析。

对营业收入不仅仅要了解一个总额，还要仔细分析其具体构成情况。分析营业收入的品种构成，占总收入比重大的商品或劳务是企业过去业绩的主要增长点，信息使用者可以利用这一信息对企业未来的盈利趋势进行预测；分析营业收入的地区构成，占总收入比重大的地区是企业过去业绩的主要增长点；分析关联方交易占营业收入的比重；分析主营业务收入和其他业务收入各自所占的比重，观察企业的资源占用是否合理。

2) 资产减值损失

资产减值损失是指企业计提各项资产减值准备所形成的损失。

根据企业会计准则的规定，企业应当在期末对各项资产进行全面检查，并根据谨慎性原则的要求，合理地预计各项资产可能发生的损失，对可能发生的各项资产减值损失计提相应的减值准备。计提资产减值准备，一方面减少了资产的价值，另一方面，也形成了一项费用，减少了企业的利润。对资产减值损失的分析应注意以下几点：

(1) 结合会计报表附注，了解资产减值损失的具体构成情况，即企业当年主要是哪些项目发生了减值。

(2) 结合资产负债表中的有关资产项目，考察有关资产减值的幅度，从而对合理预测企业未来财务状况提供帮助。资产负债表中有关资产项目(如存货、固定资产、无形资产等)是按该项目的账面余额扣除资产减值准备后的净额列示的，因此，可以将有关资产项目的减值损失与减值前的资产账面余额相比较，判断有关资产项目减值的幅度。这对预测企业未来的资产减值情况，进而预测未来的财务状况和业绩是有一定益处的。

(3) 将当期各项资产减值情况与企业以往情况、市场情况及行业水平配比，以评价过去，掌握现在，分析其变动趋势，预测未来。

3) 公允价值变动损益

公允价值变动收益(或损失)是指企业交易性金融资产等公允价值变动形成的应计入当期损益的利得(或损失)。

对公允价值变动损益的解读应注意,企业对金融资产的初始确认或分类是否正确,以及对有关金融资产公允价值变动损益的处理是否正确是关键。注意有无将本应计入所有者权益的公允价值变动损益计入了利润表,或者相反,将本应计入损益的公允价值变动损益计入了所有者权益。

4) 投资收益

投资收益(或损失)是指企业以各种方式对外投资所取得的收益(或发生的损失)。投资收益是企业对外投资的结果,企业保持适度规模的对外投资,表明企业具备较高规模的理财水平。因为,这意味着企业除了正常的生产经营取得利润之外,还有第二条渠道获取收益。但同时应注意以下问题:

(1) 投资收益是一种间接获得的收益。投资是通过让渡企业的部分资产而换取的另一项资产,即通过其他单位使用投资者投入的资产所创造的效益后分配取得的,或通过投资改善贸易关系等手段达到获取利益的目的。正是由于对外投资这种间接获取收益的特点,企业投资收益的高低及其真实性不易控制。

(2) 投资收益与有关投资项目(如交易性金融资产、持有至到期投资)配比。即要求投资收益应与企业对外投资的规模相适应,一般投资收益率应高于同期银行存款利率,只有这样的企业才值得对外投资。同时,对外投资是把"双刃剑",如果投资收益在连续几个会计期间低于同期银行存款利率,或为负数,则需进一步分析其合理性。

(3) 投资收益核算方法的正确性。比如长期股权投资有成本法和权益法两种核算方法。若不恰当采用成本法可以掩盖企业的投资损失,或转移企业的资产;而不恰当地采用权益法则可以虚报企业的投资收益。对此,应结合对长期股权投资项目的分析,判断企业核算方法的选择正确与否。

(4) 警惕某些公司利用关联交易"制造"投资收益。这样的投资收益往往质量不高,甚至有欺骗投资者的嫌疑。

5) 营业外收入

营业外收入是企业发生的与其日常活动无直接关系的各项利得,主要包括非流动资产处置利得(根据 2018 年新会计准则规定,营业外收入包括的非流动资产处置利得仅指固定资产、无形资产因报废,毁损等非人为原因转销而产生的利得)、盘盈利得、捐赠利得、确实无法支付而按规定程序经批准后转作营业外收入的应付款项等。对营业外收入分析应注意以下两个方面:

(1) 营业外收入是一项利得,此项收入不具有经常性的特点,但对企业业绩的影响也不可小视。

(2) 作为利得,营业外收入和营业外支出不存在配比关系。

6) 营业外支出

营业外支出是指企业发生的与其日常活动无直接关系的各项损失,主要包括非流动资产处置损失(根据 2018 年会计新准则规定,营业外支出包括的非流动资产处置损失仅指固定资产、无形资产因报废，毁损等非人为原因转销而产生的损失)、盘亏损失、公益性捐赠支出、非常损失等。

与营业成本相比，既然是营业外发生的开支，营业外支出的数额不宜过大，否则是不正常的。应严加关注：① 是否是企业的经营管理水平较低；② 是否为关联方交易，转移企业资产；③ 是否有违法经营行为，如违反经济合同、滞延纳税、非法走私商品；④ 是否有经济诉讼和纠纷等。

根据 2018 年新会计准则规定，固定资产、无形资产因出售，转让等人为原因确认终止而产生的利得和损失计入"资产处置损益"这个新增项目。

4.2.4　收入操纵的常用手段

尽管企业会计准则对收入确认和计量标准做了详细的规定，但收入的确认和计量在实务中仍被企业管理层广泛操纵，主要操纵手法如下：

1. 提前确认未实现收入

这一做法固然可以在短期内使销售收入大幅提升，但其实质是透支未来会计期间的收入。

(1) 利用补充协议，隐瞒风险和报酬尚未转移的事实。风险和报酬的转移是确认收入的前提条件。譬如，收入确认准则规定，附有退货条款的企业，如果无法根据以往经验确定退货比例，在退货期届满前，不得确认销售收入。为了规避收入确认准则在这一方面的规定，一些企业在与客户签订的正式销售合同中，只字不提退货条款等可能意味着风险和报酬尚未转移等事项，而是将这些重大事项写进补充协议，并向注册会计师隐瞒补充协议，以达到其提前确认收入的目的。

(2) 填塞分销渠道，刺激经销商提前购货。填塞分销渠道是一种向未来期间预支收入的恶性促销手段。卖方通过向买方(通常是经销商)提供优厚的商业刺激，诱使买方提前购货，从而在短期内实现销售收入的大幅增长，以达到美化其财务业绩的目的。

(3) 违反企业会计准则规定，将尚未达到收入确认条件的收入确认为当期收入。

2. 延迟确认已实现收入

这种手法往往以稳健主义为幌子，通过递延收入或指使被收购企业在收购日之前推迟确认收入等手法，将本应在当期确认的收入推迟至以后期间确认，并将当期储备的收入在经营陷入困境的年份予以释放，以达到以丰补歉、平滑收入和利润的目的。

3. 伪装收入性质以夸大营业收入

上市公司为了迎合经营业绩预期，不惜采用鱼目混珠的方法，将非经常性收益包装成主营业务收入。尽管这种收入操纵手法并不会改变利润总额，但它却歪曲了利润结构，夸大了企业创造经营收入和经营性现金流量的能力，特别容易误导投资者对上市公司盈利质量和现金流量的判断。

4. 歪曲事实以虚增收入

这主要指代理代销业务，该业务分为买断式和非买断式两种，二者的差别在于风险与报酬是否转移。对于买断式的代理代销业务可视同销售，按代理代销总额确认收入。对于非买断式的代理代销业务，由于风险和报酬仍然保留在被代理方或委托方，代理方或受托方应当按照代理代销可望收取的净额(如代理佣金)确认收入。显而易见，总额法与净额法对利润表所体现的营业收入将产生迥然不同的影响。一些上市公司为了夸大收入，对企业会计准则的规定置若罔闻，将本应采用净额法反映的业务，改按总额法反映。

5. 凭空虚构收入

有些企业为了达到多计或少计当期收益的目的，人为地通过"应收票据"、"应收账款"等账户虚增销售收入。而又有一些公司为了在破产倒闭风潮中争得一线生机，铤而走险，使出瞒天过海的招数，策划了一系列不合乎商业逻辑的交易来虚构经营收入。

6. 通过关联交易操纵收入

市场交易实现的途径主要有两种，一是与独立当事人的交易，二是与关联方的交易。与独立当事人的交易一般遵循供求关系并通过价格机制决定是否成交和成交价格，以这种方式达成的交易最有价值，体现出企业的竞争力，且其价格是经过追求自身利益最大化的独立当事人讨价还价达成的，最为公允和真实。相反地，与关联方发生的交易，很可能扭曲供求关系和价格机制，掩盖企业产品或劳务市场缺乏竞争力的事实。企业会计准则要求上市公司披露关联交易的性质、交易条件、金额和对财务报表的影响。由于证券市场对独立交易和关联交易所产生的销售收入赋予迥然不同的权重，如实披露很可能降低证券市场对上市公司的价值评估。为此，一些上市公司蓄意隐瞒关联关系，暗度陈仓，将关联交易所产生的收入包装成独立交易的收入，以获得证券市场的青睐。

7. 篡改收入分配

在一些特殊行业里，尤其是设备租赁和系统软件行业，企业在出售产品的同时，还向客户提供融资和售后服务。在这些行业里，允许客户分期付款，向客户提供维护和技术更新服务，往往是取得销售收入的前置条件。因此，在这些行业里，企业与客户签订一揽子协议，进行捆绑销售的现象司空见惯。在捆绑销售中，收入确认最棘手的问题是如何将合同总价分配至各个要素。其他条件保持相同，资金融通和售后服务要素分配的金额越少，企业能够立即确认的产品销售收入就越多。为此，一些上市公司随意改变收入分配所运用的假设，低估融资收入和服务收入，夸大产品销售收入，以达到证券分析师的盈利预期。

8. 双向交易或三角交易

双向交易就是交易双方互为买方和卖方，为彼此"创造"收入。由于双向交易容易引起外界怀疑，于是与双向交易相似的三角交易就登场了。三角交易实质上也是一种双向交易，但因为引入了第三方或过桥公司，使其双方交易不容易被外界发觉。

4.3 成本与费用分析

4.3.1 成本费用的性质及其构成

成本费用是指企业在一定期间因生产销售商品，提供劳务或其他活动，所发生的资产的流出及其他消耗，或负债的发生。从各项财务分析的成果看，成本费用对财务成果有着十分重要的影响,降低成本费用是增加财务成果的关键或重要途径。

从经营成果确定的角度看,成本费用主要分为两大类:

1. 直接费用

直接费用是与主营业务收入的取得存在直接因果关系,基本上随主营业务收入的增加而等比例增加的费用,即主营业务成本。它主要是制造企业由产品生产成本直接转化而来的销售成本,以及商业企业由商品进货成本直接转化而来的销售成本,或因提供劳务或让渡资产使用权等日常活动而发生的实际成本。

2. 期间费用

期间费用即企业主要经营活动中必定要发生,但与主营业务收入的取得并不存在明显的直接因果关系,而且无法或没有必要用系统的方法加以摊销的费用。如企业发生的销售费用、管理费用和财务费用等,这类费用作为某一会计期间的费用,直接与同一会计期间的收入配比。

(1) 销售费用。销售费用是企业销售商品过程中发生的费用,包括运输费、装卸费、包装费、保险费、展览费和广告费,以及由销售本企业商品而专设的销售机构的职工工资及福利费、类似工资性质的费用、业务费等经营费用。

(2) 管理费用。管理费用是企业为组织和管理企业生产经营所发生的费用,包括企业的董事会和行政管理部门在企业的经营管理中发生的或者应由企业统一负担的公司经费(包括行政管理部门职工工资、修理费、物料消耗、低值易耗品摊销、办公费和差旅费等)、工会经费、待业保险费、劳动保险费、董事会费(包括董事会成员津贴、会议费和差旅费等)、聘请中介机构费、咨询费(含顾问费)、诉讼费、业务招待费、矿产资源补偿费、技术转让费、无形资产摊销、职工教育经费、研究与开发费、排污费、存货盘亏或盘盈(不包括应计入营业外支出的存货损失)等。2018 年新会计准则规定,将原来会计准则中可在管理费用中列支的房产税、土地使用税、印花税、车船税等,须通过税金及附加列入核算。

(3) 财务费用。财务费用是企业为筹集生产经营所需资金而发生的费用,包括利息支出(减利息收入)、汇兑损失(减汇兑收益)以及相关的手续费等。为构建规定资产专门借款所发生的借款费用,在固定资产达到预定可使用状态前按规定应予资本化的部分,不包括在财务费用内。

4.3.2　费用的确认和计量

1. 费用的确认

费用的确认就是分析一项耗费在何时才能被确认为费用。按照规定,费用应当按照权责发生制的原则在确认有关收入的期间予以确认。所谓权责发生制是指在收入与费用实际发生时进行确认,不必等到实际收到现金或者支付现金时才确认。凡在当期取得的收入或者应当负担的费用,不论款项是否已经收付,都应当作为当期的收入或费用;凡是不属于当期的收入或费用,即使款项已经在当期收到或已经当期支付,都不能作为当期的收入或费用。

具体可按以下情况确认本期的费用。

1) 按其与营业收入的因果关系确认费用

凡是与本期收入有直接关系的耗费应确认为本期的费用，也就是说，凡是为了取得本期营业收入而发生的耗费应确认为本期的费用。

2) 按合理的分摊方式确认费用

如果某种耗费所能带来的经济利益将在若干个会计期间内发生，那么这种耗费应当按照合理的分摊方式在不同的会计期间内进行分摊，分别确认为不同会计期间的费用。例如，固定资产将在其有效使用年限内为企业带来经济利益，因而其价值的耗费应按一定的分摊方法(即折旧方法)在不同会计期间进行分摊，确认为不同期间的费用。同样，商标权、专利权、专用技术等无形资产也属于这种情况。

2. 费用的计量

企业应按实际成本来计量其费用。这里所称的实际成本，是指费用所耗费的商品或劳务的实际价值。大多数费用应按其实际发生额进行计量，固定资产的折旧、无形资产的摊销等按其实际分摊数进行计量。

4.3.3 成本与费用分析

1. 营业成本分析

营业成本是指与营业收入相关的，已经确定了归属期和归属对象的成本。在不同类型的企业里，营业成本有不同的表现形式。在制造业或工业企业，营业成本表现为已销售产品的生产成本；在商品流通企业，营业成本表现为已销售商品的成本。

工业企业产品销售成本是根据已销售商品的数量和实际单位成本计算出来的。在实务中，往往是每月末汇总销售成本后一起结转，而不是在每次发出库存产成品时立即结转产品销售成本。

产品的生产成本是由直接材料、直接人工和制造费用三部分构成的。相应地，产品的单位成本也由这三个项目构成。在分析单位成本升降的基础上，应进一步分析单位成本组成项目的增减变动，从而查明单位成本变动的原因，了解成本管理中存在的问题，进一步挖掘潜力，从而为进一步降低成本提供依据。

1) 直接材料项目分析

材料费用的多少，取决于材料消耗量和材料单价。由于生产一种产品需要使用不同材料，因而单位产品成本材料费用应是各种材料消耗费用之和，用公式表示为：

$$单位成本直接材料费用 = \sum (单位产品材料消耗量 \times 材料单价)$$

由于材料单价变动是企业外部因素，非企业所能左右，因而总的来讲，如果企业想要控制直接材料费用，那么关键在于降低单位产品材料消耗量。

2) 直接人工费用项目分析

单位产品成本中直接人工费用和企业的工资形式是相联系的。工资形式可以分为计件工资和计时工资两种。实行计件工资制，单位产品的直接工资费用是相对固定的；实行计时工资制，某一时期的工资费用是固定的，但单位产品的直接人工费用是不固定的，取决于企业的劳动生产率。劳动生产率越高，单位时间内生产的产品越多，每一产品分摊的工资费用越少，反之则越多。据此，可以将影响直接工资费用的主要因素归结为单位产品的工时消耗和小时平均工资。单位产品的工时消耗说明了生产单位产品所需要的工时数，它取决于劳动生产力水平的高度；小时平均工资反映了每一工时所支付的工资费用，它取决于平均工资水平的高低，用公式表示为：

$$单位产品直接工资费用 = 单位产品工时消耗 × 小时平均工资$$

由于小时平均工资一般只会上涨，不会下降，因此要降低单位产品直接工资费用，关键在于提高劳动生产率，降低单位产品工时消耗。

3) 制造费用项目分析

制造费用是企业内部各个生产单位(如工厂、车间)为组织和管理生产所发生的各种间接费用，如机物料消耗、水电费、折旧费、修理费等。企业发生的制造费用，应当按照适当的分配方法，分摊计入每一产品的生产成本。对单位产品制造费用的分析，可从以下两个方面进行。

(1) 制造费用总量分析。

分析企业当年实际发生的制造费用总额及其内部各项目费用额与上年实际数、本年计划数相比所发生的增减变动及其原因，发现制造费用管理中存在的问题，寻找进一步控制和降低费用的潜力和途径，为进一步控制和降低制造费用服务。

制造费用项目中，有些为变动费用，如机物料消耗、低值易耗品摊销等，随着产量的增减而发生相应的增减。对于这部分费用，应当和产品产量的增减相联系进行分析，看其是否和产品产量的变动保持一定的比例关系，有无异常的变动情况，如产量下降而费用上升，变动费用增长速度远远快于产品产量增长速度等，从中发现存在的问题。有些费用，如工资、福利费、折旧费、办公费等都属于固定费用，一般不随产品产量增减而发生相应的增减。对于这部分费用，应当将其和上年实际、本年计划等进行对比，观察其增减变动，在此基础上进一步分析增减变动的原因，采用相应的对策，以进一步控制和降低制造费用。

(2) 单位产品制造费用分析。

在制造费用总量分析的基础上，进一步分析单位产品制造费用的增减变动情况。单位产品制造费用的增减，一是取决于制造费用总量的增减变动，二是取决于制造费用的分配方法。制造费用的分配可以采用不同的分配方法，如按生产工时比例、生产工人人数、生产工人工资等。在制造费用总额既定条件下，采用不同的分配方法，各产品分配到的制造费用额是不同的。即使各产品分配到相同的制造费用，由于产品产量的不同也会使单位产品的制造费用发生增减变动。

总之，企业应当根据本企业的生产经营特点和管理要求，确定适合本企业的成本核算对象、成本项目和成本计算方法。成本核算对象、成本项目和成本计算方法一经确定，不得随意变更，如需变更，应当根据管理权限，经股东大会或董事会，或经理(厂长)会议，或类似机构批准，并在会计报表附注中予以说明。

此外，还应分析成本计算方法对主营业务成本的影响及影响程度。在会计上，计算主营业务成本有多种方法可供选择，如先进先出法、加权平均法、个别计价法等，不同的计价方法对主营业务成本的影响是不同的。

最后，营业成本分析时也可结合利润表和资产负债的相关内容来核实企业产品销售成本结转的合理性。企业为了虚增利润或掩盖亏损，有可能采取当期少结转产品销售成本的方法。这种情况单独从利润表上也许无法直接发现，但可以从利润表中"营业成本"项目的数额和资产负债表中"存货"项目的年初与年末平均数相除，计算"存货周转率"指标(存货周转率 = 营业成本 / 存货平均余额 × 100%，这个指标用于衡量企业在一定时期存货资产周转次数，反映存货资产的使用效率。一般而言，存货周转率越大越好)。如果企业某一期的存货周转率不正常地转低，则说明该企业可能存在少结转"营业成本"而导致虚增利润或掩盖亏损的问题。

2. 税金及附加分析(2018 年新会计准则将"营业税金及附加"科目改名为"税金及附加")

税金及附加是指企业进行日常经营活动应负担的各种税金及附加，包括营业税、消费税、城市维护建设税、资源税和教育费附加等。营业税金及附加也是企业为获取收益所必须承付的代价。

分析时，应将该项目与企业的营业收入配比，并进行前后期比较。因为企业在一定时期内取得的营业收入要按国家规定交纳各种税金及附加。如果二者不配比，则说明企业有"偷税"、"漏税"之嫌。

3. 期间费用分析

1) 销售费用分析

销售费用是随着时间的推移而发生的，与当期商品的销售直接相关，而与产品的产量、产品的制造过程无直接关系，因而在发生的当期从损益中扣除。从销售费用的功能来分析，有的与企业的业务活动规模有关(运输费、装卸费、整理费、包装费、保险费、销售佣金、差旅费等)，有的与企业从事销售活动人员的待遇有关(如营销人员的薪酬)，也有的与企业的未来发展、开拓市场、扩大企业的品牌知名度等有关(展览费、广告费等)。销售费用可能对销售收入产生很大的影响。销售费用增加时，应该关注其是否带动了营业收入的增加。销售费用超过一定水平后，由于市场趋于饱和，收入的增长率将降低。如果一个公司的销售费用增长幅度远远大于营业收入的增长幅度，其获利空间是非常有限的，收入增长的可持续性值得怀疑。在对企业未来经营状况进行预测时，有理由认为要维持营业收入的增长，企业仍需要支付高额的销售费用来实现营销目标。

2) 管理费用分析

对于管理费用的分析应结合企业的总资产规模和销售水平来进行。销售的增长会使相应的应收账款和存货规模扩大，资产规模的扩大会增加企业的管理要求，如设备的增加、人员扩充等，从而增加管理费用。一般来说，在企业的组织结构、管理风格、管理手段、业务规模等方面变化不大的情况下，企业的管理费用规模变化不会太大。这是因为变动性管理费用会随着业务量的增长而增长，固定性管理费用则不会有较大变化。

对管理费用的分析要注意以下几个方面：

(1) 管理费用与主营业务收入配比。

通过该比率的行业水平，以及本企业历史水平分析，考察其合理性。一般认为，费用越低，收益越高，事实并非如此。应当根据企业当前经营情况、以前各期间水平及对未来的预测来评价支出的合理性。例如，在分析维护和修理费用时，可以计算两个比率，一是维护和修理费用与销售收入的比率，二是其与固定资产净值的比率，由此可测定维护和修理费用是否在正常和必需的水平，确定企业是否为了提高当期收益而减少维护和修理费用，这种收益的提高是以未来生产能力的下降为代价的，收益质量较低。再如，研究和开发费用可能是一项费用也可能是一项投资，片面降低研究和开发费用，只能使企业在未来竞争中处于劣势，降低企业的未来收益。

(2) 管理费用与财务预算比较。

从成本特性角度来看，企业的管理费用基本属于固定性费用，在企业业务量一定、收入量一定的情况下，有效地控制、压缩那些固定性行政管理费用，将会给企业带来更多的收益。管理费用既然是一种与企业的产品成本不直接相关的间接费用，在一定程度上而言，它也代表了企业生产一线与管理二线的比重，其数额的大小代表了该企业的经营管理理念和水平。管理费用种类繁杂、数额较大，管理不便。对此，可将其与财务预算的数额比较，分析管理费用的合理性。

(3) 管理费用与企业规模(资产总额)配比。

资产规模的扩大会增加企业的管理要求，比如设备的增加、人员扩充等，从而增加管理费用。因此，管理费用与企业规模(资产总额)之间存在一定的配比关系。

(4) 会计报表附注中关于关联方交易的披露。

这种关联方交易主要是企业向关联方企业租入固定资产、无形资产的使用权，以及向上级单位或母公司上缴的"管理费"等，分析时要注意这种交易的真实性、合理性，警惕人为转移企业资产行为。

另外，行政管理部门计提的固定资产折旧也在管理费用科目核算。在管理费用分析过程中，分析人员尤其要注意企业是否通过固定资产折旧调节成本利润。考虑到固定资产使用情况的复杂性，会计准则对于固定资产折旧提供了多种可供选择的会计政策。这种会计处理的灵活性，为上市公司利润操纵提供了机会。利用固定资产折旧方法的变更已经成为企业管理当局进行利润操纵的常用手段。

3) 财务费用分析

企业从事生产经营活动离不开资金的运转，除了一定数量的自有资金外，往往还需寻求贷款这条途径。我国资本市场正逐渐走向成熟和开放，企业可以根据自身需要，适时适度的举债经营。为此，企业也需要付出一定的资金成本，经营期间发生的利息支出构成了企业财务费用的主体。企业贷款利息水平的高低，主要取决于三个因素：贷款规模、贷款利息率和贷款期限。

(1) 贷款规模。

概括地说，如果因贷款规模的原因导致计入利润表的财务费用下降，则企业会因此而改善盈利能力。但是，我们还应看到，企业可能因贷款规模的降低而限制了其发展。

(2) 贷款利息率和贷款期限。

从企业融资的角度来看，贷款利息率的具体水平主要取决于以下几个因素：一定时期资本市场的供求关系、贷款规模、贷款的担保条件以及贷款企业的信誉等。在利率的选择上，可以采用固定利率、变动利率或浮动利率等。可见，贷款利率中，既有企业不可控制的因素，也有其可以选择的因素。在不考虑贷款规模和贷款期限的条件下，企业的利息费用将随着利率水平而波动。

从总体上来说，贷款期限对企业财务费用的影响，主要体现在利率因素上。贷款期限与利息率水平呈正相关关系。

应该说，企业的利率水平主要受一定时期资本市场的利率水平的影响。我们不应对企业因贷款利率的宏观下调而导致的财务费用降低寄予过高的评价。

总之，财务费用是由企业筹资活动所引起的，因此在进行财务费用分析时，应当将财务费用的增减变动和企业的筹资活动联系起来，分析其财务费用的增减变动的合理性和有效性，发现其中存在的问题，查明原因，采取对策，以期控制和降低费用，提高企业利润水平。

4) 所得税费用分析

所得税费用是企业在会计期间内发生的利润总额，经调整后按照国家税法规定的比率，计算缴纳的税款所形成的费用。利润总额减去所得税费用后的差额，即为净利润。所得税税率变化会对企业净利润造成相当大的影响。虽然企业所得税税率是法定的，但政府往往通过所得税实际负担率的途径调节上市公司最终由股东分享的经营成果。

4.4　利润表综合分析

4.4.1　利润表的水平分析

利润表水平分析是指通过将企业报告期的利润表数据与前期对比，揭示各方面存在的问题，为全面深入分析企业的利润情况奠定基础。运用水平分析，可以了解项目增减变动额度和幅度情况，从而发现可疑点。变动幅度多少为异常应视企业收入基础确定，一般而言，变动幅度如果超过 20%则应视为异常，当然还须结合项目的性质(重要还是不重要)。

表 4-3　格力电器股份有限公司利润表水平分析表　　　　单位：万元

项　　目	2015 年度	2014 年度	增减额	增减率
一、营业总收入	10 056 445.36	14 000 539.40	−3 944 094.03	−28.17%
其中：营业收入	9 774 513.72	13 775 035.84	−4 000 522.12	−29.04%
利息收入	281 621.54	225 405.16	56 216.37	24.94%
手续费及佣金收入	310.11	98.39	211.71	215.17%
二、营业总成本	8 613 460.91	12 325 897.96	−3 712 437.05	−30.12%
其中：营业成本	6 601 735.37	8 802 212.77	−2 200 477.39	−25.00%
利息支出	65 235.23	70 976.47	−5 741.24	−8.09%
手续费及佣金支出	39.98	32.56	7.41	22.77%
营业税金及附加	75 189.42	136 242.49	−61 053.07	−44.81%
销售费用	1 550 634.17	2 888 999.57	−1 338 365.40	−46.33%
管理费用	504 874.66	481 816.86	23 057.81	4.79%

续表

项　　目	2015 年度	2014 年度	增减额	增减率
财务费用	−192 879.73	−94 224.47	−98 655.26	104.70%
资产减值损失	8 631.80	39 841.72	−31 209.92	−78.33%
加：公允价值变动收益	−101 032.25	−138 155.16	37 122.91	−26.87%
投资收益	9 665.49	72 436.44	−62 770.95	−86.66%
其中：对联营企业和合营企业的投资收益	324.61	−360.09	684.70	−190.15%
三、营业利润	1 351 617.70	1 608 922.73	−257 305.03	−15.99%
加：营业外收入	140 429.17	70 606.38	69 822.79	98.89%
其中：非流动资产处置利得	103.99	146.02	−42.03	−28.79%
减：营业外支出	1 104.92	4 286.04	−3 181.12	−74.22%
其中：非流动资产处置损失	911.89	1 506.45	−594.57	−39.47%
四、利润总额	1 490 941.95	1 675 243.07	−184 301.12	−11.00%
减：所得税费用	228 568.68	249 947.59	−21 378.90	−8.55%
五、净利润	1 262 373.26	1 425 295.48	−162 922.22	−11.43%

　　利润表水平分析，应抓住几个关键利润指标的变动情况，如净利润、利润总额和营业利润的变动额与变动幅度，再逐项分析导致这些利润变动的原因。例如，营业利润的增加可能是由于营业收入的增加，也可能是营业成本和费用的减少，也可能是两者共同作用的结果，当然还有其他可能的情况；但营业收入的增加水平如果低于营业成本或者期间费用的增加水平时，就说明企业成本控制较差或者费用利用不合理，从而导致获取利润能力降低，企业在以后的年度应采取措施降低营业成本、减少期间费用，从而增强企业的盈利能力。

　　以下是对格力电器股份有限公司的利润表变动情况进行的分析。

　　1. 净利润分析

　　净利润是指企业所有者最终取得的财务成果或可供企业所有者分配或使用的财务成果。本例中，格力电器股份有限公司 2015 年实现净利润 126.24 亿元，比 2014 年减少了 16.29 亿元，增长率为 −11.43%。从水平分析表来看，公司净利润减少主要是利润总额比 2014 年减少 18.43 亿元引起的。所得税比 2014 年减少了 2.14 亿元，两者相抵，净利润减少了 16.29 亿元。

　　2. 利润总额分析

　　利润总额是反映企业除税收活动以外的其他活动财务成果的指标，它不仅反映企业的营业利润，而且反应企业的营业外收支情况。本例中，公司利润总额减少 18.43 亿元，关键原因是公司营业利润下降导致利润总额的下降，2015 年的营业利润比 2014 年下降了 25.73 亿元，增长率为 −15.99%；虽然受营业外收支增长的有利影响，2015 年营业外收支比 2014 年增加 6.66 亿元。但由于营业利润是企业利润的主要来源，利润总额仍然是下降的。

3. 营业利润分析

营业利润是指企业营业收入与营业成本、营业税金及附加、期间费用、资产减值损失、公允价值变动收益、投资净收益之间的差额。它既包括企业的主营业务利润和其他业务利润，又包括企业公允价值变动净收益和对外投资的净收益，它反映了企业正常生产经营活动的财务成果。本例中，公司营业利润的减少主要是由营业收入减少引起的。2015 年公司营业收入比 2014 年减少 394.41 亿元，增长率为 −28.17%。而营业成本与 2014 年相比，减少了 371.24 亿元，增长率为 −30.12%。营业成本中，主营业务成本和期间费用变动较大，2015 年主营业务成本减少 220.05 亿元，减少了 25%。销售费用与 2014 年相比减少 133.84 亿元，减少 46.33%，主要是收入减少相关的销售费用减少所致；财务费用正向同比上升 104.70%，主要是汇兑收益增加所致。

4.4.2　利润表的垂直分析

利润表的垂直分析是通过计算利润表中各项目占营业收入的比重或结构，反映利润表中的项目与营业收入关系情况及其变动情况，分析说明财务成果的结构及其增减变动的合理程度。通过各项目的比重，分析各项目在企业经营收入中的重要性。一般来说，项目比重越大，说明其重要程度越高，对总体的影响越大。将分析期各项目的比重与前期同项目的比重对比，研究各项目的比重变动情况，以及取得的业绩和存在的问题。

表 4-4　格力电器股份有限公司利润表垂直分析表　　　单位：万元

项　目	2015 年度	2014 年度	结　构		变动
			2015 年	2014 年	
一、营业总收入	10 056 445.36	14 000 539.40	100.00%	100.00%	0.00%
其中：营业收入	9 774 513.72	13 775 035.84	97.20%	98.39%	−1.19%
利息收入	281 621.54	225 405.16	2.80%	1.61%	1.19%
手续费及佣金收入	310.11	98.39	0.00%	0.00%	0.00%
二、营业总成本	8 613 460.91	12 325 897.96	85.65%	88.04%	−2.39%
其中：营业成本	6 601 735.37	8 802 212.77	65.65%	62.87%	2.78%
利息支出	65 235.23	70 976.47	0.65%	0.51%	0.14%
手续费及佣金支出	39.98	32.56	0.00%	0.00%	0.00%
营业税金及附加	75 189.42	136 242.49	0.75%	0.97%	−0.23%
销售费用	1 550 634.17	2 888 999.57	15.42%	20.63%	−5.22%
管理费用	504 874.66	481 816.86	5.02%	3.44%	1.58%
财务费用	−192 879.73	−94 224.47	−1.92%	−0.67%	−1.24%
资产减值损失	8 631.80	39 841.72	0.09%	0.28%	−0.20%
加：公允价值变动收益	−101 032.25	−138 155.16	−1.00%	−0.99%	−0.02%

续表

项　目	2015 年度	2014 年度	结　构		变动
			2015 年	2014 年	
投资收益	9 665.49	72 436.44	0.10%	0.52%	−0.42%
其中：对联营企业和合营企业的投资收益	324.61	−360.09	0.00%	0.00%	0.01%
三、营业利润	1 351 617.70	1 608 922.73	13.44%	11.49%	1.95%
加：营业外收入	140 429.17	70 606.38	1.40%	0.50%	0.89%
其中：非流动资产处置利得	103.99	146.02	0.00%	0.00%	0.00%
减：营业外支出	1 104.92	4 286.04	0.01%	0.03%	−0.02%
其中：非流动资产处置损失	911.89	1 506.45	0.01%	0.01%	0.00%
四、利润总额	1 490 941.95	1 675 243.07	14.83%	11.97%	2.86%
减：所得税费用	228 568.68	249 947.59	2.27%	1.79%	0.49%
五、净利润	1 262 373.26	1 425 295.48	12.55%	10.18%	2.37%

　　在利润表垂直分析中，首先要看收入结构情况，如果营业收入中主营业务收入占的比重较大，说明企业的盈利主要来自主营业务，有利于企业的持续发展。而如果企业的营业收入中其他业务收入或者营业外收入的比重较大，那么说明企业的收入是不稳定的，不利于企业利润的积累和长远发展。利润结构中，如果一个企业的利润主要来自营业利润，说明企业的盈利状况是比较稳定和可持续的；而如果利润是来自如投资净收益、营业外收入等项目，那么企业的利润可能会因为这些收益的消失而发生巨大变化。此外，对利润组成中的其他项目进行粉饰也经常成为企业调节利润的手段。以下是对格力电器股份有限公司利润结构的分析，可从中发现影响利润变动的主要因素。

　　从表 4-4 中可以看出企业 2015 年度各项财务成果的构成情况。营业利润占营业收入的比重为 13.44%，比 2014 年度的 11.49%增长了 1.95%；2015 年利润总额的构成为 14.83%，比 2014 年度的 11.97%增长了 2.86%；2015 年度净利润的构成为 12.55%，比 2014 年度的 10.18%增长 2.37%。虽然格力的销售规模缩减，但其创造利润的能力有所提高。

　　观察销售费用和管理费用占营业收入的比例情况，发现 2015 年销售费用占营业收入的比例由 20.63%下降为 15.42%，而管理费用所占的比例则由 3.44%上升为 5.02%。可以看出，格力往年一直保持的优良业绩在 2015 年表现稍差。

本 章 小 结

　　利润表是反映企业一定时期经营成果的会计报表，它反映了企业的收入、成本、费用、税收情况，揭示了企业利润的构成和实现过程。通过对利润表的分析，可以了解企业的经营情况和经营成果，了解企业的经济效益好坏及盈利能力，预测企业收益的发展趋势，也有助于评价企业管理当局的管理绩效。

在市场经济条件下，收入的大小直接关系到企业的生存和发展。企业只有不断地增加收入、扩大利润，才能提高其偿债能力，才能扩大生产经营规模，提高其市场竞争力。收入分析的要点主要包括收入的合理性分析、收入结构分析和收入趋势分析等方面。

对营业收入进行分析时，要注意营业收入与资产负债表、现金流量表中相关项目的配比以及对营业收入的构成进行分析，如营业收入的品种、地区结构以及关联方交易占营业收入的比重等。

对投资收益的分析，要注意它是一种间接获得的收益。注意投资收益与有关投资项目(如交易性金融资产、持有至到期投资)配比分析，投资收益核算方法是否正确，警惕某些公司利用关联交易"制造"投资收益等。

企业收入操纵的常用手法有：提前确认未实现收入、推后确认已实现收入、伪装收入性质以夸大营业收入、歪曲事实以虚增收入、凭空虚构收入、通过关联交易操纵收入、篡改收入分配、双向交易或三角交易。

费用是企业在生产经营过程中发生的各种耗费。由于费用是为了取得收入而发生，因此费用的确认应当与收入的确认相联系。对费用项目的分析主要是对营业成本、营业税金及附加、期间费用和所得税费用等项目进行重点分析。

对营业成本分析，应注意观察企业的存货周转率变化，注意企业是否为了虚增利润或掩盖亏损而少结转成本费用，或者为掩盖利润或扩大亏损而多结转成本费用。

对期间费用分析时，要对其构成进行分析。销售费用的分析要关注其是否带动了营业收入的增加。管理费用的分析应注意管理费用与主营业务收入配比、管理费用与财务预算比较、管理费用与企业规模(资产总额)配比以及会计报表附注中关于关联方交易的披露等。财务费用分析时需要注意分析企业财务费用的增减变动的合理性和有效性，发现其中存在的问题，查明原因，采取对策，以期控制和降低费用，提高企业利润水平。

利润表水平分析是指通过将企业报告期的利润表数据与前期对比，揭示各方面存在的问题，为全面深入分析企业的利润情况奠定基础。

利润表的垂直分析是通过计算利润表中各项目占营业收入的比重或结构，反映利润表中的项目与营业收入关系情况及其变动情况，分析说明财务成果的结构及其增减变动的合理程度。

对利润表进行的综合分析主要是从营业利润、利润总额和净利润三个方面进行的。

思 考 与 练 习

1. 简述确认商品收入的条件。
2. 关联方交易的主要类型有哪些？
3. 简述企业盈利能力分析应考虑的特殊因素和项目。
4. 企业为什么会经常出现"有利润而没钱"的情况？
5. 成本费用分析的意义表现在哪几个方面？
6. 如何按照成本项目进行产品生产总成本分析？

7. 什么是共同比结构损益表？其作用是什么？

8. 利润表的局限性表现在哪些方面？

9. 某企业某年度可比产品成本资料如下：其中甲产品计划产量为 60 件，乙产品计划产量为 32 件，可比产品成本计划总降低额为 11 760 元，计划总降低率 14.7%。

产品名称	实际产量(件)	单位成本			总成本(元)		
		上年实际	本年计划	本年实际	按实际产量上年实际单位成本计算的总成本	按实际产量本年计划单位成本计算的总成本	按实际产量本年实际单位成本计算的总成本
甲产品	50	800	700	740	40 000	35 000	37 000
乙产品	60	1 000	820	780	60 000	49 200	46 800
合计					100 000	84 200	83 800

要求：

(1) 计算全部可比产品成本的实际成本降低额、降低率；

(2) 检查全部可比产品成本降低计划的执行结果；

(3) 用因素分析法计算产品产量、品种结构、单位成本变动对降低额和降低率的影响；

(4) 对本企业可比产品的成本计划执行情况做出简要评价。

(涉及计算的要求列出计算过程、计量单位，答案保留至小数点后两位，四舍五入。)

10. 下表是同一行业中 A、B、C 三家公司的利润表部分数据(单位：元)。

	A 公司	B 公司	C 公司
销售收入	10 000 000	10 000 000	2 000 000
销售成本	3 000 000	7 500 000	600 000
毛利	7 000 000	2 500 000	1 400 000
销售费用和管理费用	1 000 000	1 000 000	200 000
研发支出	2 000 000	—	400 000
广告支出	2 000 000	—	400 000
营业利润	2 000 000	1 500 000	400 000

要求：

(1) 计算这三家公司的共同比利润表的相关数据；

(2) 比较 A、B、C 公司的经营业绩；

(3) 分析 A、B 公司在经营战略上有何不同？

(4) 简述这种分析方法的优点。

第五章　现金流量表分析

 学习目标

(1) 熟悉现金流量表的基本结构；
(2) 理解不同组成部分现金的流入和流出；
(3) 了解现金流量表的用途；
(4) 掌握现金流量的质量特征；
(5) 掌握现金流量表综合分析的方法。

 案例导读

异常的现金流量表隐藏着什么？

专注于钛白粉生产，并一向宣称高度重视研发的上市公司安纳达(002136.SZ)，其研发支出和财务报告真实性正受到投资者质疑。

2012 年安纳达实现主营业务收入 683 997 836.44 元，较上年度下降 4.68%，主要系第四季度钛白粉市场需求不足，销售量下降影响所致，实现净利润 21 914 727.34 元，较上年度下降 61.31%，系主要原材料价格上涨及产品销售价格持续下跌、期间费用上升和资产减值损失增加共同影响所致。

研发支出有猫腻？

近两年来，安纳达每年的研发费用支出金额都在 2 000 万元以上，然而管理费用却只有 1 200 万元，而且无任何专利相关的无形资产增项。

安纳达 2012 年年报显示，安纳达在 2012 年研发费用投入的金额为 2 279 万元，2011年为 2 208 万元，分别占营业收入比重的 3.32%和 3.07%，并表示公司高度重视生产技术、新产品研发和创新。

然而相比研发费用，安纳达管理费用中呈现的与研发相关的支出，并不能匹配。

2012 年安纳达支付的管理费用是 1 603 万元，排除其中的排污费 180 万元和土地使用费 40 万元不计入研发支出，还有 1 383 万元，即便这 1 383 万元全部是研发费用支出，那么加上固定资产中用于研发的设备的折旧，应该大于或等于当期研发支出的金额。

但是，2011 年年报显示，固定资产中并没有用于研发的设备，2012 年固定资产的增加额是 1 983 万元，其中 1 936 万元由在建工程转入，其余 47 万元非在建工程转入，那么假如 47 万元全部是新增的研发设备，其折旧额加上 1 383 万元，也不可能达到研发费用支出的 2 279 万元。

实际的成本、费用的发生都应该与当期的现金支付活动相关联；当期支付的管理费用、研发支出，按照权责发生制，或者是计入了资产负债表中的资产项目，或者是计入利润表中的成本、费用项目，但从现金收付看，实际发生多少现金流出，都应体现在按收付实现制编制原则的现金流量表中，这三张报表之间存在一定的勾稽关系，因此，从现金流量表发现问题是常用的报表分析手段。

现金流量表数据异常

按照"净利润＋不影响经营活动现金流量但减少净利润的项目－不影响经营活动现金流量但增加净利润的项目＋与净利润无关但增加经营活动现金流量的项目－与净利润无关但减少经营活动现金流量的项目"的得数等同合并现金流量表中"经营活动产生的现金流量净额"的原则列示各组数据。只有当各组数据严谨真实时，最终得数与合并现金流量表中"经营活动产生的现金流量净额"数据才会一致。

然而这些似乎并不能适用于安纳达。

安纳达 2012 年年报现金流量表补充资料数据显示，安纳达 2012 年存货的减少为"－5 325 万元"，财务费用是 271 万元，递延所得税资产减少为 19.3 万元。

然而，中国资本证券网用与以上科目存在勾稽关系的会计科目进行重新核算，发现运算结果与上述数据均不一致。

安纳达 2011 年年报中存货为 10 991 万元，而 2012 年报数据为 15 849 万元，存货的减少应该是－4 853 万元，并非上述现金流量表补充资料中的"存货减少"数－5 325 万元。

安纳达 2012 年的财务费用是 367.2 万元，明细显示，其中的利息支出是 9.04 万元，而现金流量表补充资料中提及的财务费用正应该是利息支出额，然而实际列示的财务费用却是 271 万元。

以上两个数据无法形成对应勾稽关系。

现金流量分析是企业财务分析的重要内容，也是企业盈利能力、偿债能力分析的有力补充，因为它是遵循收付实现制原则编制的，通过现金流量分析，可以更好地解读盈利状况以及偿还能力。案例中通过对三大报表勾稽关系的分析，发现企业的一些问题，可见，现金流量分析在其中的作用。

经营成功的企业，各有不同的战略和秘密，但经营失败的企业，都有共同的问题和征兆，那就是现金链条断裂。大部分发达国家的统计数据显示，每五家破产倒闭的企业，有四家是盈利的，只有一家是亏损的。可见，企业主要是因为缺乏现金而倒闭的，而不是因为盈利不足而消亡的。因此，现金流量分析在财务报表分析中具有举足轻重的作用。本章第一节介绍现金流量表的基本结构，第二节阐述现金流量质量分析方法，第三节介绍如何利用现金流量对企业的财务状况进行综合分析。

5.1　现金流量表的基本结构

现金流量是指某一时期内企业现金流入和流出的数量。如企业销售商品、提供劳务、出售固定资产、向银行借款等取得现金，形成企业的现金流入；购买原材料、接受劳务、构建固定资产、对外投资、偿还债务等支付现金等，形成企业的现金流出。现金流量信息能够表明企业经营状况是否良好，资金是否良好，资金是否紧缺，企业偿付能力大小，从而为投资者、债权人、企业管理者提供非常有用的信息。例如，对企业经营管理者而言，现金流量可以说明经营过程是否产生足够的现金流入来满足各项现金流出的需要；外部投资者最关心的是企业的获利能力和股利支付能力；债权人则关注企业能否产生现金流入，按期支付利息和清偿当期债务。应该注意的是，企业现金形式的转变不会产生现金流入和流出，如企业从银行提取现金，是企业现金存放形式的转换，并未流出企业，不构成现金流量；同样，现金与现金等价物之间的转换也不属于现金流量，比如，企业用现金购买将于三个月内到期的国库券。

能否产生持续稳定的现金流量对企业的投资者和债权人意义非凡。投资者之所以愿意为企业的高盈利能力支付高股价，是投资者预期这类企业能够产生持续，甚至是持续增长的现金流量。即使企业短期内不支付现金股利，投资者也相信企业创造的现金流量迟早会以现金股利的方式回报给他们。投资者正是通过对企业现金流量的金额(Amount)、时间分布(Timing)和不确定性(Uncertainty)进行评估和折现，对所持股票进行估值的。对债权人来说，持续、稳定的现金流量是企业按时还本付息的根本保证，其重要性远高于担保、抵押和质押。正因为现金流量信息的独特作用，正确地解读分析现金流量信息的载体——现金流量表就显得尤其重要。本节首先介绍现金流量表的基本结构。在具体介绍现金流量表结构之前，有必要先明确与现金流量表相关的定义。

现金流量表是反映企业在一定期间内现金流入、现金流出及净现金流量情况，揭示获取和运用现金能力的财务报表。现金流量表不但反映企业一定时期的净现金流量，更重要的是揭示了企业一定时期净现金流量形成的原因，配合资产负债表和利润表的使用，能更充分地反映企业当前的财务状况。

现金流量表分正表和附注的补充资料两部分。

1. 现金流量正表

现金流量正表即采用直接法编制的现金流量表，是以"现金流量净额 = 现金流入 − 现金流出"为基础，采用多部式分项报告企业的现金流入量和流出量以及净流量等信息的。

我国的《企业会计准则 31 号——现金流量表》将现金流量分为三类：经营活动产生的现金流量、投资活动产生的现金流量、筹资活动产生的现金流量，如图 5-1 所示。

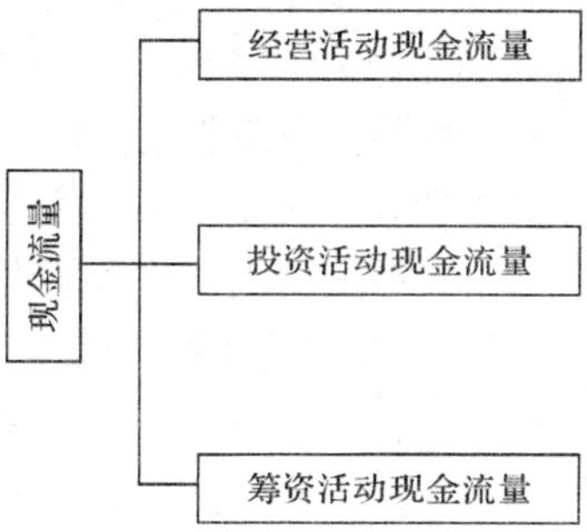

1) 经营活动产生的现金流量

经营活动产生的现金流量来自于企业投资活动和筹资活动以外的所有交易和事项。在直接法下，对于经营活动产生的现金流量，企业应当分别提供经营活动的现金流入(现金收入)和现金流出(现金费用)信息。

经营活动现金流入项目主要有：

(1) 销售商品、提供劳务收到的现金。该项目是指企业由于销售商品、提供劳务导致的现金流入。它包括企业本年销售商品、提供劳务收到的现金(包括应向购买者收取的增值

图 5-1　现金流量的分类

税销项税额),以及以前年度销售商品、提供劳务本年收到的现金和本年预收的款项。此项目为经营活动的现金流入的绝大部分。企业盈利的本性决定了经营活动产生的现金是企业最重要的现金来源,经营活动所得现金的多少直接决定了企业取得现金流量能力的大小。

(2) 收到的税费返还。该项目是指企业收到返还的所得税、增值税、营业税、消费税、关税和教育附加税等各种税收返还款。

(3) 收到的其他与经营活动有关的现金。该项目主要是指企业经营租赁收到的租金、罚款收入、流动资产损失中由个人赔偿的现金收入等其他应归属于经营活动的现金流入。

经营活动现金流出项目主要有:

(1) 购买商品、接受劳务支付的现金。该项目是指企业为购买商品、接受劳务而支付的现金,如支付电费、水费、材料费、修理费、运输费等。它具体包括企业本年购买商品、接受劳务实际支付的现金(包括增值税和进项税额),以及本年支付以前年度购买商品、接受劳务的未付款项和本年预付款项。

(2) 支付给职工以及为职工支付的现金。该项目是指企业本年实际支付给职工的工资、奖金、各种津贴和补贴、社会保险等职工薪酬。

(3) 支付的各项税费。该项目是指企业本年发生并支付、以前各年度发生本年支付以及预交的各项税费,包括所得税、增值税、营业税、消费税、印花税、房产税、土地增值税、车船使用税、教育附加等。

(4) 支付其他与经营活动有关的现金。该项目是指企业经营租赁支付的租金、支付的差旅费、业务招待费、保险费、罚款支出等其他应归属与经营活动有关的现金流出。

2) 投资活动产生的现金流量

投资活动产生的现金流量来自于企业长期资产的购建和不包括现金等价物范围的投资及其处置活动。对于投资活动产生的现金流量,企业应当分别提供投资活动的现金流入和流出信息。

投资活动现金流入项目主要有:

(1) 收回投资所收到的现金。该项目是指企业出售、转让或到期收回除现金等价物以外的长期股权投资而收到的现金,但处置子公司及其他营业单位收到的现金净额需单列项目。

(2) 取得投资收益收到的现金。该项目是指企业长期股权投资分回的利润以及持有金融资产所取得的股利和利息。

(3) 处置固定资产、无形资产和其他长期资产收回的现金净额。该项目是指企业出售报废固定资产、无形资产和其他长期资产所取得的现金(包括因资产损毁而收到的保险赔偿收入),减去为处置这些资产而支付的有关费用的净额。

(4) 收到的其他与投资活动有关的现金。该项目是指企业处置子公司及其他营业单位所取得的现金,减去相关处置费用及子公司与其他营业单位持有的现金等价物后的净额。

投资活动现金流出项目主要有:

(1) 购建固定资产、无形资产和其他长期资产支付的现金。该项目是指企业购买、建造固定资产、取得无形资产和其他长期资产所支付的现金(含增值税款等),以及用现金支付的应由在建工程和无形资产负担的职工薪酬。

(2) 投资支付的现金。投资支付的现金项目是指企业取得除现金等价物以外的对其他企业的权益工具、债务工具和经营中的权益投资所支付的现金，以及支付的佣金、手续费等附加费用，但取得子公司及其他营业单位支付的现金净额需单列项目。

(3) 支付的其他与投资活动有关的现金。该项目是指企业购买子公司及其他营业单位购买出价中以现金支付的部分，减去子公司及其他营业单位持有的现金和现金等价物后的净额。

3) 筹资活动产生的现金流量

筹资活动产生的现金流量是指来自于导致企业资本及债务规模和构成发生变化的活动。对于筹资活动产生的现金流量，企业应当分别提供筹资活动的现金流入和现金流出信息。

筹资活动现金流入项目主要有：

(1) 吸收投资收到的现金。该项目是指企业以发行股票、债券等方式筹集资金实际收到的款项，减去直接支付的佣金、手续费、宣传费、咨询费、印刷费等发行费用后的净额。

(2) 取得借款收到的现金。该项目是指企业举借各种短期、长期借款而收到的现金。这是企业最常见的现金流量项目之一。

(3) 收到的其他与筹资活动有关的现金。

筹资活动现金流出项目主要有：

(1) 偿还债务支付的现金。该项目是指企业为偿还债务本金而支付的现金，包括偿还金融企业的借款本金、偿还债券本金等。

(2) 分配股利、利润或偿付利息支付的现金。该项目是指企业实际支付的现金股利，支付给其他投资单位的利润或用现金支付的借款利息、债券利息。

(3) 支付的其他与筹资活动有关的现金。

4) 汇率变动对现金的影响

企业发生外币业务，外币现金流量折算为记账本位币时，所采用的一般是现金流量发生日的即期汇率，而资产负债表日或结算日，企业外币现金及现金等价物净增加额是按期末或结算日的汇率折现的，这两者之间的差额即为汇率变动对现金的影响。

现金流量表正表的结构如表 5-1 所示。

表 5-1　现金流量表(直接法)

编制单位：XX 公司　　　　　　　　　　XX 年　　　　　　　　　　单位：元

项　　　　目	本期金额	上期金额
一、经营活动产生的现金流量：		
销售商品、提供劳务收到的现金		
收到的税费返还		
收到其他与经营活动有关的现金		
经营活动现金流入小计		
购买商品、接受劳务支付的现金		
支付给职工以及为职工支付的现金		
支付的各项税费		
支付其他与经营活动有关的现金		
经营活动现金流出小计		

续表

项　　目	本期金额	上期金额
经营活动产生的现金流量净额		
二、投资活动产生的现金流量：		
收回投资收到的现金		
取得投资收益收到的现金		
处置固定资产、无形资产和其他长期资产收回的现金净额		
处置子公司及其他营业单位收到的现金净额		
收到其他与投资活动有关的现金		
投资活动现金流入小计		
购建固定资产、无形资产和其他长期资产支付的现金		
投资支付的现金		
取得子公司及其他营业单位支付的现金净额		
支付其他与投资活动有关的现金		
投资活动现金流出小计		
投资活动产生的现金流量净额		
三、筹资活动产生的现金流量：		
吸收投资收到的现金		
其中：子公司吸收少数股东投资收到的现金		
取得借款收到的现金		
收到其他与筹资活动有关的现金		
筹资活动现金流入小计		
偿还债务支付的现金		
分配股利、利润或偿付利息支付的现金		
其中：子公司支付给少数股东的股利、利润		
支付其他与筹资活动有关的现金		
筹资活动现金流出小计		
筹资活动产生的现金流量净额		
四、汇率变动对现金及现金等价物的影响		
五、现金及现金等价物净增加额		
加：期初现金及现金等价物余额		
六、期末现金及现金等价物余额		

2. 现金流量表补充资料

现行会计准则要求现金流量表附注应包括以下内容的披露：

第一，将净利润调节为经营活动产生的现金流量。以间接法编制现金流量表时，对经营活动引起的现金流量的确认，是以本年利润为基础，加上不引起现金流出的费用，再减去不引起现金流量流入的收入，并加上营运资金中非现金项目的变化来完成的。即以净利润为起点，调整不涉及现金的有关项目，进而计算出经营活动产生的现金流。

最简单的公式为

$$经营现金流 = 净利润 + 折旧 - 营运资本增加$$

其中，营运资本 = 流动资产 - 流动负债。进行调整的主要项目包括：

(1) 计提的资产减值准备；

(2) 固定资产折旧；

(3) 无形资产摊销；

(4) 长期待摊费用的摊销；

(5) 处置固定资产、无形资产和其他长期资产的损益；

(6) 固定资产报废损益；

(7) 公允价值变动损益；

(8) 财务费用；

(9) 投资收益；

(10) 递延所得税资产的变动；

(11) 递延所得税负债的变动；

(12) 存货的变动；

(13) 经营性应收项目的变动；

(14) 经营性应付项目的变动。

此附注有助于我们分析净利润与经营活动现金流量净额之间的数量出现差异的具体原因。

第二，不涉及现金收支的投资和筹资活动。不涉及现金收支的理财活动(即投资和筹资活动)，虽不引起本期现金流量的变化，但可以在一定程度上反映企业现金流转方面的质量状况和企业利用非现金资源进行经营活动、投资活动和筹资活动的状况。

(1) 非现金的筹资和投资活动可能意味着企业面临现金流转困境。例如，企业用固定资产偿还债务，可能意味着企业没有足够的现金来偿还到期债务；企业接受所有者非现金资产的投资，可能意味着企业还需筹集必要的现金以实现企业的正常经营，等等。至于企业是否真的存在现金流转困难，则应结合企业其他一些财务指标的计算，以及企业当期整体的现金流量变化情况来综合考虑。

(2) 非现金的筹资和投资活动可能反映了企业充分利用非现金资产进行投资活动的努力，例如，企业利用固定资产、无形资产甚至是存货对外投资，或者反映了企业盘活的本企业不良资产的努力，或者反映了充分利用现有资源、提升其利用价值的努力。

第三，现金及现金等价物净增加情况。通常，经营活动所形成的现金流量主要来自公司以现金为基础的收入和费用，即现金流量一般由形成公司损益且伴随有现金流的交易或事项形成。经营活动现金流量的列报方法包括直接法和间接法。直接法通过现金流入总额和现金支出总额的总括分类反映来自公司经营活动的现金流量，关于总括分类的信息可以根据公司的会计记录获得。间接法则是以净损益为基础，通过调整公司非现金交易、过去或者将来经营活动的现金收支的递延或应计项目，以及与投资或筹资现金流量相关的收益或费用项目的影响，来揭示公司经营活动所形成的现金流量。表 5-1 采用的就是直接法，间接法的编制如表 5-2 所示。

表 5-2　现金流量表(间接法)

编制单位：XX 公司　　　　　　　　　　　XX 年　　　　　　　　　　　单位：元

补 充 资 料	本年金额	上年金额
1. 将净利润调节为经营活动产生的现金流量		
净利润		
加：计提的资产减值准备		
固定资产折旧		
无形资产及其他资产摊销		
长期待摊费用的摊销		
待摊费用减少(减：增加)		
预提费用增加 (减：减少)		
处置固定资产、无形资产和其他长期资产的损失(减：收益)		
财务费用		
投资损失(减：收益)		
少数股东损益		
递延税款贷项(减：借项)		
存货的减少(减：增加)		
经营性应收项目的减少(减：增加)		
经营性应付项目的增加(减：减少)		
经营活动产生的现金流量净额		
2. 不涉及现金收支的投资和筹资活动		
债务转为资本		
3. 现金及现金等价物净增加情况		
现金的年末余额		
减：现金的期初余额		
加：现金等价物的期末余额		
减：现金等价物的期初余额		
现金及现金等价物净增加额		

从表 5-2 中各个项目的排列不难看出，直接法编制的现金流量正表所表达的信息远比间接法编制的现金流量表要多，也符合现金流量变的本来含义：现金从哪里来，到哪里去。

值得注意的是，不论是直接法，还是间接法，报告的经营活动现金流量都是相等的。两种方法各有利弊。按直接法列示经营活动产生的现金流量，优点是直截了当，易于理解，能够反映企业现金流量的来踪去迹，缺点是编制成本较高。按间接法列示经营活动产生的现金流量，优点是可节省大量的编制成本，缺点是编制过程不够直观，需要有一定的会计基础知识方能理解。

我国的《企业会计准则 31 号——现金流量表》要求企业采用直接法列示经营活动产生的现金流量，同时在附注中披露将净利润调节为经营活动现金流量的信息。

5.2 现金流量质量分析

5.2.1 现金流量的质量特征

所谓现金流量质量，是指企业的现金流量能够按照预期的目标进行良性循环而不会中断的质量。现金流量的质量特征，就是指现金流量良性循环的特征，它是我们评价企业现金流量好坏的基本标准。

1. 现金流量表现出较强的现金获取能力

要保证企业的现金流量的良性循环，企业必须具备较强的现金获取能力。这种能力具体表现在以下两个主要方面：

(1) 在企业稳定发展阶段应具有充足的经营活动现金流量。经营活动现金流量是企业的造血系统，是企业最稳定、最主动、最应该寄予希望并维持企业经常性资金流转和支持企业扩大再生产的现金流量。因此，良性发展的企业，其经营活动现金流量应该是充足的，具体体现在：经营活动的现金流量净额应该远大于零，它不仅能够维持企业经营活动的正常支出，还应该有能力补偿企业经营活动中发生的非现金耗费(如经营性长期资产折旧与摊销、应计费用等)，有能力支付利息和现金股利等资金成本，并能为企业的扩张提供一定的现金流量的支持。

当然，投资活动也会产生现金流量，但相对于经营活动而言，投资活动现金流入量更大程度地取决于被投资者的现金支付能力，投资者完全不像对经营活动的现金流量那样有直接的控制能力。因此，投资活动产生的现金流入量通常被当作"意外的惊喜"，这样分析更有利于企业掌握对现金流量进行规划的主动性。

(2) 企业在初创期或扩张期应具有较强的融资能力。在企业初创期或扩张期会有大规模的资金需求，而此时内部自有资金很难满足企业的需求，因此需要依赖外部融资。此时，筹资活动产生的现金流量应在时间上、金额上满足企业投资活动和经营活动的现金需求。

2. 现金流量应表现出较强的现金支付能力

现金流量的良性循环除了需要具备较强的现金获取能力，还表现在企业应具有较强的现金支付能力。这种能力具体表现在：按时清偿到期货款及到期的债务，保证持续支付股利，企业扩张具有充足的资金保证等。

3. 现金流量的结构应体现企业发展战略的要求

从战略角度来看，第一，企业对经营性资产的结构安排体现了企业发展战略，现金流量的结构应适应企业发展战略的要求；第二，企业对外投资的结构与方向也体现了企业对外扩张、寻求发展的战略，现金流量的结构也应该适应企业对外扩张战略的要求。

4. 现金使用合理、有效，没有不良的融资行为

不良融资行为是指超过实际需求的过度融资、融资后被无效益占用(如筹资的同期出现巨额"其他应收款")、融资后长期闲置(融资的同期银行存款巨额增加)等情形。不良的融资行为必然导致资金使用效率低下，最终影响现金流的良性循环。

5. 与同行业其他企业相比具有较短的资金循环周期

企业资金循环周期是指企业从投放资金到收回资金所需要的时间。显然，资金循环周期越短，资金的使用效率越高，资金的良性循环越有保障。资金循环周期可以根据下列公式推算：

$$资金循环周期 = 存货周转期 + 应收款周转期 + 预付款周转期$$
$$- 应付款周转期 - 预收款周转期$$

当然，不同行业的经营特点决定了各行业的资金循环周期的一般水平，为此，分析时应该考虑行业特点，宜与同行业企业比较。

6. 具有适度的现金余额储备

前面讨论的现金流量的质量特征重点在于现金的动态循环特征，但静态的现金余额的规模也同样值得关注：资产负债表中的现金余额并非越高越好，高质量的现金流量要求资金利用充分有效，期末现金余额只需满足企业新的会计期间期初资金循环周期完成前的正常的资金需求即可，过高的现金余额会影响资金的使用效率。

5.2.2　现金流量质量分析的主要内容

根据上述讨论的现金流量的质量特征，我们将进一步探讨各部分现金流量质量的具体分析方法。由于经营活动、投资活动和筹资活动在企业资金周转过程中发挥着不同的作用，且具有不同的质量特征，为此，分析的侧重点也不同。

1. 经营活动现金流量分析

企业经营活动的现金流量应当具有充足性、有效性，并能够体现企业经营主导型发展战略的实施效果。

1) 经营活动现金流量结果的充足性分析

经营活动现金流量被视为企业的造血系统，是企业最稳定、最主动、最应该寄予希望并维持企业经常性资金流转和支持企业扩大再生产的现金流量。企业在初创期或扩张转型期，暂时地出现经营活动现金净流量为负，可被认为这是企业在发展过程中不可避免的正常状态。除此之外，良性发展的企业其经营活动现金流量应该是充足的。充足性要求经营活动的现金流量净额不仅应该大于零(即不仅能够维持企业经营活动的正常支出)，还应能够补偿下列方面的资金需求：

(1) 能够补偿本年度长期经营性资产的摊销和应计费用等非现金耗费。长期经营性资产的摊销包括：固定资产的折旧、无形资产摊销以及其他长期资产的摊销等。企业为获取长期经营性资产而发生的现金流出主要通过两种途径得到补偿：一是使用一定时间后通过"处置"的方式补偿一部分现金；二是在长期经营性资产使用过程中，通过"固定资产折

旧"和"无形资产摊销"等方式，从使用当期的现金流量中分期得到补偿。可见，尽管长期经营性资产的摊销费用在本期并没有引起现金流出，但企业各期的经营活动现金流量具有补偿长期经营性资产在本期发生的价值消耗的义务。只有这样才能使原始投资得到充分的补偿，未来长期经营性资产的更新才有更充分的资金保障。当然，这种补偿方式的速度将取决于长期经营性资产的摊销速度。

应计费用是指本期已经计提，但应由以后年度支付的费用。尽管应计费用并未引起本期现金的流出，但由于这些费用已经为当期经营活动现金流量的获取做出了贡献，因此，本会计期间的经营活动现金流量同样具有补偿义务。

如果企业的经营活动现金净流量不能补偿当期的非现金耗费，从长期来看，根本不可能维持企业经营活动的货币"简单再生产"，未来更新长期经营性资产的资金将严重不足。

(2) 能够保证支付本期的利息和股利。企业的贷款，按照主要用途可以分为经营性使用、对外投资使用和购建固定资产使用。但在现金流量表上，各种不同用途的贷款的利息费用所引起的现金流出量均归于筹资活动现金流出量。从根本上来说，处于正常持续经营状态下的企业一般不会依赖筹资活动的现金流入量来支付利息，而将支付义务更大程度上落在了经营活动现金流上。从良性发展的角度来看，企业的经营活动应该对其利息具有足够的支付能力。

企业宣布发放的现金股利，一般应以本年度净利润和累计可供股东分配的利润为基础。现金股利既是一种利润分配，又是一种资金成本。在以经营活动为主体的企业，当期经营活动，产生的现金流量对当期的现金股利应具有足够的支付能力。

如果企业经营活动现金净流量恰好补偿了本期的非现金耗费、应支付的股利和利息，则说明企业经营活动产生的现金流量从长期来看刚好能够维持经营活动的货币"简单再生产"，但却不能为企业扩张和投资发展提供资金支持。

(3) 能够为企业对内扩大再生产、对外投资提供资金支持。企业经营活动现金净流量在补偿上述用途后还有剩余，便可为企业对内扩大再生产和对外的股权、债券投资提供部分资金支持。我们认为在这种情况下的经营活动现金流量基本达到了充足性要求。当然，经营活动现金流量为投资活动提供的资金支持从规模上通常难以满足企业对内扩大再生产、对外进行投资的要求，投资活动需要的现金还可以通过投资收益产生的现金流量，甚至是筹资活动来解决。那么为什么对经营活动的现金流量提出如此高的要求？

确实，投资收益也会产生现金流入量，但这种现金流入量更大程度地取决于被投资者的经营成果和现金支付能力，完全不像经营活动的现金流量具有相对稳定性和可控性。因此，对投资收益所引起的现金流入量宜作为"意外的惊喜"来处理，而不应寄予太大的希望，这更有利于企业掌握对现金流量规划的主动性。而外部筹资会引发更高的资金成本，使企业未来的盈利具有更大的压力。为此，我们对经营活动现金流量提出了更高的要求。

2) 对经营活动现金流量过程的有效性分析

经营活动现金净流量的正负固然重要，但经营活动的现金流入、流出的过程分析更加重要。所谓有效性分析是指对经营活动现金流入是否顺畅、流出是否合理做具体的分析。尤其是当经营活动现金净流量为负时，这种分析更加必要，它可以帮助我们找到企业经营活动现金流量不足的具体原因。

(1) 现金流入的顺畅程度分析。经营流动现金流入量的主要项目是"销售商品、提供劳务收到的现金"，该项目的规模主要取决于利润表中的营业收入的规模，资产负债表中的商业债权项目(应收账款与应收票据之和)以及预收账款等项目期初、期末金额的变化。因此，我们可以分析这些相关项目的金额情况，对企业销售货款回款是否顺畅做出判断："销售商品、提供劳务收到的现金"的金额与利润表中的营业收入金额越相吻合、资产负债表的商业债权的增加幅度越小(或者减少幅度越大)，而预收账款的增加幅度越大(或者减少幅度越小)，说明销售回款越顺畅，由此带来的现金流入量越充沛；否则，销售回款就可能存在问题。预收账款增加的规模较大也意味着未来提供商品或劳务的义务增加较多，对于本期来说，这是一种预先赚取的现金流入。

(2) 现金流出的合理性分析。企业经营活动现金流出支付是否过度，使用是否合理有效，会直接影响企业现金流的循环质量。经营活动现金流出量的主要项目是"购买商品、接受劳务支付的现金"，该项目的金额主要取决于利润表中的营业成本的规模，资产负债表的存货、商业债务(应付账款与应付票据之和)以及预付账款等项目的期初、期末金额的变化。因此，我们可以分析这些相关项目的金额情况，对企业购货款是否支付过度做出判断："购买商品、接受劳务支付的现金"的规模与营业成本的规模越接近、存货的增加幅度越小，用于购买存货发生的现金流出量的效率就越高，因为本期付款购买的存货已经基本售出；否则，则说明一部分购货款占用在存货，而该部分购货款的回收将取决于存货未来的出售情况。此外，资产负债表中的商业债务项目如果增幅较大，说明企业购货时处于优势地位因而获得了推迟付款的优惠，同时也意味着企业未来的现金支付义务的增加。而预付账款增幅较大，一方面说明企业购货时因劣势地位而增加了预付款，另一方面说明，该部分预付款即是未来的存货，其占用的现金是否可以高效地收回，将同样取决于存货未来的周转状况。

另外，还要关注企业是否存在不恰当的资金运作行为。如企业"支付的其他与经营活动有关的现金流量"的金额巨大，"其他"活动成了主流活动，此时，应特别关注这些支出是否恰当，去向如何，是否能够为企业创造收益。

3) 经营活动现金流量应体现企业经营主导型发展战略的实施效果

如果企业的发展战略是经营主导型，企业便会把更多的资源分布在经营性资产上，此时，经营活动现金净流量及同口径核心利润应相互契合、相互验证，共同反映经营主导型战略的实施效果。

2. 投资活动现金流量分析

企业投资活动的现金流量应在整体上反映企业的对内、对外投资扩张战略及其实施状况，并能够反映企业对外投资现金流的回报状况。企业投资活动现金流量包括对外投资现金流量和长期经营性资产的现金流量。企业的投资活动主要有三个目的：

(1) 对内投资，为企业正常生产经营活动奠定基础，如购建固定资产、无形资产和其他长期资产等；

(2) 对外投资，为企业对外扩张或达到收益性目的进行权益性投资和债权性投资；

(3) 利用企业暂时不用的闲置货币资金进行短期投资，以求获得更高的投资收益。

前两种投资一般都应与企业的长期规划和短期计划相一致，第三种投资则更多的是企业的一种短期理财安排。与经营活动现金流量的特点不同，大部分投资出售变现或收益回收通常具有一定的滞后性，本期投资引发的现金流出很难在当期一次性全都补偿。因此，该部分现金净流量并非绝对要求大于零，而是应该具体问题具体分析：在投资活动产生的现金净流量小于零时，我们应重点关注企业的投资方向，以及投资活动是否符合企业的长期规划和短期计划；当投资活动产生的现金净流量大于零时，我们则应关注收回投资的盈利性。具体分析以下四个方面：

1) 对外投资战略分析

通过对流量表中投资活动现金流量的具体状况分析，可以了解企业投资战略的变化情况。如果现金流量表中企业对外投资的现金流出量和收回投资的现金流入量都有较大规模，说明企业在进行投资的结构性调整，应密切关注企业投资策略的变化。如果对外投资的现金流出量大于收回投资的现金流入量，说明当期企业的对外投资呈现出扩张的趋势，应关注企业新的投资方向，如果企业对外投资的现金流出量小于收回投资的现金流入量，说明企业对外投资在控制压缩，而以往的投资项目则进入了收益期或回收期，此时，应特别关注取得投资收益收到的现金，以判断现有投资项目的回报能力。

2) 对内扩张战略的分析

通过对现金表中投资活动现金流量的具体状况分析，还可以了解企业对内扩张战略的情况。如果购建经营性长期资产(即固定资产、无形资产等)的现金流出量和处置经营性长期资产的现金流入量均有较大规模，通常表明企业在致力于经营性长期资产的结构与规模的调整，重视经营性长期资产的更新换代，以保证企业具有持续的竞争优势。如果企业用于购建经营性长期资产的现金流出量大于处置经营性长期资产的现金流入量，说明当期企业的经营性长期资产规模呈现出扩张的趋势，反映了企业经营主导型战略的进一步加快。如果购建经营性长期资产的现金流出量小于处置经营性长期资产的现金流入量，说明当期企业的经营性长期资产规模呈收缩趋势。至于新投入的经营性长期资产的使用效率如何，通常需要关注以后期间的核心利润和经营活动现金流量的表现。

3) 投资收益相对应的现金流量的分析

在分析利润表时，我们就探讨了投资收益相对应的现金流量的分析，目的是了解投资收益的现金获取能力。

4) 投资活动产生现金流入量的盈利性分析

投资活动产生的现金流入量不一定都具有盈利性，具有盈利性的投资活动现金流入才是高质量的现金流。投资活动包括三项主要的现金流入项目：收回投资收到的现金、取得投资收益收到的现金以及处置经营性长期资产收到的现金。

其中，取得投资收益收到的现金应该是具有盈利性的，而收回投资收到的现金则不一定具有盈利性，应作具体分析。我们知道，收回投资的原因较为复杂，可能是因为投资计划的终止，也可能是因为抓住了最好的回报时机，还有可能是因为企业在经营活动与筹资活动方面急需资金或出现对企业投资不利的变化使企业不得已处置投资，等等。在第三种情况下处置投资虽然会带来现金流入，但很可能同时引发了投资亏损，具体情况可以通过利润表中投资收益的明细项目"收回投资的盈亏"来判断。至于处置经营性长期资产收回的现金同样不一定具有盈利性，需要结合利润表中的营业外收入或支出项目的明细项目来判断。

3. 筹资活动现金流量分析

筹资活动现金流量应该适应企业经营活动、投资活动对现金流量的需求，在整体上反映企业融资能力、融资适当性，融资的使用状况合理，不存在不良的融资行为。

1) 企业筹资活动的现金流量与经营活动、投资活动现金需求的适应性分析

筹资活动的现金流量是服务于经营活动和投资活动的。在企业扩张期，经营活动和投资活动需要现金支持时，筹资活动应该及时足额地筹到相应资金；而在企业成熟期，经营活动和投资活动产生大量现金流入时，筹资活动应该及时地清偿相应贷款，避免不必要的资金成本。因此，企业筹资活动的现金流量与经营活动、投资活动的适应状况，在很大程度上反映了企业现金良性循环的质量。如果企业不顾经营和投资活动的资金需求而盲目筹资，必然会导致资金过剩和资金使用效率低下；而筹资活动如果不能筹到充足的资金来满足经营和投资活动的需要就会导致企业原有的现金储备下降，这是企业融资能力不强的表现，长此以往，难以维持企业资金的良性循环。

2) 企业筹资动因的分析

当企业大量筹资使筹资活动产生的现金净流量大于零时，要着重分析企业的筹资活动是否已经纳入企业的发展规划，是企业管理层以扩大投资和经营活动为目标的主动筹资行为还是企业因投资活动和经营活动的现金流出失控，企业不得已的被动筹资行为。当然，当企业筹资活动产生的现金净流量小于零时，说明企业经营和投资活动进入了成熟回报期，企业在投资和扩张方面没有更多的规划。

3) 企业不良融资行为分析

企业不良的融资行为是指超过实际需求的过度融资，即出现融资后被无效益占用(如筹资的同期出现巨额"其他应收款")，或融资后长期闲置(融资的同期银行存款巨额增加)等情形。不良的融资行为必然导致资金使用效率低下，最终影响现金流的良性循环。

4) 企业财务风险的分析

筹资活动现金流量是透视企业财务风险的最好的信息来源。筹资活动会为企业带来相应的财务风险。例如，企业对外发行债券，就必须承担定期支付利息、到期还本的责任，如果企业不能履行偿债责任，有关方面就会对企业采取法律措施。因此，通过对企业筹资途径和筹资规模的分析可以初步判断企业的财务风险。

5.2.3　分析现金流量质量时应注意的问题

1. 要辩证地看待现金流入流出量

企业在投资活动中发生的各项现金支出，实际上反映了其为拓展经营业务所做的努力。企业从经营活动、筹资活动中获得的现金再投资出去，是为了今后更大的发展。现金不流出是不能为企业带来经济效益的，尤其对于处在快速成长时期的企业，大量的现金流出是十分必要的。从企业长远发展的利益出发，短期的大量现金流出是为以后较高的盈利回报和稳定的现金流入打基础。相反，如果企业出现了大量的现金净流入，也未必是一件好事，此时必须分析现金流入的来源，否则就容易导致错误的判断。

2. 结合资产负债表、利润表、报表附注及其他相关信息分析现金流量

由于资产负债表、利润表和现金流量表有内在逻辑关系，可以从另外两张报表各项目的变动中寻找企业经营性现金流量增减的实质。因此，投资者应检查现金流量表中的"销售商品、提供劳务收到的现金"项目和利润表中的营业收入以及资产负债表中应收账款、应收票据、预收账款等项目的对应关系，检查现金流量表中购买商品、接受劳务支付的现金与利润表中的营业成本及资产负债表中的存货、应付账款、应付票据、预付账款等项目的对应关系，重视构建固定资产、无形资产和其他长期资产所支付的现金、投资所支付的现金与资产负债表中固定资产、长期投资的对应关系研究。

3. 注意现金流量的横向和纵向分析

通过纵向的分析，可以比较企业的现金流量状况。推断企业未来的现金流量，进而得出企业的收现能力和偿债风险。另外，研究企业自身的数据，必须结合该企业所属的行业或地区进行横向比较，才具有实际意义，才有助于提高现金流量分析的质量。单期分析是仅就某一特定时期的现金流量所作的分析，是现金流量结构与质量分析的基础。多期比较分析，也叫趋势分析，是将历年单期分析资料进行连续比较，以从中找出企业现金流量的变化规律和发展趋势的分析过程。多期比较分析可以根据企业所处的不同发展阶段(譬如扩张期或成长期或衰退期)，判断现金流量结构的合理性，从而通过分析企业现金流量的变动趋势来预测企业未来的发展情况。

5.3 现金流量表综合分析

在市场经济条件下，企业要想在激烈的竞争中立于不败之地，不但要千方百计地把自己的产品销售出去，更重要的是能及时收回销货款，以便经营活动能够顺利开展。除经营活动之外，企业的投资和筹资活动同样影响着企业的现金流量，从而影响企业的财务状况。对于企业而言，由于每种活动产生的现金净流量的正负方向构成不同，所以会产生不同的现金流量结果，进而会对企业的财务状况产生重要的影响。因此，可以对企业财务状况进行一般分析。

一个运转正常的现金流程应当是：

(1) 经营活动中取得的现金流入足以用于经营活动所需的现金流出，并有一定的现金净流量用于投资或用于偿还债务。

(2) 如果经营活动产生的现金收入不足以满足经营活动所需的现金支出，则需要通过短期借款弥补，但企业的盈利能力和创造现金的能力足以偿还短期债务。

(3) 当企业扩张或改变经营策略需要长期投资时，一般需要筹集长期资金，包括发行股票或筹集长期借款。国有企业一般寻求长期借款。

(4) 如果长期投资有效，就会在将来产生现金流入，企业将不会面临还债困境。

最糟糕的情况是：经营活动现金收入严重不足，经常需要通过银行借款来弥补；同时，企业盲目扩张，举借大量长期债务。由于企业创造现金的能力弱，日积月累，企业将面临严重的财务拮据，甚至破产清算。

三类现金流量的关系如图 5-2 所示。

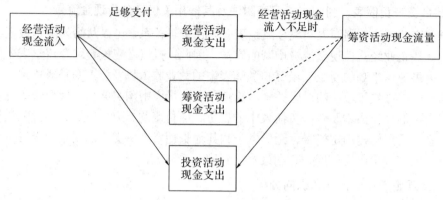

图 5-2　三类现金流量的关系

【例 5-1】 某公司 20X5 年的经营活动创造的现金为 16.34 亿元，用于投资的现金净流量为 10.44 亿元，筹资活动减少的现金净流量为 2.08 亿元，当年现金净增加 3.82 亿元。

该信息告诉我们此公司经营活动创造的现金可以满足投资和还债的需要，现金较为充沛，财务状况健康。

5.3.1　现金流量表重点项目分析

1. 经营活动的现金流入项目分析

(1) 销售商品、提供劳务收到的现金。此项目应是企业现金流入的主要来源，通常具有数额大，所占比重大的特点。其与利润表中的营业收入总额相对比，可以判断企业销售收现率的情况。较高的收现率表明企业产品定位正确、适销对路，并已形成卖方市场的良好经营环境。但应注意也有例外的情况。

【例 5-2】 蓝田股份 2000 年年报现金流量表中"销售商品、提供劳务收到的现金"为 20.4 亿元，大于利润表中"主营业务收入"18.4 亿元，而"当期销售商品或提供劳务收到的现金"占"主营业务收入"的大约 99%，收现率如此之高，不免会让人生疑。

(2) 收到的税费返还。该项目反映企业收到返还的各种税费，如收到的增值税、营业税、所得税、消费税、关税和教育费附加返还款等。

此项目通常数额不大，对经营活动现金流入影响也不大。

(3) 收到的其他与经营活动有关的现金。此项目具有不稳定性，数额不应过多，对经营活动现金流入的影响可不予考虑。

2. 经营活动的现金流出项目分析

(1) 购买商品、接受劳务支付的现金。此项目应是企业现金流出的主要方向，通常具有数额大，所占比重大的特点。将其与利润表中的营业成本相比较，可以判断企业购买商品付现率的情况，借此可以了解企业资金的紧张程度或企业的商业信用情况，从而可以更加清楚地认识到企业目前所面临的形式是否严峻。

(2) 支付给职工及为职工支付的现金。此项目也是企业现金流出的主要方向，金额波动不大。

(3) 支付的各项税费。这些税费会随着企业销售规模的变化而变动。

(4) 支付的其他与经营活动有关的现金。此项目不具有稳定性，数额不宜过多。

3. 投资活动的现金流入项目分析

(1) 收回投资所收到的现金。不能绝对地追求数额较大，投资扩张是企业未来创造利润的增长点，缩小投资可能意味着企业在规避投资风险或企业存在资金紧张的问题。

(2) 取得投资收益收到的现金。表明企业进入投资回收期，通过分析可以了解投资回报率的高低。

(3) 处置固定资产、无形资产和其他长期资产收到的现金。一般金额不大，如果数额较大，表明企业产业、产品结构将有所调整，或者企业未来的生产能力将受到严重的影响、已陷入深度的债务危机之中，靠出售设备来维持经营。

(4) 处置子公司及其他营业单位收到的现金净额。表明企业在缩小经营范围，一般数额较大，但这种情况在企业发生的并不频繁。

(5) 收到的其他与投资活动有关的现金。一般数额较小，如果数额较大，应分析其合理性。

4. 投资活动的现金流出项目分析

(1) 购建固定资产、无形资产和其他长期资产支付的现金。此项目表明企业扩大再生产能力的强弱，通过此项目可以了解企业未来的经营方向和获利能力，揭示企业未来经营方式和经营战略的发展变化。应注意的是，如果处置固定资产的收入大于购置固定资产的支出，则表明企业可能正在缩小生产经营规模或正在退出该行业，应进一步分析是由于企业自身的原因，还是行业的原因，以便对企业的未来进行预测。

(2) 投资支付的现金。此项目表明企业参与资本市场运作，实施股权及债权投资能力的强弱，分析投资方向与企业的战略目标是否一致。

(3) 取得子公司及其他营业单位支付的现金净额。此项目表明企业在扩大经营范围，一般数额较大，但这种情况在企业发生的并不频繁。

(4) 支付的其他与投资活动有关的现金。此项目一般数额较小，应注意分析其合理性。

5. 筹资活动现金流入项目分析

(1) 吸收投资收到的现金。此项目表明企业通过资本市场筹资能力的强弱。

(2) 取得借款收到的现金。此项目数额的大小，表明企业通过银行筹集资金能力的强弱，在一定程度上代表了企业商业信用的高低。

(3) 收到的其他与筹资活动有关的现金。此项目一般数额较小，如果数额较大，应分析其合理性。

6. 筹资活动现金流出项目分析

(1) 偿还债务支付的现金。此项目表明企业自身资金周转是否已经进入良性循环状态。

(2) 分配股利、利润或偿付利息支付的现金。此项目表明企业的现金是否充足。

(3) 支付其他与筹资活动有关的现金。此项目一般数额较小，如果数额较大，应注意分析其合理性。

总的来说，当经营活动现金流入量小于流出量，投资活动现金流入量大于现金流出量，筹资活动现金流入量大于流出量时，说明企业经营活动现金流入不足，主要依靠借贷维持经营；如果投资活动现金流入量净额是靠收回投资或处置长期资产所得，那么财务状况较为严峻。

经营活动现金流入量小于流出量，投资活动现金流入量小于流出量，筹资活动现金流入量大于流出量时，说明企业依靠经营活动和投资活动均不能产生足够的现金流入，各项活动完全依赖借债维系，一旦举债困难，财务状况将十分危险。

经营活动现金流入量小于流出量，投资活动现金流入量大于流出量，筹资活动现金流入量小于流出量时，说明企业经营活动产生现金流入不足，筹集资金发生了困难，可能依靠收回投资或处置长期资产所得维持运营，企业财务状况已陷入了困境。

经营活动现金流入量小于流出量，投资活动现金流入量小于流出量，筹资活动现金流入量小于流出量时，说明企业三项活动均不能产生现金净流入，企业财务状况处于瘫痪状态，面临着破产或被兼并的危险。

经营活动现金流入量大于流出量，投资活动现金流入量大于流出量，筹资活动现金流入量大于流出量时，说明企业财务状况良好。但要注意对投资项目的可行性研究，否则增加投资会造成浪费。

经营活动现金流入量大于流出量，投资活动现金流入量小于流出量，筹资活动现金流入量大于流出量时，说明企业经营活动和借债都能产生现金净流入，财务状况较稳定，扩大投资出现投资活动负向净流入也属正常，但注意适度的投资规模。

经营活动现金流入量大于流出量，投资活动现金流入量大于流出量，筹资活动现金流入量小于流出量时，说明企业经营活动和投资活动均产生现金净流入，但筹资活动为现金净流出，有大量债务到期需现金偿还。如果净流入量大于流出量，说明财务状况较稳定；否则，财务状况不佳。

经营活动现金流入量大于流出量，投资活动现金流入量小于流出量，筹资活动现金流入量小于流出量时，说明主要依靠经营活动的现金流入运营，一旦经营状况陷入危机，财务状况将会恶化。

7. 汇率变动对现金的影响分析

汇率变动对现金的影响，反映企业外币现金流量及境外子公司的现金流量折算为人民币时，所采用的现金流量发生日的汇率或平均汇率折算为人民币金额与"现金及现金等价物净增加额"中外币现金净增加额按期末汇率折算为人民币金额之间的差额。如果此项目数额较大，需要借助于附注的相关内容分析其原因及其合理性。

8. 补充资料分析

补充资料是采用间接法报告经营活动产生的现金流量。采用间接法报告现金流量可揭示净利润与现金净流量的差别，有利于分析收益的质量和企业的营运资金管理状况。对现金流量表补充资料予以深入剖析，可以从中挖掘出更多的有用信息。

1) 将净利润调节为经营活动现金流量

(1) 资产减值准备。本期计提各项资产减值准备时，减值损失已计入本期利润表中的相关损益项目，但实际上与经营活动现金流量无关。因此，在净利润的基础上进行调整计算时，应将其加回到净利润中。

(2) 固定资产折旧。由于固定资产折旧并不影响经营活动现金流量，在净利润基础上调整计算时，应将其全部加回到净利润中。固定资产折旧项目的调整数与附注中"固定资产原值"项目的年初数相比计算的折旧率，与主要会计政策中有关固定资产分类折旧率相比较，可对该企业固定资产折旧政策的实际执行情况做出基本判断，通过降低折旧率来操纵利润的行为就会被发现。

(3) 无形资产摊销、长期待摊费用摊销。无形资产、长期待摊费用摊销，增加了成本费用，并在计算净利润时从中扣除，由于没有发生现金流出，所以在将净利润调节为经营活动现金流量时应加回。可将无形资产摊销的数额与附注中"无形资产"的年初数相比计算的摊销率，与主要会计政策中无形资产摊销政策相比较，借此对摊销政策的实际执行情况做出判断。

(4) 处置固定资产、无形资产和其他长期资产的损失。处置固定资产、无形资产和其他长期资产业务，与经营活动及其现金流量无关，因此，在以净利润为基础计算经营活动现金流量时应加回或扣除。对此类业务进行分析，既可以了解其对企业本期现金流量状况的影响，又可以对今后的生产经营变化趋势做出判断。

(5) 固定资产报废损失。企业发生的固定资产报废损益，属于投资活动产生的损益，不属于经营活动产生的损益，所以，在将净利润调节为经营活动现金流量时需要予以调节。

(6) 公允价值变动损失。企业发生的公允价值变动损益，通常与企业的投资活动或筹资活动有关，而且并不影响企业当期的现金流量。为此，应当将其从净利润中剔除或加回。

(7) 财务费用。企业发生的财务费用可以分别归属于经营活动、投资活动和筹资活动。对属于经营活动产生的财务费用，若既影响净利润又影响经营活动现金流量，如到期支付应付票据的利息，则不需进行调整；对属于投资活动和筹资活动产生的财务费用，则只影响净利润，不影响经营活动现金流量，应在净利润的基础上进行调整。

(8) 投资损失。投资损益是因为投资活动所引起的，与经营活动无关。因此无论是否有现金流量，该项目应全额调节净利润，但不包括计提的减值准备。

(9) 递延所得税资产减少。递延所得税资产减少会使计入所得税费用的金额大于当期应交的所得税金额，其差额没有发生现金流出，但在计算净利润时已经扣除，所以应当将其从净利润中加回。同理，递延所得税资产增加应当将其从净利润中扣除。

(10) 递延所得税负债增加。递延所得税负债增加会使计入所得税费用的金额大于当期应交的所得税金额，其差额没有发生现金流出，但在计算净利润时已经扣除。所以应当将其从利润中加回。同理，递延所得税负债减少应当将其从净利润中扣除。

(11) 存货。经营活动的存货增加，说明现金减少或经营性应付项目增加；存货减少，说明销售成本增加，净利润减少。所以在调节净利润时，应减去存货的净增加数，或加上存货的净减少数。至于赊购增加的存货，通过同时调整经营性应付项目的增减变动进行自动抵消。若存货的增减变动不属于经营活动，则不作调整，如接受投资者投入的存货应作扣除。

(12) 经营性应收项目。经营性应收项目是指与经营活动有关的应收账款、应收票据和其他应收款等项目。经营性应收项目增加，则收入增加，净利润增加；经营性应收项目减少，则收回现金，现金增加。所以在调节净利润时，应减去经营性应收项目的增加数，或加上经营性应收项目的减少数。通过该项目的本期增加额与本期"营业收入"的发生额相比较，结合企业的经营规模，对货款的回收情况、合理性做出判断。

(13) 经营性应付项目。经营性应付项目是指与经营活动有关的应付账款、应付票据、应付福利费、应交税金等。经营性应付项目增加，一般情况下，则存货增加，导致销售成本增加，净利润减少；经营性应付项目减少，一般情况下，表示现金支付减少。所以，在调节净利润时，应减去应付项目的减少数，或加上应付项目的增加数。我们应结合企业的经营规模，对其合理性进行判断。

2) 不涉及现金收支的重大投资和筹资活动分析

根据实质重于形式的原则，现金流量表应披露不涉及现金收支的投资和筹资活动信息。这些投资和筹资活动虽然不涉及现金收支，但可能在未来对企业的现金流量有重大影响：

(1) 债务转为资本。反映企业本期转为资本的债务金额，表明其对今后生产经营活动可能产生的影响。

(2) 一年内到期的可转换公司债券。反映企业一年内到期的可转换公司债券的本息，表明其对今后现金流量的影响。如果到期债券转换为股份，就会减少企业的现金流出。

(3) 融资租入固定资产。反映企业本期融资租入固定资产计入"长期应付款"科目的金额，表明企业具有较强的融资能力，同时也可看出其对企业未来生产规模或产品品种结构的影响，另外在以后各期必须为此支付现金。也就是说，在企业的未来一定期间形成了一项固定的现金支出。

3) 现金及现金等价物净增加额分析

现金及现金等价物净增加额会有正负数两种情况，当现金及现金等价物净增加额为负数，即期末现金流量大于期初现金流量时，可能表示企业处于以下四种状况。

(1) 企业经营活动有较大积累，完全可以对外投资或归还到期债务，表明企业的财务状况良好，投资风险较小。

(2) 经营活动正常，对外投资得到高额回报，暂时不需要外部资金，而且还有能力归还借款本息，表明企业有足够的经营能力和获利能力，这是企业的最佳时机。

(3) 企业经营持续稳定，投资项目成效明显但未到投资回收高峰期，企业信誉良好，外部资金不时流入，表明企业成熟而平稳地持续经营，投资风险不大。

(4) 企业经营每况愈下，不得不尽力收回对外投资，同时在大笔筹集维持生产所需的资金，表明企业将面临财务风险。

当现金及现金等价物净增加额为负数，即期末现金流量小于期初现金流量时，也可能表示企业处于以下两种状况：

(1) 企业经营活动正常、投资和筹资起伏不大，企业仅靠期初现金余额维持财务活动。

(2) 企业经营活动、投资活动和筹资活动现金流量都为负数，表明企业财务状况异常危险。

5.3.2　现金流量表的趋势分析

1. 现金流量表水平分析

现金流量表水平分析是将若干年度的现金流量表汇集在一起，从较长时期观察和分析企业的现金流入和现金流出的变化及发展趋势，揭示企业资金的主要来源及使用方向，并从中确定企业生产经营发展所处的阶段，借以预测企业未来的经济前景。

运用水平分析法通常可采用定比或环比的方法计算各个项目的百分比，然后将一定连续期间的百分比进行对比，以观察变化趋势，从而发现问题所在。观察连续数期的会计报表，比单看一个报告期的财务报表，能了解到更多的信息和情况，并有利于分析变化的趋势。

【例 5-3】 假设 A 公司 20X5 年现金流量表如表 5-3 所示，对现金流量表进行水平分析如下：

表 5-3 现金流量表(水平分析)

编制单位：A 公司　　　　　　　　　　　20X5 年　　　　　　　　　　单位：元

项　　目	本期金额	上期金额	增(减)/%
一、经营活动产生的现金流量：			
销售商品、提供劳务收到的现金	1 204 930 717.90	1 182 023 301.40	1.94
收到的税费返还	75 130 399.39	57 886 729.70	29.79
收到其他与经营活动有关的现金	141 085 797.81	175 567 881.88	−19.64
经营活动现金流入小计	**1 421 146 914.10**	**1 415 477 912.98**	**0.40**
购买商品、接受劳务支付的现金	938 150 419.46	603 765 517.83	55.38
支付给职工以及为职工支付的现金	90 613 239.45	85 235 948.87	6.31
支付的各项税费	120 781 811.20	126 494 592.48	−4.52
支付其他与经营活动有关的现金	93 223 335.03	161 253 344.74	−42.19
经营活动现金流出小计	**1 242 768 805.14**	**976 749 403.92**	**27.24**
经营活动产生的现金流量净额	**178 378 108.96**	**438 728 509.06**	**−59.34**
二、投资活动产生的现金流量：			
收回投资收到的现金		122 692 193.53	−100.00
取得投资收益收到的现金	162 670 737.35	49 295 000.00	229.99
处置固定资产、无形资产和其他长期资产收回的现金净额	5 164 268.29	8 312 848.00	−37.88
收到其他与投资活动有关的现金			
投资活动现金流入小计	**167 835 005.64**	**180 300 041.53**	**−6.91**
购建固定资产、无形资产和其他长期资产所支付的现金	753 846 433.75	18 231 344.09	4 034.89
投资支付的现金	683 723 252.32	370 443 500.00	84.57
支付其他与投资活动有关的现金			
投资活动现金流出小计	**1 437 569 686.07**	**388 674 844.09**	**269.86**
投资活动产生的现金流量净额	**−1 269 734 680.43**	**−208 374 802.56**	**−509.35**
三、筹资活动产生的现金流量：			

续表

项　　目	本期金额	上期金额	增(减)/%
吸收投资收到的现金			
发行债券收到的现金	574 702 844.65		
取得借款收到的现金	1 887 417 000.00	960 000 000.00	96.61
收到其他与筹资活动有关的现金			
筹资活动现金流入小计	**2 462 119 844.65**	**960 000 000.00**	**156.47**
偿还债务支付的现金	1 120 000 000.00	974 000 000.00	14.99
分配股利、利润或偿付利息支付的现金	198 318 122.30	87 225 448.28	127.36
其中：子公司支付给少数股东的股利、利润			
支付其他与筹资活动有关的现金		180 000.00	−100.00
筹资活动现金流出小计	**1 318 318 122.30**	**1 061 405 448.28**	**24.20**
筹资活动产生的现金流量净额	1 143 801 722.35	−101 405 448.28	
四、汇率变动对现金及现金等价物的影响			
五、现金及现金等价物净增加额	**52 445 150.88**	**128 948 258.22**	**−59.33**
加：期初现金及现金等价物余额	380 944 847.48	251 996 589.26	51.17
六、期末现金及现金等价物余额	**433 389 998.36**	**380 944 847.48**	**13.77**

分析评价：从表 5-3 中可以看出，A 公司 20X5 年现金及现金等价物净增加额为 5 245 万元，较上年下降了 59.33%。其中，经营活动产生的现金流量净额为 17 838 万元，较上年下降了 59.34%；投资活动产生的现金流量净额为 −126 973 万元，较 20X4 年下降了 509.35%；筹资活动产生的现金流量净额为 114 380 万元，而上年却为 −10 141 万元。不难看出，公司经营活动创造现金的能力在减弱，投资活动所需要的现金主要是靠筹资活动的借款来弥补的。这是什么原因所致？

经营活动产生的现金流量净额之所以下降，是因为经营活动现金流入与上年基本持平，而经营活动现金流出却增长了 27.24%，增减的具体原因还应结合资产负债和利润表进行分析。

投资活动产生的现金流量净额下降幅度如此之大，除了投资活动现金流入下降了 6.91% 外，还有公司加大了对内、对外投资的力度，使投资活动现金流出增长了 269.86%。在投资活动现金流入中，主要是取得投资收益所收到的现金比上年增长了 229.99%，由此表明企业前几年的对外股权投资到了回报期，投资收益的质量也比较高。在投资活动现金流出中，购建固定资产的现金流出增长 4 034.89%，对外投资的现金流出增长 84.57%，20X5 年公司加大了对内投资的力度，购建固定资产的金额为 75 385 万元。这表明公司注重内生性发展，以提高公司产品的竞争力和市场占有率为目标，体现了公司长期发展战略的要求。可见，投资活动现金流出增长是投资活动产生的现金流量净额下降的主要原因。

筹资活动产生的现金流量净额由上年的负数转变为正数，且金额达到了 114 380 万元，是因为筹资活动现金流入增长大于筹资活动现金流出增长。筹资活动现金流入增长了

156.47%，主要来源于发行债券和借款，其中借款收到的现金增长了 96.61%。20X5 年又发行了 6 亿元的债券，表明公司信用较好，筹资能力强，加大了融资力度。另外，筹资活动现金流出也略有增长，为 24.20%，其中偿还债务支付现金增长了 14.99%，从借款收到的现金和偿还债务支付现金的总额上来看，也表明了公司有一部分负债是借新债还旧债，分配股利或利息支付现金增长了 127.36%。20X5 年公司分配股利或利息支付现金为 19 832 万元，其中分配股利支付现金为 19 831 万元，而经营活动产生的现金流量净额为 17 838 万元，由此可以看出，公司当年经营活动创造的现金流量净额还不足以支付股利和利息。股利分配政策虽然可以表明公司注重回报投资者的态度，但也应量力而行，超能力派现，会带来资金短缺和扩张乏力。

通常情况下，在经营状况良好，经营活动产生现金能力较强的情况下，通过筹资活动扩大投资规模，借以提高企业的收益水平，是无可厚非的。但结合 A 公司的整体情况，公司今后工作的重点：一是提高公司获取经营活动现金的能力；二是密切关注投资项目的合理性和收益性，重视投资的方向和策略，以避免公司财务状况恶化。

2. 现金流量表垂直分析

现金流量表的垂直分析也称结构分析，就是将现金流量表中某一项目的金额作为基数，然后计算该项目各个组成部分占其总体的比重，通过分析各项目的具体构成，借以揭示现金流量表中各个项目的相对地位和总体结构之间的关系，用以分析现金流量的增减变动情况和发展趋势。现金流量的垂直分析可以分为现金流入结构、现金流出结构及现金流量净额结构分析。

1) 现金流入结构的分析

现金流入结构反映经营活动、投资活动和筹资活动这三类活动的现金流入在全部现金流入中的构成和所占比重，以及这三类活动中的各个项目在该类现金流入中的构成和所占百分比。因此，现金流入结构的分析包括总流入结构分析以及经营活动、投资活动、筹资活动三项活动流入的内部结构分析。

一般而言，经营活动现金流入占总现金流入比重大的企业，特别是销售商品、提供劳务收到的现金占经营活动现金流入比例特别大的企业，可以表明企业的经营状况良好，财务风险很低，现金流入结构较为合理。但是，对于经营风格差异较大的企业来说，这一比重也存在较大的差异，宏观上并不便于比较。

2) 现金流出结构的分析

现金流出结构反映经营活动、投资活动和筹资活动这三类活动的现金流出在全部现金流出活动中的构成和所占比重，以及这三类活动中各个项目在该类现金流出中的构成和所占的比重。因此，现金流出结构的分析包括总流出结构分析以及经营活动、投资活动、筹资活动三项活动流出的内部结构分析。

一般而言，企业经营活动产生的现金流出量在企业现金流量中所占比重较大，而且具有一定的稳定性，各期变化幅度不会太大。而投资活动和筹资活动产生的现金流出量从量上看会因企业财务策略的不同而存在较大的差异，同时，相较于经营活动产生的现金流出量的稳定性来说，投资活动和筹资活动产生的现金流出量常常波动较大，具有偶发性。因此，在对企业现金流出结构进行分析时，应结合企业具体情况，不同时期不能采用同一衡量标准。

　　3) 现金净流量结构的分析

　　现金净流量结构又称现金余额结构，是指经营活动、投资活动和筹资活动这三类活动产生的现金流量净额在全部现金净流量中所占的比重，它能反映出企业现金净流量是如何形成和分布的，可以看出经营活动、投资活动和筹资活动这三类活动对现金净流量的贡献程度，从而说明现金净流量的形成原因是否合理。

　　总的来说，现金净流量结构反映企业的现金净流量是如何形成与分布的，可以反映出收入大于支出或支出大于收入的有关原因，为进一步分析现金净流量的增减变动因素指明方向。

　　4) 现金流入流出比分析

　　现金流入流出比是指在一定会计期间内某类活动现金的流出取得了多少现金流入。流入流出比，按照现金流的主要来源与去向分为经营活动的现金流入流出比、投资活动的现金流入流出比、筹资活动的现金流入流出比。

　　一般而言，经营活动现金流入流出比越大越好，投资活动的现金流入流出比在企业成长期比值通常比较小，因为这一阶段往往需要大量现金投入；相反，当企业处于衰退期或缺少投资机会时，此比值应该大一些才比较好，因为此时主要是为了尽快收回投资或减少投资；筹资活动的现金流入流出比在企业处于成长与扩张期时比值比较大属于一种正常现象，因为这表示企业正在积极筹集资金以满足发展的需要。相反，如果企业处于成熟期，则此比值要小一些，因为此时企业现金流一般很充裕，企业不再需要从外部大量筹集资金，而且开始偿还前期债务。

　　【例 5-4】　通过分析格力电器在 2013—2015 年期间在经营活动、投资活动、筹资活动(忽略了其他方面的活动)中的现金流入、现金流出、现金净流量等比重，分析格力电器的经营和发展情况。格力电器在 2013—2015 年期间的现金流入结构如表 5-4 所示。

表 5-4　2013—2015 年现金流入结构分析表

项目	2013 年		2014 年		2015 年	
	金额/万元	结构百分比	金额/万元	结构百分比	金额/万元	结构百分比
经营活动的现金流入	7 563 147	90.47%	9 053 997	88.31%	11 879 651	90.46%
投资活动的现金流入	97 955	1.17%	137 001	1.34%	117 931	0.90%
筹资活动的现金流入	698 461	8.36%	1 061 227	10.35%	1 135 441	8.65%
现金流入合计	8 359 563	100.00%	10 252 225	100.00%	13 133 023	100.00%

　　现金流入结构分析主要分析经营活动、投资活动、筹资活动中的现金流入占全部现金流入的比重及构成情况，明确现金流入方向。

　　从表 5-4 中可以看出，在企业近三年的现金流入中，经营活动现金流入占最大比重，分别为 90.47%，88.31%，90.46%，其次是筹资活动，分别为 8.36%，10.35%，8.65%，投资活动现金流入比重极小。可见，格力电器要增加现金流入主要依靠经营活动，特别是销售，其次是筹资活动中的借款，投资收益的现金流入极少。三年来各项活动现金流入比重变化幅度不大，说明格力电器的经营活动较稳定，现金流入结构也比较稳定，发展状况较好。

现金流出结构表反映企业的现金流出方向。2013—2015 年格力电器的现金流出结构分析如表 5-5 所示。

表 5-5　2013—2015 年现金流出结构分析表

项　　目	2013 年		2014 年		2015 年	
	金额/万元	结构百分比	金额/万元	结构百分比	金额/万元	结构百分比
经营活动的现金流出	6 266 163	83.29%	7 160 080	81.08%	7 441 813	74.91%
投资活动的现金流出	316 554	4.21%	423 215	4.79%	589 246	5.93%
筹资活动的现金流出	940 859	12.51%	1 247 659	14.13%	1 903 743	19.16%
现金流出合计	7 523 576	100.00%	8 830 954	100.00%	9 934 802	100.00%

从表 5-5 中可以看出，格力电器近三年来的现金流出主要是经营活动，分别占 83.29%，81.08%，74.91%；其次是筹资活动，分别占 12.51%，14.13%，19.16%；最后是投资活动，这是较为正常的经营状况。从中不难发现经营活动的现金流出比重呈现小幅下降趋势，而投资活动和筹资活动的比重呈现小幅上涨趋势。分析年间因投资理财、购买可供出售权益工具等原因，投资活动现金流出增加，因偿还外币借款增加、加大股利分配额度等导致筹资活动现金流出额增加。表 5-6 为 2013—2015 年格力电器的现金净流量结构分析。

表 5-6　2013—2015 年现金净流量结构分析表

项目	2013 年		2014 年		2015 年	
	金额/万元	结构百分比	金额/万元	结构百分比	金额/万元	结构百分比
经营活动现金净流量	1 296 984	164.41%	1 893 917	132.93%	4 437 838	131.07%
投资活动现金净流量	−218 599	−27.71%	−286 214	−20.09%	−471 315	−13.92%
筹资活动现金净流量	−242 398	−30.73%	−186 431	−13.09%	−768 302	−22.69%
汇率变动的影响	−47 118	−5.97%	3 457	0.24%	187 634	5.54%
现金净流量合计	788 869	100.00%	1 424 729	100.00%	3 385 855	100.00%

从表 5-6 中可以看出，该公司经营活动尚属正常，其现金净流量为正数，由于投资活动和筹资活动的现金流出数大于现金流入数，净流量为负数，但经营活动的净流量数大于投资和筹资的净流量数，因此现金净流量为正数，说明收大于支。可见格力电器持续处于良好的运转状态，这对于格力电器的稳定与发展、投资规模的扩大起到重要的促进作用。投资活动现金净流量虽然比重一直在减少，但其金额负值却越来越大，这是由于其正常生产经营活动的需要，以及投资规模在增大，它的基建及理财产品投资增加，反映了格力电器的扩张。格力电器的销售现金与营业收入对比如表 5-7 所示。

表 5-7　销售现金与营业收入对比表

年份	销售商品、提供劳务收到的现金(万元)	营业收入(万元)	现金收入比
2013 年	7 021 140	12 004 307	58.49%
2014 年	8 553 445	14 000 539	61.09%
2015 年	11 091 832	10 056 445	110.30%

从表 5-7 中可以发现，2013 年、2014 年及 2015 年格力电器销售商品、提供劳务收到的现金占营业收入的比重，2013 年和 2014 年所占比重都在 50%以上，可见格力电器的大部分销售是以现金方式结算，2015 年收到的现金大于营业收入是由于现金流量表和利润表的会计计量方式不一样，现金流量表是收付实现制，而利润表是权责发生制，说明 2015 年可能出现了较多的预收账款。

5.3.3　利润质量分析

利润质量是指实现利润的优劣程度，即报告利润与公司业绩之间的相关性。若利润能够如实反映公司业绩，则其质量较高，否则较低。有的企业账面利润很大，看似业绩可观，而现金却入不敷出，举步艰难；而有的企业虽然巨额亏损，却现金充足，周转自如。以收付实现制为基础编制的现金流量表，被人们比作是"利润的测谎仪"。在现金流量表中，净利润的含金量过低，属于典型的"纸面富贵"，这种"富贵"往往是难以为继的。因为净利润持续高于经营活动产生的现金流量净额很可能走向两种结果：其一，销售是真实的，但没有收回现金，存在现金回收风险；其二，销售是虚构的，所以何来现金？

利润质量可以从多个角度进行分析，这里是从现金流量角度看利润质量。高质量的盈余是由现金流支持的。由于责权发生制的要求，使得利润与现金流量不等，这是正常的商业行为的结果，但是，如果盈余不能维持一定的现金含量，利润质量就会受到影响。

具体分析时，可将现金流量表的有关指标与利润表的相关指标进行对比，以评价企业利润的质量，主要从以下几个指标进行分析。

1. 收益现金比率

$$收益现金比率 = \frac{每股现金流量}{每股收益}$$

其中，

$$每股现金流量 = \frac{经营活动产生的现金净流量}{流通的普通股股数}$$

$$每股收益 = \frac{净利润}{流通的普通股股数}$$

利润的真实性是利润质量的基础。因此，利润质量分析应以利润真实程度分析为前提，收益现金比率是评价利润真实程度的主要指标。若仅从一个会计期间看，当期实现利润中可能有相当部分未收回现金，该比率会出现小于 1 的情况；但从公司持续经营角度分析，本期收入中的一部分会递延到以后各期才能收回现金，同时，本期收到的现金中也会包含一部分以前年度的应收款项，公司的销售业务通常不会出现大起大落的情形，经营性现金流量中也未减去折旧等项目，因此，正常情况下的每股现金流量应高于每股收益，即收益现金比率通常应该大于 1。由于人为的利润操纵并不能带来真正的现金流入，因而该比率可作为一个良好的警示性指标，若指标值太小则应当关注公司利润的真实性。另外，需要特别提及的是，要进一步明确利润的真实水平，还应当考虑公司的销售方式(是否存在大规模分期收款发出商品)、相关的信用政策(是否存在重大政策事项的调整)以及所属行业的具体特征(是否属于房地产等一次投资分期回收现金的行业)，才能得出比较正确的结论。

2. 现金流入量结构比率

$$现金流入量结构比率 = \frac{经营活动产生的现金流入量}{现金流入总量}$$

公司管理当局可以通过造假等手段来粉饰财务报表，报告较高的收益，但却很难在较长时期内维持较高的收益水平。因此，在评价利润质量时，可以通过现金流入量结构比率考察利润的发生或增长是否具有稳定性。该指标可评价公司自身经营创造现金的能力。该比率较高，说明公司的财务基础稳固，经营及获利的持续稳定性程度较高，利润质量较好；反之，说明公司的现金获得在很大程度上依赖投资和筹资活动，财务基础和获利能力的持续稳定性程度较低，利润质量较差。

3. 营业利润现金保证率

$$营业利润现金保证率 = \frac{经营活动产生的现金净流量}{净利润}$$

这一比率主要反映经营活动产生的现金净流量与当期净利润的差异程度，即当期实现的净利润中有多少是有现金保证的。从一个会计期间来分析，当期实现的净利润中可能有相当一部分没有收回现金，这个比率应该小于 1。但是考虑到企业是处在持续经营过程之中的，本期的销售收入中有一部分会递延到下期才能收回现金，而本期收到的现金则包括一部分前期的应收账款。如果企业的销售业务没有发生大起大落的变化，应收、应付账款都能够按期支付，存货规模也与上期持平，那么，这个指标应该大于 1，因为在经营活动产生的现金净流量中包括了必须要由销售收入来弥补的固定资产折旧额。固定资产折旧额的具体数值根据企业使用不同的折旧方法而有差异。为了避免因为不同企业采用不同的折旧方法计提出来的折旧额不同而产生的不可比性，报表使用者可以从经营活动产生的现金净流量中扣除固定资产折旧额，以此来计算调整后的营业利润现金保证率。

调整后的营业利润现金保证率应该接近或等于 1。如果这个调整后的比率明显低于 1，说明企业的利润质量较差(如含有大量应收账款，而且有可能存在大量的坏账损失)，但是在短时间内不会对企业持续经营产生严重影响，因为只有在需要更新固定资产时出现了现金短缺，这一问题才会成为突出矛盾。如果这一指标连续若干期大大小于 1，并且逐期递减，说明企业的净利润缺乏足够的现金保证，其质量很不理想。而且当这个指标小于 1 时，企业可能会通过增加债务筹资来满足资金的需要，但这样做势必将导致资产负债率和筹资成本提高，从而降低企业未来的盈利能力。

4. 经营活动现金比率

$$经营活动现金比率 = \frac{经营活动产生的现金净流量}{现金流量总额}$$

这个指标反映企业经营活动产生的现金净流量占企业现金净流量总额的比率。这一比率越高，表明企业自身创造现金的能力越强，财务基础越牢固，偿债能力和对外筹资能力越强；这一比率越低，说明企业自身创造现金的能力越弱，财务基础越不牢固，偿债能力和对外筹资能力越弱。经营活动产生的现金净流量从本质上代表了企业自身创造现金的能力，尽管企业可以通过对外筹资的途径取得现金，但企业债务本息的偿还仍然要依赖于经营活动产生的现金净流量。

5. 销售收入现金回收率

$$销售收入现金回收率 = \frac{经营活动产生的现金净流量}{销售收入}$$

这一比率反映企业每一元销售收入中所能获得的现金流量。考虑到固定资产折旧的原因，这个比率应该比销售利润率(即：净利润÷销售收入)高一些。这个比率高，说明每一元销售收入创造的现金流量多，利润质量比较好；如果这一比率比较低，且连续下降，说明销售收入缺乏必要的现金保证，销售收入中含有大量的应收账款，而且可能存在大量的坏账损失，这将会对企业的经营成果产生不利的影响。

6. 资产现金周转率

$$资产现金回报率 = \frac{经营活动产生的现金流入量}{总资产平均余额}$$

这个指标是对资产利用效率的一种评价，它反映了每一元资产所能够获得的现金流入量，从现金流量的角度说明了资产的周转速度。从理论上讲，在各期销售收入基本相当、应收账款均衡周转的情况下，这个指标应该大致与总资产周转率(即：销售收入÷总资产平均余额)相等。如果实际计算出的这个指标低于总资产周转率，说明销售收入中有较大比重被现金以外的其他资产所占用(如含有大量应收账款，而且可能存在大量的坏账损失)，这种情况如果长期存在，也会对企业的经营成果产生不良的影响。

7. 现金股利支付保证率

$$现金股利支付保证率 = \frac{经营活动产生的现金净流量}{现金股利}$$

这个指标表示企业经营活动产生的现金净流量占企业实际发放的现金股利的比率，它能表明企业实际用来发放现金股利的资金中，有多少是来源于经营活动产生的现金净流量的。这一比率越大，说明企业支付现金股利的能力越强；这一比率越小，说明企业支付现金股利的能力越弱。不过，这个比率较高时并不意味着投资者的每股股票在当期就可以获取很多的现金股利，因为，股利的发放与企业管理者当局的股利政策有关，如果管理当局无意于用这些现金流量在当期发放大量的现金股利，而是青睐于用这些现金流量进行再投资，以期获得更高的投资效益，从而提高本企业的股票市价，那么，上述这项指标对于企业当期的财务分析来说效用就不是很大。但是，企业投资者的投资行为并非只着眼于短期利益，从长远发展来说，企业获得了更多的投资机会，获得了更高的投资效益，最后最得益的也还是投资者，不在当期给投资者发放现金股利，而是用其再投资，以获取更大的投资回报，就必然会在以后给投资者发放大量的现金股利，正所谓"舍小钱得大钱"。

本 章 小 结

　　在日益崇尚"现金至上"的先导理财环境中，现金流量分析可以更加清楚地反映企业创造现金净流量的能力，揭示企业资产的流动性和财务状况。因此，现金流量表分析对信息使用者来说显得更为重要。

　　本章介绍了现金流量表的基本结构，总结了高质量现金流量应该具备的特征，介绍了经营活动现金流量、投资活动现金流量以及筹资活动现金流量的质量分析方法，重点阐述了如何对现金流量表进行综合分析。

思 考 与 练 习

　　1. 简述现金流量表的作用。

　　2. 比较直接法和间接法编制现金流量表的优缺点。

　　3. 现金流量的质量特征有哪些？

　　4. 简述现金流量质量分析的主要内容及分析过程中应注意的问题。

　　5. 简述现金流量表结构分析的意义。

　　6. 如何评价经营活动现金净流量的变化？

　　7. 如何对现金流量质量进行分析？

　　8. 评价企业利润质量的指标有哪些？哪些特征可能表明企业利润质量下降？

　　9. 某公司发生如下经济业务：

　　(1) 公司分得现金股利 10 万元；

　　(2) 用银行存款购入不需要安装的设备一台，全部价款为 35 万元；

　　(3) 出售设备一台，原值为 100 万元，折旧 45 万元，出售收入为 80 万元，清理费用 5 万元，设备已清理完毕，款项已存入银行；

　　(4) 计提短期借款利息 5 万元，计入预提费用。该企业投资活动现金流量净额为多少？

　　10. A 公司简易现金流量表如下表：

编制单位：A 公司　　　　　　　　20X5 年度　　　　　　　　　　单位：万元

项　　目	金额
一、经营活动产生的现金流量净额	66 307
二、投资活动产生的现金流量净额	−108 115
三、筹资活动产生的现金流量金额	−101 690
四、现金及现金等价物净变动	
补充资料：	
1. 将净利润调节为经营活动的现金流量	
净利润	**B**

续表

项　　　目	金额
加：计提的资产减值准备	1 001
固定资产折旧	15 639
无形资产摊销	4
长期待摊费用的摊销	116
待摊费用的减少(减：增加)	−91
预提费用的增加(减：减少)	−136
处置固定资产、无形资产和其他资产的损失	0
固定资产报废损失	0
财务费用	2 047
投资损失(减：收益)	−4 700
存货的减少(减：增加)	17 085
经营性应收项目的减少(减：增加)	−2 437
经营性应付项目的增加(减：减少)	−34 419
其他	0
经营活动产生的现金流量净额	A
2. 现金净增加情况：	
现金的期末余额	27 558
减：现金的期初余额	D
现金净增加额	C

要求：

(1) 请利用勾稽关系计算表中 A、B、C、D 的值；

(2) 分析 A 公司当期经营活动现金净流量与净利润出现差异的原因。

11. 甲公司 20X5 年有关资料如下：

(1) 本期产品销售收入 80 000 元；应收账款期初余额 10 000 元，期末余额 34 000 元；本期预收的货款 4 000 元。

(2) 本期用银行存款支付购买原材料货款 40 000 元；用银行存款支付工程用物资货款 81 900 元；本期购买原材料预付货款 15 000 元。

(3) 本期从银行提取现金 33 000 元，用于发放工资。

(4) 本期实际支付工资 30 000 元，各种奖金 3 000 元。其中经营人员工资 18 000 元，奖金 2 000 元，在建工程人员工资 12 000 元，奖金 1 000 元。

(5) 期初未交所得税为 1 600 元，本期发生的应交所得税 6 600 元，期末未交所得税为 600 元。

要求：根据上述资料，计算甲公司现金流量表中下列项目的金额，并列出计算过程(不考虑增值税)：

(1) "销售商品、提供劳务收到的现金"项目；

(2) "购买商品、接受劳务支付的现金"项目；

(3) "支付给职工以及为职工支付的现金"项目；

(4) "支付的各种税费"项目；

(5) "购建固定资产、无形资产和其他长期资产所支付的现金"项目。

12. 某商业企业为增值税一般纳税企业，适用的增值税率为 17%。20X5 年有关资料如下：

(1) 资产负债表有关账户年初、年末余额和部分账户发生额如下(单位：万元)：

账　户	年初余额	本年增加	本年减少	年末余额
应收账款	2340			4 680
应收票据	585			351
交易性金融资产	300		50(出售)	250
应收股利	20	10		5
坏账准备	200	200(计提)		400
存货	2500			2 400
长期股权投资	500	100(以无形资产投资)		600
应付账款	1755			2 340
应交税费				
－ 应交增值税	250		308(已交) 272(进项税额)	180
－ 应交所得税	30	100		40
长期借款	600	300	200(偿还本金)	700

(2) 利润表有关账户本年发生额如下(单位：万元)：

账户名称	借方发生额	贷方发生额
主营业务收入		3 000
主营业务成本	1 700	
投资收益：		
－ 现金股利		10
－ 出售交易性金融资产收益		20

(3) 其他有关资料如下：① 交易性金融资产均为非现金等价物；② 出售交易性金融资产已收到现金；③ 应收、应付款项均以现金结算；④ 不考虑该企业本年度发生的其他交易和事项。

要求：计算以下现金流入和流出(要求列出计算过程，答案中的金额单位用万元表示)：

(1) 销售商品、提供劳务收到的现金；

(2) 购买商品、接受劳务支付的现金；

(3) 支付的各项税费；

(4) 收回投资所收到的现金；

(5) 取得投资收益所收到的现金；

(6) 取得借款所收到的现金；

(7) 偿还债务所支付的现金。

13. 某公司 20X4 年和 20X5 年度现金流量资料如下：

编制单位：AF 公司   单位：万元

项 目	20X5 年	20X4 年
一、经营活动产生的现金流量		
销售商品、提供劳务收到的现金	1240	1039
收到的租金	0	0
收到的增值税销项税额和返回的增值税款	20	12
收到的除增值税以外的其他税费返还	13	8
收到的其他与经营活动有关的现金	59	70
现金流入小计	1332	1129
购买商品、接受劳务支付的现金	985	854
经营租赁所支付的现金	0	0
支付给职工以及为职工支付的现金	60	63
支付的增值税款	76	127
支付的所得税款	53	22
支付的除增值税、所得税以外的其他税费	14	10
支付的其他与经营活动有关的现金	109	202
现金流出小计	1297	1278
经营性活动产生的现金流量净额	35	−149
二、投资活动产生的现金流量		
收回投资所收到的现金	205	260
分得股利、或利润所收到的现金	25	20
取得债券利息所收到的现金	12	10
处置固定资产、无形资产和其他长期资产而收到的现金净额	0	0
现金流入小计	242	290
购建固定资产、无形资产和其他长期资产所支付的现金	155	175
权益性投资所支付的现金	104	200
债券性投资所支付的现金	0	0
支付的其他与投资活动有关的现金	0	0

续表

项　　目	20X5 年	20X4 年
现金流出小计	**259**	**375**
投资活动产生的现金流量净额	**−17**	**−85**
三、筹资活动产生的现金流量：		
吸收权益投资所收到的现金	150	177
发行债券所收到的现金	0	0
借款所收到的现金	165	263
收到的其他与投资活动有关的现金	0	0
现金流入小计	**315**	**440**
偿还债务所支付的现金	175	325
发生筹资费用所支付的现金	12	10
分配股利或利润所支付的现金	5	0
偿付利息所支付的现金	10	15
融资租赁所支付的现金	0	0
减少注册资本所支付的现金	0	0
支付的其他与筹资活动有关的现金	0	0
现金流出小计	**202**	**350**
筹资活动产生的现金流量净额	**113**	**90**
四、汇率变动对现金的影响额	**0**	**0**
五、现金及现金等价物净增加额	**131**	**−144**

要求：

(1) 对现金流量表进行水平分析；

(2) 对现金流量表进行垂直分析；

(3) 从现金流量角度对企业财务活动进行综合分析。

第六章　所有者权益变动表

 学习目标

(1) 了解所有者权益变动表的基本内容；

(2) 了解所有者权益变动表的具体结构；

(3) 学会判断股利决策对于所有者权益的直接和间接影响。

 案例导读

　　统计显示，截至 2018 年 12 月 2 日，A 股市场破净股数量多达 327 只，约占两市 3564 只个股的 9.18%。天风证券指出，大规模破净是熊市的一大特征，它充分反映了市场的悲观情绪。但是破净潮中往往也酝酿着重要机遇，如金融地产和部分周期行业在过去几次大底时都有较大比例标的破净，而其中不乏一些优质资产被错杀。稍早前的 11 月 23 日晚间，沪、深交易所相继发布《上市公司回购股份实施细则》并公开征求意见。机构分析普遍认为，《回购细则》中最大的亮点是为"破净股"回购开绿灯。整体上看，"破净股"回购条件相对宽松，直接目的意在维持股票价格稳定性，增强上市公司的回购意愿。记者注意到，自 11 月 9 日三部委《关于支持上市公司回购股份的意见》，至 23 日证监会发布《通知》、交易所征求意见稿，监管不断释放出支持破净股进行回购的姿态，在政策上给足了便利。事实上，今年以来已有不少破净股发布回购计划。如此前破净的方正证券(601901)10 月 18 日公布了《回购股份预案》，称"基于对公司未来持续稳定发展的信心和对公司价值的认可"，公司拟以不超过 1 亿元人民币的自有资金回购公司股份，以推进公司股价与内在价值相匹配。

　　同样，此前破净的东吴证券(601555)于 10 月 26 日晚公布了《股份回购预案》，称拟在 2 亿元至 3 亿元之间对公司股份进行回购，回购股票"将依法注销或作为公司员工持股计划的股票来源"，且回购预案已经公司 10 月 26 日召开的第三届董事会会议审议通过。值得一提的是上述两只发布回购计划的公司，目前股价均已回复至市净率之上。市场人士指出，预计随着《意见》的发布，上市公司回购有望再掀高潮。业内人士表示，相关公司破净，一是因为业绩下滑拖累股价表现，加上市场行情不振，导致跌破净资产；二是业绩大幅向好，但是 A 股场内资金有限，股价表现不积极，与每股净资产出现了倒挂。从长期价值投资的角度来看，破净是一个值得参考的选股指标。

　　　　　　　　　　　　　　　　　　　　　　　　(资料来源：中金在线：投资快报 2018 年 12 月)

从财务分析的角度来看，净资产是企业的资产总额减去负债以后的净额。破净股究竟是好是坏，对债权人，股东，投资人分别意味着什么，这就少不了对所有者权益变动表进行研究分析。所有者权益变动表是架于资产负债表和利润表之间的桥梁，一方面展示了资产负债表中所有者权益变动的原因和具体内容，另一方面又是对利润表的补充，同时还把绕过利润表而直接从资产负债表中列示的项目和内容充分披露出来。透过所有者权益变动表，读者可以发现企业资产和权益的保全和增值情况，有助于反映企业所有者权益增减变动的原因和结果。此外，所有者权益变动表涵盖了新准则实施之前企业编制的利润分配表的全部内容，有助于观察企业利润分配的情况和结果，并对其利润分配政策予以评价和考察。

6.1　所有者权益变动表分析的目的与内容

6.1.1　所有者权益变动表的内涵

所有者权益变动表是反映公司本期(年度或中期)内截至期末所有者权益变动情况的报表。2007 年以前，公司所有者权益变动情况是以资产负债表附表形式予以体现的。新准则颁布后，要求上市公司于 2007 年正式对外呈报所有者权益变动表。所有者权益变动表将成为与资产负债表、利润表和现金流量表并列披露的第四张财务报表。

所有者权益是指企业资产扣除负债后由股东享有的"剩余权益"，也称为净资产，是股东投资资本与经营过程中形成的留存收益的集合，是股东投资和公司发展实力的资本体现。所有者权益变动表，根据所有者权益变动的性质，分别按照当期净利润、直接计入所有者权益的利得和损失项目、股东投入资本和向股东分配利润、提取盈余公积等情况分析填列。

所有者权益变动表一般应单独列报以下项目：

(1) 净利润；

(2) 直接计入所有者权益的利得和损失项目及其总额；

(3) 会计政策变更和会计差错更正的累计影响金额；

(4) 股东投入资本和向股东分配利润等；

(5) 按照规定提取的盈余公积；

(6) 实收资本、资本公积、盈余公积、未分配利润期初和期末余额及其调整情况。

6.1.2　编制所有者权益变动表的意义

(1) 编制所有者权益变动表符合全面收益改革的国际趋势。

1992 年 10 月，英国会计准则委员会(ASB)要求对外编报的主要财务报表增加"全部已确认利得与损失表"；1997 年美国会计准则委员会(FASB)要求财务报表中必须有一个独立的组成部分，突出显示企业的全部利得和损失，在收益表之外报告全面收益；1997 年国际会计准则委员会(IASC)公布的修订后的 IASI "财务报表表述"中，要求财务报表中必须有一个独立的组成部分，来突出显示企业的全部利得和损失。

从国外会计准则制定机构关于财务业绩报告的改革过程来看，他们改革业绩报告的目标基本一致，都要求报告更全面、更有用的财务业绩信息，以满足使用者投资、信贷及其他经济决策的需要。

我国在 2007 年适用的《企业会计准则——基本准则》中对所有者权益要素作了如下规定："所有者权益的来源包括所有者投入的资本、直接计入所有者权益的利得和损失、留存收益等。"其中直接计入所有者权益的利得和损失，"是指不应计入当期损益、与所有者投入资本或者利润分配活动无关、但会引起所有者权益发生增减变动的利得或者损失"。

由所有者权益变动表的内容可知，我国的所有者权益变动表的作用实际上就相当于英国 ASB 的"全部已确认利得与损失表"，美国 FASB 的"全面收益表"，国际会计准则委员会 IASC 的"权益变动表"。我国改革后的所有者权益变动表能更好地帮助投资者获得与其决策相关的全面收益信息。

(2) 编制所有者权益变动表是公司所有者权益日益受到重视的体现。

所有者权益变动表可以反映股东所拥有的权益，据以判断资本保值、增值的情况以及对负债的保障程度。该表将全面反映企业的所有者权益在年度内的变化情况，便于会计信息使用者深入分析，进而对企业的资本保值增值情况做出正确判断，为决策提供有用的信息。投资人可以透过所有者权益变动表分析被投资方的投资价值，股利发放、员工红利等各项权益变动因素，以预测投资效益。

从受托责任角度编制所有者权益变动表，既是对投资者负责，也是对股东和公司自身负责。

(3) 编制所有者权益变动表将更好地为利润表和资产负债表提供辅助信息。

所有者权益变动表中的"直接计入所有者权益的利得和损失"以及"利润分配"，与利润表之间存在较强的关联性。"直接计入所有者权益的利得和损失"与利润表中的"公允价值变动净收益"相辅相成，共同反映了公允价值变动对企业产生的影响。"利润分配"则提供了企业利润分配的去向和数量，为利润表提供了辅助信息。所有者权益变动表中提供的所有者结构变动信息与资产负债表中所有者权益部分相辅相成，提供了所有者权益具体项目变动的过程及其原因。

(4) 编制所有者权益变动表能更清晰地体现会计政策变更和前期差错更正对所有者权益的影响。

会计政策变更和前期差错更正对所有者权益本年年初余额的影响，原先主要在会计报表附注中体现，很容易被投资者忽略。新准则要求除了在附注中披露与会计政策变更、前期差错更正有关的信息外，还将在所有者权益变动表上直接列示会计政策变更和前期差错更正对所有者权益的影响，以使其得到更清晰的体现。

6.1.3　所有者权益变动表分析的目的

所有者权益变动表分析，是通过所有者权益的来源及其变动情况，了解会计期间内影响所有者权益增减变动的具体原因，判断构成所有者权益各个项目变动的合法性与合理性，为报表使用者提供较为真实的所有者权益总额及其变动信息。

所有者权益变动表分析的具体目的如下：

第一，通过所有者权益变动表的分析，可以清晰地体现会计期间构成所有者权益各个项目的变动规模与结构，了解其变动趋势，反映公司净资产的实力，提供保值增值的重要信息。

第二，通过所有者权益变动表的分析，可以进一步从全面收益角度报告更全面、更有用的财务业绩信息，以满足报表使用者投资、信贷及其他经济决策的需要。

第三，通过所有者权益变动表的分析，可以反映会计政策变更的合理性以及会计差错更正的幅度，具体报告会计政策变更和会计差错更正对所有者权益的影响数额。

第四，通过所有者权益变动表的分析，可以反映股权分置、股东分配政策、再筹资方案等财务政策对所有者权益的影响。

6.2 所有者权益变动表主要项目的分析

所有者权益变动表主要项目的分析，是将组成所有者权益的主要项目进行具体剖析对比，分析其变动成因、合理合法性、有无人为操控的迹象等事项的过程。

所有者权益变动表的主要项目，可以从以下公式具体理解：

本期所有者权益变动额 = 净利润 + 直接计入所有者权益的利得

      − 直接计入所有者权益的损失

      + 会计政策变更和前期差错更正的累积影响

      + 所有者投入资本

      − 向所有者或股东分配的利润

为了避免与资产负债表分析重复，本章所有者权益变动表主要项目的分析应该包括以下三点：

1. 直接计入所有者权益的利得与损失分析

利得是指由企业非日常活动所形成的、会导致所有者权益增加的、与所有者投入资本无关的经济利益的流入。损失是指由企业非日常活动所发生的、会导致所有者权益减少的、与向所有者(或股东)分配利润无关的经济利益的流出。

直接计入所有者权益的利得和损失，是指不应计入当期损益、会导致所有者权益发生增减变动的、与所有者投入资本或者向所有者(或股东)分配利润无关的利得或者损失。

一般而言，已实现的利得与损失在发生当年记入利润表，未实现确认的利得与损失可能在资产负债表中确认，同时，所有者权益变动表通盖了这些信息。利润表反映公司在会计年度内已实现的损益。若出现未实现的损益，公司的资产价值就会增减，公积也会随之增减，但未实现的损益不在年度利润表中披露，而是直接计入所有者权益。

利润表不予披露的未实现损益通常包括：固定资产重估产生的未实现损益、货币折算价差产生的未实现损益以及长期商业投资重估产生的未实现损益等。

(1) 固定资产重估产生的未实现损益。公司对固定资产(比如房地产)的价值进行重估时，资产负债表中资产的价值就会增减，资本公积也会随之增减。除非公司后来将该资产出售，否则这笔重估损益就一直无法实现，也不在利润表中体现。

(2) 货币折算价差产生的未实现损益。若美国某公司拥有一家英国子公司，在合并报表时，就要将该子公司的资产价值折成等值的美元。不同报表日的汇率不同，就会造成资产价值的升降。这种由于货币折算面产生的资产价值的增减变化也是一种未实现损益。

(3) 长期商业投资重估产生的未实现损益。对非子公司、非联营企业和合资企业的其他公司的股权投资，若股票市场上被投资方的股价发生变化，那么商业投资的价值就会发生变化，因此将出现未实现损益。

在所有者权益变动表中，直接计入所有者权益的利得和损失内容包括：第一，可供出售金融资产公允价值变动净额；第二，权益法下被投资单位其他所有者权益变动的影响；第三，与计入所有者权益项目相关的所得税影响；第四，其他。

通过直接计入所有者权益的利得与损失分析，可以进一步说明会计期间所有者权益是如何增减变化的，具体理解见例 6-1。

【例 6-1】 某公司 2000 年实现净利润 290 万元，分配股利 80 万元，增发新股 200 万元，长期投资于 A 单位，股权占 40%，A 单位本年亏损 25 万元，试确定所有者权益变动额。解：根据净利润与所有者权益变动额关系的公式，本题所有者权益变动额具体结果为

$$所有者权益变动额 = 290 - 10 - 80 + 200 = 400 (万元)$$

项目	人民币(万元)
税后利润	290
+直接计入所有者权益的利得与损失	−10 (25 × 40%)
− 股利	80
+ 新增股本	200
所有者权益净增加额	400

2. 会计政策变更的分析

(1) 会计政策与会计政策变更。会计政策，是指会计主体在会计核算过程中所采用的原则、基础和会计处理方法。其中的原则实质上包含了会计的基本假设、会计的一般原则和具体原则、会计处理方法，甚至还包含某些非会计假设。

会计政策变更是指在特定的情况下，企业可以对相同的交易或事项由原来采用的会计政策改用另一会计政策。企业采用的会计政策，在每一会计期间和前后各期应当保持一致，不得随意变更，但是，满足下列条件之一的，可以变更会计政策：第一，法律、行政法规或者国家统一的会计制度等要求变更。比如，国家发布统一的关于增值税会计处理的核算办法后，企业应及时按照新的办法处理有关增值税事项。第二，会计政策变更能够提供更可靠、更相关的会计信息。比如，企业原先一直采用直接转销法核算坏账，由于信用环境的改变，应收账款演变为坏账的可能性增大，继续使用直接转销法核算坏账将会虚增企业某一会计期间的资产和盈利，因此备抵法的会计政策更能体现应收账款的账面价值。

(2) 会计政策变更在表中的列示与分析。会计政策变更能够提供更可靠、更相关的会计信息，主要应当采用追溯调整法进行处理，将会计政策变更累积影响数调整列报前期最早期初留存收益。其中追溯调整法，是指对某项交易或事项变更会计政策，视同该项交易或事项初次发生时即采用变更后的会计政策，并以此对财务报表相关项目进行调整的

方法。

会计政策变更的累积影响数，是指按照变更后的会计政策，对以前各期追溯计算的列报前期最早期初留存收益应有金额与现有金额之间的差额。会计政策变更的累积影响数需要在所有者权益变动表中单独列示。

对于会计政策变更的累积影响数的分析，主要目的在于合理区分属于会计政策变更和不属于会计政策变更的业务或事项。一般而言，不属于会计政策变更的业务或事项具体包括：① 当期发生的交易或事项与以前相比具有本质差别而采用新的会计政策。例如，某企业一直通过经营租赁方式租入设备，进行生产，但从本年度起，新租入的设备采用融资租赁方式，故企业本年度采用融资租赁的会计处理方法进行设备租入和使用的记录与报告。由于经营租赁与融资租赁具有本质区别，因而这种变化不属于会计政策变更。② 对初次发生的或不重要的交易或事项而采用新的会计政策。例如，企业第一次发生跨年度的劳务供应合同项目，对这种项目采取了完工百分比法于年末确认收入。对企业来说，虽然采取了新的收入确认方法，但这种做法不属于会计政策变更。又比如，企业一直将购买办公用品而发生的费用直接记入管理费账户，从本期开始，企业决定凡购买的办公用品都要先记入物料用品账户，然后在领用后转入有关费用账户。由于办公用品支出属于企业的零星开支，且这种改变对资产，费用和利润的影响很小，属于不重要的事项，因而这种变更不必作为会计政策变更的内容进行专门披露。

3. 前期差错更正的分析

(1) 前期差错与前期差错更正。前期差错，是指由于没有运用或错误运用以下两种信息，而对前期财务报表造成遗漏或误报。第一，编报前期财务报表时能够合理预计取得并应当加以考虑的可靠信息。第二，前期财务报表批准报出时能够取得的可靠信息。前期差错通常包括计算错误、应用会计政策错误、疏忽或曲解事实以及舞弊产生的影响，以及存货、固定资产盘盈等。

前期差错更正，是指企业应当在重要的前期差错发现后的财务报表中，调整前期相关数据。前期差错更正主要采用追溯重述法，它是指在发现前期差错时，视同该项前期差错从未发生过，从而对财务报表相关项目进行更正的方法。

(2) 前期差错更正在表中的列示与分析。本期发现与以前期间相关的重大会计差错，如果影响损益，应按其对损益的影响数调整发现当期的期初留存收益，会计报表其他相关项目的期初数也应一并调整；如不影响损益，应调整会计报表相关项目的期初数。

对于前期差错更正累积影响数的分析，主要目的在于及时发现与更正前期差错，合理判断和区分相关业务是属于会计政策变更还是属于会计差错更正类别，以实现信息的准确。

会计差错发生的原因可归纳为三类：① 会计政策使用上的差错。例如，按照国家统一的会计制度规定，为购建固定资产而发生的借款费用，在固定资产达到预定可使用状态后，其发生额应计入当期损益，若继续予以资本化，则属于采用了法律或会计准则等行政法规、规章所不允许的会计政策。② 会计估计上的差错。由于经济业务中不确定因素的影响，企业在会计估计过程中出现了差错。例如，国家规定企业可以根据应收账款期末余额的一定比例计提坏账准备，企业有可能在期末多计提或少计提坏账准备，从而影响损益的计算。③ 其他差错。在会计核算中，企业有可能发生除以上两种差错以外的其他差错。例如，错记借贷方向、错记账户、漏记交易或事项、对事实的忽视和滥用，等等。

　　会计差错只要发生就会使报出信息失真，按其影响程度的不同，会计差错可分为重大会计差错和非重大会计差错。重大会计差错是指影响会计报表可靠性的会计差错，其特点是差错的金额比较大，足以影响会计报表的使用者对企业的财务状况和经营成果做出正确判断。按照重要性原则，如果某项差错占有关交易或事项金额的10%以上，则可以被认为是重大会计差错。非重大会计差错是指不足以影响会计报表使用者对企业财务状况和经营成果做出正确判断的会计差错。无论是不是重大会计差错，都应在发现前期差错的当期进行前期差错更正，在所有者权益变动表中适时披露。

6.3　股利决策对所有者权益变动影响的分析

6.3.1　派现与送股对公司所有者权益的影响

　　我国上市公司分红主要采用的是派现和送股这两种形式。它们对公司财务状况的影响是不同的：派现使公司的资产和所有者权益同时减少，股东手中的现金增加；送股使流通在外的股份数增加，公司账面的未分配利润减少，股本增加，每股账面价值和每股收益稀释。

　　1. 派现

　　1) 派现的含义

　　派现即现金股利，是指公司以现金向股东支付股利的形式，是公司最常见的、最易被投资者接受的股利支付方式。这种形式能够满足大多数投资者希望得到稳定投资回报的要求。公司是否支付现金股利，既取决于公司是否有足额的可供分配的利润，还取决于公司的投资需要、现金流量和股东意愿等因素。

　　2) 派现对所有者权益的影响

　　派现会导致公司现金流出，减少公司的资产和所有者权益规模，降低公司内部筹资的总量，既影响所有者权益内部结构，也影响整体资本结构。

　　【例6-2】　某公司有流通在外的股票100万股，每股股价5元，公司的市场价值总额是500万元。表6-1呈现出了简化的上年末的资产负债表。

表6-1　资产负债表(现金股利支付前)

单位：元

资　产		负债及所有者权益	
现金	1 500 000	负债	0
其他资产	3 500 000	所有者权益	5 000 000
总计	5 000 000	总计	5 000 000

　　假设该公司管理层本年决定每股发放1元的派现，支付股利后的公司资产负债表见表6-2。

表 6-2 资产负债表(现金股利支付后)

单位：元

资　产		负债及所有者权益	
现金	500 000	负债	0
其他资产	3 500 000	所有者权益	4 000 000
总计	4 000 000	总计	4 000 000

由表 6-2 可知，如果该公司决定每股发放 1 元的额外现金股利，则需支付现金 100 万元，由此使公司资产的市场价值和所有者权益均下降到 400 万元，每股市价下降到 4 元。

派现将减少公司的资产和留存收益规模，降低公司的财务弹性，并影响公司整体的投资与筹资决策。所以，管理层在决定派现时，应当权衡各方面的因素。一般而言，公司派现决策的动机如下：

第一，消除不确定性动机。投资者对股利和资本利得有不同的偏好，大多数投资者认为，现金股利是在本期收到的实惠，而未来的资本利得则具有很大的不确定性，公司通过派现将消除投资者期望收益的不确定性，树立良好的市场形象。

第二，传递优势信息动机。根据股利传播信息论，在非完善资本市场中，派现常常被管理者用做传递公司未来前景的信息。当管理者对公司未来发展前景看好时，就会通过一定的派现向市场传递公司的绩优信息，从而提高公司的股票价格。

第三，减少代理成本动机。将剩余的现金流量以股利的形式发放给股东，可以降低经营者控制企业资源的能力，从而降低因所有者和经营者之间的冲突而产生的代理成本。

第四，返还现金动机。每个公司都会走向成熟期，在这个阶段，公司很难找到投资收益率超过投资者要求的必要收益率的项目，这时就应该考虑向投资者派现，以稳定投资者的心态。

2. 送股

1) 送股的含义

送股即股票股利，是指公司以股票的形式向投资者发放股利的方式。其具体做法是：在公司注册资本尚未足额时，以股东认购的股票作为股利支付，也可以发行新股支付股利。在实际操作过程中，有的公司增发新股时，预先扣除当年应分配股利，减价配售给老股东，也有的公司发行新股时进行无偿增资配股，即股东无须缴纳任何现金和实物即可取得公司发行的新股。

公同选择送股的动因如下：

(1) 送股固然不会增加股票的内在价值，但是对股东来说将收益作为本金留存公司是一种再投资行为。只要公司经营长线看好，股票红利就很诱人。

(2) 从市场评价来看，送股题材相当吸引人。大量送股后每股收益被稀释，填补每股盈利的缺口给公司经营提出了更高的要求。根据信息理论，大量送股给市场这样一个信号——公司对盈利增长有信心。

(3) 公司送股决策最直接的动因还是为了更多地筹资。比如，承销商会建议某些小盘股，先送红股将盘子做大，然后配股，这样配股价不致太高，还可以多筹资。

(4) 送股还有避税、降低交易成本等优点。

2) 送股对所有者权益的影响

送股是一种比较特殊的股利形式，它不直接增加股东的财富，不会导致企业资产的流出或负债的增加，不影响公司的资产、负债及所有者权益总额的变化，所影响的只是所有者权益内部有关各项目及其结构的变化，即将未分配利润转为股本(面值)或资本公积(超面值溢价)。

3) 送股对每股收益和每股市价的影响

送股后，如果盈利总额不变，普通股股数的增加会引起每股收益和每股市价的下降；但由于股东所持股份的比例不变，每位股东所持股票的市场价值总额仍保持不变。

发放股票股利对每股收益和每股市价的影响，可以通过对原每股收益、每股市价的调整直接算出，其计算公式如下：

$$发放股票股利后的每股收益 = \frac{E_0}{1 + D_s}$$

式中：E_0 为发放股票股利前的每股收益；D_s 为股票股利发放率。

$$发放股票股利后的每股市价 = \frac{M}{1 + D_s}$$

式中：M 为除权日的每股市价。

【例 6-3】 假定 X 公司本年净利润为 25 000 万元，股利分配时的股票市价为 20 元/股，发行在外的流通股股数为 20 000 万股，股利分配政策为 10 股送 0.5 股，则每股收益和每股市价的影响计算如下：

$$送股后的每股收益 = \frac{\dfrac{25\,000}{20\,000}}{1 + 5\%} = 1.19 \text{ (元)}$$

$$送股后的每股市价 = \frac{20}{1 + 5\%} = 19.05 \text{ (元)}$$

4) 转增股本与送股

转增股本是指公司将资本公积金转化为股本，转增股本并没有改变股东的权益，但却增加了股本的规模，因而客观结果与送股相似。

6.3.2 股票分割对公司所有者权益的影响

1. 股票分割的含义

股票分割是在保持原有股本总额的前提下，将每股股份分割为若干股，使股票面值降低而增加股票数量的行为。

股票分割对中小投资者购买股票更具吸引力，具体说来可归纳为：

(1) 股票分割可降低公司股票的市场价格，从而易于在市场上流通，这有利于吸引投资者买卖公司股票。

(2) 股票分割实际上是向投资者传递公司发展前景良好的信息。因为股票分割意味着公司想以较低的发行价吸引投资者购买公司的新股票，公司的股票价格有上升趋势。

(3) 如果股票分割后的每股现金股利比股票分割前高，股东可获得较多的利益，从而对公司的发展充满信心，并且不会随便出售手中持有的股票，这无疑有利于稳定公司的股票价格。

当然，公司如果认为流通中的股票价格过低，可通过反分割的方法将每股价格提高。在国际上股票的分割和反分割都会受到有关法律的限制。

2. 股票分割对所有者权益的影响

股票分割不属于股利分配，但与股票股利在效果上有一些相似之处，即股票分割也不直接增加股东的财富，不影响公司的资产、负债及所有者权益的金额变化。与送股的不同之处在于股票股利影响所有者权益有关各项目的结构发生变化，而股票分割则不会改变公司的所有者权益结构。

3. 股票分割对每股收益和每股市价的影响

虽然股票分割不属于某种股利，但和股票股利一样，它会对公司的每股收益、每股市价等产生影响。在其他条件不变的情况下，进行股票分割会使公司的每股收益、每股市价下降。

6.3.3　所有者权益变动表中的库存股

1. 库存股的概念

如果公司不需要过度筹资，提高股利支付率就是途径之一，另一个办法即股票回购，财务上称为库存股。库存股是发行总股本的减项，可以被理解为将股利一次性支付给股东，属于间接股利分配形式。

库存股是指公司收回已发行的且尚未注销的股票。它同时具备以下四个特点：① 库存股是本公司的股票；② 库存股是已发行的股票；③ 库存股是收回后尚未注销的股票；④ 库存股是可以再次出售的股票。根据定义，我们也可以作如下理解：凡是属于公司未发行的股票、公司持有的其他公司的股票或者是公司已收回并注销的股票都不能被视为库存股。

除了股票回购外，本公司股东或债务人以股票抵偿公司的债务、股东捐赠本公司的股票等行为都会形成库存股。

2. 库存股对公司所有者权益的影响

(1) 库存股不是公司的一项资产，而是所有者权益的减项。其原因如下：① 股票是股东对公司净资产要求权的证明，而库存股不能使公司成为该类股票的股东并且享有公司股东的权利，否则将会损害其他股东的权益。② 资产不可以注销，而库存股可以注销。在公司清算时，资产可变现而后分给股东，但库存股并无价值。正因为如此，西方各国都普遍规定：公司收购股份的成本，不得高于留存收益或者留存收益与资本公积之和。③ 留存收益中把相当于库存股的那部分股本单独列示，是为了限制其分配股利，以免侵蚀法定资本的完整。这种限制只有在再次发行库存股或注销库存股时方可取消。

(2) 库存股的变动不影响损益，只影响权益。由于库存股不是公司的一项资产，因此再次发行库存股时，其所产生的收入与取得的账面价值之间的差额不会引起公司损益的变化，而是引起公司所有者权益的增加或减少。

(3) 库存股的权利受限。由于库存股设有具体股东、因此，库存股的权利会受到一定的限制。比如，它不具有股利分派权、表决权、优先认购权、分派剩余财产权等。

3. 对库存股分析应该注意的问题

从实质影响看，股票回购可以被认为是将股利一次性支付给股东，属于间接股利分配，但股票回购比高股利政策更有财务影响：① 合理增加库存股能进一步提高股票价格。吸引投资者。公司通过增加库存股可以减少发行在外的流通股，从而达到提高每股净收益和每股股利的目的，以保持或提高股价。② 合理增加库存股可减少股东人数，化解外部控制或减少施加重要影响的公司和企业，以避免公司自身被收购或者恶意运作。③ 公司通过库存股的合理运用，可以调整自身的资本结构，保证股东和债权人的利益。

库存股会影响到公司的股价、资本结构、公司形象等，因此在报表分析中应该注意以下几项：

(1) 法律、法规、章程等对发行在外的股票数量及金额的限制；

(2) 法律、法规、章程等因持有库存股而对其股利分配的限制；

(3) 依法回收股票的原因、库存股的增减变动状况；

(4) 法律、法规、章程对库存股所享有的股东权利的限制；

(5) 若子公司于母公司财务报表期间持有母公司股票，母公司利润表应揭示相关资料，并在财务报表附注中揭示子公司购入的股数及账面价值、再出售股数及售价、期末持有数及市价；

(6) 有无利用股票回购内幕操纵股价、粉饰财务数据、误导投资者、满足公司管理层短期行为的动机，等等。

本 章 小 结

所有者权益变动表是反映公司本期(年度或中期)内截至期末所有者权益增减变动情况的报表。它全面反映了企业的所有者权益在年度内的变化情况，直接反映了主体在一定期间的总收益和总费用，从全面收益角度反映了主体权益的综合变动。

所有者权益变动表的主要项目分析，是对组成所有者权益的主要项目进行具体剖析对比，分析其变动成因、合理合法性、是否有人为操控的迹象等的过程。

思 考 与 练 习

1. 简述所有者权益变动表分析的目的与内容。
2. 如何分析所有者权益变动表中列示的会计政策变更？
3. 简述公司派现的动机及其对所有者权益的影响。
4. 简述库存股的概念及其特点。

第七章　财务能力分析

 学习目标

(1) 了解偿债能力、营运能力、盈利能力的内涵;

(2) 掌握偿债能力、营运能力、盈利能力指标的计算及分析;

(3) 能够利用相关指标分析企业的偿债能力、营运能力、盈利能力。

 案例导读

如何运用财务比率评价企业财务状况质量——郑州华晶 2009

郑州华晶金刚石股份有限企业 2009 年财务决算报告中财务分析的内容(摘自郑州华晶金刚石股份有限企业 2009 年财务决算报告):

(一) 短期偿债能力

1. 流动比率

2009 年流动比率 3.31, 比 2008 年的 3.27 提高 0.04, 增长比率 1.22%。具体原因如下:

(1) 2009 年年末流动资产 10 532.37 万元, 比年初的 14 390.99 万元减少 3 858.62 万元, 增长比例 −26.81%, 其中: ① 货币资金年末余额 5 827.94 万元, 比年初的 9 702.55 万元减少 3 874.61 万元, 增长比率 −39.93%; ② 应收票据年末金额 595.27 万元, 比年初 159.87 万元增加 435.40 万元, 增长比例 272.35%; ③ 预付账款年末金额 441.81 万元, 比年初的 1 051.41 万元减少 609.60 万元, 增长比例 −57.98%; ④ 其他应收账款年末金额 288.22 万元, 比年初的 145.78 万元增加 142.44 万元, 增长比例 97.71%。

(2) 2009 年年末流动负债 3 183.43 万元, 比年初的 4 405.50 万元减少 1 222.07 万元, 增长比例 −27.74%, 其中: 1) 应付票据年末余额 1 003.60 万元, 比年初增加 1 003.60 万元; 2) 其他应付款年末金额 26.82 万元, 比年初的 1 968.78 万元减少 1 941.94 万元, 增长比例 −98.64%。

2. 速动比率

2009 年速动比率为 2.52, 比 2008 年的 2.72 下降 0.20, 减幅 7.35%, 主要原因是随着企业规模的扩大, 存货相应增加。

3. 现金比率

2009 年现金比率 1.83, 比 2008 年的 2.20 下降 0.37, 减幅 26.82%, 主要原因是 2009

年货币资金比 2008 年减少 3 858.62 万元，减幅 39.93%，而流动负债减少 1 222.07 万元，减幅 27.74%。

(二) 长期偿债能力

1. 资产负债率

郑州华晶金刚石股份有限企业 2009 年资产负债率为 24.71%，比 2008 年的 30.63% 降低了 5.92 个百分点，主要原因是 2009 年度企业为了扩大产能新购设备和新建车间使资产总额增加 4 024.04 万元，而负债减少 1 222.07 万元。

2. 产权比率

2009 年产权比率 32.82%，比 2008 年的 44.16% 降低了 11.34 个百分点，主要原因是所有者权益增加 5 146.11 万元，增长比例 20.21%。

由以上(一)、(二)分析可知，企业 2009 年度的短期偿债能力和长期偿债能力有了大幅提高。

(三) 营运能力

1. 应收账款周转率

2009 年应收账款周转率 20.83 次，周转天数 17.29 天，2008 年应收账款周转率 18.16 次，周转天数 19.82 天，与 2008 年相比有所提高。

2. 存货周转率

2009 年存货周转率 4.09，周转天数 88.08 天，2008 年存货周转率 4.75，周转天数 75.83，与 2008 年相比有所下降。

(四) 盈利能力

1. 销售净利率

2009 年销售净利率 28.58%，比 2008 年的 26.68% 提高 1.90 个百分点。原因是净利润的增长率高于销售收入的增长率。

2. 总资产净利率

2009 年总资产净利率 13.31%，比 2008 年的 15.24% 减少 1.93 个百分点。原因是净利润的增长率低于平均总资产的增长率。

本案例中涉及了多项财务指标。那么，应该如何认识这些财务比率，怎样利用财务比率来进行分析呢?

本章将告诉你答案。

企业的财务能力主要是根据财务比率分析进行评价的，财务比率分析是把财务报表数据结合公司财务报告中的其他有关信息，对同一报表内部或不同报表之间的相关项目进行比较，通过计算比率，反映它们之间的关系，用以评价公司财务状况和经营状况。按照财务比率的意义，本章着重从企业偿债能力、营运能力、盈利能力几个方面进行分析。

财务报表中有大量数据，可以计算公司有关的财务比率。为便于说明财务比率的计算和分析方法，本章将以珠海格力电器股份有限公司(以下简称"格力电器")的财务报表数据为例。该公司 2015 年资产负债表、利润表、现金流量表和股东权益变动表如表 7-1、表 7-2、表 7-3、表 7-4 所示。

表 7-1　合并资产负债表

编制单位：珠海格力电器股份有限公司　　　　　　2015 年 12 月 31 日　　　　　　单位：元

资　产	期末余额	期初余额	负债和所有者权益	期末余额	期初余额
流动资产：			流动负债		
货币资金	88 819 798 560.53	54 545 673 449.14	短期借款	6 276 660 136.03	3 578 773 331.48
结算备付金			向中央银行借款	8 000 000.00	17 457 000.00
拆出资金			吸收存款及同业存放	566 612 235.82	806 513 124.48
以公允价值计量且其变动计入当期损益的金融资产			拆入资金		
衍生金融资产		84 177 518.23	以公允价值计量且其变动计入当期损益的金融负债		
应收票据	14 879 805 537.96	50 480 571 355.46	衍生金融负债	1 189 028 366.37	215 703 496.13
应收账款	2 879 212 111.93	2 661 347 628.69	应付票据	7 427 635 753.74	6 881 963 087.81
预付账款	847 929 149.71	1 591 487 357.94	应付账款	24 794 268 372.47	26 784 952 481.63
应收保费			预收账款	7 619 598 042.86	6 427 722 358.11
应收分保账款			卖出回购金融资产款		586 000 000.00
应收分包合同准备金			应付手续费及佣金		
应收利息	1 109 776 449.77	1 242 145 987.65	应付职工薪酬	1 697 282 605.51	1 550 498 218.68
应收股利			应交税费	2 977 801 480.55	8 308 872 126.00
其他应收款	254 016 643.00	380 598 514.05	应付利息	48 386 709.75	36 177 925.90
买入返售金融资产	1 000 000 000.00		应付股利	707 913.60	707 913.60
存货	9 473 942 712.51	8 599 098 095.97	其他应付款	2 607 601 936.21	2 546 377 288.42
划分为持有待售的资产			应付分保账款		
一年内到期的非流动资产			保险合同准备金		
其他流动资产	1 684 833 479.54	558 378 915.97	代理买卖证券款		
流动资产合计：	**120 949 314 644.95**	**120 143 478 823.10**	代理承销证券款		
			划分为持有待售的负债		
非流动资产：			一年内到期的非流动负债	2 403 745 557.37	2 061 490 867.16
发放贷款及垫款	7 872 619 001.46	6 441 703 560.98	其他流动负债	55 007 851 867.48	48 585 312 868.93
可供出售金融资产	2 704 719 177.56	2 150 098 933.13	流动负债合计	**112 625 180 977.76**	**108 388 522 088.33**
持有至到期投资			非流动负债：		

资　产	期末余额	期初余额	负债和所有者权益	期末余额	期初余额
长期应收款			长期借款		2 258 969 252.88
长期股权投资	95 459 187.55	92 213 098.24	应付债券		
投资性房地产	491 540 849.66	507 901 502.13	其中：优先股		
固定资产	15 431 813 077.20	14 939 279 647.88	永续债		
在建工程	2 044 837 830.02	1 254 347 204.10	长期应付款		
工程物资			长期应付职工薪酬	127 518 492.00	106 716 248.00
固定资产清理	22 010 122.57	7 721 410.44	专项应付款		
生产性生物资产			预计负债		
油气资产			递延收益	134 571 708.03	88 443 188.87
无形资产	2 656 143 811.74	2 480 294 029.03	递延所得税负债	244 136 559.35	256 846 691.62
开发支出			其他非流动负债		
商誉			非流动负债合计	**506 226 759.38**	**2 710 975 381.37**
长期待摊费用	8 182 375.95	20 948 267.49	负债合计	**113 131 407 737.14**	**111 099 497 469.70**
递延所得税资产	8 764 376 136.27	8 192 962 003.36	所有者权益(或股东权益)：		
其他非流动资产	657 000 100.13		实收资本(或股本)	6 015 730 878.00	3 007 865 439.00
非流动资产合计	**40 748 701 670.11**	**36 087 469 656.78**	其他权益工具		
			其中：优先股		
			永续债		
			资本公积	185 950 626.71	3 191 266 065.71
			减：库存股		
			其他综合收益	−124 928 526.03	17 746 707.54
			专项储备		
			盈余公积	3 499 671 556.59	2 958 088 564.43
			一般风险准备	207 764 066.72	136 364 066.72
			未分配利润	37 737 187 489.78	34 841 323 981.28
			归属于母公司所有者权益合计	**47 521 376 091.77**	**44 152 654 824.68**
			少数股东权益	1 045 232 486.15	978 796 185.50
			所有者权益合计	**48 566 608 577.92**	**45 131 451 010.18**
资产总计	161 698 016 315.06	156 230 948 479.88	负债和所有者权益总计	161 698 016 315.06	156 230 948 479.88

表 7-2 合并利润表

编制单位：珠海格力电器股份有限公司　　　　　　2015 年　　　　　　单位：元

项　目	本期金额	上期金额
一、营业总收入	**100 564 453 646.56**	**140 005 393 975.58**
其中：营业收入	97 745 137 194.16	137 750 358 395.70
利息收入	2 816 215 388.45	2 254 051 643.70
已赚保费		
手续费及佣金收入	3 101 063.95	983 936.18
二、营业总成本	**86 134 609 086.80**	**123 258 979 560.09**
其中：营业成本	66 017 353 745.09	88 022 127 671.48
利息支出	652 352 307.92	709 764 677.17
手续费及佣金收入	399 791.57	325 646.90
退保金		
赔付支出净额		
提取保险合同准备金净额		
保单红利支出		
分包费用		
营业税金及附加	751 894 199.95	1 362 424 851.83
销售费用	15 506 341 694.21	28 889 995 658.43
管理费用	5 048 746 635.48	4 818 168 572.74
财务费用	−1 928 797 250.18	−942 244 684.38
资产减值损失	86 317 962.76	398 417 165.92
加：公允价值变动收益(损失以"−"号填列)	−1 010 322 499.17	−1 381 551 572.38
投资收益(损失以"−"号填列)	96 654 919.95	724 364 437.91
其中：对联营企业和合营企业的投资收益	3 246 089.30	-3 600 894.26
三、营业利润(亏损以"−"号填列)	**13 516 176 980.54**	**16 089 227 281.02**
加：营业外收入	1 404 291 659.85	706 063 784.96
其中：非流动资产处置利得	1 039 883.33	1 460 226.01
减：营业外支出	11 049 178.36	42 860 380.20
其中：非流动资产处置损失	9 118 859.43	15 064 547.24
四、利润总额(亏损总额以"−"号填列)	**14 909 419 462.03**	**16 752 430 685.78**
减：所得税费用	2 285 686 841.81	2 499 475 873.82

续表

项　目	本期金额	上期金额
五、净利润(亏损总额以"－"号填列)	**12 623 732 620.22**	**14 252 954 811.96**
归属于母公司所有者的净利润	12 532 442 817.66	14 155 167 229.36
少数股东权益	91 289 802.56	97 787 582.60
六、其他综合收益的税后净额	**－139 722 316.44**	**21 182 412.93**
归属母公司所有者的其他综合收益的税后净额	－142 675 233.57	17 074 194.77
(一) 以后不能重分类进损益的其他综合收益	－17 952 049.00	－12 874 330.00
1. 重新计量设定受益计划净负债或净资产的变动	－17 952 049.00	－12 874 330.00
2. 权益法下在被投资单位不能重分类进损益的其他综合收益中享有的份额		
(二) 以后将重分类进损益的其他综合收益	－124 723 184.57	29 948 524.77
1. 权益法下在被投资单位以后将重分类进损益的其他综合收益中享有的份额		
2. 可供出售金融资产公允价值变动损益	－230 765 894.39	55 729 416.52
3. 持有至到期投资重分类为可供出售金融资产损益		
4. 现金流量套期损益的有效部分	5 565 251.27	－55 416 168.02
5. 外币财务报表折算差额	100 477 458.55	29 635 276.27
6. 其他		
归属于少数股东的其他综合收益的税后净额	2 952 917.13	4 108 218.16
七、综合收益总额	**12 484 010 303.78**	**14 274 137 224.89**
归属于母公司所有者的综合收益总额	12 389 767 584.09	14 172 241 424.13
归属于少数股东的综合收益总额	94 242 719.69	101 895 800.76
八、每股收益		
(一) 基本每股收益	2.08	2.35
(二) 稀释每股收益	2.08	2.35

表 7-3　合并现金流量表

编制单位：珠海格力电器股份有限公司　　　　　2015 年　　　　　单位：元

项　目	本期金额	上期金额
一、经营活动产生的现金流量：		
销售商品、提供劳务收到的现金	110 918 320 884.07	85 534 451 083.44
客户存款和同业存放款项净增加额	−239 900 888.66	264 247 628.74
向中央银行借款净增加额	−9 457 000.00	−19 956 972.46
向其他金融机构拆入资金净增加额		−300 000 000.00
收到原保险合同保费取得的现金		
收到再保险业务现金净额		
保户储金及投资款净增加额		
处置交易性金融资产净增加额		
收取利息、手续费及佣金的现金	2 793 577 944.23	2 015 284 122.18
拆入资金净增加额		
回购业务资金净增加额	−586 000 000.00	400 000 000.00
收到的税费返还	1 237 326 987.91	511 576 234.70
收到其他与经营活动有关的现金	4 682 640 196.09	2 134 366 849.23
经营活动现金流入小计	**118 796 508 123.64**	**90 539 968 945.83**
购买商品、接受劳务支付的现金	42 541 255 260.22	38 816 900 119.58
客户贷款及垫款净增加额	2 465 300 268.21	1 919 045 339.22
存放中央银行和同业款项净增加额	−1 050 510 263.03	1 826 853 861.00
支付原保险合同赔付款项的现金		
支付利息、手续费及佣金的现金	662 494 322.97	702 953 382.13
支付保单红利的现金		
支付给职工以及为职工支付的现金	5 590 514 442.03	5 730 237 588.82
支付的各项税费	13 773 887 181.66	13 334 358 630.39
支付其他与经营活动有关的现金	10 435 185 083.90	9 270 454 516.96
经营活动现金流出小计	**74 418 126 295.96**	**71 600 803 438.10**
经营活动产生的现金流量净额	**44 378 381 827.68**	**18 939 165 507.73**
二、投资活动产生的现金流量：		
收回投资收到的现金	950 000 000.00	660 000 000.00
取得投资收益收到的现金	84 643 291.79	44 701 122.29

项 目	本期金额	上期金额
处置固定资产、无形资产和其他长期资产收回的现金净额	1 228 803.43	2 486 624.00
处置子公司及其他营业单位收到的现金净额		1 754 209.96
收到其他与投资活动有关的现金	143 435 881.62	661 065 307.05
投资活动现金流入小计	**1 179 307 976.84**	**1 370 007 263.30**
购建固定资产、无形资产和其他长期资产所支付的现金	2 884 513 074.71	1 777 308 642.20
投资支付的现金	2 832 663 335.62	2 330 499 916.33
质押贷款净增加额		
取得子公司及其他营业单位支付的现金净额		
支付其他与投资活动有关的现金	175 286 430.99	124 336 597.02
投资活动现金流出小计	**5 892 462 841.32**	**4 232 145 155.55**
投资活动产生的现金流量净额	**−4 713 154 864.48**	**−2 862 137 892.25**
三、筹资活动产生的现金流量：		
吸收投资收到的现金		
其中：子公司吸收少数股东投资收到的现金		
取得借款收到的现金	10 096 926 967.84	10 376 654 773.19
发行债券收到的现金		
收到其他与筹资活动有关的现金	1 257 485 012.71	235 620 087.87
筹资活动现金流入小计	**11 354 411 980.55**	**10 612 274 861.06**
偿还债务支付的现金	9 512 423 538.15	7 800 683 084.65
分配股利、利润或偿付利息支付的现金	9 525 010 447.46	4 675 905 628.06
其中：子公司支付给少数股东的股利、利润		
支付其他与筹资活动有关的现金		
筹资活动现金流出小计	**19 037 433 985.61**	**12 476 588 712.71**
筹资活动产生的现金流量净额	**−7 683 022 005.06**	**−1 864 313 851.65**
四、汇率变动对现金及现金等价物的影响	1 876 340 773.99	34 574 285.65
五、现金及现金等价物净增加额	33 858 545 732.13	14 247 288 049.48
加：期初现金及现金等价物余额	43 506 471 113.09	29 259 183 063.61
六、期末现金及现金等价物余额	77 365 016 845.22	43 506 471 113.09

表 7-4　所有者权益变动表

2015 年

编制单位：珠海格力电器股份有限公司　　　　　　　　　　　　　　　　　　　单位：人民币元

本期金额

项　目	归属于母公司的股东权益										少数股东权益	所有者权益合计
	实收资本（或股本）	其他权益工具			资本公积	减：库存股	其他综合收益	专项储备	盈余公积	一般风险准备	未分配利润		
		优先股	永续债	其他									
一、上年末余额	3 007 865 439.00				3 191 266 065.71		17 746 707.54		2 958 088 564.40	136 364 066.72	34 841 323 981.28	978 796 185.50	45 131 451 010.18
加：会计政策变更													
前期差错更正													
其他													
二、本年年初余额	3 007 865 439.00				3 191 266 065.71		17 746 707.54		2 958 088 564.40	136 364 066.72	34 841 323 981.28	978 796 185.50	45 131 451 010.18
三、本期增减变动金额（减少以"-"号填列）					-3 005 315 439.00		-142 675 233.57		541 582 992.16	71 400 000.00	2 895 863 508.50	66 436 300.65	3 435 157 567.74
（一）综合收益总额							-142 675 233.57				12 532 442 817.66	94 242 719.69	12 484 010 303.78
（二）股东投入和减少资本													
1. 股东投入资本													
2. 股份支付计入股东权益的金额													
3. 其他													
（三）利润分配										541 582 992.16	71 400 000.00	-9 636 579 309.16	-27 806 419.04	
1. 提取盈余公积										541 582 992.16		-541 582 992.16		

续表

项目	本期金额												
	归属于母公司的股东权益											少数股东权益	所有者权益合计
	实收资本(或股本)	其他权益工具			资本公积	减:库存股	其他综合收益	专项储备	盈余公积	一般风险准备	未分配利润		
		优先股	永续债	其他									
2. 提取一般风险准备										71 400 000.00	-71 400 000.00		
3. 对所有者(或股东)的分配											-9 023 596 317.00	-27 806 419.04	
4. 其他													
(四) 股东权益内部结转	3 007 865 439.00				-3 007 865 439.00								
1. 资本公积转增资本(或股本)	3 007 865 439.00				-3 007 865 439.00								
2. 盈余公积转增资本(或股本)													
3. 盈余公积弥补亏损													
4. 一般风险准备弥补亏损													
5. 其他													
(五) 专项储备													
1. 本期提取													
2. 本期使用													
(六) 其他					2 550 000.00								2 550 000.00
四、本期期末余额	6 015 730 878.00				185 950 626.71		-124 928 526.03		3 499 671 556.59	207 764 066.72	37 737 187 489.78	1 045 232 486.15	48 566 608 577.92

7.1　偿债能力分析

　　偿债能力是指企业利用经济资源偿还债务本金和利息的能力，企业的偿债能力和企业的资金协调性、资本结构情况一起反映企业的财务状况，因此，对企业偿债能力的分析是企业财务分析最主要的内容之一，通过对偿债能力的分析能揭示企业风险的大小。

　　企业偿债能力是企业债权人最为关心的问题。作为企业的债权人，最担心的是借款本金能否收回以及能否得到利息回报。因为债权人无权与企业所有者分享利润，也无权参与企业的经营管理，他只能期望企业按期还本付息。除此之外，债权人所拥有的唯一权利是在企业不能清偿债务时要求其破产清算，用清算后的资产抵偿其债务。即使如此，债权人在企业破产时并不能得到企业偿还其全部债务的保证。因此，债权人分析企业偿债能力的目的，就是预测其债权资金能否按期收回，以便事先采取必要的措施。

　　正在准备借款给企业的人，在借款前也要分析企业的偿债能力。企业可承受的借款额是多少，企业在什么时间有能力归还多少借款，归还的保障程度有多大，这些问题借款人在确定借款数额之前都要进行分析。在确定借款期限、借款利息时，也要考虑企业的偿债能力。因此，分析企业偿债能力的另一个目的是确定借款数额、借款期限和借款利率。

　　企业的投资者也非常关注企业的偿债能力。如果企业无力清偿到期债务，企业的信誉必将受到影响，企业就会面临破产风险。企业破产时，投资者的利益是最难得到保护的。因为企业破产首先清偿的是企业的债务，最后才向投资者按出资比例分配剩余财产。即使无破产风险，若缺乏偿债能力，企业也难以得到借款或延期支付信用，必然会影响其正常的生产经营和经济效益，对上市公司来说则会影响其股票价格。因此，投资者要分析企业的偿债能力。

　　对企业经营者来说，企业保持一定的偿债能力非常重要。企业偿债能力不足直接表现为企业日常现金支付的困难，直接影响到企业的生产经营。经营者对企业偿债能力的分析，既有监督、控制偿债能力的目的，又有保证生产经营过程正常进行的目的。保持适当的偿债能力，不但是正常生产经营的需要，而且也是企业借款的需要。企业能否筹集到所需资金，取决于偿债能力。企业保持一定的偿债能力，也是企业应付突发事件的需要。

　　由此可见，企业的偿债能力不但决定企业的借款能力，而且影响企业的信誉，还会给企业的生产经营带来直接影响。当企业偿债能力较差时，投资者可通过资本市场抛售企业的股票或债券，银行也会提出提高贷款利率的要求以补偿其承担的偿债风险，供货商则可能拒绝企业延期付款。当企业偿债能力较强时，企业较易筹集到所需资金，较易得到利率、付款期等方面的优惠。因而，企业偿债能力影响着企业的投资能力、发展能力和盈利能力。企业经营管理者、投资者、债权人和客户都应进行偿债能力分析。

　　偿债能力分析包括短期偿债能力分析和长期偿债能力分析两个方面：

　　(1) 短期偿债能力。

　　短期偿债能力，就是企业以流动资产偿还流动负债的能力，它反映企业偿付日常到期债务的实力。企业能否及时偿付到期的流动负债，是反映企业财务状况好坏的重要标志。一个企业短期偿债能力的大小，一方面要看流动资产的多少和质量状况；另一方面要看流动负债的多少和质量状况，流动资产的质量是指其"流动性"和"变现能力"。流动性，是指流动资产转换为现金所需要的时间。资产转换为现金需要的时间越短，则资产流动性越强，越能很快地转换为可以偿债的现金。变现能力是指资产能否很容易地转换为现金。如果流动资产的预计出售价格与实际出售价格的差额很小，就认为变现能力越强。有价证券容易变现，存货则差一些，预付账款也属于流动资产，一般情况下却不易变现。

流动负债也有质量问题。一般说来，企业的所有债务都是要偿还的，但是并非所有债务都需要在到期时立即偿还，债务偿还的强制程度和紧迫性被视为负债的质量。例如，与企业有长期合作关系的供应商的负债，在企业财务困难时比较容易推迟或重新进行协商。供应商对企业有业务上的依赖，他们要权衡保持业务关系与强行索债的得失，其债务的质量不高。有些债务则是到期必须偿还的，例如，应交税费，因税务机关拥有强大的税收征管权利，属于质量高的债务。企业大部分债务在这两者之间。

企业流动资产的数量和质量超过流动负债的数量和质量的程度，就是企业的短期偿债能力。

(2) 长期偿债能力。

长期偿债能力，是指企业偿还长期债务的保障程度。企业的长期债务是指偿还期在 1 年或者超过 1 年的一个营业周期以上的债务。长期偿债能力主要是为了确定该企业偿还债务本金和支付债务利息的能力。经营良好的企业不仅要有足够的资金作为随时偿付短期债务的能力，也应具有偿还长期债务本金及定期支付长期债务利息的能力。企业的长期偿债能力主要取决于企业的资本结构及企业的获利能力。

7.1.1　影响公司偿债能力的因素

1. 短期偿债能力的影响因素

1) 流动资产及其质量

流动资产包括现金、银行存款、交易性金融资产、应收及预付账款、存货等。各项流动资产的变现速度不同，对企业的短期偿债能力会产生不同的影响，因此，短期偿债能力分析特别强调流动资产的变现能力分析。

(1) 货币资金。

货币资金具体存在形式包括库存现金、银行存款和其他货币资金。现金是指一般通行的货币，作为一般等价物，是被普遍接受的交换媒介，因而是流动性最强的流动资产。银行存款被包含在广义的现金概念中，具有与现金类似的变现能力。但是，当银行存款被限定期限或用途时，其变现能力会受到影响，应将这部分存款从流动资产中剔除出去。例如，企业接受银行贷款时存入账户的补偿性存款余额，其存款期限必须与贷款期限保持一致，这实际减少了贷款企业用于偿还债务的可用现金，应在报表附注中单独列示。还有部分现金或其等价物被指定用于偿还某笔特定债务，这部分现金及其等价物也要从流动资产中予以剔除，以真实地反映可以用于偿还一般短期债务的流动资产，便于正确评价企业的短期偿债能力。

(2) 交易性金融资产。

交易性金融资产是变现能力较强的流动资产，在分析时应注意两个方面：一是注意股票和债券投资在企业金融资产投资中的分类，避免企业为指标计算的需要将同一批证券在某个年度列为交易性金融资产，而在另一个年度又将其列为其他金融资产；二是注意交易性金融资产的合理价值与变现能力的确定。

(3) 应收款项。

应收款项主要包括应收票据、应收账款与其他应收款等。由于应收款项是未来预期收入，在一定程度上存在不确定性，这就不可避免地产生对应收款项价值的评估问题。在分析时应注意结合会计报表附注中的有关项目，如对应收款项的明细资料进行分析。同时还要注意以下几点：

① 应收款项需经一定时间才能收回。企业在收回款项时可能要付出一定代价，如催款费用、货款的利息等。

② 应收款项最终有可能全部无法收回或部分无法收回。对此，有的企业根据企业会计准则等有关会计规范，事先对可能发生的坏账计提资产减值准备。在进行分析时必须考虑不同会计政策对企业应收账款、应收票据及其他应收款项目的影响。

③ 销售政策的影响，采用分期收款销售方式、采用现销方式与采用赊销方式的企业，在应收账款的余额上会有较大的不同。同时，这三种销售方式也分别预示着不同的收款风险。

④ 应收账款具有一定的"固定性"，即只要企业的信用政策不变，企业总会保持一定的应收账款的余额。也就是说，企业只可能通过调整信用政策来调整应收账款的余额，但事实上不能期待应收账款全部收回来用以偿还债务。

(4) 存货。

不同企业存货的类别不同，所占流动资产的比重不同。对于制造业企业来说，存货的比重一般比较高，往往占流动资产的一半以上，因此在偿债能力分析中存货是重要因素。① 应关注存货的计价问题。根据企业会计准则等相关会计规范，采用实际成本核算方法计价的企业，可在"先进先出法"、"加权平均法"和"个别计价法"等方法中任意选择。各种不同的存货计价方法，会使存货数额产生较大的差异。② 关注存货的日常管理。企业存货的质量，不仅取决于存货的账面数字，还与存货的日常管理密切相关，只有恰当保持各项存货的比例，材料存货才能为生产过程所消化，商品存货才能及时实现销售，从而使存货顺利变现。③ 存货的库存周期长短也影响着存货的流动性，库存周期过长的商品，往往会存在款式过时、元件老化、质量不稳定等问题，使存货的变现能力降低。良好的存货日常管理应始终维持各项存货的比例在合理的范围内波动，对库存时间超过正常需要的存货及残损、变质、滞销商品定期组织处理，及时盘活其占用的资金，同时存货总量与同行业的先进企业保持大致相当的水平。报表使用者在进行存货变现能力的分析时，对于存货管理不够规范的企业，要按谨慎性原则，将其账面存货数额进行相应调整，以便于确定企业的短期偿债能力。

(5) 预付账款。

预付账款是指已经支付、尚未失去效用的债权。预付账款在流动资产中所占比例很小，因此对企业的短期偿债能力几乎没有什么影响。由于预付账款已经支付，除了一些极特殊的情况如供货商未能按约提供货物等，将来只能取得存货不会导致现金流入，因此预付账款的变现能力较差。

2) 流动负债及其质量

流动负债是指在 1 年或超过 1 年的一个营业周期内偿还的、主要为交易目的而持有的债务。其主要项目有：短期借款、交易性金融负债、应付款项、应付职工薪酬、应交税费等。在分析时应注意以下问题：

(1) 与担保有关的或有负债，没有被列入报表。但是，如果它的数额较大，并且很有可能发生，就应将其列入需要偿还的债务。

(2) 经营租赁合同中的未来付款承诺，没有被列入报表。但是如果金额比较大，并且是不可撤销的合同，就应将未来最低租金支付额纳入需要偿还的债务。

(3) 建造或购买长期资产合同中的阶段性付款等，也是一种承诺，应当列入需要偿还的债务。

(4) 由于流动负债数据都来自于账面资料，当低估流动负债的账面价值时，就会高估营运资本。反之，如果高估流动负债的账面价值，就会低估营运资本。

3) 流动资产与流动负债的对比关系

流动负债与流动资产存在紧密的内在联系，流动负债是企业最重要的短期资金来源，同样，流动负债以流动资产作为求偿对象，也最为合适。由短期偿债能力的定义可以看出，短期偿债能力的影响因素有很多，但以流动资产与流动负债的对比关系为基础。因此，流动资产与流动负债的对比可以反映短期偿债能力。流动资产和流动负债的对比有两种方法：一种是差额比较，两者相减的差额称为营运资本；另一种是比率比较，两者相除的比率称为流动比率，然后再考虑流动资产项目的变现能力情况，辅之速动比率、现金比率等反映企业短期偿债能力的指标。

4) 影响短期偿债能力的表外因素

上述项目都是从会计报表资料中取得的，还有一些会计报表资料没有反映出来的因素，也会影响企业短期偿债能力。

(1) 尚未使用的银行贷款指标。已取得银行同意，企业尚未办理贷款手续的贷款限额，可以随时增加企业的现金，提高支付能力，因而，可动用的银行贷款指标是企业流动性的潜在积极因素，它一般在报表附注中说明。

(2) 准备很快变现的长期资产。由于某些原因，企业可能有一些长期资产将迅速出售转变为现金，这将增加企业的流动性，但报表使用者对这种增加短期偿债能力的因素，必须特别谨慎。这是因为，一方面，长期资产是企业营运中的资产，企业必须根据其近期和长期利益的辩证关系，慎重决定是否出售长期资产；另一方面，闲置资产可能不易在短期内变现。所以，报表分析者必须谨慎确定企业是确实有立即可以变现的长期资产，还是只有某些长期投资项目，由于投资本身的性质，可能例外。

(3) 偿债能力的声誉。具有良好的长期债务关系和良好偿债能力声誉的企业，在出现短期偿债困难时，通常有能力通过取得条件较为宽松的新贷款、发行债券或股票等方式筹集资金，从而可以在适当期限内，大大缓解其流动性问题，解决暂时的资金短缺，迅速提高短期偿债能力。这种增加企业变现能力的因素，取决于企业自身的信用、声誉和当时的筹资环境等因素。

上述三项均是增强变现能力的因素，而企业可能存在未在财务报表中反映，可能降低流动资产实际变现能力的一些或有负债。按照我国《企业会计准则》的要求，或有负债并不作为企业负债项目登记入账，也不在财务报表中反映，只作为报表附注予以说明。企业可能有未作记录的大额的其他或有负债，如售出产品后可能发生的质量事故赔偿、未决税款争议可能出现的不利后果、经济纠纷可能败诉引起的经济赔偿等。这些或有负债都没有在财务报表中反映，而其一旦成为事实上的负债，将会加大企业的偿债负担。因而未记录于报表上的或有负债应在报表附注或说明中尽量加以揭示，外部报表使用者也应适当加以注意。

另外，企业担保责任引起的连带责任也是一个常见的或有负债。企业可能用它自己的部分资产为他人向金融机构借款、为他人履行有关的经济责任及他人购物等提供经济担保，这种担保在被担保人未能按约履行所负义务时，有可能成为担保企业的负债，增加偿债负担。

2. 长期偿债能力的影响因素

由于长期债务的期限长，企业的长期偿债能力主要取决于企业资产与负债的比例关系，取决于获利能力。

1) 资本结构

资本结构是指企业各种长期筹资来源的构成和比例关系。长期资本来源，主要是指权益筹资和长期债务。资本结构对企业长期偿债能力的影响主要体现在两个方面：一方面权益资本是承担长期债务的基础，另一方面资本结构影响企业的财务风险，进而影响企业的偿债能力。

2) 获利能力

长期偿债能力与获利能力密切相关。企业能否具有充足的现金流入用来偿还长期负债，在很大程度上取决于企业的获利能力。一般来说，企业的获利能力越强，长期偿债能力就越强；反之，则越弱。

3) 其他因素

(1) 长期资产。资产负债表中的长期资产主要包括固定资产、长期投资和无形资产。将长期资产作为偿还长期债务的资产保障时，长期资产的计价和摊销方法对长期偿债能力的影响最大。资产的市场价值最能反映资产偿债能力，报表中固定资产的价值是采用历史成本法计量的，不反映资产的市场价值，因而不能反映资产的偿债能力。

(2) 长期负债。在资产负债表中，属于长期负债的项目有长期借款、应付债券、长期应付款、专项应付款和其他长期负债。在分析长期偿债能力时，应特别注意以下问题：会计政策和会计方法的可选择性，使长期负债额产生差异；分析时应注意会计方法的影响，特别是中途变更会计方法对长期负债的影响；应将可转换债券从长期负债中扣除；有法定赎回要求的优先股也应该作为负债。

(3) 长期租赁。融资租赁是由租赁公司垫付资金，按承租人要求购买设备，承租人按合同规定支付租金，所购设备一般于合同期满转归承租人所有的一种租赁方式。因而企业通常将融资租赁视同购入固定资产，并把与该固定资产相关的债务作为企业负债反映在资产负债表中。不同于融资租赁，企业的经营租赁不在资产负债表上反映，只出现在报表附注和利润表的租金项目中。当企业经营租赁量比较大，期限比较长或具有经常性时，经营租赁实际上就构成了一种长期性筹资。因此，必须考虑这类经营租赁对企业债务结构的影响。

(4) 退休金计划。退休金是支付给退休人员用于保障退休后生活的货币额。退休金计划是一种企业与职工之间关于职工退休后退休金支付的协议。退休金计划应包括以下内容：参与该计划职工的资格和条件、计算给付退休金的方法、指定的退休金受托单位、定期向退休基金拨付的现金额、退休金的给付方式等。

(5) 或有事项。或有事项是指过去的交易或事项形成的一种状态，其结果须通过未来不确定事项的发生或不发生予以证实。或有事项分为或有资产和或有负债。或有资产是指过去交易或事项形成的潜在资产，其存在要通过未来不确定事项的发生或不发生予以证实。

产生或有资产会提高企业的偿债能力，而产生或有负债会降低企业的偿债能力。因此，在分析企业的财务报表时，必须充分注意有关或有项目的报表附注披露，以了解未在资产负债表上反映的或有项目，并在评价企业长期偿债能力时，考虑或有项目的潜在影响。同时，应关注资产负债表日后的或有事项。

(6) 承诺。承诺是企业对外发出的将要承担的某种经济责任和义务。企业为了经营的需要，常常要做出某些承诺，这种承诺有时会大量地增加该企业的潜在负债或承诺义务，却没有通过资产负债表反映出来。因此，在进行企业长期偿债能力分析时，报表分析者应根据报表附注及其他有关资料等，判断承诺变成真实负债的可能性，判断承诺责任带来的潜在长期负债，并做相应处理。

(7) 金融工具。金融工具是指引起一方获得金融资产并引起另一方承担金融负债或享有所有者权益的契约。与偿债能力有关的金融工具主要是债券和金融衍生工具。

金融工具对企业偿债能力的影响主要体现在两方面：一是金融工具的公允价值与账面价值发生重大差异，但并没有在财务报表中或报表附注中揭示；二是未能对金融工具的风险程度恰当披露。报表使用者在分析企业的长期偿债能力时，要注意结合具有资产负债表表外风险的金融工具记录，并分析信贷风险集中的信用项目和金融工具项目，综合起来对企业偿债能力做出判断。

7.1.2　公司短期偿债能力分析

偿债能力的衡量方法有两种：一种是比较可供偿债资产与债务的存量，资产存量超过债务存量较多，则认为偿债能力较强；另一种是比较经营活动现金流量和偿债所需现金，如果产生的现金超过需要的现金较多，则认为偿债能力较强。

1. 可偿债资产与短期债务的存量比较

可偿债资产的存量，是指资产负债表中列示的流动资产年末余额。短期债务的存量，是指资产负债表中列示的流动负债年末余额。流动资产将在 1 年或 1 个营业周期内消耗或转变为现金，流动负债将在 1 年或 1 个营业周期内偿还，因此，两者的比较可以反映短期偿债能力。

流动资产与流动负债的比较有两种方法：一种是差额比较，两者相减的差额称为营运资本；另一种是比率比较，两者相除的比率称为短期债务的存量比率。

1) 营运资本

营运资本是指流动资产超过流动负债的部分。其计算公式如下：

$$营运资本 = 流动资产 - 流动负债$$

根据格力电器的财务报表数据：

本年营运资本 = 12 094 931 - 11 262 518 = 832 413 (万元)

上年营运资本 = 12 014 348 - 10 838 852 = 1 175 496 (万元)

计算营运资本使用的"流动资产"和"流动负债"，通常可以直接取自资产负债表。正是为了便于计算营运资本和分析流动性，资产负债表项目才区分为流动项目和非流动项目，并且按流动性强弱排序。

如果流动资产与流动负债相等，并不足以保证短期偿债能力没有问题，因为债务的到期与流动资产的现金生成，不可能同步同量；而且，为维持经营，企业不可能清算全部流动资产来偿还流动负债，而是必须维持最低水平的现金、存货、应收账款等。

因此，企业必须保持流动资产大于流动负债，即保有一定数额的营运资本作为安全边际，以防止流动负债"穿透"流动资产。格力电器现存 11 262 518 万元流动负债的具体到期时间不宜判断，现存 12 094 931 万元流动资产生成现金的金额和时间也不好预测。营运资本 832 413 万元是流动负债"穿透"流动资产的"缓冲垫"。因此，营运资本越多，流动负债偿还越有保障，短期偿债能力越强。营运资本之所以能够成为流动负债的"缓冲垫"，是因为它是长期资本用于流动资产的部分，不需要在 1 年内偿还。

$$\begin{aligned}营运资本 &= 流动资产 - 流动负债\\ &= (总资产 - 非流动资产) - (总资产 - 股东权益 - 非流动负债)\\ &= (股东权益 + 非流动负债) - 非流动资产\\ &= 长期资本 - 长期资产\end{aligned}$$

根据格力电器的财务报表数据：

$$\begin{aligned}本年营运资本 &= (4\,856\,661 + 50\,623) - 4\,074\,870\\ &= 4\,907\,284 - 4\,074\,870\\ &= 832\,414^{①} (万元)\end{aligned}$$

$$\begin{aligned}上年营运资本 &= (4\,513\,145 + 271\,098) - 3\,608\,746\\ &= 4\,784\,243 - 3\,608\,746\\ &= 1\,175\,497 (万元)\end{aligned}$$

当流动资产大于流动负债时，营运资本为正数，表明长期资本的数额大于长期资产，超出部分被用于流动资产。营运资本的数额越大，财务状况越稳定，当全部流动资产没由任何流动负债提供资本来源，而全部由长期资本提供时，企业没有任何短期偿债压力。

当流动资产小于流动负债时，营运资本为负数，表明长期资本小于长期资产，有部分长期资产由流动负债提供资本来源。由于流动负债在 1 年或 1 个营业周期内需要偿还，而长期资产在 1 年或 1 个营业周期内不能变现，偿债所需现金不足，必须设法另外筹资，这

---

① 计算过程因四舍五入，可能会导致小数结果略有差异，不代表真正不同。下同。

意味着财务状况不稳定。

营运资本的比较分析，主要是与本企业上年数据比较。格力电器本年(2015年)和上年营运资本的比较数据如表7-5所示。

表7-5 格力电器营运资本比较表 单位：万元

项目	本 年		上 年		增 长		
	金额	结构(%)	金额	结构(%)	金额	增长(%)	结构(%)
流动资产	12 094 931	100.00%	12 014 348	100.00%	80 583	0.67%	100.00%
流动负债	11 262 518	93.12%	10 838 852	90.22%	423 666	3.91%	525.75%
营运资本	832 413	6.88%	1 175 496	9.78%	−343 083	−29.19%	−425.75%
长期资产	4 074 870		3 608 747		466 123		
长期资本	4 907 284		4 784 243		123 041		

从表7-5的数据可知：

(1) 上年流动资产12 014 348万元，流动负债10 838 852万元，营运资本1 175 496万元。从相对数看，营运资本配置率(营运资本/流动资产)为9.78%，流动负债提供流动资产所需资本的90.22%，即1元流动资产需要偿还0.90元的流动负债。

(2) 本年流动资产12 094 931万元，流动负债11 262 518万元，营运资本832 413万元。从相对数看，营运资本配置比例为6.88%，流动负债提供流动资产所需资本的93.12%，即1元流动资产需要偿还0.93元的流动负债。偿债能力比去年略有下降。

(3) 本年与上年相比，流动资产增加80 583万元(增长0.67%)。营运资本的绝对数降低，"缓冲垫变薄"主要是因为流动负债的增长速度超过流动资产的增长速度，使得债务的"穿透力"增加了，即偿债能力降低了。新增的流动资产80 583万元并没有保持上年配置的营运资本比例，全靠增加流动负债解决。可见，营运资本政策的改变使本年的短期偿债能力下降了。

营运资本是绝对数，不便于不同历史时期及不同企业之间的比较。例如，A公司的营运资本为200万元(流动资产300万元，流动负债100万元)，B公司的营运资本与A公司相同，也是200万元(流动资产1 200万元，流动负债1 000万元)。但是，它们的偿债能力显然不同。因此，在实务中很少直接使用营运资本作为偿债能力指标。营运资本的合理性主要通过短期债务的存量比率评价。

2) 短期债务的存量比率

短期债务的存量比率包括流动比率、速动比率和现金比率。

(1) 流动比率。

流动比率是流动资产与流动负债的比值，其计算公式如下：

$$流动比率 = \frac{流动资产}{流动负债}$$

根据格力电器的财务报表数据：

$$本年流动比率 = \frac{12\ 094\ 931}{11\ 262\ 518} = 1.07$$

$$上年流动比率=\frac{12\ 014\ 348}{10\ 838\ 852}=1.11$$

流动比率假设全部流动资产都可用于偿还流动负债，表明每 1 元流动负债有多少流动资产作为偿债保障。格力电器的流动比率降低了 0.04(1.07－1.11)，即为每 1 元流动负债提供的流动资产保障减少了 0.04 元。

流动比率和营运资本配置比率反映的偿债能力相同，它们可以相互换算：

$$流动比率=\frac{1}{1-\dfrac{营运资本}{流动负债}}$$

根据格力电器的财务报表数据：

$$本年流动比率=\frac{1}{1-7.39\%}=1.08$$

$$上年流动比率=\frac{1}{1-10.85\%}=1.12$$

流动比率是相对数，排除了企业规模的影响，更适合同业比较以及本企业不同历史时期的比较。此外，由于流动比率计算简单，因而被广泛应用。

但是，需要注意的是，不存在统一的、标准的流动比率数值。不同行业的流动比率，通常有明显差别。营业周期越短的行业，合理的流动比率越低。过去很长时期，人们认为生产型企业合理的最低流动比率是 2。这是因为流动资产中变现能力最差的存货金额约占流动资产总额的一半，剩下的流动性较好的流动资产至少要等于流动负债，才能保证企业最低的短期偿债能力。这种认识一直未能从理论上证明。最近几十年，企业的经营方式和金融环境发生了很大变化，流动比率有降低的趋势，许多成功企业的流动比率都低于 2。

如果流动比率比上年发生较大变动，或与行业平均值出现重大偏离，就应对构成流动比率的流动资产和流动负债各项目逐一进行分析，寻找形成差异的原因。为了考察流动资产的变现能力，有时还需要分析其周转率。

流动比率有局限性，在使用时应注意：流动比率假设全部流动资产都可以变为现金并用于偿债，全部流动负债都需要还清。实际上，有些流动资产的账面金额与变现金额有较大差异，如产成品等。经营性流动资产是企业持续经营所必需的，不能全部用于偿债；经营性应付项目可以滚动存续，无需动用现金全部结清。因此，流动比率是对短期偿债能力的粗略估计。

(2) 速动比率。

构成流动资产的各项目，流动性差别很大。其中，货币资金、交易性金融资产和各种应收款项等，可以在较短时间内变现，称为速动资产；另外的流动资产，包括存货、预付款项、1 年内到期的非流动资产及其他流动资产等，称为非速动资产。

非速动资产的变现金额和时间具有较大的不确定性：存货的变现速度比应收款项要慢得多；部分存货可能已毁损报废、尚未处理；存货估价有多种方法，可能与变现金额相距甚远；1 年内到期的非流动资产和其他流动资产的金额有偶然性，不代表正常的变现能力。因此，将可偿债资产定义为速动资产，计算短期债务的存量比率更可信。

速动资产与流动负债的比值，称为速动比率，其计算公式如下：

$$速动比率 = \frac{速动资产}{流动负债}$$

根据格力电器的财务报表数据：

本年速动比率

$= (8\,881\,980 + 1\,487\,981 + 287\,921 + 84\,793 + 110\,978 + 25\,402 + 100\,000) \div 1\,262\,518$

$= 0.97$

上年速动比率

$= (5\,454\,567 + 8\,418 + 5\,048\,057 + 266\,135 + 159\,149 + 124\,215 + 38\,060) \div 10\,838\,852$

$= 1.02$

速动比率假设速动资产是可偿债资产，表明每 1 元流动负债有多少速动资产作为偿债保障。格力电器的速动比率比上年下降了 0.05，说明为每 1 元流动负债提供的速动资产保障下降了 0.05 元。

与流动比率一样，不同行业的速动比率差别很大。例如，采用大量现金销售的商店，几乎没有应收款项，速动比率大大低于 1 很正常。相反，一些应收款项较多的企业，速动比率可能要大于 1。

影响速动比率可信性的重要因素是应收款项的变现能力。账面上的应收款项不一定都能变成现金，实际坏账可能比计提的准备要多；季节性的变化，可能使报表上的应收款项金额不能反映平均水平。这些情况，外部分析人员不易了解，而内部人员则有可能做出估计。

(3) 现金比率。

在速动资产中，流动性最强、可直接用于偿债的资产称为现金资产。现金资产包括货币资金、交易性金融资产等。与其他速动资产不同，它们本身就是可以直接偿债的资产，而其他速动资产需要等待不确定的时间，才能转换为不确定金额的现金。

现金资产与流动负债的比值称为现金比率，其计算公式如下：

$$现金比率 = \frac{货币资金 + 交易性金融资产}{流动负债}$$

根据格力电器的财务报表数据：

$$本年现金比率 = \frac{8\,881\,980 + 0}{11\,262\,518} = 0.79$$

$$上年现金比率 = \frac{5\,454\,567 + 0}{10\,838\,852} = 0.50$$

现金比率假设现金资产是可偿债资产，表明每 1 元流动负债有多少现金资产作为偿债保障。格力电器的现金比率比上年上升了 0.29，说明企业为每 1 元流动负债提供的现金保障上升了 0.29 元。

2. 经营活动现金流量净额与短期债务的比较

经营活动现金流量净额与流动负债的比值，称为现金流量比率。其计算公式如下：

$$现金流量比率 = \frac{经营活动现金流量净额}{流动负债}$$

根据格力电器的财务报表数据：

$$本年现金流量比率 = \frac{4\ 437\ 838}{11\ 262\ 518} = 0.39$$

$$上年现金流量比率 = \frac{1\ 893\ 916}{10\ 838\ 852} = 0.17$$

公式中的"经营活动现金流量净额"，通常使用现金流量表中的"经营活动产生的现金流量净额"。它代表企业创造现金的能力，已经扣除了经营活动自身所需的现金流出，是可以用来偿债的现金流量。

一般来讲，该比率中的流动负债采用期末数而非平均数，因为实际需要偿还的是期末金额，而非平均金额。

现金流量比率表明每 1 元流动负债的经营活动现金流量保障程度。该比率越高，偿债能力就越强。用经营活动现金净额流量代替可偿债资产存量，与短期债务进行比较以反映偿债能力，则更具说服力。因为一方面它克服了可偿债资产未考虑未来变化及变现能力等问题；另一方面，实际用以支付债务的通常是现金，而不是其他可偿债资产。

7.1.3　公司长期偿债能力分析

衡量长期偿债能力的财务比率，也分为存量比率和流量比率两类。

1. 总债务存量比率

长期来看，所有债务都要偿还。因此，反映长期偿债能力的存量比率是总资产、总债务和股东权益之间的比例关系。常用比率包括：资产负债率、产权比率、权益乘数和长期资本负债率。

(1) 资产负债率。

资产负债率是总负债与总资产的百分比，其计算公式如下：

$$资产负债率 = \frac{总负债}{总资产} \times 100\%$$

根据格力电器的财务报表数据：

$$上年资产负债率 = \frac{11\ 313\ 140}{16\ 169\ 802} \times 100\% = 70\%$$

$$本年资产负债率 = \frac{11\ 109\ 950}{15\ 623\ 095} \times 100\% = 71\%$$

资产负债率反映总资产中有多大比例是通过负债取得的。它可以衡量企业清算时对债权人利益的保护程度。资产负债率越低，企业偿债越有保证，贷款就越安全。资产负债率还代表企业的举债能力，一个企业的资产负债率越低，举债越容易。如果资产负债率高到一定程度，没有人愿意提供贷款了，则表明企业的举债能力已经用尽。

通常，资产在破产拍卖时的售价不到账面价值的 50%，因此资产负债率高于 50%，则债权人的利益就缺乏保障。各类资产变现能力有显著区别，房地产变现的价值损失小，专用设备则难以变现。不同企业的资产负债率不同，与其持有的资产类别有关。

(2) 产权比率和权益乘数。

产权比率和权益乘数是资产负债率的另外两种表现形式，它们和资产负债率的性质一样，其计算公式如下：

$$产权比率 = \frac{负债总额}{股东权益}$$

$$权益乘数 = \frac{总资产}{股东权益}$$

根据格力电器的财务报表数据：

$$本年产权比率 = \frac{11\ 313\ 141}{4\ 856\ 661} = 2.33$$

$$上年产权比率 = \frac{11\ 109\ 950}{4\ 513\ 145} = 2.46$$

$$本年权益乘数 = \frac{16\ 169\ 802}{4\ 856\ 661} = 3.33$$

$$上年权益乘数 = \frac{15\ 623\ 095}{4\ 513\ 145} = 3.46$$

产权比率表明 1 元股东权益借入的债务数额。权益乘数表明 1 元股东权益拥有的总资产。它们是两种常用的财务杠杆计量指标，可以反映特定情况下资产利润率和权益利润率之间的倍数关系。财务杠杆表明债务的多少，与偿债能力有关，并且可以表明权益净利率的风险，也与盈利能力有关。

(3) 长期资本负债率。

长期资本负债率是指非流动负债占长期资本的百分比，其计算公式如下：

$$长期资本负债率 = \frac{非流动负债}{非流动负债 + 股东权益} \times 100\%$$

$$本年长期资本负债率 = \frac{50\ 622}{50\ 622 + 4\ 856\ 661} \times 100\% = 1.03\%$$

$$上年长期资本负债率 = \frac{271\ 098}{271\ 098 + 4\ 513\ 145} \times 100\% = 5.67\%$$

长期资本负债率反映企业长期资本的结构。由于流动负债的数额经常变化，资本结构管理大多使用长期资本结构。

2. 总债务流量比率

(1) 利息保障倍数。

利息保障倍数是指息税前利润对利息费用的倍数。其计算公式如下：

$$利息保障倍数 = \frac{息税前利润}{利息费用} = \frac{净利润 + 利息费用 + 所得税费用}{利息费用}$$

根据格力电器的财务报表数据：

$$本年利息保障倍数 = \frac{1\,262\,373 - 192\,880 + 228\,569}{-192\,880} = -6.73$$

$$上年利息保障倍数 = \frac{1\,425\,295 - 94\,224 + 249\,948}{-94\,224} = -16.78$$

长期债务不需要每年还本，却需要每年付息。利息保障倍数表明每 1 元利息支付有多少倍的息税前利润作保障，它可以反映债务政策的风险大小。如果企业一直保持按时付息的信誉，则长期负债可以延续，举借新债也比较容易。利息保障倍数越大，利息支付越有保障。如果利息支付尚且缺乏保障，归还本金就更难指望。因此，利息保障倍数可以反映长期偿债能力。

如果利息保障倍数小于 1，表明企业自身产生的经营收益不能支持现有的债务规模。利息保障倍数等于 1 也很危险，因为息税前利润受经营风险的影响，很不稳定，而利息支付却是固定的。利息保障倍数越大，公司拥有的偿还利息的缓冲资金越多。

(2) 现金流量利息保障倍数。

现金流量利息保障倍数，是指经营活动现金流量净额对利息费用的倍数。其计算公式如下：

$$现金流量利息保障倍数 = \frac{经营活动现金流量净额}{利息费用}$$

根据格力电器的财务报表数据：

$$本年现金流量利息保障倍数 = \frac{4\,437\,838}{-192\,880} = -23.01$$

$$上年现金流量利息保障倍数 = \frac{1\,893\,917}{-94\,224} = -20.10$$

现金流量利息保障倍数是现金基础的利息保障倍数，表明每 1 元利息费用有多少倍的经营活动现金净流量净额作保障。它比利润基础的利息保障倍数更可靠，因为实际用以支付利息的是现金，而不是利润。

(3) 现金流量债务比。

现金流量债务比，是指经营活动现金流量净额与债务总额的比率。其计算公式如下：

$$经营活动现金流量净额债务比 = \frac{经营活动现金流量净额}{债务总额} \times 100\%$$

根据格力电器的财务报表数据：

$$本年经营活动现金流量净额债务比 = \frac{4\,437\,838}{11\,313\,141} \times 100\% = 39.23\%$$

$$上年经营活动现金流量净额债务比 = \frac{1\,893\,917}{11\,109\,950} \times 100\% = 17.05\%$$

一般来讲，该比率中的债务总额采用期末数而非平均数，因为实际需要偿还的是期末金额，而非平均金额。

该比率表明企业用经营活动现金流量净额偿付全部债务的能力。比率越高，偿还债务总额的能力越强。

7.1.4　财务失败预测模型

1. 财务失败的定义和原因

1) 财务失败的含义

企业在经营过程中，经常会面临各种各样的风险。对于健康发展的企业而言，它在未来的持续经营与发展能力可以得到一定的保障，但是对于一些遭遇财务风险或者其他风险，比如经营风险的企业而言，其常常会面临着企业经营的不可持续和破产问题。我国《破产法》自 1986 年生效以来，每年的企业破产数目持续增加。根据中国国家统计局的数据，我国民营企业的平均寿命只有 2.9 年，每年约有 100 万家民营企业破产倒闭，可见，企业面临的破产风险还是比较大的。

企业破产决策是一项财务决策，这不是因为企业本身面临着失败的可能，而是企业可能正在与潜伏着财务危机的企业发生业务关系。企业的经营管理者、股东以及债权人必须时刻警惕本企业以及其他有关企业的失败问题。财务失败目前在学术界还没有统一的定义，很多相关词汇都可以描述财务失败这样一种状态或者结果。比如，国内外很多研究者使用财务困境来描述财务失败。目前最通常的定义是"一个企业无力偿还到期债务的困难和危机"，在这种状态下企业处于宣告破产的状态。财务失败的根本特征是指企业无力支付到期债务的经济事项。

2) 财务失败的原因

很多情况会引起企业的财务失败，引起财务失败的主要原因可以分为两类：

(1) 技术性失败。技术性失败是指在企业的资产总额大于负债总额时，企业的财务状况不合理，其现有的现金流量小于需要偿付的债务，导致企业不能清偿到期债务，从而使企业面临着破产的可能。技术性失败往往可以通过非法律程序采取措施进行补救，比如对到期债务进行展期。

(2) 经济性破产。经济性破产是指在企业的资产总额小于负债总额的情况下，企业由于不能按期偿还债务而发生的破产。发生经济性破产的主要原因是企业资不抵债，即企业由于经营亏损导致其所有者权益为负值。经济性破产往往需要通过法律程序的措施才能得到解决。

无论是技术性失败还是经济性破产，目前主流的经济学界认为引起财务失败的原因主要有两点，一是企业管理无能，二是企业资金不足。资金不足的外在表现主要有负债过度、资产或者债务结构不合理、企业信用等级低下等。

2. 财务失败预测模型

1) 财务失败预测模型的作用

为了预防企业的财务失败危险，需要对企业的财务状况进行衡量，并建立合理的财务失败预测模型，从而可以很好的预知企业的财务失败风险，为提前做好防范准备预留一定的时间。良好的企业财务失败预测模型需要具有以下三个作用：

首先，可以预知企业财务危机的征兆。这是财务失败预测模型最重要的作用，只有可以预知企业财务危机的征兆，该模型才具有实用价值。通过财务失败预测模型发现可能危及企业财务状况的关键因素，并预先发出警告，从而提醒企业经营者早做准备或采取对策，以减少财务损失。

其次，可以预防财务危机的发生或控制财务危机进一步扩大。在出现财务危机征兆的时候，有效的财务失败预测模型不仅可以预知到财务危机，还可以及时找到导致企业财务状况恶化的原因，从而提醒经营者制定有效的措施，遏制财务状况进一步恶化，避免严重的财务危机真正发生。

最后，可以避免类似的财务危机再次发生。有效的财务失败预测模型可以很好的分析出此次财务失败的原因，从而为企业改进管理措施、找到很好的应对方法做好铺垫，这样可以使企业未来避免类似的财务危机。

2) 财务失败预测模型

现行财务失败预测模型主要有单变量模型和多变量模型。

(1) 单变量模型。

为了很好的预测企业的财务风险，企业应该时刻关注自己的财务状况。作为企业利益相关者，比如债权人、股东，也需要及时关注企业的财务状况，从而为自己的投资决策做出参考。在企业出现财务危机之前，总会显露一些端倪，提前发现这些端倪就可以未雨绸缪，为解决问题提供必要的缓冲时间。单变量预警模型也即单变量模型就是一种预测企业财务危机的方法。债务保障率、资产收益率和资产负债率是这一模型使用较多的单变量指标。通过学者的研究发现，资产安全率也是一个非常实用的单变量指标。

这些指标的计算公式为

$$债务保障率 = \frac{现金流量}{债务总量}$$

$$资产收益率 = \frac{净收益}{资产总值}$$

$$资产负债率 = \frac{负债总额}{资产总额}$$

$$资产安全率 = 资产变现率 - 资产负债率$$

债务保障率越高，企业财务状况越好；资产收益率越高，企业财务状况越好；资产负债率越低，企业财务状况越好，发生财务危机的可能性越低；资产安全率越高，企业的财务状况越好。

单变量模型简单方便、实用性强，可以很快地发现企业的财务状况的变化，不需要经过复杂的统计分析。它具有较强实用性的原因主要基于以下共识：如果一家企业运营良好，其主要财务指标也应该一贯保持良好，一旦某一单一变量指标出现逆转，则说明企业的经营状况出现了困难，企业的管理者和投资者应重视这一变化。但单变量模型也具有一定的缺陷：单一指标无法概括企业财务状况的全貌，企业的准确财务状况是通过一系列的财务指标来反映的。这就造成对同一公司使用不同指标去预测其财务状况时会得出不同结论的现象。正是因为这一缺陷，单变量模型逐渐被多变量模型所取代。

(2) 多变量模型。

在预测企业的财务失败风险时使用的单变量模型由于具有一定的缺陷，使得其在准确预测企业财务状况方面存在不足。为了克服单变量模型的缺点，在其基础上逐渐发展起来了多变量模型。

多变量模型是一种综合评价企业风险的方法，它综合运用多种财务比率加权汇总而构成线性函数来预测企业的财务危机。在预测企业是否会面临财务失败时，只需要将企业的多个财务比率同时输入模型中，再通过模型计算出一个结果，然后通过这个结果来判断企业是否会面临财务失败或者破产。

① Z 计分模型。

较早使用多变量模型预测企业财务风险的是美国纽约大学的爱德华·奥特曼(Altman，1968)教授，他第一个建立了 Z 计分模型来预测公司是否会陷入破产清算。该模型假定，公司陷入财务困境会在一些比率中得到反映，可以利用这些比率的特性来预测未来发生破产清算的可能性。奥特曼运用主成分分析方法提炼具有代表性的财务比率，通过统计技术筛选出那些在两组间差别尽可能大而在两组内离散程度最小的变量，从而将多个标志变量在最小信息损失下转换为分类变量，获得能有效提高预测精度的多元线性判别方程。

比较著名的奥特曼的 Z 计分模型共有三个——Z_1、Z_2、Z_3，其中 Z_1 主要适用于上市公司，Z_2 主要适用于非上市公司，Z_3 主要适用于非制造企业。

奥特曼教授的 Z 计分模型从企业的资产负债表和利润表中得出的 22 个变量中选择预测破产最有用的 5 个变量，并给这 5 个变量赋予不同的权重，通过计算得出 Z 值。Z 计分模型的计算公式是：

$$Z = 0.717X_1 + 0.847X_2 + 3.107X_3 + 0.420X_4 + 0.998X_5$$

式中：Z 为判别函数值；X_1 = 营运资本/资产总额；X_2 = 留存收益/资产总额；X_3 = 息税前利润/资产总额；X_4 = 普通股优先股市场价值总额/负债账面价值总额；X_5 = 销售收入/资产总额。

由上式可以看出，X_1、X_2、X_3、X_4、X_5 分别反映了流动性、公司的年龄及累计盈利能力、盈利能力、财务结构和资产周转率五个方面。

对于用这个公式衡量出来的 Z 值而言，Z 值越小，表明企业遭受财务损失的可能性越大。一般而言，当 Z 值大于 2.9 时，表明企业的财务状况良好，不易发生破产；当 Z 值小于 1.2 时，表明企业财务状况较差，存在潜在破产危机；而当 Z 值在 1.2～2.9 之间时，属于模糊或灰色地带，表明企业财务状况不稳定，企业存在财务失败的可能性，管理当局应当高度重视，避免企业经营情况的进一步下滑。

② F 模型。

由于 Z 计分模型在建立时没有充分考虑现金流量的变动等方面的情况，因此它具有一定的局限性。为弥补这一局限性，周首华等(1996)在 Z 计分模型的基础上，考虑现金流因素提出了 F 模型。F 模型的计算公式如下：

$$F = -0.177\,4 + 1.109X_1 + 0.107\,4X_2 + 1.927X_3 + 0.030X_4 + 0.496X_5$$

式中：X_1、X_2、X_4 的含义与 Z 计分模型相同；X_3 = (税后纯收益 + 折旧) / 平均总负债；X_5 = (税后纯收益 + 利息 + 折旧) / 平均总资产。

F 模型中的 5 个自变量的选择基于财务理论，其临界点为 0.027 4，若某一公司的 F 值低于 0.027 4，则该公司将被预测为破产公司；反之，若 F 值高于 0.027 4，则该公司将被预测为继续生存公司。F 计分模型与 Z 计分模型中各比率的区别在于：X_3 是一个现金流量变量，它是衡量企业所产生的全部现金流量可用于偿还企业债务能力的重要指标；X_5 测定的是企业总资产在创造现金流量方面的能力。

③ 巴萨利模型。

巴萨利模型比 Z 计分模型应用更普遍，因其发明者亚历山大·巴萨利(Alexander Bathory)而得名。该模型适用于所有行业，且计算简单。各比率定义如下：

$$W_1 = \frac{利润总额 + 折旧 + 摊销 + 利息}{流动负债}$$

$$W_2 = \frac{税前利润}{流动资产 - 流动负债}$$

$$W_3 = \frac{股东权益}{流动负债}$$

$$W_4 = \frac{有形资产净值}{负债总额}$$

$$W_5 = \frac{营运资本}{总资产}$$

上述五个指标之和便是该模型的最终指标。低指数或呈现负值都表明公司前景堪忧。据调查，巴萨利模型的准确性可到达 95%。该模型的优点就在于计算简单、直接。另外，该模型除了能预测公司的破产可能性以外，也能衡量公司实力的大小，指数高即说明公司实力强。

7.2　营运能力分析

7.2.1　企业营运能力概述

1. 企业营运能力的概念

企业的营运能力简而言之，就是除去财务杠杆能力以外的企业运作能力，主要包括企业管理者对企业的固定资产和流动资产的运作能力。它反映了一个企业在没有进行新的股权或者债券筹资的前提下，对现有资产的使用效率。在数值计算上，一般表示为

$$使用效率 = \frac{流量指标}{存量指标}$$

需要注意的是，在上式中"流量指标"是由"存量指标"衍生的。例如：

$$营运资本周转率 = \frac{销售净额}{平均营运资本}$$

上式中，销售净额之所以会产生，是因为企业拥有一定的营运资本，而营运资本使用的效率要看其产生的销售净额的大小。

因此，所谓的"能力"就是对资产的利用效率，就是某项特定的资产存量所能创造的相关现金流量的大小，单位资产存量创造的流量越大，则对该资产的使用效率就越大，其相关的"能力"也就越大。

一般而言，企业的营运资产可以分为流动资产和固定资产两大类，因此企业的营运能力分析主要包括流动资产管理效果分析和固定资产管理效果分析，以及将两者包括在内的总资产周转情况的分析等内容。

2. 企业营运能力分析的目的

从企业的外部来讲，需要对企业的营运能力进行分析的，主要是现实的和潜在的权益投资人。这是因为，一个企业的营运能力在很大程度上反映了该企业资产的质量。从权益投资人的角度看，权益投资的目的是资产的保值和增值，因此，时刻关注其所投资资产的质量是很有必要的。从债权人的角度看，无论是利息的按时收取还是本金的及时回收都和债务企业的资产质量息息相关。一般而言，债务人偿付利息的能力来源于其获利的能力，而获利的能力又主要取决于其营运的能力，因此，对于债权人而言，一个企业的营运能力是其债权有效回收的重要保障。

从企业内部来讲，企业的管理层也需要对企业的营运能力进行分析。这是因为，一方面，营运能力的分析是建立在财务数据上的，而财务数据本身就是为反映一定生产经营过程而采集加工的，因此，对营运能力的分析就是对财务数据的再加工，是综合考察企业营运状况的有力工具。另一方面，企业的管理层也需要通过对营运能力的分析发现企业营运过程中的问题和不足。

7.2.2　流动资产管理效果分析

流动资产是指企业在现金、短期有价证券、应收账款和存货等短期资产上的投资。流动资产具有周转周期短、变现能力强等特点，因此，对流动资产的管理在整个企业经营管理中占有重要的地位。

1. 现金和有价证券的分析

1) 现金和有价证券管理概述

现金(这里将有价证券视为现金的替代品，是"现金"的一部分)是可以立即投入流动的交换媒介。它的优点是具有普遍的可接受性，即可以用来直接和企业所需要的各种资源进行交换，进而满足企业经营的需要。而从保值、增值的角度看，现金的缺点非常明显，那就是和其他的流动资产、固定资产相比，现金本身不具有营运意义上的增值能力，有的只是以银行利率为报酬率的时间价值。这是因为，从价值流的角度看，企业的资金流应该是沿着"现金—各种其他资产—现金"的轨道循环流动的，而企业之所以需要持有一定的现金，并不是出于生产经营的直接需要(直接需要各种其他资产)，而是基于以下几点考虑。

首先是交易需要。企业在日常的经营过程中收取的现金和支付的现金一般不会正好相等，因此一般会留有一定的现金余额。

其次是意外需要。企业有时会发生意外的现金支出，比如罚款等。一般而言，企业现金流的不确定性越大，需要留存的应对意外需要的现金越多。

最后是投机需要。投机主要是指企业寻找不同寻常的投资和经营机会。例如，企业可能会突然发现低价购买原材料的机会，这时就需要手头有较多的现金来大量购进。

正是基于以上的原因，企业一般需要留有一定的现金。但是，需要特别指出的是：企业留有现金和企业留有其他营运资产的原因是不同的。就现金而言，一方面现金本身不具有营运意义上的资产增值性，因此不应该持有现金；另一方面，又由于以上的原因，使得企业又不能完全不持有现金。因此，企业留有现金更多的是一种两难选择的权衡。而企业其他的营运资产本身具有增值性，因此也就不存在这样的两难选择问题。

留有现金和其他营运资产的原因的不同导致了对两者使用效率的评价方式不同。就营运资产而言，由于其具有营运意义上的增值性，因此，对它的使用效率就表现为该项资产对营运的贡献，也就是对收入、利润等流量指标的贡献。

而现金则不同，由于持有它是一种"权衡"，因此，对于现金的评价更多的是评价其持有量是否"恰到好处"。

2) 最佳现金持有量管理

(1) 成本分析模式。

成本分析模式是通过分析持有现金的成本，以此来找到持有成本最低的现金持有量。一般而言，企业持有现金和如下三类成本相关。

一是机会成本。企业持有的现金越少，则机会成本越低。这是因为，现金本身不具备营运意义上的增值性，因此，所持有的现金可换成其他具有增值性的营运资产的机会也就被剥夺了。

二是管理成本。企业拥有一定的现金则一定会发生相关的资产管理费用，如人员的工资支出和设备(如保险箱)的购置等。但是这类成本一般是固定成本，与现金持有量之间没有明显的比例关系。

三是短缺成本。当企业由于相关原因需要现金支付，而又缺乏相应的现金持有量时所导致的成本称为短缺成本。

图 7-1 所示为现金持有量的成本分析模式图。

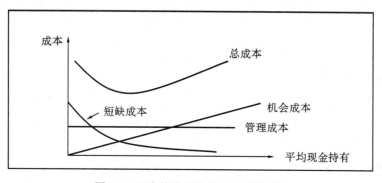

图 7-1 现金持有量的成本分析模式图

成本分析模式基本思路就是要寻求持有现金的相关总成本最低时的现金余额。其中，持有成本中的管理成本是固定成本，与最佳现金持有量的决策无关，因此，管理成本不是最佳现金持有量的决策变量。运用成本分析模式确定现金最佳持有量时，只考虑持有现金产生的机会成本和短缺成本。

可以看到，现金持有量越大，机会成本就越高，而短缺成本或转换成本就越低；现金持有量越小，机会成本也越小，而短缺成本或转换成本就越高。其核心是机会成本，机会成本选择恰当与否，直接关系到方案的科学性与合理性。企业为了经营业务，需要有一定的现金，付出机会成本代价是必要的，但现金拥有量过多，机会成本代价大幅度上升，就不合算了。现金持有量过多或过少对企业经营都不利。若现金持有量过少，则不能应付业务开支，由此造成的损失称为短缺现金成本。现金管理的目的就是要使持有现金的成本最低而效益最大。

【例7-1】 甲企业有以下三种现金持有方案，有关成本资料如下表7-6所示。

表7-6　现金持有备选方案   单位：元

项目	A	B	C	D
现金持有量	100 000	200 000	300 000	400 000
机会成本率	10%	10%	10%	10%
短缺成本	48 000	25 000	10 000	5 000

采用成本分析模式计算出该企业各种方案下的现金持有量，编制下表7-7。

表7-7　最佳现金持有量测算表   单位：元

方案及现金持有量	短缺成本	机会成本	相关总成本
A(100 000)	10 000	48 000	58 000
B(200 000)	20 000	25 000	45 000
C(300 000)	30 000	10 000	40 000
D(400 000)	40 000	5 000	45 000

通过比较分析上表中各方案的总成本，发现C方案的相关总成本最低，因此，企业选择持有300 000元现金，即最佳现金持有量为300 000元。

(2) 存货模式。

从以上的分析可以看到，企业对于现金的管理处于一个进退两难的环境。一方面，多持现金虽然能够降低短缺成本，但由于现金不能增值，因此就提高了资产的机会成本；另一方面，如果少持现金，则在降低机会成本的同时也提高了短缺成本。那么，企业是否能够寻找到一条折中的道路呢？

威廉•鲍曼提出的存货模型就是这么一条折中的道路。在该模型中，现金被视为"存货"，而与之相交换的是有价证券。选择有价证券作为交换的对象主要是因为有价证券具有相对较高的流动性，它能比较顺利地和货币相交易，同时其本身又具有良好的增值性。(虽然也不是营运意义上的增值性，但和单纯的现金的时间价值相比而言还是更有投资的价值。)

因此，在存货模型中，企业手持一定的现金和有价证券，当企业需要的现金超过手中的现金的时候就卖出一定的有价证券以换回现金，当手中的现金过量的时候就购买一定的有价证券来降低机会成本。

在这个过程中会有一个问题产生：因为有价证券和货币的交换不是"免费"的，而是有一定的交易成本的，如果假设交易成本和交易的次数唯一相关，那么，企业在什么情况下应该将手中的现金(有价证券)换成有价证券(现金)？或者说，企业在一定期间内，持有多少现金才是合理的？

存货模式的基本原理是权衡现金持有成本与转换有价证券的成本，使二者总成本最低时的现金余额为最佳现金持有量。利用存货模式计算现金最佳持有量时，对短缺成本不予考虑，只对机会成本和固定性转换成本加以考虑。企业现金持有总成本与持有机会成本、转换成本的关系如图 7-2 所示。

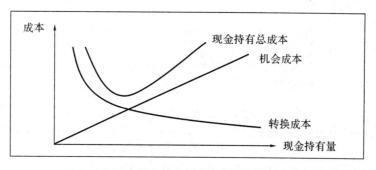

图 7-2　现金持有量的存货分析模式

假设 T 为一定时期内企业所需的货币总量，C 为合理的企业现金持有量，F 为每次交易的成本，K 为机会成本，则

$$交易成本 = \frac{TF}{C}$$

$$机会成本 = \frac{CK}{2}$$

当交易成本等于机会成本时，可求得最佳现金持有量 C。即

$$\frac{TF}{C} = \frac{CK}{2}$$

$$C = \sqrt{\frac{2TF}{K}}$$

综上所述，现金对于企业就好比血液对于人体一样，是必不可少的一部分，对一个企业现金管理的分析，其重点并不在于企业对现金利用率的高低，而在于判断企业是否合适地持有和利用现金。

【例 7-2】 C 公司预计 2015 年所需的货币总量为 700 000 000 元，每次交易的成本为 2 000 元，机会成本为 7%，试求企业的合理现金持有量。

由题意可知，T 为 700 000 000，F 为 2 000，K 为 7%，则

$$C = \sqrt{\frac{2TF}{K}} = \sqrt{\frac{2 \times 700\,000\,000 \times 2\,000}{7\%}} = 6\,324\,555.32(元)$$

(3) 随机模式。

随机模式是在现金需求难以预知的情况下进行的现金持有量确定的方法。企业可以根据历史经验和需求，预算出一个现金持有量的控制范围，制定出现金持有量的上限和下限。争取将企业现金持有量控制在这个范围之内。

随机模式的原理：制定一个现金控制区域，定出上限与下限，即现金持有量的最高点与最低点。当余额达到上限时将现金转换为有价证券，降至下限时将有价证券换成现金。

这种对现金持有量的控制，如图 7-3 所示。

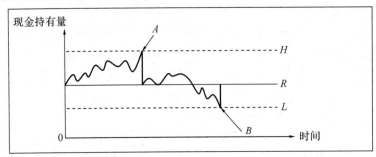

图 7-3　现金持有量的随机模式图

在图 7.3 中，虚线 H 为现金存量的上限，虚线 L 为现金存量的下限，实线 R 为最优现金返回线。从图中可以看到，企业的现金存量是随机波动的，当其达到 A 点时，即达到了现金控制的上限，企业应当用现金购买有价证券，使现金回落到最优现金返回线 R 的水平；当现金存量降至 B 点时，即现金控制线的下限，企业则应转让有价证券，换回现金，使其存量返回至现金返回线的水平。现金存量在上下线之内的波动属于控制范围的变化，是合理的，不予理会。

以上关系中的上线 H、现金返回线 R 可按下列公式计算：

$$R = \sqrt[3]{\frac{3b\delta^2}{4i}} + L$$

$$H = 3R - 2L$$

式中：b 为每次有价证券的固定转换成本；i 为有价证券的日利息率；δ 为预期每日现金余额波动的标准差(可根据历史资料测算)。

【例 7-3】　某企业每次转换有价证券的固定成本为 100 元，有价证券的年利率为 9%，日现金净流量的标准差为 900 元，现金余额下限为 2 000 元。若一年以 360 天计算，求该企业的现金最佳持有量和上限值。

$$R = \sqrt[3]{\frac{3 \times 100 \times 900^2}{4 \times \dfrac{0.09}{360}}} + 2\,000 = 8\,240(元)$$

$$H = 3 \times 8\,240 - 2 \times 2\,000 = 20\,720\,(元)$$

该企业现金最佳持有量为 8 240 元，当现金余额上升到 20 720 元时，则可购进 12 480 元的有价证券(20 720 – 8 240 = 12 480)；当现金余额下降到 2 000 元时，则可售出 6 240 元的有价证券(8 240 – 2 000 = 6 240)。

2. 应收账款周转率分析

应收账款周转率(次数)是指反映单位赊销额所能产生的现金流入的能力。它有三种表示形式：应收账款周转次数、应收账款周转天数和应收账款与收入比。其计算公式如下：

$$应收账款周转次数=\frac{销售收入}{应收账款}$$

$$应收账款周转天数=365\div\frac{销售收入}{应收账款}$$

$$应收账款与收入比=\frac{应收账款}{销售收入}$$

根据格力电器的财务报表数据：

$$本年应收账款周转次数=\frac{9\ 774\ 514}{(341\ 611+86\ 752)/2}=45.64\ (次/年)$$

$$本年应收账款周转天数=\frac{365}{45.64}=7.80\ (天/次)$$

$$本年应收账款与收入比=\frac{(341\ 611+86\ 752)/2}{9\ 774\ 514}=2.19\%$$

应收账款周转次数，表明 1 年中应收账款周转的次数，或者说明每 1 元应收账款投资支持的销售收入。应收账款周转天数，也称为应收账款收现期，表明从销售开始到收回现金平均需要的天数。应收账款与收入比，则表明每 1 元销售收入所需要的应收账款投资。

在计算和使用应收账款周转率时应注意的问题：

(1) 销售收入的赊销比例问题。从理论上讲，应收账款是赊销引起的，其对应的流量是赊销额，而非全部销售收入。因此，计算时应使用赊销额而非销售收入。但是，外部分析人员无法取得赊销数据，只好直接使用销售收入进行计算。实际上相当于假设现销是收现时间等于零的应收账款。虽然在现销与赊销的比例保持稳定的情况下，不妨碍与上期数据的可比性，但高估了周转次数。问题是与其他企业比较时，不知道可比企业的赊销比例，也就无从知道应收账款周转率是否可比。

(2) 应收账款年末余额的可靠性问题。应收账款是特定时点的存量，容易受季节性、偶然性和人为因素影响。在用应收账款周转率进行行业业绩评价时，可以使用年初和年末的平均数，或者使用多个时点的平均数，以减少这些因素的影响。

(3) 应收账款的减值准备问题。财务报表上列示的应收账款是已经计提坏账准备后的净额，而销售收入并未相应减少。其结果是，计提的坏账准备越多，应收账款周转次数越多、天数越少。这种周转次数增加、天数减少不是业绩改善的结果，反而说明应收账款管理欠佳。如果坏账准备的金额较大，就应进行调整，使用未计提坏账准备的应收账款进行计算。报表附注中披露的应收账款坏账准备信息，可作为调整的依据。

(4) 应收票据是否计入应收账款周转率。大部分应收票据是销售形成的，是应收账款的另一种形式，应将其纳入应收账款周转率的计算。

(5) 应收账款周转天数是否越少越好。应收账款是赊销引起的，"如果赊销有可能比现销更有利，周转天数就不是越少越好。收现时间的长短与企业的信用政策有关。例如，甲企业的应收账款周转天数是 18 天，信用期是 20 天；乙企业的应收账款周转天数是 15 天，信用期是 10 天。前者的收款业绩优于后者,尽管其周转天数较多。改变信用政策,通常会引起企业应收账款周转天数的变化。信用政策的评价涉及多种因素,不能仅仅考虑周转天数的缩短。

(6) 应收账款分析应与销售额分析、现金分析相联系。应收账款的起点是销售,终点是现金。正常情况是销售增加引起应收账款增加,现金存量和经营活动现金流量也会随之增加。如果一个企业应收账款日益增加,而销售和现金日益减少,则可能是销售出了比较严重的问题,以致放宽信用政策,甚至随意发货,但现金却收不回来。

总之,应当深入应收账款内部进行分析,并且要注意应收账款与其他问题的联系,才能正确评价应收账款周转率。

3. 存货周转率分析

存货主要由材料存货、在产品存货和产成品存货构成,这是流动资产重要的组成部分,通常能够达到流动资产总额的一半甚至更多。因此,对存货周转率的分析是整个营运能力分析不可缺少的一部分。存货周转率是销售收入与存货的比率,也有三种计量方式。其计算公式如下:

$$存货周转次数=\frac{销售收入}{存货}$$

$$存货周转天数=365\div\frac{销售收入}{存货}$$

$$存货与收入比=\frac{存货}{销售收入}$$

根据格力电器的财务报表数据:

$$本年存货周转次数=\frac{9\,774\,514}{(947\,394+859\,910)/2}=10.81(次/年)$$

$$本年存货周转天数=\frac{365}{10.81}=33.77(天/次)$$

$$本年存货与收入比=\frac{(947\,394+859\,910)/2}{9\,774\,514}=9.25\%$$

存货周转次数,表明 1 年中存货周转的次数,或者说明每 1 元存货支持的销售收入。存货周转天数表明存货周转一次需要的时间,也就是存货转换成现金平均需要的时间。存货与收入比,表明每 1 元销售收入需要的存货投资。

在计算和使用存货周转率时应注意的问题:

(1) 计算存货周转率时,使用“销售收入”还是“销售成本”作为周转额,要看分析的目的。在短期偿债能力分析中,为了评估资产的变现能力需要计量存货转换为现金的金额和时间,应采用“销售收入”。在分解总资产周转率时,为系统分析各项资产的周转情况并识别主要的影响因素,应统一使用“销售收入”计算周转率。如果是为了评估存货管理的业绩,应当使用“销售成本”计算存货周转率,使其分子和分母保持口径一致。实际上,两种周转率的差额是毛利引起的,用哪一个计算都能达到分析目的。

根据格力电器的数据，两种计算方法可以进行如下转换：

$$本年存货(成本)周转次数 = \frac{销售收入}{存货} = 本年存货(收入)周转次数 \times 成本率$$

$$= \frac{销售收入}{存货} \times \frac{销售成本}{销售收入}$$

(2) 存货周转天数不是越少越好。存货过多会浪费资金，存货过少则不能满足流转需要，在特定的生产经营条件下存在一个最佳的存货水平，所以，存货不是越少越好。

(3) 应注意应付账款、存货和应收账款(或销售收入)之间的关系。一般来说，销售增加会拉动应收账款、存货、应付账款增加，不会引起周转率的明显变化。但是，当企业接受一个大订单时，通常要先增加存货，然后推动应付账款增加，最后才引起应收账款(销售收入)增加。因此，在该订单没有实现销售以前，先表现为存货等周转天数增加。这种周转天数增加，没有什么不好。与此相反，预见到销售会萎缩时，通常会先减少存货，进而引起存货周转天数等下降。这种周转天数下降，不是什么好事，并非资产管理的改善。因此，任何财务分析都是以认识经营活动本质为目的的，不可根据数据的高低作简单的结论。

(4) 应关注构成存货的原材料、在产品、半成品、产成品和低值易耗品之间的比例关系。各类存货的明细资料以及存货重大变动的解释，应在报表附注中披露。正常情况下，它们之间存在某种比例关系。如果产成品大量增加，其他项目减少，很可能是销售不畅，放慢了生产节奏。此时，总的存货金额可能并没有显著变动，甚至尚未引起存货周转率的显著变化。因此，在财务分析时既要重点关注变化大的项目，也不能完全忽视变化不大的项目，其内部可能隐藏着重要问题。

4. 流动资产周转率

流动资产周转率是销售收入与流动资产的比率，也有三种计量方式。其计算公式如下：

$$流动资产周转次数 = \frac{销售收入}{流动资产}$$

$$流动资产周转天数 = \frac{365}{\dfrac{销售收入}{流动资产}}$$

$$流动资产与收入比 = \frac{\dfrac{流动资产}{销售收入}}{销售收入}$$

根据格力电器的财务报表数据：

$$本年流动资产周转次数 = \frac{9\,774\,514}{(12\,094\,931 + 12\,014\,348)/2} = 0.81(次/年)$$

$$本年流动资产周转天数 = \frac{365}{0.81} = 450.14(天/次)$$

$$流动资产与收入比 = \frac{(12\,094\,931 + 12\,014\,348)/2}{9\,774\,514} = 123.33\%$$

流动资产周转次数，表明 1 年中流动资产周转的次数，或者说明每 1 元流动资产支持的销售收入。流动资产周转天数表明流动资产周转一次需要的时间，也就是流动资产转换成现金平均需要的时间。流动资产与收入比，表明每 1 元销售收入需要的流动资产投资。

通常，在流动资产中，应收账款和存货占绝大部分，因此它们的周转状况对流动资产周转具有决定性影响。

7.2.3　固定资产利用效果分析

固定资产是企业最重要的资产之一，对它的利用的效果能够直接影响整个企业经营的效果。在分析固定资产的利用效果的时候，一般使用固定资产产值率和固定资产收入率两个指标。

1. 固定资产产值率分析

固定资产是企业重要的生产资料，其利用的效率可以从其生产出的产品的产值来衡量。

将一定时期按不变价格计算的总产值与固定资产平均总值进行对比，就可以计算出固定资产产值率。其计算公式如下：

$$固定资产产值率 = \frac{总产值}{固定资产平均总值}$$

公式中的固定资产平均总值可以使用固定资产原值也可以使用固定资产净值，应视具体情况而定。

当分析的内容和企业的规模有关的时候，一般使用固定资产原值，这是因为随着固定资产的折旧，其价值是不断下降的，但是，其生产能力却不会有大的变化，因此，当分析企业的生产规模的时候，宜使用固定资产原值来表征企业的生产能力。

当分析的内容和企业的价值有关的时候，一般使用固定资产净值，这时，固定资产产值率表示每 1 元钱固定资产所能生产的产品的价值。在不同的行业，由于对固定资产的依赖程度不同，以及在技术条件等方面的差异，使得该指标跨行业的解释力较弱，一般用于同一行业内的比较分析。

2. 固定资产收入比率分析

固定资产的产值虽然能够反映出公司对固定资产的利用效率，但这种效率是公司内部的效率，或者说是没有经过市场检验的效率。如果将市场检验这一约束条件放入一并考虑的话，那么应该将公司内部的"产值"改为经过市场检验的"营业收入"，其分析比率就是固定资产收入率。

$$固定资产收入率 = \frac{营业收入}{固定资产平均总值}$$

上式中的"固定资产平均总值"也可以分为固定资产原值和固定资产净值两种情况。在使用固定资产原值时，着重分析企业的生产规模和收入之间的联系；在使用固定资产净值时，着重分析企业的资本规模和收入之间的联系。

【例 7-4】 D 公司 20X5 年度的营业收入为 5 689 073 060.86，年初固定资产总额为 1 070 078 028.27，年末固定资产总额为 2 352 225 420.39，求 S 公司固定资产收入率。

由上式可知：

$$固定资产收入率 = \frac{5\,689\,073\,060.86}{(1\,070\,078\,028.27 + 2\,352\,225\,420.39) \div 2} = 1.66$$

3. 固定资产比率分析的注意事项

从企业营运的角度看，分析固定资产时所用到的比率和分析流动资产时所用到的比率是不同的。

就流动资产而言，其营运过程有明确的逻辑联系。如存货，我们在分析存货的时候用的指标是"营业成本"与"存货平均余额"之间的比，其中，"营业成本"与"存货"之间有明确的一一对应关系。然而固定资产则有所不同，其产出的流量和资产存量之间的关系相对较为间接，例如，固定资产产值率是"总产值"和"固定资产平均总值"之间的比，和分析流动资产时所用的比率不同的是，"总产值"的产生和"固定资产"之间的联系不是一一对应的。换句话说，固定资产只是构成总产值的一个物质因素。在1元钱的存货中，除了固定资产的折旧转入外还有原材料等其他的物质构成。

这一点差异导致了两类比率的精确度不同(流动资产比率的精确度要大于固定资产比率的精确度)，而精确度的不同又导致了两类比率在解释企业营运状况的能力上的差异。

当我们发现一个企业的存货周转率偏低的时候，如果忽略原材料存货和在产品存货的影响的话，几乎可以肯定地说，存货周转率偏低的直接原因是企业的销售部门业绩下滑。(当然，导致销售部门的业绩下滑的原因可能有很多。)

然而，当一个企业的固定资产产值率下降时，却不容易作直接的判断，说明是企业的哪个营运部门或者程序出了问题。这是因为固定资产和总产值之间的联系更为曲折。为了找出原因，一般的方法是"让概念更清晰些"，将固定资产平均总值分解为"和生产直接相关的固定资产"和"其他固定资产"，于是固定资产产值率可以改写成：

$$固定资产产值率 = \frac{总产值}{和生产直接相关的固定资产} \times \frac{和生产直接相关的固定资产}{固定资产平均总值}$$
$$= 生产设备使用率 \times 生产设备占有率$$

这样，当一个企业的固定资产产值率下降的时候，可能的原因有两个，一个是工厂开工率不高，也就是生产设备使用率较低；二是资本使用效率较低，也就是生产设备占有率较低，这样对分析结果的解释方向可以更明确一些。

但必须指出的是，对于因精确度差而导致解释能力差的问题，采用指标分解的方法虽然有一定的效果，但并不能认为分解后的指标所产生的解释是"绝对正确"的。这是因为，当指标的内涵较丰富时(如固定资产总值)，其分解的路径并不是唯一的，从而导致分析结果具有非唯一性。例如，固定资产平均总值也可以分解为"A分公司固定资产平均总值"和"B分公司固定资产平均总值"，这样，分析结果就只和两个分公司对固定资产的使用率的差异有关了。

7.2.4　总资产营运能力分析

企业总资产营运能力主要指企业总资产的效率和效果。

1. 总资产周转率的计算和分析

总资产周转率是销售收入与总资产之间的比率。它有三种表示方式：总资产周转次数、总资产周转天数、总资产与收入比。

$$总资产周转次数 = \frac{销售收入}{总资产}$$

$$总资产周转天数 = \frac{365}{\dfrac{销售收入}{总资产}}$$

$$总资产与收入比 = \frac{总资产}{销售收入}$$

根据格力电器的财务报表数据：

$$本年总资产周转次数 = \frac{9\,774\,514}{(16\,169\,802 + 15\,623\,095)/2} = 0.61\,(次/年)$$

$$本年总资产周转天数 = \frac{365}{0.61} = 593.61\,(天/次)$$

$$本年总资产与收入比 = \frac{(16\,169\,802 + 15\,623\,095)/2}{9\,774\,514} = 162.63\%$$

总资产周转次数，表明1年中总资产周转的次数，或者说明每1元总资产支持的销售收入。总资产周转天数表明总资产周转一次需要的时间，也就是总资产转换成现金平均需要的时间。总资产与收入比，表明每1元销售收入需要的总资产投资。

总资产由各项资产组成，在销售收入既定的情况下，总资产周转率的驱动因素是各项资产。通过驱动因素分析，可以了解总资产周转率变动是由哪些资产项目引起的，以及什么是影响较大的因素，从而为进一步分析指出方向。

总资产周转率的驱动因素分析，通常使用"资产周转天数"或"资产与收入比"指标，不使用"资产周转次数"。因为各项资产周转次数之和不等于总资产周转次数，不便于分析各项目变动对总资产周转率的影响。

2. 总资产产值率的计算和分析

总资产产值率反映了企业总资产的使用效率，是企业总资产与总产值之间的对比关系。其公式是：

$$总资产产值率 = \frac{总资产}{平均总资产}$$

该公式表明，总资产产值率越高，单位资产所创造的产品的产值就越高。之所以认为这是一个效率指标而非效益指标，是因为该指标只是反映了企业内部创造价值的能力，但这个能力并没有经过市场的检验。换句话说，该指标高只是证明了企业的单位资产能够生产足够多的产品，但不能证明这些产品能够为消费者所接受，如果最终消费者不能接受产品，那效率再高对企业来说也不会有相应的利益流入。因此，效率指标和生产能力挂钩，而效益指标还要和市场的选择挂钩。

另外值得注意的是，这里的总产值不但包括了企业的存货，还包括了半成品和其他在产品。当企业的总资产的规模在一定的时期内没有大幅变动的时候，其总资产可以认为是该段时间内企业的总产值。

该公式还能从另一个角度来看：

$$单位产值占用资金=\frac{平均总资产}{总产值}$$

上式反映了企业创造每 1 元的产值，需要占用多少资产。该数值越小，企业的生产能力越强。

在具体分析时，可以将平均总资产分解为固定资产、流动资产等组成部分，然后利用连环替代法加以计算，则可以分析出各个不同的资产组成部分对企业总产值的贡献情况。

3. 总资产收入率的计算和分析

总资产收入率反映了资产的使用效益，是企业总资产和营业收入之间的比例关系，如下式所示：

$$总资产收入率=\frac{营业收入}{平均总资产}$$

【例 7-5】　S 公司 2015 年度的营业收入为 5 689 073 060.86，年初资产总额为 35 134 283 463.68，年末资产总额为 47 810 271 492.34，求 S 公司固定资产收入率。

由上式求得：

$$固定资产收入率=\frac{5\ 689\ 073\ 060.86}{(35\ 134\ 283\ 463.68+47\ 810\ 271\ 492.34)\div 2}=0.137$$

该指标反映了企业资产运营的整体能力，该指标越高，盈利能力越强。和总资产产值比率不同的是，总资产收入率不但表征了企业的生产能力，还涵盖了企业的销售能力，相对来说更能全面地反映企业的营运能力。

另外，总资产收入率和总资产产值率的关系如下：

$$总资产收入率=\frac{总产值}{平均总资产}\times\frac{营业收入}{总产值}=总资产产值率\times 产品销售率$$

7.2.5　其他分析指标

1. 营运资本周转率

营运资本周转率是销售收入与营运资本的比率，也有三种计量方式。其计算公式如下：

$$营运资本周转次数=\frac{销售收入}{营运资本}$$

$$营运资本周转天数=\frac{365}{\dfrac{销售收入}{营运资本}}$$

$$营运资本与收入比=\frac{营运资本}{销售收入}$$

营运资本周转次数，表明 1 年中营运资本周转的次数，或者说明每 1 元营运资本支持的销售收入。营运资本周转天数表明营运资本周转一次需要的时间，也就是营运资本转换成现金平均需要的时间。营运资本与收入比，表明每 1 元销售收入需要的营运资本投资。

营运资本周转率是一个综合性的比率。严格意义上，应仅有经营性资产和负债被用于计算这一指标，即短期借款、交易性金融资产和超额现金等因不是经营活动必需的而应被排除在外。

2. 非流动资产周转率

非流动资产周转率是销售收入与非流动资产的比率，也有三种计量方式。其计算公式如下：

$$非流动资产周转次数 = \frac{销售收入}{非流动资产}$$

$$非流动资产周转天数 = \frac{365}{\dfrac{销售收入}{非流动资产}}$$

$$非流动资产与收入比 = \frac{非流动资产}{销售收入}$$

非流动资产周转次数，表明 1 年中非流动资产周转的次数，或者说明每 1 元非流动资产支持的销售收入。非流动资产周转天数表明非流动资产周转一次需要的时间，也就是非流动资产转换成现金平均需要的时间。非流动资产与收入相比，表明每 1 元销售收入需要的非流动资产投资。

非流动资产周转率反映非流动资产的管理效率。分析时主要是针对投资预算和项目管理，分析投资与其竞争战略是否一致，收购和剥离政策是否合理等。

7.3　盈利能力分析

7.3.1　盈利能力分析的目的和内容

盈利能力通常是指企业在一定时期内赚取利润的能力。盈利能力的大小是一个相对的概念，即利润相对于一定的资源投入、一定的收入而言。利润率越高，盈利能力越强；利润率越低，盈利能力越差。

企业经营业绩的好坏最终可通过企业的盈利能力来反映。无论是企业的经理人员，债权人，还是股东(投资人)都非常关心企业的盈利能力，并重视对利润率及其变动趋势的分析与预测。

1. 盈利能力分析的目的

从企业的角度来看，企业从事经营活动，其直接目的是最大限度地赚取利润并维持企业持续稳定地经营和发展。持续稳定地经营和发展是获取利润的基础；而最大限度地获取利润又是企业持续稳定发展的目标和保证：只有在不断地获取利润的基础上，企业才可能发展；同样，盈利能力较强的企业比盈利能力较弱的企业具有更大的活力和更好的发展前景；因此，盈利能力是企业经营人员最重要的业绩衡量标准和发现问题、改进企业管理的突破口。对企业经理人员来说，进行企业盈利能力分析的目的具体表现在以下两个方面：

第一，利用盈利能力的有关指标反映和衡量企业经营业绩。企业经理人员的根本任务，就是通过自己的努力使企业赚取更多的利润。各项收益数据既反映着企业的盈利能力，也表现了经理人员工作业绩的大小。用已达到的盈利能力指标与标准、基期、同行业平均水平、其他企业相比较，就可以衡量经理人员工作业绩的优劣。

第二，通过盈利能力分析，发现经营管理中存在的问题。盈利能力是企业各环节经营活动的具体表现，企业经营的好坏都会通过盈利能力表现出来。通过对盈利能力的深入分析，可以发现经营管理中的重大问题，进而采取措施解决问题，提高企业收益水平。

对于债权人来讲，利润是企业偿债的重要来源，特别是对长期债务而言。盈利能力的强弱直接影响企业的偿债能力。企业举债时，债权人势必审查企业的偿债能力，而偿债能力的强弱最终取决于企业的盈利能力。因此，分析企业的盈利能力对债权人也是非常重要的。

对于股东(投资人)而言，企业盈利能力的强弱更是至关重要的。在市场经济下，股东往往会认为企业的盈利能力比财务状况、营运能力更重要。股东们的直接目的就是获得更多的利润，因为对于信用相同或相近的几个企业，人们总是将资金投向盈利能力强的企业。股东们关心企业赚取利润的多少并重视对利润率的分析，是因为他们的股息与企业的盈利能力是紧密相关的。此外，企业盈利能力增加还会使股票价格上升，从而使股东们获得资本收益。

2. 盈利能力分析的内容

盈利能力的分析是企业财务分析的重点，包括财务结构分析、偿债能力分析等，其根本目的是通过分析及时发现问题，改善企业财务结构，提高企业的偿债能力、经营能力，最终提高企业的盈利能力，促进企业持续稳定地发展。对企业盈利能力的分析主要是对利润率的分析。虽然利润额的分析可以说明企业财务成果的增减变动状况及其原因，为改善企业经营管理指明了方向，但是，由于利润额受企业规模或投入总量的影响较大，一方面，不同规模的企业之间不便于对比；另一方面，它也不能准确地反映企业的盈利能力和盈利水平。因此，仅进行利润额分析一般不能满足各方面对财务信息的要求，还必须对利润率进行分析。

利润率指标从不同角度或从不同的分析目的看，可有多种形式。在不同的所有制企业中，反映企业盈利能力的指标形式也不同。在这里，我们对企业盈利能力的分析将从销售净利率、总资产净利率、权益净利率以及一些常见的市价比率开始。

7.3.2　影响盈利能力的主要因素

盈利能力受诸如经营能力、成本水平、财务状况及风险等各方面因素的影响，分析和研究这些因素的影响对准确评价企业的盈利能力非常重要。影响企业盈利能力的主要因素有营销能力、成本费用管理水平、资产管理水平、财务状况及风险等。

1. 营销能力

营业收入尤其是主营业务收入是企业利润最重要的源泉，是企业发展的基础。企业的营销能力是扩大经营规模、增加营业收入的保证。科学有效的营销策略有助于形成良好的营业状况，为企业盈利提供最基本的条件。

2. 成本费用管理水平

利润是收入扣减费用后的差额。如果说营销能力是企业增收的保障，那么成本费用管理水平就是企业"节支"的基础。在企业营销能力一定的情况下，其成本水平越高，企业的盈利能力越差，抵御市场风险的能力越弱，则市场竞争能力越差；反之，当企业的营销能力一定时，成本水平越低，则获利空间越大，企业抵御市场风险的能力和市场竞争能力越强。因此，加强对成本费用的管理，不断挖掘成本潜力，是企业增加利润的重要手段。当然，降低成本费用应以不减少企业现在和未来的收入为前提。

3. 资产管理水平

资产是可以带来经济利益的资源。因此，资产规模适度与否、资产结构合理与否以及资产运用效率的高低直接影响着企业获取经济利益的能力，即盈利能力。有效的资产管理有助于确定适度的资产规模、安排合理的资产结构并不断提高资产效率。

4. 财务状况及风险

一个企业财务状况的稳定性及风险的高低对其盈利能力有着极其重要的影响。首先，财务状况的稳定性取决于资本结构，而资本结构对盈利能力有重要影响，资本结构是风险与收益环节相权衡的结果，它对企业的经营具有重要的影响。由于长期负债的利息在税前列支，而且具有相对的稳定性，因此，它不仅影响税前、税后利润额，还发挥着财务杠杆的作用，即当长期资本报酬率高于长期负债利息率时，净资本报酬率随着负债率的增加而增加；反之，如果长期资本报酬率低于长期负债利息率，则净资本报酬率随着负债率的增加而减少，甚至由正值变为负值。可见，当资本结构变化时，企业股东权益报酬率就发生变化，这属于一种典型的理财收益。同时，它也反映了与高财务风险相关的盈利能力的易变性。因此，如果想要增强企业的盈利能力，就需要在尽可能减少资本占用的同时，妥善安排资本结构。

7.3.3 盈利能力一般分析

反映企业盈利能力的指标，主要有销售利润率、总资产净利率、权益净利率等。

1. 销售净利率

销售净利率是指净利润与销售收入的比率，通常用百分数表示。其计算公式如下：

$$销售净利率 = \frac{净利润}{销售收入} \times 100\%$$

根据格力电器的财务报表数据：

$$本年销售净利率 = \frac{1\,262\,373}{9\,774\,514} \times 100\% = 12.91\%$$

$$上年销售净利率 = \frac{1\,425\,295}{13\,775\,036} \times 100\% = 10.35\%$$

$$变动 = 12.91\% - 10.35\% = 2.56\%$$

"净利润"、"销售收入"两者相除可以概括企业的全部经营成果。该比率越大，企业的盈利能力越强。

销售净利率的变动是由利润表的各个项目变动引起的。表7-8列示了2015年格力电器利润表各项目的金额变动和结构变动数据。其中"本年结构"和"上年结构"，是各项目除以当年销售收入得出的百分比，"百分比变动"是指"本年结构"百分比与"上年结构"百分比的差额。该表为利润表的通行报表，它排除了规模的影响，提高了数据的可比性。

(1) 金额变动分析：本年净利润减少了162 922万元。影响较大的有利因素是营业成本减少2 200 478万元，销售费用减少1 338 366万元，财务费用减少98 656万元。

(2) 结构变动分析：销售净利率增加了2.57%。影响较大的不利因素是销售成本率增加了3.64%；影响较大的有利因素是销售费用比率减少了5.11%和财务费用减少了1.29%；影响较大的不利因素是管理费用增加了1.67%。

表7-8　格力2015年利润表结构百分比变动

项　目	本年金额(万元)	上年金额(万元)	变动金额	本年结构(%)	上年结构(%)	百分比变动(%)
一、营业收入	9 774 514	13 775 036	−4 000 522	100.00%	100.00%	0.00%
减：营业成本	6 601 735	8 802 213	−2 200 478	67.54%	63.90%	3.64%
营业税金及附加	75 189	136 242	−61 053	0.77%	0.99%	−0.22%
销售费用	1 550 634	2 889 000	−1 338 366	15.86%	20.97%	−5.11%
管理费用	504 875	481 817	23 058	5.17%	3.50%	1.67%
财务费用	−192 880	−94 224	−98 656	−1.97%	−0.68%	−1.29%
资产减值损失	8 632	39 842	−31 210	0.09%	0.29%	−0.20%
加：公允价值变动收益	−101 032	−138 155	37 123	−1.03%	−1.00%	−0.03%
投资收益	9 665	72 436	−62 771	0.10%	0.53%	−0.43%
二、营业利润	1 351 618	1 608 923	−257 305	13.83%	11.68%	2.15%
加：营业外收入	140 429	70 606	69 823	1.44%	0.51%	0.92%
减：营业外支出	1 105	4 286	−3 181	0.01%	0.03%	−0.02%
三、利润总额	1 490 942	1 675 243	−184 301	15.25%	12.16%	3.09%
减：所得税费用	228 569	249 948	−21 379	2.34%	1.81%	0.52%
四、净利润	1 262 373	1 425 295	−162 922	12.91%	10.35%	2.57%

进一步分析应重点关注金额变动和结构变动较大的项目，如格力电器的营业成本、销售费用以及财务费用等。确定分析的重点项目后，需要深入到各项目内部进一步分析。此时，需要依靠报表附注提供的资料以及其他可以收集到的信息。

通常，销售费用和管理费用的公开披露信息十分有限，外部分析人员很难对其进行深入分析。财务费用、公允价值变动收益、资产减值损失、投资收益和营业外收支的明细资料，在报表附注中均有较详细披露，为进一步分析提供了可能。

2. 总资产净利率

总资产净利率是指净利润与总资产的比率，它反映每1元总资产创造的净利润。其计算公式如下：

$$总资产净利率 = \frac{净利润}{总资产} \times 100\%$$

根据格力电器的财务报表数据：

$$本年总资产净利率 = \frac{1\,262\,373}{16\,169\,802} \times 100\% = 7.81\%$$

$$上年总资产净利率 = \frac{1\,425\,295}{15\,623\,095} \times 100\% = 9.12\%$$

$$变动 = 7.81\% - 9.12\% = -1.31\%$$

总资产净利率是企业盈利能力的关键。虽然股东报酬由总资产净利率和财务杠杆共同决定，但提高财务杠杆会同时增加企业风险，往往并不增加企业价值。此外，财务杠杆的提高有诸多限制，企业经常处于财务杠杆不可能再提高的临界状态。因此，提高权益净利率的基本动力是总资产净利率。

影响总资产净利率的驱动因素是销售净利率和总资产周转次数。

$$总资产净利润 = \frac{净利润}{总资产} = \frac{净利润}{销售收入} \times \frac{销售收入}{总资产} = 销售净利率 \times 总资产周转次数$$

总资产周转次数是每 1 元总资产创造的销售收入，销售净利率是每 1 元销售收入创造的净利润，两者共同决定了总资产净利率，即每 1 元总资产创造的净利润。

格力 2015 年有关总资产净利率因素的分解如表 7-9 所示。

表 7-9　格力 2015 年总资产净利率的分解　　　　　　　　　　单位：万元

项　目	本年	上年	变动
销售收入	9 774 514	13 775 036	-4 000 522
净利润	1 262 373	1 425 295	-162 922
总资产	16 169 802	15 623 095	546 707
总资产净利率(%)	7.81	9.12	(1.32)
销售净利率(%)	12.91	10.35	2.57
总资产周转次数(次)	0.60	0.88	(0.28)

格力电器的资产净利率比上年降低了 1.32%，其有利因素是销售净利率上升了 2.57%，不利因素是总资产周转次数下降了 0.28。

3. 权益净利率

权益净利率是净利润与股东权益的比率，它反映 1 元股东资本赚取的净收益，可以衡量企业的总体盈利能力。

$$权益净利率 = \frac{净利润}{股东权益} \times 100\%$$

根据格力电器的财务报表数据：

$$本年权益净利率 = \frac{1\,262\,373}{4\,856\,661} \times 100\% = 26.00\%$$

$$上年权益净利率 = \frac{1\,425\,295}{4\,513\,145} \times 100\% = 31.58\%$$

权益净利率的分母是股东的投入，分子是股东的所得，对于股权投资人来说，它具有非常好的综合性，概括了企业的全部经营业绩和财务业绩。格力电器本年股东的报酬率减少了，总体盈利能力不如上一年。

7.3.4　其他常见的市场评价指标

盈利能力分析所用的指标很多，常见的市场评价指标主要有每股收益、股利支付率、市盈率、股利报酬率、每股净资产、市净率和市销率等。

1. 每股收益

每股收益是指普通股股东每持有一股所能享有的公司利润或需承担的公司亏损，是用来反映公司的经营成果，衡量普通股的获利水平及投资风险的重要指标。该指标也是投资者、债权人等信息使用者据以评价公司盈利能力、预测公司成长潜力，进而做出相关经济决策的一项重要的财务指标。

每股收益包括基本每股收益和稀释每股收益两类。基本每股收益仅考虑当期实际发行在外的普通股股份，按照归属于普通股股东的当期净利润除以当期实际发行在外普通股的加权平均数计算确定。具体计算公式如下：

$$基本每股收益 = \frac{净利润 - 优先股股利}{加权平均的发行在外的普通股股数}$$

其中，

$$加权平均的发行在外的普通股股数 = 期初发行在外普通股股数 + 当期新发行普通股股数$$
$$\times \frac{已发行时间}{报告期时间} - 当期回购普通股股数 \times \frac{已回购时间}{报告期时间}$$

稀释每股收益是以基本每股收益为基础，假设公司所有发行在外的稀释性潜在普通股均已转换为普通股，从而分别调整归属于普通股股东的当期净利润以及发行在外的普通股的加权平均数计算而得的每股收益，即稀释每股收益要把可转换公司债券、认购权证、可转换优先股及股票期权等稀释性因素考虑进来。

$$稀释每股收益 = \frac{调整稀释性因素影响后归属于普通股股东的净利润}{假定稀释性因素转换为普通股以后的加权平均普通股股数}$$

在上式中，分子应根据当期已确认为费用的稀释性潜在普通股的利息、稀释性潜在普通股转换时将尝试的收益或费用等调整归属于普通股股东的当期净利润；分母应为计算基本每股收益时的普通股的加权平均数与稀释性因素转换为已发行普通股而增加的潜在普通股的加权平均数之和。

稀释每股收益可以避免每股收益虚增可能带来的信息误导。例如，在公司发行可转换公司债券融资的情况下，由于转换选择权的存在，其利率低于正常同等条件下普通债券的利率，从而降低了融资成本，在经营业绩和其他条件不变的情况下，会相对提高基本每股收益金额。计算稀释每股收益，可以在一定程度上减少信息误导，提供一个更可比、更有用的财务指标。

在进行财务报表分析时，每股收益指标既可用于不同公司间的业绩比较，以评价某公司的相对盈利能力；也可用于公司不同会计期间的业绩比较，以了解该公司盈利能力的变化趋势；另外，还可用于公司经营实绩与盈利预测的比较，以掌握该公司的管理能力。

2. 股利支付率

股利支付率是普通股每股现金股利与每股收益的比率，用来度量普通股的每股收益中有多少支付给了股东，反映了公司的股利分配政策和支付股利的能力。该指标的具体计算公式如下：

$$股利支付率 = \frac{每股现金股利}{每股收益} \times 100\%$$

股利支付率指标的高低并没有一个固定的标准，而且公司之间也没有可比性。在公司面临有利可图的投资机会时，可能会选择不分红或分配较少的股利。

3. 市盈率

市盈率是指公司普通股每股市价与每股收益的比率，它反映普通股东愿意为每 1 元净利润支付的价格。其中每股收益是指可分配给普通股东的净利润和流通在外普通股加权平均股数的比率，它反映每只普通股当年创造的净利润。具体计算公式如下：

$$市盈率 = \frac{每股市价}{每股收益}$$

由上面的计算公式可知，在市价确定的情况下，每股收益越高，市盈率就越低，投资的风险就越小；反之亦然。而在每股收益确定的情况下，市价越高，市盈率也就越高，投资风险越大，反之亦然。当每股收益非常低或为负数时，市盈率会非常高或为负数，此时该指标没有分析的意义。

在计算和使用市盈率和每股收益时，应注意以下问题：

(1) 每股市价实际上反映了投资者对未来收益的预期。然而，市盈率是基于过去年度的收益。因此，如果投资者预期收益将从当前水平大幅度增长，市盈率相当高，也许是 20 倍、30 倍或更多。但是，如果投资者预期收益将由当前水平下降，市盈率将会相当低，如 10 倍或更少。成熟市场上的成熟公司有非常稳定的收益，通常其每股市价为每股收益的 10～12 倍。因此，市盈率反映了投资者对公司未来前景的预期，相当于每股收益的资本化。

(2) 对仅存有普通股的公司而言，每股收益的计算相对简单。在这种情况下，计算公式如上所示。

如果公司还有优先股，则计算公式如下：

$$每股收益 = \frac{净利润 - 优先股股利}{流通在外普通股加权平均数}$$

由于每股收益的概念仅适用于普通股，优先股股东除规定的优先股股利外，对收益没有要求权。所以用于计算每股收益的分子必须等于可分配给普通股股东的净利润，即从净利润中扣除当年宣告或累计的优先股股利。

4. 股利报酬率

股利报酬率是反映普通股每股现金股利与市场价格之间的比例关系的指标，表示投资者在每股股票上所获的现金报酬。该指标的具体计算公式如下：

$$股利报酬率 = \frac{每股现金股利}{每股市价} \times 100\%$$

通常投资者从股票投资中获得的收益包括三个部分，即股利收入、溢价利得和特别分配权收益。上式反映的是以现行估价作为投资成本，以现金股利作为收益所计算的报酬率，比较好的体现了成本和报酬之间的关系。

5. 每股净资产

每股净资产是指公司期末净资产与期末普通股股数之比。每股净资产的计算公式如下：

$$每股净资产 = \frac{期末净资产}{期末普通股股数} \times 100\%$$

在上式中，净资产等于公司的总资产减去总负债，也即等于公司期末股东权益。

每股净资产指标反映公司发行在外的普通股每一股所代表的净资本成本。理论上讲，如果公司的每股市价低于每股净资产，且成本接近可变现净值，则说明公司已无存在的价值，此时清算是公司股东的最佳选择。值得注意的是，除了"交易性金融资产"、"可供出售金融资产"、"交易性金融负债"等项目以公允价值计量以外，由于资产负债表中的大部分项目都是以历史成本计算的，导致该指标并没有体现公司净资产的公允价值或可变现价值。

6. 市净率

市净率也称为市帐率，是指普通股每股市价与每股净资产的比率，它反映普通股股东愿意为每1元净资产支付的价格，说明市场对公司资产质量的评价。其中，每股净资产也称为每股账面价值，是指普通股股东权益与流通在外普通股股数的比率，它反映每股普通股享有的净资产，代表理论上的每股最低价值。其计算公式如下：

$$市净率 = \frac{每股市价}{每股净资产}$$

既有优先股又有普通股的公司，通常只为普通股计算净资产。在这种情况下，普通股每股净资产的计算需要分两步完成。首先，从普通股权益总额中减去优先股权益，包括优先股的清算价值及全部拖欠的股利，得出普通股权益。其次，用普通股权益除以流通在外普通股股数，确定普通股每股净资产。该过程反映了普通股股东是公司剩余所有者的事实。

在计算市净率和每股净资产时，应注意所使用的是资产负债表日流通在外普通股股数，而不是当期流通在外普通股加权平均股数，因为每股净资产的分子为时点数，分母应与其口径一致，因此，应选取同一时点数。

7. 市销率

市销率又称为收入乘数，是指普通股每股市价与每股销售收入的比率，它反映普通股股东愿意为每1元销售收入支付的价格。其中，每股销售收入是指销售收入与流通在外普通股加权平均数的比率，它只反映每只普通股创造的收入。其计算公式如下：

$$市销率 = \frac{每股市价}{每股销售收入}$$

7.3.5　盈利质量分析

1. 高质量盈利的基本特征

盈利质量是指企业财务报告上所披露的盈利(即会计利润)与企业真正的业绩之间的相关性，并能为企业创造稳定的自由现金流。高质量盈利意味着企业的盈利应具备可靠性、稳定性、持续性、趋高性四个方面的特征：

(1) 盈利的可靠性。盈利的可靠性是指企业盈利的确定必须以实际发生的经济业务为基础并遵循会计准则和会计制度，从而使企业财务报告上披露的盈利数据能被信息使用者给予充分信赖。

首先，盈利可靠性要求企业在计量、确认与列报盈利时要从客观实际发生的经济业务出发进行核算，并且整个核算过程要贯彻一个原则——严格遵循会计制度和会计准则，排除一切可避免的误差，保证内容真实、准确；其次，盈利的信息要能让人充分信赖就需要具备可证实性、可预测性两种特征；最后，盈利的可靠性要求盈利具有可预测性，即利用企业过去的盈利状况，可以相当准确地预测未来的盈利发展。

(2) 盈利的稳定性。盈利的稳定性是指企业盈利水平变动的基本态势比较稳定。一个企业在一定盈利水平的基础上，盈利水平不断上扬，应是企业盈利稳定性的现实表现，是企业可持续发展战略的体现；相反，如果企业盈利水平很高，但缺乏稳定性，则是一种不好的经营状况，盈利质量不会太佳。

盈利的稳定性首先取决于收支结构的稳定性。当收入和支出同方向变动时，只有收入增长不低于支出增长，或者收入下降不超过支出下降，盈利才会具备稳定性；当收入和支出反方向变动时，收入增长而支出下降，盈利稳定，反之，则不稳定。盈利结构也会影响盈利的稳定性。由于企业一般会力求保持主营业务利润稳定，企业主营业务利润的变动性相对非主营业务来说较小。另外，盈利商品的品种结构也会影响盈利的稳定性，如果企业的盈利主要是"明星"类(高销售增长率和市场占有率)和"现金牛"类(低销售增长率和高市场占有率)产品带来，则盈利稳定。

(3) 盈利的持续性。盈利的持续性是指从长期来看，盈利水平仍能保持目前的发展态势。盈利的稳定性与持续性的区别是，盈利的持续性是指目前的盈利水平能较长时间地保持下去，而盈利的稳定性是指发展趋势中的波动性。

企业盈利结构对盈利的持续性有很大的影响。企业的业务一般可分为长久性业务和临时性业务。长久性业务是企业设立、存在和发展的基础，企业正是靠它们才能保持盈利水平持久。临时性业务是由市场或企业经营的突然变动或突发事件所引起的，由此产生的利润也不会持久。

(4) 盈利的趋高性。盈利的趋高性是指企业在保持现有盈利水平的同时，还能保持一种不断增长上升的趋势，也就是说企业不仅在当期还应该在未来具备较高的盈利能力。量是质的前提，如果企业的净利润总是负数，没有一定的盈利能力，盈利的质量就无从谈起了。盈利的趋高性不仅要求企业当期和未来盈利的绝对值较大，同时也要求企业在净资产收益率、总资产报酬率、毛利率等相对数指标也处于同行业平均水平之上。

保持盈利趋高性的关键在于企业经营要密切关注企业产品的品种结构，在产品变成

"瘦狗"类(低销售增长率和低市场占有率)之前就要努力开发新产品，做好经营上的调整准备。对企业外部信息使用者、特别是投资者而言，分析企业盈利能力是否具备趋高性时，要注意目前这个企业所处的生命周期。

2. 企业盈利质量的分析

1) 信号分析法

对企业盈利质量进行分析是一个复杂的过程，要密切注意一些"信号"。因为，如果一个企业盈利质量不佳，必然反映到企业的各个方面。对于企业的财务信息使用者而言，可以从以下一些信号来判断企业的盈利质量可能不佳甚至恶化。

(1) 企业扩张过快。企业发展到一定程度后，必然要在业务规模、业务领域等方面寻求扩张。然而，如果在一定时期内扩张太快，涉及的领域过多，很可能面临资金分散、管理难度加大、管理成本提高等问题，从而导致这个时期企业的盈利质量趋于恶化。

(2) 企业酌量性固定成本反常降低。酌量性固定成本也称为选择性固定成本或任意性固定成本，它是指企业管理层的决策可以改变其支出数额的固定成本，如广告费、职工教育培训费、技术研究开发费等。如果相对于企业总规模或者营业收入规模而言，酌量性固定成本却在降低，可能是企业为了保证当期的盈利规模而降低或推迟了本应发生的支出。

(3) 企业会计政策和会计估计非正常变更。由于不同企业经济环境的差异，会计准则在会计政策和会计估计上赋予了企业较大的判定与选择空间，以期企业能根据其实际情况选择最适宜的制度。当会计政策的调整和会计估计的变更能使企业扭亏为盈或能使企业收益达到某些合同规定时，这很可能就是会计政策和会计估计的非正常变更，被认为是企业盈利质量恶化的一种信号。

(4) 企业应收账款规模不正常增加。应收账款应该与企业的营业收入保持一定的对应关系，但同时与企业的信用政策有关。应收账款的不正常增加，有可能是企业为了增加营业收入而放宽信用政策的结果。过宽的信用政策，可以刺激企业营业收入迅速增长，但企业也面临着未来大量发生坏账的风险。

(5) 企业存货周转过于缓慢。存货周转速度快，说明存货变现能力强，其意义相当于流动资金投入的扩大，在某种程度上增强了上市公司的盈利能力，盈利质量相对较高。而存货周转速度慢，则需补充流动资金投入运营，从而形成资金的占用和浪费，降低企业的盈利能力。

(6) 企业无形资产规模的不正常增加。根据会计准则的规定，企业内部研究开发项目的支出，应当区分研究阶段支出与开发阶段支出。财务报表上作为"无形资产"列示的基本上应该是企业外购和开发阶段形成的无形资产。如果企业无形资产出现不正常增加，则有可能是企业为了减少研究支出对利润表的影响而将"研究支出"作为"开发支出"而形成无形资产价值了。

(7) 企业的业绩过度依赖非营业业务以及"投资收益"与"公允价值变动损益"。新会计准则将公允价值计量变动带来的收益与投资活动带来的收益纳入营业利润的范畴，与企业从事正常经营活动取得的盈利一同视为营业利润，在分析企业与营业利润有关的指标及趋势时，应将公允价值变动收益和投资收益因素进行剔除，以便更好地反映企业的盈利能力。而营业外收支净额多数是由诸如非流动资产处置损益以及补贴收入等一些偶尔发生的非正常损益项目引起的，通常情况下难以持久。在企业主要利润增长点潜力挖尽的情况下，企业为了维持一定的利润水平，有可能通过非营业利润来弥补营业利润和投资收益的不足。

(8) 企业计提的各种准备过低。在企业期望利润高估的会计期间，企业往往选择计提较低的准备和折旧，这就等于把应当由现在或以前负担的费用、损失人为地推移到未来期间，从而导致企业后劲不足。

(9) 企业过度负债、财务状况不佳。一个盈利能力强、盈利质量高的企业，一般来说，由于盈利能有充足的现金流量，尤其是经营活动产生的现金流量作支撑，通常偿债能力较强。对于那些早已过了高速成长期，却历年来负债持续增长且数额巨大的企业要警惕，其历年业绩存在持续虚增的可能。

(10) 企业的现金流量表现与利润不够匹配。一个盈利质量优良的企业应该创造出比较充裕的自由现金量，特别是经营性活动产生的现金净流量应该是正值，而且具有稳定性和持续性，只有伴随着现金注入的利润才具有高质量。如果一个企业连续几年会计年度的净利润都为正值，而经营性活动产生的现金净流量却总为负值，那么就说明该企业对应收账款管理不善，造成现金回笼情况差，或者是企业利用权责发生制对"会计利润"进行了盈余管理，甚至有可能出现了利润操纵行为。

(11) 企业有足够的可供分配利润，但不进行现金股利分配。股利主要有现金股利和股票股利两种主要形式。由于现金股利的发放来源于上市公司的净自由现金流量，因而现金股利的发放水平和上市公司的经营业绩之间存在着紧密的联系。所以，在对上市公司盈利质量进行评价时，应将其是否发放股利、发放何种股利、发放股利方式与其收益质量联系起来。

(12) 财务报表公布时间偏晚、注册会计师变更、审计报告出现异常。财务状况不佳的企业，或者注册会计师和公司管理层在某些重大会计、审计问题意见很难达成一致的企业，其年报公布日期很容易偏晚。除因审计准则和相关职业道德而实行回避，或与企业管理层存在重大意见分歧难以继续合作，注册会计师认为审计风险过大要求解除审计聘约的情形外，则应分析更换会计师事务所的原因。审计报告是注册会计师对上市公司进行审计后得出的结论，如果审计报告有异常的措辞，则表明注册会计师与公司管理层在报表某些方面存在分歧，企业盈利质量令人怀疑。

2) 结构分析法

企业的盈利结构是指构成企业盈利的各种不同性质的盈利的有机搭配和比例。从质的方面来理解，表现为企业的利润是由什么样的盈利项目组成，而不同的盈利项目对企业盈利能力的评价有着极为不同的作用和影响；从量的方面来理解，则表现为不同的盈利占总利润的比重，而不同的盈利比重对企业盈利所起的作用和影响程度也是不同的。

(1) 对会计准则中利润表的认识是结构分析法的前提。新会计准则的颁布实施，表明我国的会计理念已从"损益表观"向"资产负债表观"转变。这种转变将为企业盈利能力分析与盈利质量分析带来更高的难度，同时对报表使用者的专业水平也提出了更高的要求。如可供出售金融资产在非处置当期公允价值的变动直接计入所有者权益，而不计入当期损益，将在一定程度上影响报表使用者对盈利指标的判断；公允价值计量属性的引入以及我国目前的公允价值取得环境、债务重组收益的确认等，将给企业带来调节利润的空间，将对盈利能力的分析产生不利的影响；利润表中不再区分主营业务和其他业务，将公允价值变动损益、投资收益纳入营业利润范畴，将对企业的盈利质量的判断带来更高的难度。

(2) 盈利结构对盈利质量的影响。如前所述，企业盈利质量就是指盈利的可靠性、稳定性、持续性和趋高性。企业的盈利总额可以揭示企业的盈利总水平，却不能表明这一总盈利是怎样形成的，它无法揭示这一盈利的内在质量。因而，盈利质量这一对财务报表使用者来说最为重要的信息，只能通过盈利结构分析来满足。

(3) 盈利结构的分析。对盈利结构的分析主要有以下几个方面：

① 盈利结构的内在质量分析。企业盈利结构的内在质量分析，就是对利润自身结构的协调性进行分析与评价。在对各项费用开支的合理性和核心利润与投资者收益是否存在互补性等基本问题做出初步判断之后，还需要就如下几个方面展开质量分析：企业自身经营活动的盈利能力、企业资产管理质量和盈余管理倾向、企业利润结构的波动性、企业盈利结构的持续性、企业盈利的实现质量。

② 盈利结构的资产增值质量分析。企业盈利结构的资产增值质量分析，就是对利润结构与资产结构的匹配性进行分析与评价。按照会计准则所确定的利润，应该是建立在资产真实价值的基础上的资产利用效果的最终体现，应该更加体现企业资产在价值转移、处置以及持有过程中的增值质量。

③ 盈利结构的现金获取质量分析。企业盈利结构的现金获取质量分析，就是对盈利结构与对应的现金流量结构的趋同性进行分析与评价。

7.4　增长能力分析

企业增长能力通常是指企业未来生产经营活动的发展趋势和发展潜能，也可以称之为发展能力。从形成看，企业的增长能力主要是通过自身的生产经营活动，不断扩大积累而形成的，主要依托于不断增长的销售收入、不断增加的资金投入和不断创造的利润等。从结果看，一个发展能力强的企业，能够不断为股东创造财富，能够不断增加企业价值。

传统的财务分析仅仅是从静态的角度出发来分析企业的财务状况，也就是只注重分析企业的盈利能力、营运能力、偿债能力，这在日益激烈的市场竞争中显然不够全面，不够充分。理由如下：

(1) 企业价值在很大程度上是取决于企业未来的获利能力，而不是企业过去或者目前所取得的收益情况。对于上市公司而言，股票价格固然受多种因素的影响，但从长远看，公司的未来增长趋势是决定公司股票价格上升的根本因素。

(2) 增长能力反映了企业目标与财务目标，是企业盈利能力、营运能力、偿债能力的综合体现。无论是增强企业的盈利水平和风险控制能力，还是提高企业的资产营运效率，都是为了企业未来的生存和发展的需要，都是为了提高企业的发展能力。因此，要着眼于从动态的角度分析和预测企业的增长能力。

7.4.1　增长能力分析的内容

与盈利能力一样，企业增长能力的大小同样是一个相对的概念，即分析期的股东权益、收益、销售收入和资产相对于上一期的股东权益、收益、销售收入和资产的变化程度。仅仅利用增长额只能说明企业某一方面的增减额度，无法反映企业在某一方面的增减幅度，既不利于不同规模企业之间的横向对比，也不能准确反映企业的发展能力，因此，在实践中通常是使用增长率来进行企业发展能力分析。当然，企业不同方面的增长率之间存在相互作用、相互影响的关系，因此，只有将各方面的增长率加以比较，才能全面分析企业的整体发展能力。

可见，企业增长能力分析的内容可分为以下两部分：

1. 企业单项增长能力分析

企业价值要获得增长，就必须依赖于股东权益、收益、销售收入和资产等方面的不断增长。企业单项增长能力分析就是通过计算和分析股东权益增长率、收益增长率、销售增长率、资产增长率等指标，分别衡量企业在股东权益、收益、销售收入、资产等方面所具有的增长能力，并对其在股东权益、收益、销售收入、资产等方面所具有的发展趋势进行评估。

2. 企业整体增长能力分析

企业要获得可持续增长，就必须在股东权益、收益、销售收入和资产等各方面谋求协调发展。企业整体增长能力分析就是通过对股东权益增长率、收益增长率、销售增长比率、资产增长率等指标进行相互比较与全面分析，综合判断企业的整体发展能力。

过分地重视取得和维持短期财务结果，很可能使企业急功近利，在短期业绩方面投资过多，而在长期的价值创造方面关注甚少。在中国，甚至一些最优秀的企业都不能完全免除以财务结果为导向的短期行为。

很多类似案例向企业家提出一个深刻的问题：什么才是经营企业至关重要的东西——是利润？还是持续发展？的确，利润最重要，但对于高明的企业家，持续发展最重要，利润只是实现持续发展的基础。

7.4.2　单项增长能力分析

1. 股东权益增长率的计算与分析

1) 股东权益增长率的内涵和计算

股东权益增加是驱动剩余收益增长的因素之一，也可以采用比率表示。股东权益的增加就是期初余额到期末余额的变化，利用股东权益增长率就能够解释这种变化。股东权益增长率是本期股东权益增加额与股东权益期初余额之比，也叫做资本积累率，其计算公式如下：

$$股东权益增长率 = \frac{本期股东权益增加额}{股东权益期初余额} \times 100\%$$

股东权益增加表示企业可能不断有新的资本加入，说明了股东对企业前景充分看好，在资本结构不变的情况下，也增加了企业的负债筹资能力，为企业获取债务资本打开了空间，提高企业的可持续增长能力。

股东权益增长率越高，表明企业本期股东权益增加得越多；反之，股东权益增长率越低，表明企业本年度股东权益增加得越少。

在实际中还存在三年资本平均增长率这一比率。三年资本平均增长率的计算公式如下：

$$三年资本平均增长率 = \left(\sqrt[3]{\frac{年末股东权益}{三年前年末股东权益}} - 1 \right) \times 100\%$$

该指标表示企业连续三期的资本累积增长情况，体现企业的发展趋势和水平，资本增长是企业发展壮大的标志，也是企业扩大再生产的源泉，没有新的所有者资本投入的情况下，本指标反映了投资者投入资本的保全和增长情况，该指标越高，说明资本保值增值能力越强，企业可以长期使用的资金越充裕，应付风险和持续发展的能力越强。

对该指标的分析还应该注意所有者权益不同类别的变化情况，一般说资本的扩张大都来源于外部资金的注入，反映企业获得了新的资本，具备了进一步发展的基础；如果资本的扩张主要来源于留存收益的增长，可以反映出企业在自身的经营过程中不断积累发展后备资金，即表明企业在过去经营过程的发展业绩，也说明企业具有进一步的发展后劲。

该指标设计的原意是为了均衡计算企业的三年平均资本增长水平，从而客观评价企业的股东权益发展能力状况。但是，从该项指标的计算公式来看，并不能达到这个目的。因为其计算结果的高低只与两个因素有关，即与本年度年末股东权益总额和三年前年度年末股东权益总额相关，而中间两年的年末股东权益总额则不影响该指标的高低。这样，只要两个企业的本年度年末股东权益总额和三年前年度年末股东权益总额相同，就能够得出相同的三年资本平均增长率，但是这两个企业的利润增长趋势可能并不一致。因此，依据三年资本平均增长率来评价企业股东权益增长能力存在缺陷。

2) 股东权益增长率分析

股东权益的增长主要来源于经营活动产生的净利润和融资活动产生的股东净支付。所谓的股东净支付就是股东对企业当年的新增投资扣除当年发放股利。这样股东权益增长率还可以表示如下：

$$股东权益增长率 = \frac{本期股东权益增加额}{股东权益期初余额} \times 100\%$$

$$= \frac{净利润 + (股东新增投资 - 支付股东股利)}{股东权益期初余额} \times 100\%$$

$$= \frac{净利润 + 股东的净支付}{股东权益期初余额} \times 100\%$$

$$= 净资产收益率 + 股东净投资率$$

公式中的净资产收益率和股东净投资率都是以股东权益期初余额作为分母计算的。从公式中可以看出股东权益增长率是受净资产收益率和股东净投资率这两个因素驱动的。其中，净资产收益率反映了企业运用股东投入资本创造收益的能力，而股东净投资率反映了企业利用股东新投资的程度，这两个比率的高低都反映了对股东权益增长的贡献程度。从根本上看，一个企业的股东权益增长应该主要依赖于企业运用股东投入资本所创造的收益。尽管一个企业的价值在短期内可以通过筹集和投入尽可能多的资本来获得增加，并且这种行为在扩大企业规模的同时也有利于经营者,但是这种策略通常不符合股东的最佳利益,因为它忽视了权益资本具有机会成本,并应获得合理投资报酬的事实。

为正确判断和预测企业股东权益规模的发展趋势和发展水平,应将企业不同时期的股东权益增长率加以比较。因为一个持续增长型企业,其股东权益应该是不断增长的,如果时增时减,则反映出企业发展不稳定,同时也说明企业并不具备良好的发展能力,因此仅仅计算和分析某个时期的股东权益增长率是不全面的,应利用趋势分析法将一个企业不同时期的股东权益增长率加以比较,才能正确评价企业的发展能力。

【例 7-6】 (股东权益增长能力分析) 以前表资料及 SYJS 公司 2007 年会计报表为基础,分析该公司股东权益增长能力。

利用相关数据先分别计算该公司 2006 年、2007 年的股东权益增长率、净资产收益率和股东净投资率等指标,其计算过程如表 7-10 所示。

表 7-10　SYJS 公司股东权益增长率指标计算表[①]　　　　单位:万元

项　目	2004 年	2005 年	2006 年	2007 年
股东权益总额	50 717	80 580	120 705	147 189
本年股东权益增加额	—	29 863	40 125	26 484
股东权益增长率		58.88%	49.80%	21.94%
净资产收益率		9.90%	12.50%	15.06%
股东净投资率		48.98%	37.30%	6.88%

从表 7-10 可以看出,SYJS 公司自 2004 年以来,其股东权益总额不断增加,从 2005 年的 50 717 万元增加到 2007 年的 147 189 万元;公司 2007 年相对于 2006 年的股东权益增长率在减少,但增长幅度仍然较大,其股东权益增长率高达 21.94%,这说明了 SYJS 公司近几年净资产规模不断增长。

进一步分析 SYJS 公司股东权益增长的原因,可以发现,2005 年到 2007 年的净资产收益率不断增加,且 2007 年净资产收益率在股东权益增长率中占有较大比重,因此,如果说 2006 年该公司股东权益的增长主要来自股东净投资的增加,那么 2007 年该公司股东权益的增长主要来自净利润的增加,这说明净利润对股东权益增长的贡献较大。净资产收益率反映企业运用股东投入资本创造收益的能力,这表明 SYJS 公司股东权益的增长主要是依靠企业自身创造收益的能力,据此可以判断该公司在股东权益方面具有较高的增长能力,如果不出大的意外,将保持良好的发展势头。

2. 资产增长率的计算与分析

1) 资产增长率的内涵和计算

资产是企业拥有或者控制的用于经营并取得收入的资源,同时也是企业进行筹资和运营的物质保证。资产的规模和增长情况表明企业的实力和发展速度,也是体现企业价值和实现企业价值扩大的重要手段。在实践中凡是不断发展的企业,都表现为企业的资产规模

---

① 表中的净资产收益率和股东净投资率都是以股东权益期初余额作为分母计算的。

稳定并不断地增长，因此把资产增长率作为衡量企业发展能力的重要指标。

企业要增加销售收入，就需要通过增加资产投入。资产增长率就是本期资产增加额与资产期初余额之比，其计算公式如下：

$$资产增长率 = \frac{本期资产增加额}{资产期初余额} \times 100\%$$

资产增长率是用来考核企业资产投入增长幅度的财务指标。资产增长率为正数，则说明企业本期资产规模增加，资产增长率越大，则说明资产规模增加幅度越大；资产增长率为负数，则说明企业本期资产规模缩减，资产出现负增长。

2) 资产增长率分析

在对资产增长率进行具体分析时，应该注意以下几点：

(1) 企业资产增长率高并不意味着企业的资产规模增长就一定适当。评价一个企业的资产规模增长是否适当，必须与销售增长、利润增长等情况结合起来分析。如果资产增加，而销售和利润没有增长和减少，说明企业的资产没有得到充分的利用，可能存在盲目扩张而形成资产浪费、营运不良等现象。所以，只有在一个企业的销售增长、利润增长超过资产规模增长的情况下，这种资产规模增长才属于效益型增长，才是适当的、正常的。

(2) 需要正确分析企业资产增长的来源。因为企业的资产来源一般来自于负债和所有者权益，在其他条件不变的情形下，无论是增加负债规模还是增加所有者权益规模，都会提高资产增长率。如果一个企业的资产增长完全依赖于负债的增长，而所有者权益项目在年度里没有发生变动或者变动不大，这说明企业可能潜藏着经营风险或财务风险，因此不具备良好的发展潜力。从企业自身的角度来看，企业资产的增加应该主要取决于企业盈利的增加。当然，盈利的增加能带来多大程度的资产增加还要视企业实行的股利政策而定。

(3) 为全面认识企业资产规模的增长趋势和增长水平，应将企业不同时期的资产增长率加以比较。因为一个健康的处于成长期的企业，其资产规模应该是不断增长的，如果时增时减，则反映出企业的经营业务并不稳定，同时也说明企业并不具备良好的发展能力。所以，只有将一个企业不同时期的资产增长率加以比较，才能正确评价企业资产规模的增长能力。

【例 7-7】 (资产增长能力分析)以前表资料及 SYJS 公司 2007 年会计报表为基础，分析该公司资产发展能力。

利用相关数据先分别计算 2005 年、2006 年的资产增长率、股东权益增加额及其占资产增加额的比重。其计算过程如表 7-11 所示。

表 7-11　SYJS 公司资产增长率指标计算表　　　　　单位：万元

项　目	2004 年	2005 年	2006 年	2007 年
资产总额	94 742	262 147	439 517	525 514
本年资产增加额	—	167 405	177 370	85 997
资产增长率	—	176.70%	67.66%	19.57%
股东权益增加额	—	29 863	40 125	26 484
股东权益增加额占资产增加的比重	—	17.84%	22.62%	30.80%

　　从表 7-11 可以看出，SYJS 公司自 2004 年以来，其资产规模不断增加，从 2004 年的 94 742 万元增加到 2007 年的 525 514 万元，虽然 2004 年以来的资产增长率在不断减小，从 2005 年的 176.70%减小到 2007 年的 19.57%，但增长率一直为正说明了 SYJS 公司近几年资产规模呈现增长趋势。

　　当然仅仅依据这一点，无法得出 SYJS 公司具有较强的资产增长能力的结论，还必须分析该公司资产增长的效益性和资产增长的来源。资产增长的效益性将在下面的销售增长分析和收益增长分析中结合相关数据进行分析，在此，我们重点分析资产增长的来源。如表 7-11 所示，2005、2006 及 2007 年这三年的股东权益增加额占资产增加额的比重分别为 17.84%、22.62%和 30.80%，可以看出该公司 2005、2006、2007 年股东权益增加在资产增加额中所占的比重都比较低，资产的增长绝大部分来自负债的增加，说明这两年资产增加的来源并不是很理想；而 2007 年股东权益的增加在资产增加额中所占的比重有了大幅提高，达到了 30.80%，说明该年资产增长来源有了较大程度的改观，资产增长能力得到加强。

　　综合以上分析，可以得出 SYJS 公司的资产增长能力较强，并且具备良好的增长趋势。

3. 销售增长率的计算与分析

1) 销售增长率的内涵和计算

　　市场是企业生存和发展的空间，销售增长是企业增长的源泉。一个企业的销售情况越好，说明其在市场所占份额越多，企业生存和发展的市场空间就越大，因此可以用销售增长率来反映企业在销售方面的发展能力。销售增长率就是本期营业收入增加额与上期营业收入之比，其计算公式如下：

$$销售增长率 = \frac{本期营业收入增加额}{上期营业收入净额} \times 100\%$$

　　需要说明的是，如果上期营业收入净额为负值，则应取其绝对值代入公式进行计算。该公式反映的是企业某期整体销售增长情况。销售增长率为正数，则说明企业本期销售规模增加，销售增长率越大，则说明企业销售收入增长得越快，销售情况越好；销售增长率为负数，则说明企业销售规模减小，销售出现负增长，销售情况较差。

2) 销售增长率分析

　　在利用销售增长率来分析企业在销售方面的发展能力时，应该注意以下几个方面。

　　(1) 要判断企业在销售方面是否具有良好的成长性，必须分析销售增长是否具有效益性。如果销售收入的增加主要依赖于资产的相应增加，也就是销售增长率低于资产增长率，说明这种销售增长不具有效益性，同时，也反映企业在销售方面可持续发展能力不强。正常的情况下，一个企业的销售增长率应高于其资产增长率，只有在这种情况下，才能说明企业在销售方面具有良好的成长性。

　　(2) 要全面、正确地分析和判断一个企业销售收入的增长趋势和增长水平，必须将一个企业不同时期的销售增长率加以比较和分析。因为销售增长率仅仅指某个时期的销售情况而言，某个时期的销售增长率可能会受到一些偶然的和非正常的因素影响，而无法反映出企业实际的销售增长能力。

　　(3) 可以利用某种产品销售增长率指标，来观察企业产品的结构情况，进而也可以分析企业的成长性。其计算公式可表示如下：

$$某种产品销售增长率 = \frac{某种产品本期销售收入增加额}{上期收入净额} \times 100\%$$

根据产品生命周期理论，每种产品的生命周期一般可以划分为四个阶段。每种产品在不同的阶段反映出的销售情况也不同，在投放期，由于产品研究开发成功，刚刚投入正常生产，因此该阶段的产品销售规模较小，而且增长比较缓慢，即某种产品销售增长率较低；在成长期，由于产品市场不断拓展，生产规模不断增加，销售量迅速扩大，因此该阶段的产品销售增长较快，即某种产品销售增长率较高；在成熟期，由于市场已经基本饱和，销售量趋于基本稳定，因此该阶段的产品销售将不再有大幅度的增长，即某种产品销售增长率与上一期相比变动不大；在衰退期，由于该产品的市场开始萎缩，因此该阶段的产品销售增长速度开始放慢甚至出现负增长，即某种产品销售增长率较上期变动非常小，甚至表现为负数。根据这一原理，借助某种产品销售增长率指标，大致可以分析企业生产经营的产品所处的生命周期阶段，据此，也可以判断企业的发展前景。对一个具有良好发展前景的企业来说，较为理想的产品结构是"成熟一代、生产一代、储备一代、开发一代"。如果一个企业的所有产品都处于成熟期或者衰退期，那么它的发展前景就不容乐观。

【例 7-8】 (销售增长能力分析)以前表资料及 SYJS 公司 2007 年会计报表为基础，分析该公司销售收入发展能力。

首先，利用相关数据分别计算该公司 2005 年、2006 年和 2007 年的销售增长率指标，其计算过程如表 7-12 所示。

表 7-12　SYJS 公司销售增长率指标计算表　　　　　单位：万元

项　　目	2004 年	2005 年	2006 年	2007 年
营业收入净额	17 672	33 920	66 608	151 863
本年营业收入增加额	—	16 248	32 688	85 255
销售增长率%	—	91.94	96.37	128.00

其次，分析 SYJS 公司销售收入的增长趋势和增长水平。从表 7-12 可以看出，该公司自 2004 年以来，销售规模不断扩大，营业收入从 2004 年的 17 672 万元提高到 2007 年的 151 863 万元；而且从增长幅度来看，这三年来的销售增长率也一直呈现增长的趋势，尤其是 2007 年的增长幅度很大，这说明 SYJS 公司的销售增长速度正处于增长状态。

最后，利用表 7-11 的资产增长率指标，结合表 7-12 分析各年销售增长是否具有效益性。2005 年、2006 年、2007 年这三年的资产增长率分别为 176.70%、67.66%、19.57%。2005 年的资产增长率大于当年的销售增长率，而 2006 年、2007 年的销售增长率却比资产增长率要大。可见，这三年的销售增长率的效益性正逐年增强，这也说明 SYJS 公司这三年的销售增长不是主要依靠资产的追加投入取得，因此具有较高的效益性。

综合以上分析可以得出结论，即 SYJS 公司具有良好的销售增长能力。

4. 收益增长率的计算与分析

1) 收益增长率的内涵和计算

由于一个企业的价值主要取决于其盈利及增长能力，所以企业的收益增长是反映企业增长能力的重要方面。由于收益可表现为营业利润、利润总额、净利润等多种指标，因此，相应的收益增长率也具有不同的表现形式。在实际应用中，通常使用的是净利润增长率、营业利润增长率这两种比率。由于净利润是企业经营业绩的结果，因此，净利润的增长是企业成长性的基本表现。净利润增长率是本期净利润增加额与上期净利润之比，其计算公式如下：

$$净利润增长率 = \frac{本期净利润增加额}{上期净利润} \times 100\%$$

需要说明的是，如果上期净利润为负值，则应取其绝对值代入公式进行计算。该公式反映的是企业净利润增长情况。净利润增长率为正数，则说明企业本期净利润增加，净利润增长率越大，则说明企业收益增长得越多；净利润增长率为负数，则说明企业本期净利润减少，收益降低。

如果一个企业销售收入增长，但利润并未增长，那么从长远看，它并没有创造经济价值。同样，一个企业如果营业利润增长，但营业收入并未增长，也就是说，其利润的增长并不是来自于营业收入，那么，这样的增长也是不能持续的，随着时间的推移也将会消失。因此，利用营业利润增长率这一比率也可以较好地考察企业的成长性。营业利润增长率是本期营业利润增加额与上期营业利润之比，其计算公式如下：

$$营业利润增长率 = \frac{本期营业利润增加额}{上期营业利润} \times 100\%$$

同样，如果上期营业利润为负值，则应取其绝对值代入公式进行计算。该公式反映的是企业营业利润增长情况。营业利润增长率为正数，则说明企业本期营业利润增加，营业利润增长率越大，则说明企业收益增长得越多；营业利润增长率为负数，则说明企业本期营业利润减少，收益降低。

值得注意的是，在实际应用中有人提出利用三年利润平均增长率这一指标分析企业收益增长能力，其计算公式如下：

$$三年利润平均增长率 = \left(\sqrt[3]{\frac{年末利润}{三年前年末利润总额}} - 1 \right) \times 100\%$$

从计算公式可以发现，该指标的设计原理与三年资本平均增长率一致。计算三年利润平均增长率是为了均衡计算企业的三年平均利润增长水平，从而客观地评价企业的收益增长能力状况。但是，从该项指标的计算公式来看，并不能达到这个目的。因为其计算结果的高低同样只与两个因素有关，即与本年度年末利润总额和三年前年度年末利润总额相关，而中间两年的年末实现利润总额则不影响该指标的高低。这样，只要两个企业的本年度年末利润总额和三年前年度年末利润总额相同，就能够得出相同的三年利润平均增长率，但是这两个企业的利润增长趋势可能并不一致。因此，依据三年利润平均增长率来评价企业收益增长能力是有缺陷的。

2) 收益增长率分析

要全面认识企业净利润的增长能力，还需要结合企业的营业利润增长情况共同分析。如果企业的净利润主要来源于营业利润，则表明企业产品获利能力较强，具有良好的增长能力；相反，如果企业的净利润不是主要来源于正常业务，而是来自于营业外收入或者其他项目，则说明企业的持续发展能力并不强。

要分析营业利润增长情况，应结合企业的营业收入增长情况一起分析。如果企业的营业利润增长率高于企业的销售增长率即营业收入增长率，则说明企业正处于成长期，业务不断拓展，企业的盈利能力不断增强；反之，如果企业的营业利润增长率低于营业收入增长率，则反映企业营业成本、营业税费、期间费用等成本上升超过了营业收入的增长，说明企业的营业盈利能力并不强，企业发展潜力值得怀疑。

为了更正确地反映企业净利润和营业利润的增长趋势，应将企业连续多期的净利润增长率和营业利润增长率指标进行对比分析，这样可以排除个别时期偶然性或特殊性因素的影响，从而更加全面真实地揭示企业净利润和营业利润的增长情况。

【例7-9】(收益增长能力分析)以前表资料及 SYJS 公司 2007 年会计报表为基础，分析该公司的收益发展能力。

首先，利用相关数据分别计算该公司 2005 年、2006 年、2007 年的营业利润增长率和净利润增长率等指标，其计算过程如表 7-13 所示。

表 7-13　SYJS 公司收益增长率指标计算表　　单位：万元

项　目	2004 年	2005 年	2006 年	2007 年
营业利润	4 006	5 726	13 484	25 604
本年营业利润增加额	—	1 720	7758	12 120
营业利润增加率		42.94	135.49	89.88
净利润	5 097	5 023	10 065	18 174
本年净利润增加额	—	−74	5042	8 109
净利润增加率		−1.45	100.40	80.55

其次，根据表 7-13 分析 SYJS 公司的营业利润增长率。结合表 7-12，该公司 2005 年、2006 年、2007 年三年的销售增长率分别是 91.94%、96.37%、128.00%，而该公司这三年的营业利润增长率分别为 42.94%、135.49%、89.88%，可以看出只有 2006 年的营业利润增长率大于销售增长率。这反映了该公司这三年中有两年的营业收入和投资净收益的增长低于营业成本、营业税费、期间费用等成本的增加，说明公司存在一定盈利风险，值得该公司的关注，应加强成本的控制。

再次，分析该公司的净利润增长率。从表 7-13 可以知道，该公司 2005 年、2006 年、2007 年三年的净利润增长率分别为 −1.45%、100.40%、80.55%，结合公司的营业利润增长率来看，三年的净利润的增长幅度都低于营业利润的增长幅度，说明这三年的净利润高增长主要来源于营业利润的增长，其他项目对它并没有显著影响。对比三年的净利润增长率，可以发现该公司三年的净利润增长率并不稳定，尤其是 2006 年的净利润增长率非常高，达到了 100.40%，而 2005 年的净利润增长率为负值，这不排除受到一些偶然的或者非正常的因素的影响，因此，需要利用相关资料进一步分析其增长的真实原因。

最后，综合以上分析，SYJS 公司在营业利润方面具有较强的增长能力，且具有较好的增长趋势；在净利润方面具有一定的增长能力，但是，其未来增长的稳定性有待于进一步观察。

7.4.3 整体增长能力分析

1. 整体增长能力分析框架

除了对企业增长能力进行单项分析以外，还需要分析企业的整体增长能力。其原因在于：其一，股东权益增长率、收益增长率、销售增长率和资产增长率等指标，只是从股东权益、收益、销售收入和资产等不同的侧面考察了企业的增长能力，不足以涵盖企业增长能力的全部；其二，股东权益增长率、收益增长率、销售增长率和资产增长率等指标之间相互作用、相互影响，不能截然分开。因此，在实际运用时，只有把四种类型的增长率指标相互联系起来进行综合分析，才能正确评价一个企业的整体增长能力。

那么，应该如何分析企业的整体增长能力呢？具体的思路如下：

(1) 分别计算股东权益增长率、收益增长率、销售增长率和资产增长率等指标的实际值。

(2) 分别将上述增长率指标实际值与以前不同时期增长率数值、同行业平均水平进行比较，分析企业在股东权益、收益、销售收入和资产等方面的增长能力。

(3) 比较股东权益增长率、收益增长率、销售增长率和资产增长率等指标之间的关系，判断不同方面增长的效益性及它们之间的协调性。

(4) 根据以上分析结果，运用一定的分析标准，判断企业的整体增长能力。一般而言，只有一个企业的股东权益增长率、资产增长率、销售增长率、收益增长率保持同步增长，且不低于行业平均水平，才可以判断这个企业具有良好的增长能力。

根据上述分析思路可形成企业整体增长能力分析框架，如图7-4所示。

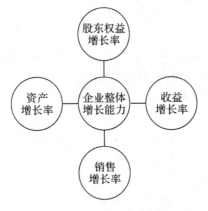

图 7-4　企业整体增长能力分析框架

运用这一分析框架能够比较全面地分析企业增长的影响因素，从而能够比较全面地评价企业的增长能力，但对于各因素的增长与企业增长的关系无法从数量上进行确定。

从企业整体的角度考虑企业的增长，就是保持企业的可持续增长能力，从某种程度上来讲就是保持和谐的财务策略和经营策略。对快速成长的企业而言，其资源会变得相当紧张，管理层需要采取积极的财务政策和经营政策加以控制，比如，发行新的股权资本，提高财务杠杆系数，减少股利支付比例来满足资金的需求，同时，调整经营政策来进行成长管理，比如分流部分订单、改变销售策略、停止或减少入不敷出的经营项目来减少增长的现金压力等。对于成长过慢的企业来说，管理层面临的问题之一是如何解决处理现金顺差问题，根据自身的情况可以进行股票回购或增发股利、通过并购买入成长型企业，即在更有活力的行业寻找物有所值的成长机会。一般来说，企业可持续增长能力的评价指标是可持续增长率。

案例

可持续增长率

可持续增长率是企业在保持目前经营策略和财务策略的情况下能够实现的最大增长率。可持续增长率主要是指企业可持续销售增长率，当然，也可以指可持续资产增长率、可持续收益增长率、可持续股利增长率等。

那么，一个企业要获得持续增长，应该满足什么条件呢？为了简化问题，可做以下假设：企业想以市场条件允许的速度尽快发展；企业经营者不愿意或者不能够筹集新的权益资本；企业想维持目标资本结构和固定的股利政策。在这些假设条件下，一个企业的收益要想以过去的增长速度持续增长，就必须增加销售收入。企业的总资产周转率一定的条件下，增加销售收入必须依赖于资产的相应增加。而要增加资产，在不对外进行权益资本融资的条件下，其来源渠道不外乎企业内部积累和对外进行债权融资两条。在不改变目标资本结构的情况下，债务的增加又取决于企业自身内部积累的多少，而企业内部积累数量又取决于其本身的盈利能力和既定的股利政策。因此，可持续增长率指标可以表示如下：

$$可持续增长率 = 净资产收益率 \times (1 - 股利支付率)$$
$$= 销售净利率 \times 资产周转率 \times 权益乘数 \times (1 - 股利支付率)$$

可见，一个企业的可持续增长率受销售净利率、资产周转率、权益乘数和股利支付率四个因素的影响，其中，销售净利率和资产周转率是企业经营业绩的综合体现，反映的是企业的经营策略效果；而权益乘数和股利支付率则分别体现了企业的融资政策和股利政策，反映的是企业的财务策略效果。因此，如果一个企业想要改变增长速度，就必须改变企业的经营策略或者财务策略或者两者的组合。

可持续增长的思想，不是说企业的增长不可以高于或低于可持续增长率。问题在于管理人员必须事先预计并且加以解决企业超过可持续增长率之上的增长所导致的财务问题。例如，一个企业如果要使实际的增长速度超过可持续增长率，也就是企业要想超速发展，只能是通过以下途径，要么是增强自身的获利能力(提高销售净利率)，要么是提高自身的经营效率(提高资产周转率)，要么是改变自身的财务策略(降低股利支付率或提高财务杠杆水平)。当然，几个方面同时调整和改变也是可行的。但是，需要指出的是，提高经营效率并非总是可行的，而改变财务策略是有风险和极限的，因此，超常增长只能是短期的。

企业的实力和承担风险的能力，决定了企业的增长速度。实际上一个理智的企业在增长率问题上并没有多少回旋余地，尤其是从长期来看更是如此。一些企业由于发展过快陷入危机甚至破产，另一些企业由于增长太慢遇到困难甚至被其他企业收购，这说明不当的增长速度足以毁掉一个企业。

2. 整体增长能力分析框架应用

应用企业整体增长能力分析框架分析企业整体增长能力时应该注意以下几个方面。

1) 对股东权益增长的分析

股东权益的增长一方面来源于净利润，净利润又主要来自于营业利润，营业利润又主要取决于销售收入，并且销售收入的增长在资产使用效率保持一定的前提下要依赖于资产投入的增加；股东权益的增长另一方面来源于股东的净投资，而净投资取决于本期股东投资资本的增加和本期股利的发放。

2) 对收益增长的分析

收益的增长主要表现为净利润的增长，而对于一个持续增长的企业而言，其净利润的增长应该主要来源于营业利润，而营业利润的增长又应该主要来自于营业收入的增加。

3) 对销售增长的分析

销售增长是企业营业收入的主要来源，也是企业价值增长的源泉。一个企业只有不断开拓市场，保持稳定的市场份额，才能不断扩大营业收入，增加股东权益，同时为企业进一步扩大市场、开发新产品和进行技术改造提供资金来源，最终促进企业的进一步发展。

4) 对资产增长的分析

企业资产是取得销售收入的保障，要实现销售收入的增长，在资产利用效率一定的条件下就需要扩大资产规模。要扩大资产规模，一方面可以通过负债融资实现，另一方面可以依赖股东权益的增长，即净利润和净投资的增长。总之，在运用这一框架时需要注意这四种类型增长率之间的相互关系，否则无法对企业的整体发展能力做出正确的判断。

【例 7-10】 (整体增长能力分析)根据以上计算得到的 SYJS 公司 2005 年、2006 年、2007 年的股东权益增长率、净利润增长率、营业利润增长率、销售增长率和资产增长率等指标实际值进行分析，并判断该公司整体发展能力。它们的计算结果如表 7-14 所示。

表 7-14 SYJS 公司 2005—2007 年单项增长率一览表

项　目	2005 年	2006 年	2007 年
股东权益增长率%	58.88	49.80	21.94
净利润增长率%	−1.45	100.40	80.55
营业利润增长率%	42.94	135.49	89.88
销售增长率%	91.94	96.37	128.00
资产增长率%	176.70	67.66	19.57

根据表 7-14，可以发现 SYJS 公司 2005 年以来股东权益增长率、净利润增长率、营业利润增长率、销售增长率、资产增长率基本上都为正值，仅 2005 年的净利润增长率为负值，这说明该公司 2005—2007 年的股东权益、收益规模、销售收入、资产规模都一直在增加，但其增长率水平还应与行业平均水平进行比较。我们查阅财政部制定的企业绩效评价指标标准值，可以发现电力燃气工业企业的销售增长率行业平均标准值为 14.5%，营业利润增长率的平均标准值为 3.7%，资产增长率的平均标准值为 9.9%，这样 SYJS 公司的销售增长率、营业利润增长率、资产增长率均超过行业平均水平，其增长状况较好。股东权益增长率的平均标准值为 2.1%，SYJS 公司 2005 年、2006 年、2007 年的股东权益增长率均高于行业平均水平，2005 年股东权益增长率达到了 58.88%，大大超过了行业平均水平。这样，综合起来看 SYJS 公司股东权益、资产销售和收益增长率基本高于行业平均水

平，这反映其各方面的增长状况良好。

观察表 7-14，可以发现 SYJS 公司 2005 年以来其销售增长率一直处于上升的趋势；股东权益增长率和资产增长率一直处于下降的趋势；净利润增长率、营业利润增长率都出现先增后降的趋势，这种趋势属于暂时性的还是持续性的，需要进一步深入分析。问题的焦点集中在 2006 年，可以观察到该公司 2006 年的净利润增长率和营业利润增长率明显高于其他年份，所以应关注 2006 年的净利润和营业利润的增长原因。

再比较各种类型的增长率之间的关系。首先，看销售增长率和资产增长率。可以看出除了 2005 年，SYJS 公司 2006 年、2007 年的销售增长率均高于资产增长率，而且超出幅度较大，说明公司的销售增长并不是主要依赖于资产投入的增加，因此具有较好的效益性。

其次，比较股东权益增长率与净利润增长率。可以看出该公司这三年中有两年的股东权益增长率均大大低于当年的净利润增长率，一方面说明该公司这三年的股东权益增长主要来自于生产经营活动创造的净利润，是一个比较好的现象；而另一方面，股东权益增长率与净利润增长率之间出现较大的差异，说明公司的净利润可能还用于弥补亏损等其他用途，所以，应进一步分析二者出现较大差异的原因。

再次，比较净利润增长率与营业利润增长率。可以发现 SYJS 公司自 2005 年以来公司的净利润增长率均低于营业利润的增长率，这反映该公司净利润的高增长主要来自营业利润的增长，说明企业在净利润方面的持续发展能力比较强。

最后，比较营业利润增长率和销售增长率。可以看出，2005 年和 2007 年的营业利润的增长率均低于销售增长率，这反映该公司这三年中有两年的营业收入和投资净收益的增长低于营业成本、营业税费、期间费用等成本的增加，说明公司存在一定盈利风险，值得该公司关注，并加强成本的控制。

通过以上分析，对 SYJS 公司的整体增长能力可以得出一个初步的结论，该公司的各个方面都具有较强的增长能力，因而具有较强的整体增长能力。当然，考虑到企业增长能力还受到许多其他复杂因素的影响，因此，要得到关于企业增长能力的更为准确的结论，还需要利用更多的资料进行更加深入的分析。

企业增长能力通常是指企业未来生产经营活动的发展趋势和发展潜能，也可以称之为发展能力。从形成看，企业的增长能力主要是通过自身生产经营活动不断扩大积累而形成的，主要依托于不断增长的销售收入、不断增加的资金投入和不断创造的利润等。从结果看，一个增长能力强的企业，能够不断为股东创造财富，能够不断增加企业价值。

企业能否持续增长对股东、潜在投资者、经营者及其他相关利益团体至关重要，因此，有必要对企业的增长能力进行深入分析。

与盈利能力一样，企业增长能力的大小同样是一个相对的概念，即分析期的股东权益、收益、销售收入和资产相对于上一期的股东权益、收益、销售收入和资产的变化程度。仅仅利用增长额只能说明企业某一方面的增减额度，无法反映企业在某一方面的增减幅度，既不利于不同规模企业之间的横向对比，也不能准确反映企业的增长能力，因此，在实践中通常是使用增长率来进行企业增长能力分析。当然，企业不同方面的增长率之间存在相互作用、相互影响的关系，因此，只有将各方面的增长率加以比较，才能全面分析企业的整体增长能力。

可见，企业增长能力分析的内容可以分为两部分：企业单项增长能力分析和企业整体增长能力分析。

　　企业价值要获得增长，就必须依赖于股东权益、收益、销售收入和资产等方面的不断增长，企业单项增长能力分析就是通过计算和分析股东权益增长率、收益增长率、销售增长率、资产增长率等指标，分别衡量企业在股东权益、收益、销售收入、资产等方面所具有的增长能力，并对其在股东权益、收益、销售收入、资产等方面所具有的发展趋势进行评估。

　　除了对企业增长能力进行单项分析以外，还需要分析企业的整体增长能力。其原因在于：其一，股东权益增长率、收益增长率、销售增长率和资产增长率等指标，只是从股东权益、收益、销售收入和资产等不同的侧面考察了企业的增长能力，不足以涵盖企业增长能力的全部；其二，股东权益增长率、收益增长率、销售增长率和资产增长率等指标之间相互作用、相互影响，不能截然分开。因此，在实际运用时，只有把四种类型的增长率指标相互联系起来进行综合分析，才能正确评价一个企业的整体增长能力。

　　企业整体增长能力分析就是通过对股东权益增长率、收益增长率、销售增长率、资产增长率等指标进行相互比较与全面分析，综合判断企业的整体增长能力。运用企业整体增长能力分析框架能够比较全面地分析企业发展的影响因素，从而能够比较全面地评价企业的增长能力，但对于各因素的增长与企业发展的关系无法从数量上进行确定。

本 章 小 结

　　偿债能力是指企业对到期债务清偿的能力和现金的保障程度。企业的偿债能力按照债务到期时间的长短可分为短期偿债能力和长期偿债能力。营运能力分析主要通过计算和分析反映企业资产营运效率与效益的指标，从而评价企业的营运能力，为企业提高经济效益指明方向。营运能力分析的主要内容包括流动资产营运能力分析、固定资产营运能力分析和总资产营运能力分析。盈利能力是指上市公司利用其拥有或控制的各种经济资源获取利润的能力，是公司财务结构和经营绩效的综合体现，评价公司的盈利能力是财务报表分析的一个重要方面。

　　本章重点介绍了偿债能力、营运能力、盈利能力及增长能力的内涵，以及偿债能力、营运能力、盈利能力和增长能力常用分析指标的计算及分析方法。

思 考 与 练 习

1. 简述偿债能力分析的目的与内容。
2. 什么是财务失败，引起财务失败的原因有哪些？
3. 简述财务失败预测模型的作用。
4. 试述利润和现金的含义，并结合两者的关系评价盈利质量分析的意义。
5. 流动比率与速动比率的优点与不足是什么？
6. 哪些人最关心企业的偿债能力？为什么？
7. 速动比率计算中为何要将存货扣除？
8. 为什么债权人认为资产负债率越低越好，而投资人认为应保持较高的资产负债率？

9. 已知某公司资产总额 450 万元，流动资产占 30%，其中货币资金有 25 万元，其余为应收账款和存货。所有者权益项目共计 280 万元，本年实现毛利 90 万元。年末流动比率 1.5，产权比率 0.6，收入基础的存货周转率 10 次，成本基础的存货周转率 8 次。

要求：计算下列指标：应收账款、存货、长期负债、流动负债、流动资产的数额。

10. 在计算和使用应收账款周转率时应该注意哪些问题？

11. 企业为什么需要持有一定的现金？

12. 分析企业盈利能力的目的是什么？

13. 某公司 20X4 年和 20X5 年主营业务收入分别为 1 300 万元和 1 460 万元，20X3 年、20X4 年和 20X5 年流动资产年末余额分别为 460 万元、420 万元和 470 万元。

要求：

(1) 计算 20X4 年和 20X5 年流动资产平均余额；

(2) 计算 20X4 年和 20X5 年流动资产周转次数和周转天数，并做出简要的评价。

14. 简述企业盈利能力分析应考虑的因素。

15. A 公司 20X4 年年末和 20X5 年年末的部分资料见表 7-15。

表 7-15　A 公司资产负债表

单位：元

项　　　目	20X4 年	20X5 年
现金	4 600	4 000
银行存款	500 000	10 000
短期投资 – 债券投资	400 000	460 000
其中：短期投资跌价准备	−3 000	−3 130
应收票据	45 000	48 000
应收账款	6 450 000	7 340 000
其中：坏账准备	−72 000	−87 000
存货	3 030 000	4 230 000
固定资产	23 800 000	38 320 000
其中：累计折旧	−3 280 000	−3 580 000
应付票据	4 489 000	5 890 000
应交税金	412 000	453 000
预提费用	38 000	43 000
长期借款 – 基建借款	7 981 000	8 982 000

要求：

(1) 计算该企业各年的营运资本；

(2) 计算该企业各年的流动比率；

(3) 计算该企业各年的速动比率；

(4) 计算该企业各年的现金比率；

(5) 将以上两年的指标进行对比，简要说明其短期偿债能力是否得到改善。

16. B 公司和 C 公司分别是各自行业的领导者。两公司 20X5 年的利润表如表 7-16 所示。

表 7-16　B 公司和 C 公司利润表　　　　　　单位：万元

项　目	B 公司	C 公司
销售净额	6 471	19 536
已售商品成本	3 907	14 101
销售和行政管理费用	1 589	3 846
利息费用	39	16
其他费用	37	38
所得税费用	346	597
净收益	553	938

B、C 两家公司 20X5 年平均总资产分别是 15 890 万元和 12 080 万元。

要求：计算盈利能力的相关指标，以此为依据比较哪家公司的盈利能力更强，并说明理由。

17. M 公司 20X5 年年初的流动资产总额为 900 万元(其中应收票据 300 万元，应收账款为 200 万元，存货为 400 万元)，流动资产占资产总额的 25%；流动负债总额为 600 万元，流动负债占负债总额的 30%；该公司 20X5 年年末的流动资产总额为 1 100 万元(其中应收票据为 350 万元，应收账款为 300 万元，存货为 450 万元)，流动资产占资产总额的 20%，流动负债占负债总额的 32%。该公司 20X5 年年末股东权益与年初股东权益的比值为 1.5。

已知该公司 20X5 年的营业收入为 6 000 万元，销售毛利率为 22%，负债的平均利息率为 9%，经营现金流量对流动负债的比率为 0.5。

要求：

(1) 计算 20X5 年年初的负债总额、资产总额、权益乘数、流动比率和速动比率；

(2) 计算 20X5 年年末的股东权益总额、资产总额、产权比率、流动比率、速动比率；

(3) 计算 20X5 年的应收账款及应收票据周转率、存货周转率(按营业成本计算)和总资产周转率(涉及资产负债表数据使用平均数计算)；

(4) 计算 20X5 年经营现金流量净额(涉及资产负债表数据使用平均数计算)。

18. E 公司 20X3 年度、20X4 年度和 20X5 年度利润表部分数据如表 7-17 所示。

表 7-17　E 公司年度利润表　　　　　　单位：万元

项目	20X5 年	20X4 年	20X3 年
销售收入	32 168	30 498	29 248
销售成本	20 281	18 531	17 463
净利润	2 669	3 385	3 305

要求：

(1) 计算该公司 20X5 年度的销售净利率并做出简要分析；

(2) 计算该公司 20X5 年度的销售毛利率并做出简要分析。

19. D 公司 20X5 年度财务报表及其他主要资料如表 7-18 和表 7-19 所示。

表 7-18 资产负债表

20X5 年 12 月 31 日   单位：千元

资　　产		负债和股东权益	
货币资金(年初 400)	500	应付账款	1 000
应收账款(年初 2 200)	2 000	其他流动负债	750
存货(年初 900)	1 000	流动负债合计	1 750
流动资产合计	3 500	长期负债	1 750
固定资产净额(年初 5 000)	5 000	股本	5 000
资产总计(年初 8 500)	8 500	负债和股东权益合计	8 500

表 7-19 利润表

20X5 年   单位：千元

销售收入	12 000
销售成本	10 000
毛　利	2 000
管理费用	1 160
利息费用	300
税前利润	540
所得税	162
净利润	378

该公司当期向外赊购净额为 10 000 千元，销售净利率、资产净利率与权益净利率的行业值分别为 3.5%、5%和 8.3%。

要求：

(1) 根据资料，填列如表 7-20 所示的财务比率计算表(一年按 360 天计算)；

(2) 评价企业的短期偿债能力和长期偿债能力，并指出存在的问题，说明问题产生原因；

(3) 计算总资产周转天数，并构建总资产周转天数驱动因素公式，说明总资产周转天数变化的原因。

表 7-20 财务比率计算表

比率名称	D 公司	行业平均(已知资料)
流动比率		1.98
速动比率		1.33
资产负债率		40%
利息保障倍数		3.8
存货周转率		10 次
平均收现期		35 天
应付账款周转率		8 次
现金周期		26 天

第八章　综合分析与评价

 学习目标

(1) 熟悉综合分析与评价的目的和内容。财务综合能力分析的目的是：评估企业分析期的经营绩效；分析影响企业财务状况和经营成果的各个因素，挖掘企业的潜力；监督企业执行政策、法令及规章制度的情况；预测企业未来的发展趋势，提供决策的依据。

(2) 综合分析的方法。综合分析的方法主要有：杜邦财务分析体系、沃尔评分法、雷达图分析法。

(3) 掌握公司价值评估。包括以现金流为基础的价值评估、以经济利润为基础的价值评估、以价格比为基础的价值评估。

 案例导读

七匹狼 2009 年逆风而上

2010 年 4 月 17 日，七匹狼公司发布的 2009 年年度报告显示：报告期内实现营业收入 19.87 亿元，同比增长 20.24%；实现营业利润 2.58 亿元，同比增长 25.37%；实现归属于母公司股东净利润 2.04 亿元，同比增长 33.27%；稀释每股收益 0.72 元，同时，公司公告，拟以 2009 年年末总股本 282 900 000 股为基数，向全体股东每 10 股派现金股利 2.00 元(含税)。

一、重点财务指标均为良好，充裕的现金和良好的现金流为企业长期发展奠定了基础

重点数据及其变动原因

财务指标	2009 年/万元	2008 年/万元	同比/%	解　　读
经营活动现金流	30 095	17 412	72.84	利润增加 + 长期待摊费用摊销、存货减少、应付和预收款的增加
现金 + 理财产品	76 416	59 790	27.81	七匹狼现金非常充裕,为长期发展提供坚实基础
预付账款	14 697	7 758	89.44	支付了较多店铺购置款及 2010 年春夏商品预付款
应收账款	24 547	11 145	120.25	2009 年加大给予代理商授信额度
长期待摊费用	1 457	11 406	−87.23	2009 年摊销了 8 707 万元
预收款项	24 497	18 413	33.05	反映 9 月份经销商定金,主要是销售规模扩大

续表

财务指标	2009 年/万元	2008 年/万元	同比/%	解　读
递延所得税资产	4 288	1 787	139.98	资产减值＋未实现内部销售利润产生较多可抵扣暂时性差异
销售费用	30 258	24 230	24.88	业务扩张带来费用增加 8 707 万元的长期待摊费用摊销
管理费用	14 601	10 419	40.14	业务扩张带来费用增加，引进高管，ERP 投入
资产减值损失	5 216	1 455	258.45	直营渠道增加,年末过季商品可变现净值低于成本

二、直营店建设驱动收入超预期增长，成本和供应链整合带动毛利率超预期提升

七匹狼 2009 年渠道扩张速度 17.33%：

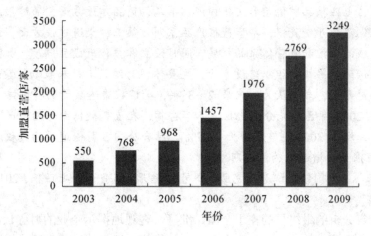

七匹狼 2009 年重点指标与利郎对比：

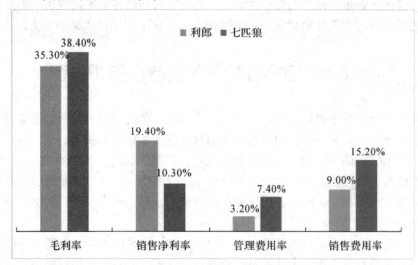

受直营店销售提升，2009 年原料和采购价格下滑影响，公司 2009 年毛利率 38.3%，

达到历史最高水平上，比去年同期提高 4.4 个百分点；在此带动下，销售净利率比上年同期提高 1 个百分点；与竞争对手利郎相比，受营销环节投入、管理环节投入较大影响，短期内净利率偏低。

在七匹狼 2009 年年末渠道构成中，直营店/联营共 220 家(其中，生活馆 7 家，旗舰店 33 家，普通专卖店 180 家)；加盟渠道 3 029 家(其中，生活馆 23 家，旗舰店 278 家，普通专卖店等 2 728 家)

2009 年七匹狼新开渠道 480 家，比上年增长 17.33%；其中，直营/联营增 122 家，代理商渠道增加 358 家。在直营渠道扩张，发展带动下，2009 年七匹狼收入增长 20.24%；超过原来做出的 15% 左右增速的预期。

三、2009 年逆风前行，2010 年及未来两到三年业绩值得期待

2009 年公司在经营管理方面逆风上行，在品牌建设、商品建设、渠道建设、组织建设等方面均有所建树，为长期发展打下基础。第一，品牌建设方面，启用孙红雷、胡军、张涵予、张震等四位当红影帝加盟，并创新性地提出"名士堂"概念，采取全方位的传播方式和途径宣传七匹狼品牌价值和文化内涵。第二，商品建设方面，通过供应商队伍优化提升质量，优化商品开发流程，丰富蓝狼产品系列。第三，渠道建设方面，设立六大区，负责对当地区域的管控和直营体系的拓展，同时设立客户代表设立制度，加强对代理商的服务和资讯的传递。第四，组织建设方面，主要体现为绩效考核和激励方案的完善。

根据公司年报，我们认为，未来 2～3 年，七匹狼渠道数量仍将保持 15%～20% 的增速，考虑到 2009 年已经充分消化秋、冬季存货，在宏观数据向好的情况下，我们认为单店有望恢复正增长(2009 年单店增长 −4.7%)。结合公司 3 月份通过的股权激励方案，未来 2～3 年七匹狼业绩增速依然值得期待。

(资料来源：中国银河证券研究所，公司简评研究报告——七匹狼，2010 年 4 月 17 日)

财务报告分析的最终目的在于全面、准确、客观地揭示企业的财务状况和经营成果，并借以对企业经济效益的优劣做出合理评价。显然，仅仅计算几个简单的、孤立的财务比率，不可能做出合理、公允的综合性结论。因此，只有将各种不同报表、不同指标的分析与评价融为一体，才能从总体意义上把握企业财务状况和经营成果的优劣。

8.1 综合分析与评价的目的和内容

企业的各个方面不是孤立的，而是相互联系的，在进行财务分析时不能局限于某一个方面。以上各章分别从不同的角度对企业的财务状况和经营成果进行了具体研究。但是，财务分析的最终目的在于全方位的了解企业经营理财的状况，并借此对企业经济效益的优劣做出系统的、合理的评价。单独分析任何一项财务指标都难以全面评价企业的财务状况和经营成果，应将相互关联的各种报表和财务能力指标联系在一起，从全局出发，进行全面、系统、综合的分析。

所谓财务综合分析就是将偿债能力、营运能力、盈利能力和发展能力等诸方面的分析纳入一个有机的整体之中，全面的对企业的经营状况、财务状况进行解剖和分析，从而对

企业经济效益的优劣做出准确的评价。

财务综合能力分析的总体目标是考核过去、评价现在和预测未来。其具体目的如下：

(1) 评估企业分析期的经营绩效。通过财务综合能力分析所提供的数据资料，对企业财务状况和经营成果进行客观、公正的评价，肯定企业的成绩，提出问题，并将企业实际指标数据与以前各期、计划指标、同类企业的同期和先进指标进行比较，以判断企业在分析期的管理水平和经营业绩。

(2) 分析影响企业财务状况和经营成果的各个因素，挖掘企业的潜力。按照企业各项经济指标的性质，以及各指标之间的相互关系，寻找影响企业财务指标变动的有关因素，并对其进行量化，取得各因素变动的影响程度。评价企业的各项指标不是孤立存在的，它们都是相互联系、相互影响、相互作用的，而且各个指标往往还受各种因素的综合影响，通过分析影响因素和计算影响程度，可以分清影响企业财务指标的有利因素和不利因素、主要因素和次要因素。然后，对各项指标变动的结果进行综合分析，找出差距，查明原因，制定改进措施，以便挖掘企业各个方面的潜力，寻找提高企业经济效益的可能性。

(3) 监督企业执行政策、法令及规章制度的情况。作为市场经济中的一员，企业必须遵守国家的法律法规和有关的规章制度。因此，在进行财务报告数据资料的综合分析时，还应该结合国家有关经济的法律法规和规章制度，来考察企业是否按照法律法规办理各项业务，是否按照规定披露企业的有关财务信息，是否按照国家有关政策正确计算利润和分配利润，是否足额的交纳税金，以及是否正确遵守财经纪律、信贷制度，合理筹集和使用资金。

(4) 预测企业未来的发展趋势，提供决策的依据。经营活动的中心在于管理，管理的中心在于决策。企业的财务活动是一个复杂的总体，财务综合能力分析应从各项财务指标的分析中，去粗取精、去伪存真、由表及里，由此及彼，找出各项财务指标之间本质的、必然的联系。财务分析者根据分析结果认真评价过去，科学规划未来，提出改进建议，作为进行决策、制定措施的参考。

由于财务报告的综合分析提供的各种财务信息是分析人员运用各种科学的方法，压缩数量，提高质量，并对其加工整理后形成的高级财务信息，在运用这些信息规划未来的活动时就可以减少失误，减少财务决策的盲目性，增强可行性。

财务综合能力分析的方法或体系较多，其中，影响比较广的主要有沃尔分析法、杜邦分析法和帕利谱分析法。

8.2 综合分析的方法

应用比较广泛的财务综合分析方法有杜邦分析法(杜邦财务分析体系)、沃尔评分法、雷达图分析法等。

8.2.1 杜邦财务分析体系

1. 传统的杜邦财务分析体系

传统的杜邦财务分析体系，是由美国杜邦公司的财务经理唐纳德森·布朗于 1919 年创造并使用的,不仅用来衡量生产效率,而且也用来衡量整体业绩。他的主要思想是根据企业对外公布的财务报表计算一系列的财务指标,以此对企业整体财务状况进行综合评价。杜邦财务分析体系在企业管理中发挥了巨大作用,也奠定了财务指标作为评价指标的统治地位。

1) 传统地方财务分析体系的核心比率

净资产收益率是杜邦分析体系的核心比率,它有很好的可比性,可以用于不同企业之间的比较。由于资本具有逐利性,它总是流向投资收益率高的行业和企业,使得各企业的净资产收益率趋于接近。如果一个企业的净资产收益率经常高于其他企业,就会引来竞争者,最终会使该企业的净资产收益率回到平均水平;如果一个企业的净资产收益率经常低于其他企业,就得不到资金,会被市场驱逐,使得幸存企业的净资产收益率提升到平均水平。

净资产收益率不仅有很好的可比性,而且有很强的综合性,其计算公式为:

$$净资产收益率 = \frac{净利润}{营业收入} \times \frac{营业收入}{总资产} \times \frac{总资产}{股东收益}$$

从上式可以看出,为了提高净资产收益率,管理者有三个可以使用的杠杆,即营业收入净利润率,总资产净利润率和权益乘数。其中,"营业收入净利润率"是利润表的概括,"营业收入"在利润表的第一行,"净利润"在利润表的最后一行,两者相除可以概括全部经营成果;"权益乘数"是资产负债表的概括,表明资产、负债和股东权益的比例关系,可以反映最基本的财务状况,"资产收益率"把利润表和资产负债表联系起来,使净资产收益率能中和整个企业的经营活动及其业绩。

2) 传统的杜邦财务分析体系的基本框架

杜邦财务分析体系是一个多层次的财务比率分解体系。各项财务比率在每个层次上与本企业历史或同业的财务比率比较,比较之后再向下一级分解,以此类推,逐级向下分解,逐步覆盖企业经营活动的每一个环节,从而可以实现系统、全面地评价企业经营成果和财务状况的目的。

传统的杜邦财务分析体系的基本架构可以用图 8-1 表示。

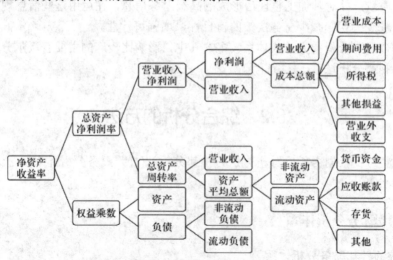

图 8-1　传统的杜邦财务分析体系的基本架构

从图 8-1，我们可以直观地看出企业财务状况和经营成果的总体面貌，并且通过指标的层层分解，可以找出企业财务问题的症结之所在。从杜邦分析图上，可以了解到以下的财务信息：

(1) 净资产收益率。净资产收益率是一个综合性最强的财务比率，是杜邦系统的核心。企业理财的重要目标之一就是实现股东财富最大化，净资产收益率正是反映了股东投入资金的盈利能力，反映了企业筹资、投资和生产运营等各方面经营活动的效率。净资产收益率取决于企业资产收益率和权益乘数。资产收益率主要反映企业在运用资产进行生产经营活动方面的效率如何，而权益乘数则主要反映了企业的筹资情况，企业资金来源结构如何。

(2) 总资产净利润率。总资产净利润率是影响净资产收益率的最主要因素，它体现着企业资产的总体获利能力。它的高低是营业收入净利润率与总资产周转率共同作用的结果。要提高营业收入与净利润率，必须努力增收节支；要提高总资产周转率，则需要从增加营业收入、降低资金占用量两方面着力。总资产净利率是销售成果、资产管理效果的综合体现。

(3) 营业收入净利润率。营业收入净利润率反映了企业净利润与营业收入之间的关系。一般来说，营业收入增加，企业的净利润也会随之增加。但是，要想提高营业收入净利润率，必须一方面提高营业收入，另一方面降低各种成本费用，这样才能使净利润的增长高于营业收入的增长，使营业收入净利润率提高。

(4) 总资产周转率。资产周转速度直接影响到企业的获利能力，如果企业资产周转较慢，就会占用大量资金，增加资金成本，减少企业的利润。分析资产周转情况，不仅要分析企业总资产周转率，更要分析企业的存货周转率与应收账款周转率，并将其周转情况与资金占用情况结合分析。

(5) 权益乘数。权益乘数是反映企业资本结构的重要指标，主要受资产与负债之间比率关系的影响，按照杜邦分析法，如果企业总资产的需要量不变，适度开展负债经营，相对减少股东权益所占份额，可使此项比率提高，从而提高净资产收益率。因此，企业既要合理使用全部资产，又要妥善安排资本结构，这样才能有效地提高净资产收益率。

从杜邦财务分析图中可以看到，第一层次的分解是把净资产收益率分解为总资产净利润率和权益乘数。第二层次的分解是把总资产净利润率分解为营业收入净利润率和总资产周转率。营业收入净利润率、总资产周转率和权益乘数，这三个比率在各企业之间可能存在显著差异。通过对差异的比较，可以观察本企业与其他企业的经营战略和财务政策有什么不同。

营业收入净利润率和总资产净利润率，可以反映企业的经营战略。一些企业营业收入净利润率较高，而总资产周转率较低；另一些企业与之相反，总资产净利润率较高，而营业收入净利润率较低，两者经常呈反方向变化。这种现象不是偶然的，为了提高营业收入净利润率，就要增加产品的附加值，往往需要增加投资，引起周转率的下降。与此相反，为了加快周转就要降低价格，引起营业收入净利率下降。通常营业收入净利率较高的制造业，其周转率都较低；周转率很高的零售业，营业收入净利润率较低。采取"高盈利、低周转"还是"低盈利、高周转"的方针，是企业根据外部环境和自身资源做出的战略选择。正因为如此，仅从营业收入净利率的高低并不能看出业绩好坏，把它与总资产周转率联系起来才可以考察企业经营战略，真正重要的是两者共同作用而得到的总资产净利润率。总资产净利率可以反映管理者运用受托资产赚取盈利的业绩，是最重要的盈利能力。

权益乘数可以反映企业的财务政策。在资产收益率不变的情况下，提高财务杠杆可以提高净资产收益率，但同时也会增加财务风险。如何配置财务杠杆是企业最重要的财务政策。一般来说，总资产净利润率较高的企业，财务杠杆较低，反之亦然。这种现象也不是偶然的。可以设想，为了提高净资产收益率企业倾向于尽可能地提高财务杠杆，但是贷款提供者不一定会同意这种做法。贷款提供者不分享超过利息的收益，更倾向于向预期未来经营现金流量比较稳定的企业提供贷款。为了稳定现金流量，企业的一种选择是降低价格以减少竞争，另一种选择是增加营运资本以防止现金流中断，这两种情况都可能导致总资产净利润率下降。这就是说，为了提高流动性，就可能降低盈利性。因此，我们实际看到的是经营风险低的企业可以得到较多的贷款，其财务杠杆较高；经营风险高的企业，只能得到较少的贷款，其财务杠杆较低。总资产净利润率与权益乘数呈现负相关，它们共同决定了企业的净资产收益率，企业必须使其经营战略和财务政策相匹配。

应当指出，杜邦分析法只是一种分解财务比率的方法，而不是另外建立新的财务指标，它可以用于各种财务比率的分析。它和其他财务分析方法一样，关键不在于指标的计算，而在于对指标的理解和运用。

3）财务比率的比较和分解

该分析体系要求，在每一个层次上进行财务比率的比较和分解。通过与上年比较可以识别变动的趋势，通过同行业的比较可以识别存在的差距。分解的目的是识别引起变动的原因，为后续分析指明方向。

（1）财务比率的比较。

下面以 T2T 股份公司的净资产收益率的比较和分解为例，说明其一般方法。计算过程如表 8-1 所示。

表 8-1 TRT 股份公司净资产收益率计算表   单位：万元

年度	净利润	营业收入	平均总资产	平均股份权益	净资产收益率
2011	29 868.22	185 536.32	318 250.02	258 031.23	11.58%
2012	32 235.98	185 487.83	406 115.49	278 946.95	11.56%

$$\text{净资产收益率} = \frac{\text{净利润}}{\text{营业收入}} \times \frac{\text{营业收入}}{\text{平均总资产}} \times \frac{\text{平均总资产}}{\text{平均股东权益}} \times 100\%$$

$$2011\text{ 年净资产收益率} = \frac{29868.22}{185536.32} \times \frac{185536.22}{318250.02} \times \frac{3185250.02}{258031.23} \times 100\% = 11.58\%$$

$$2012\text{ 年净资产收益率} = \frac{32235.98}{185487.83} \times \frac{185487.83}{406115.49} \times \frac{406115.49}{278946.95} \times 100\% = 11.56\%$$

于 2011 年相比，2012 年的净资产收益率下降了 0.02%，那么影响净资产收益率变动的因素有哪些呢？可以通过对营业收入质量、资产利用效率以及资本结构这三个影响因素进行分析。

（2）财务比率的分解。

根据财务报表计算的有关财务比率，如表 8-2 所示。

表 8-2　TRT 股份公司主要财务比率及其变动

年度 主要财务比率	2011 年	2012 年	变动
1. 营业收入净利润率(净利润/营业收入)	16.10%	17.38%	1.28%
2. 总资产周转率(营业收入/平均资产)	58.30%	45.67%	−12.63%
3. 总资产净利润率(净利润/平均资产)	9.39%	7.94%	−1.45%
4. 平均权益乘数(平均资产总额/平均负债)	1.233	1.456	0.223
5. 净资产收益率(净利润/平均股东权益)	11.58%	11.56%	−0.02%

根据计算结果可以看出，促使净资产收益率提高的有利因素是营业收入净利润率和平均权益乘数，分别上升了 1.28%，和 0.223，不利因素是总资产周转率与总资产净利润率，分别下降了 12.63% 和 1.447%。

与同行业相比较，中药材及中成药加工业的平均净资产收益率为 10.4%，平均总资产周转率为 110%，TRT 股份公司净资产收益率高于行业平均值，平均总资产周转率低于行业平均值。

4) 传统的杜邦财务分析体系的局限性

传统的杜邦财务分析体系虽然被广泛使用，但是也存在某些局限性。

(1) 计算总资产净利润率的"总资产"与"净利润"不匹配。总资产是全部资产提供者享有的权利，而净利润是专属于股东的，两者不匹配。由于资产净利润率的"投入与产出"不匹配，该指标不能反映实际的收益率。为了改善比率的配比，需要重新调整其分子和分母。为公司提供资产的利益主体包括股东、有息负债的债权人和无息负债的债权人。要求分享收益的是股东和有息负债的债权人。因此，需要计量股东和有息负债的债权人投入的资本，并且计量这些资本产生的收益，两者相除才是合乎逻辑的资产收益率，才能准确反映企业的基本盈利能力。

(2) 没有区分经营活动损益和金融活动损益。传统财务分析体系没有区分经营活动和金融活动。对于多数企业来说，金融活动是净筹资，他们在金融市场上主要是筹资，而不是投资，筹资活动没有产生净利润，而是支出费用。这种筹资费用是否属于经营活动的费用，即使在会计规范的制定中也存在争议，各种会计规范对此的处理也不尽相同。从财务管理的基本理念看，企业的金融资产是投资活动的剩余，是尚未投入实际经营活动的资产，应将其从经营资产中剔除。与之相适应，金融费用也应从经营收益中剔除，才能使经营资产和经营收益匹配。因此，正确计量基础盈利能力的前提是区分经营资产和金融资产，区分经营收益与金融收益(费用)。

(3) 没有区分有息负债与无息负债，既然要把金融(筹资)活动分离出来单独考察，就会涉及单独计量筹资活动的成本。负债的成本(利息支出)仅仅是有息负债的成本。因此，必须区分有息负债和无息负债，利息与有息负债相除，才是实际的平均利息率。此外，区分有息负债与无息负债后，有息负债与股东权益相除，可以得到更符合实际的财务杠杆。无息负债没有固定成本，本来就没有杠杆作用，将其计入财务杠杆，会歪曲杠杆的实际作用。

　　针对上述问题，人们对传统的杜邦财务分析体系做了一系列的改进，逐步形成了一个新的分析体系。

2. 改进的杜邦财务分析体系

1) 改进的杜邦财务分析体系的主要概念

(1) 资产负债表的有关概念。

资产负债表的基本等式为

$$净经营资产 = 净金融负债 + 股东权益$$

其中：

$$净经营资产 = 经营资产 - 经营负债$$

$$净金融负债 = 金融负债 - 金融资产$$

　　与传统分析体系相比，主要区别是：

　　① 区分经营资产和金融资产。经营资产是指用于生产经营活动的资产。与总资产相比，它不包括没有被用于生产经营活动的金融资产。严格来说，保持一定数额的现金是生产经营活动所必需的，但是，外部分析人员无法区分哪些金融资产是必需的，哪些是投资的剩余，为了简化都将其列入金融资产，视为未投入营运的资产。应收项目大部分是无息的，将其列入经营资产。区分经营资产和金融资产的主要标志是有无利息，如果能够取得利息则列为金融资产。例如，短期应收票据如果以市场利率计息，就属于金融资产；否则应列入经营资产，它们只是促进销售的手段。只有短期权益性投资是个例外，它是暂时利用多余现金的一种手段，所以是金融资产，应以市价计价。至于长期权益性投资，则属于经营资产。

　　② 区分经营负债和金融负债。经营负债是指在生产经营中形成的短期和长期无息负债。这些负债不要求利息回报，是伴随经营活动出现的，而非金融活动的结果。金融负债是公司筹资活动形成的有息负债。划分经营负债与金融负债的一般标准是有无利息要求。应付项目的大部分是无息的，故将其列入经营负债；如果是有息的，则属于金融活动，应列为金融负债。

　　金融负债减去经营金融资产，是公司"净金融负债"，简称"净负债"。这里有一个重要概念就是金融资产是"负"的金融负债。它可以立即偿债并使金融负债减少。公司真正背负的偿债压力是借入后已经用掉的钱，即净负债。净负债是债权人实际上已投入生产经营的债务资本。

　　(2) 利润表的有关概念。

利润表的基本等式：

$$净利润 = 经营净利润 - 净利息费用$$

其中：

$$经营净利润 = 息税前利润 \times (1 - 所得税率)$$

$$净利息费用 = 利息费用 \times (1 - 所得税率)$$

改进的分析体系对收益分类的主要特点是：

　　① 区分经营活动损益和金融活动损益。金融活动的损益是净利息费用，即利息收支

的净额。金融活动收益和成本，不应列入经营活动损益，两者应加以区分。利息支出包括借款和其他有息负债的利息，从理论上讲，利息支出应包括会计上已经资本化的利息，但是实务上很难这样去处理，因为分析时找不到有关的数据。资本化利息不但计入了资产成本，而且通过折旧的形式列入费用，进行调整极其困难。利息收入包括银行存款利息收入和债权投资利息收入。如果没有债权投资利息收入，则可以用"财务费用"作为税前"利息费用"的估计值。金融活动损益以外的损益，全部视为经营活动损益。经营活动损益与金融活动损益的划分，应与资产负债表对经营资产与金融资产的划分保持对应。

② 经营活动损益内部，可以进一步区分主要经营利润、其他营业利润和营业外收支。核心营业利润是指企业日常活动产生的利润，它等于营业收入减去营业成本及有关的期间费用，是最具持续性和预测性的收益；其他营业利润，包括资产减值、公允价值变动和投资收益，它们的持续性不易判断，但肯定低于盈利核心营业利润；营业外收支不具有持续性，没有预测价值。这样的区分，有利于评价企业的盈利能力。

法定利润表的所得税是统一扣除的。为了便于分析，需要将其分摊给营业利润和利息费用。分摊的简便方法是根据实际的所得税率比例分摊。严格的办法是分别根据适用的税率计算应负担的所得税。后面的举例采用简单办法处理。

2）调整资产负债表和利润表

根据上述概念，重新编制公司调整的资产负债表和利润表，如表 8-3 和表 8-4 所示。

表 8-3　调整资产负债表

编制单位：TRT 股份公司　　　　　　　2012 年 12 月 31 日　　　　　　　　　　单位：万元

净经营资产	年末余额	年初余额	净负债及股东权益	年末余额	年初余额
经营资产：			金融负债：		
应收票据	15 749.44	10 281.49	短期借款	106 000.00	106 000.00
应收账款	4 396.97	7 354.69	交易性金融负债		
预付款项	54.36	7 942.85	长期借款		
应收利息			应付债券	102 591.72	
应收股利			金融负债合计	113 191.72	106 000.00
其他应收款	564.03	913.98			
存货	133 607.53	115 103.22			
一年内到期的非流动资产					
其他流动资产	1 602.66				
持有至到期投资					
长期应收款					
长期股权投资	47 770.89	42 670.89			
投资性房地产					

净经营资产	年末余额	年初余额	净负债及股东权益	年末余额	年初余额
固定资产	44 653.67	38 565.36			
在建工程	2 885.32	11 526.53			
工程物资					
固定资产清理					
生产性生物资产					
油气资产					
无形资产	13 101.15	3 250.86			
开发支出					
商誉			金融资产：		
长期待摊费用			货币资金	211 880.96	94 106.62
递延所得税资产	2 211.75	1 730.44	交易性金融资产		
其他非流动资产	305.31		可供出售金融资产		
经营资产合计	266 903.08	239 340.31	金融资产合计	211 880.96	94 106.62
经营负债			净负债	−98 689.24	−83 506.62
应收票据					
应收账款	16 251.06	18 864.03			
预收款项	40 483.98	28 166.41			
应付职工薪酬	6 690.77	3 456.12			
应交税费	3 387.72	516.77			
应付利息	44.57				
应付股利					
其他应付款	2 296.18	3 488.67			
一年内到期的非流动负债					
其他流动负债			股东权益：		
长期应付款			实收资本股本	130 206.57	130 206.57
专项应付款			资本公积	28 727.81	16 078.54
预计负债			盈余公积	37 543.49	34 319.89
递延所得税负债	2 744.70		未分配利润	95 146.21	85 664.82
其他非流动负债	2 069.26	2 085.11	减：库存股		
经营负债合计	73 968.24	56 577.11	股东权益合计	291 624.08	266 269.82
净经营资产	192 934.84	182 763.20	净负债及股东权益	192 934.84	182 763.20

表 8-4 调整利润表

编制单位：TRT 股份公司　　　　　　2012 年 12 月 31 日　　　　　　　　单位：万元

项　　目	2012 年金额	2011 年金额
经营活动：		
一、营业收入	185 487.83	185 536.32
减：营业收入	99 202.70	106 574.20
二、毛利	86 285.13	78 962.12
减：营业税金及附加	3 252.40	3 076.28
销售费用	34 645.12	33 703.25
管理费用	14 334.10	9 945.97
三、核心营业利润	34 053.51	32 236.62
减：资产减值损失	6 668.04	6 190.49
加：公允价值变动收益		
投资收益	7 844.10	7 319.10
四、营业利润	35 229.57	33 365.25
加：营业外收入	1 217.94	1 105.43
减：营业外支出	43.50	57.46
五、息税前利润	36 404.01	34 413.22
减：营业利润所得税费用	4 098.53	4 839.49
六、经营净利润	32 305.48	29 573.73
金融活动：		
一、税前利息费用	78.32	−342.68
利息费用减少所得税	8.82	−48.19
二、净利息费用	69.50	−294.49
利润合计：		
税前利润合计	36 325.69	34 755.90
所得税费用合计	4 089.71	4 887.68
税后净利润合计	32 235.98	29 868.22
备注：平均所得税税率	0.112585	14.062 9%

3) 改进的杜邦财务分析体系的基本框架

改进的杜邦财务分析体系的核心公式为

$$净资产收益率 = \frac{经营净利润}{股东权益} - \frac{净利息}{股东权益}$$

$$= \frac{经营净利润}{净经营资产} \times \frac{净经营资产}{股东权益} - \frac{净利息}{净负债} \times \frac{净负债}{股东权益}$$

$$= \frac{经营净利润}{净经营资产} \times \left(1 + \frac{净负债}{股东权益}\right) - \frac{净利息}{净负债} \times \frac{净负债}{股东权益}$$

$$= 净经营资产收益率 + (净经营资产收益 - 净利息率) \times 净财务杠杆$$

$$= 净经营资产收益率 + 杠杆贡献率$$

根据该公式，净资产收益率的高低取决于三个驱动因素：净经营资产收益率、净利息率和净财务杠杆。图 8-2 所示为改进的杜邦财务分析体系的基本框架。

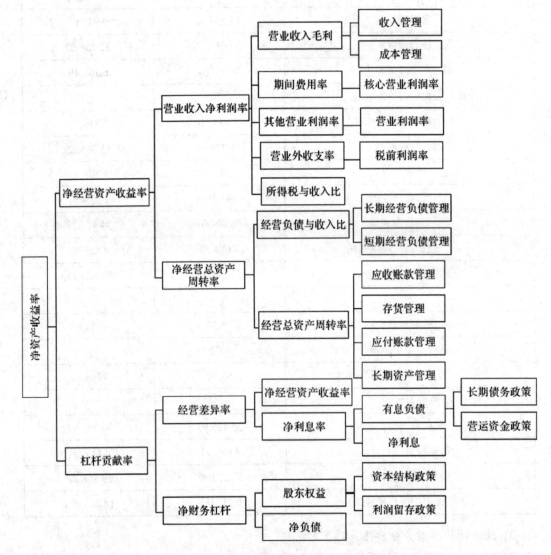

图 8-2　改进的杜邦财务分析体系的基本框架

3. 杜邦财务分析体系的应用

净资产收益率的高低取决于销售净利率、总资产周转率和权益乘数。杜邦财务分析体系的价值在于系统全面地分析企业绩效，并抓住主要矛盾，直指要害。

(1) 净资产收益率是财务分析指标的核心。杜邦分析体系以净资产收益率指标为核心。净资产收益率即股东权益报酬率，反映了企业所有者投入资本的获利能力，说明了企业融资、投资、资产营运等各项财务及其管理活动的效率，不断提高股东权益报酬率是所有者权益最大化的基本保证。所以，这一财务分析指标是企业所有者、经营者都十分关心的。而净资产收益率高低的决定因素主要有三个方面，即销售净利率、总资产周转率和权益乘数，它综合反映了盈利能力、营运能力和偿债能力。

(2) 销售净利率是反映企业盈利能力的重要指标。销售净利率反映了企业利润与销售收入的对比关系，它的高低取决于销售收入与成本总额的高低。提高销售净利率，一是要扩大销售收入，二是要降低成本费用。扩大销售收入不仅提高销售净利率，还可提高总资产周转率。降低成本费用是提高销售净利率的一个重要因素，从杜邦分析图中可以看出成本费用的基本结构是否合理，从而找出降低成本费用的途径和加强成本费用控制的办法。如果企业财务费用支出过高，就要进一步分析其负债比率是否过高，如果管理费用过高，就要进一步分析其资产周转情况等等。提高利润率的另一途径是提高其他利润。其途径包括增加其他业务利润、适时适当投资取得投资收益、降低营业外支出等。

(3) 总资产周转率是反映企业营运能力的最重要的指标。总资产周转率是综合考察企业全部资产经营质量和利用效率的重要指标。企业总资产由流动资产与非流动资产组成，流动资产直接体现企业的偿债能力和变现能力，而非流动资产则体现该企业的经营规模、发展潜力。各类资产的收益性有较大区别，如现金、应收账款几乎没有收益。资产结构合理与否将直接影响企业的偿债能力和资产经济效益。如果企业的总资产周转率突然上升，而企业的营业收入却无多大变化，则可能是企业本期报废了大量固定资产造成的，而不是企业的资产利用效率提高。如果企业的总资产周转率较低，且长期处于较低的状态，企业应采取措施提高各项资产的利用效率，处置多余且闲置不用的资产，提高营业收入，从而提高总资产周转率。

(4) 权益乘数与资本结构相关，反映企业偿债能力。企业负债经营对提高净资产收益率起到杠杆作用。企业的负债程度越高，在给企业带来杠杆利益的同时，也带来了较高的风险。负债比率越大，权益乘数就越高，对权益乘数的分析要联系资本结构分析企业的偿债能力。在资产总额不变的条件下，适度负债经营，合理安排资本结构，可以减少所有者权益所占的份额，从而达到提高净资产收益率的目的。

总之，通过杜邦分析体系自上而下或自下而上的分析，不仅可以了解企业财务状况的全貌以及各项财务分析指标间的结构关系，而且还可以查明各项主要财务指标增减变动的相互影响及存在问题，为决策者提高净资产收益率提供了基本思路——扩大销售规模、节约成本费用开支、优化资产质量、合理资源配置、加速资金周转、优化资本结构等。

【例 8-1】　某上市公司 2007—2009 年的财务数据如表 8-5 所示，试分析其净资产收益率持续下降的原因。

表 8-5　某上市公司财务数据

财务指标	2007 年	2008 年	2009 年
净资产收益率/%	7.8	5.5	4.01
总资产收益率/%	4.77	3.46	2.23
权益乘数/%	1.636	1.615	1.796
销售净利率/%	21.9	10.85	6.55
总资产周转率/%	0.22	0.32	0.34
营业收入增长率/%	—	45.22	20.55
成本费用增长率/%	—	20.2	61.3
营业费用增长率/%	—	41.7	−8.5
管理费用增长率/%	—	61.04	31.35
财务费用增长率/%	—	72.18	98.83
总资产增长率/%	—	−0.78	12.65
负债增长率/%	—	−5.28	35.15

从表 8-5 中可以看出，2008 年和 2009 年总资产周转率和权益乘数是小幅上升的，造成净资产收益率持续下降的主要原因是销售净利率的大幅滑坡。因此，确定深入分析的重点应该是营业收入、成本费用的分析。

从营业收入角度看，2007—2009 年营业收入是稳步增长的，但是，2009 年比 2008 年的营业收入增长有所放缓，这就有必要寻求收入增长放缓的原因，是营销策略不得当？市场竞争加剧？还是自身产品的问题？

从成本费用角度看，2009 年比 2008 年营业收入增长放缓，成本费用 2009 年比 2008 年却激增，这是销售净利率大幅下挫的主因。从成本费用结构看，营业费用得到很好控制，但管理费用和财务费用却大幅度增长，尤其财务费用的增长与营业收入的增长不成比例。分析资本结构发现，2009 年负债大幅增长，这应该就是财务费用增长的原因。

4. 杜邦分析法的意义

杜邦财务分析体系可以为企业未来提供管理思路——保收入增长，控制管理费用，调整资本结构，降低财务费用，同时资产营运效率亦不可放松。

杜邦分析模型把企业的资产负债表和利润表有机地结合起来，为财务报表分析者提供了一种全面和直观地了解企业的财务状况和经营成果的有效的方法，具有重要的意义。总资产报酬率则从债权人和所有者两方面来共同考查整个企业的盈利水平，而净资产收益率从企业所有者的角度考查企业盈利水平的高低。净资产收益率是杜邦分析模型的最高层指标，是杜邦分析方法的核心内容，它直接代表了企业净资产的获利能力。该比率越高说明所有者投资带来的收益越高。企业所有者的最终目标是自身财富的不断增值。净资产收益率的变化不但受到总资产报酬率的影响，还与企业资产负债率有关。因此，净资产收益率的变化不仅体现了投入总资产的收益变化，也体现了企业财务状况、资本结构的变化，可以综合地反映出企业的资产利用水平高低和筹资状况。

分析者通过分解杜邦分析模型中的指标，寻找引起盈利变动的根源，提供深入分析的路径。比如，分析总资产周转率时，可以结合销售收入分析企业的资产结构，即流动资产和长期资产的结构比率关系是否合理；结合企业利用资源的情况分析企业生产产品、创造利润的强项和弱项。另外，需要特别注意的是，不同行业的标准值不尽相同。一个食品连锁店的资产周转率一定会比电力公司的周转率快。各部分资产的利用效率不等也会影响总资产周转率的高低，所以，还应进一步分析流动资产周转率、存货周转率、应收账款周转率等有关资产使用效率的指标，找出总资产周转率高低变化的确切原因。

8.2.2　沃尔评分法(财务综合评分法)

沃尔评分法又称沃尔比重评分法(Wooer weight grade)，是经典的加权相加评分法。在进行财务分析时，人们遇到的一个主要困难就是计算出财务比率之后，无法判断它是偏高还是偏低。与本企业的历史比较，也只能看出自身的变化，却难以评价其在市场竞争中的优势地位。为了弥补这个缺陷，财务状况综合评价的先驱者之一，美国财务学家亚历山大·沃尔在 20 世纪出版的《信用晴雨表研究》和《财务报表比率分析》中提出了信用能力指数的概念，设计了综合比率评价体系，把若干个财务比率用线性关系结合起来，以此来评价企业的财务状况。沃尔评分法公式为

$$I = \sum_i W_i \times \frac{R_i}{Z_i}$$

式中：W_i 为财务比率 i 的相应权重，R_i 为企业特定财务比率 i 的数值，Z_i 为财务比率 i 的行业标准或基准比率。

沃尔评分法选择了七个财务比率，包括流动比率、产权比率、固定资产比率、存货周转率、应收账款周转率、固定资产周转率、自有资金周转率等，并分别给定了其在总评价中所占的比重，然后确定标准比率，并与实际比率相比较，评出每项指标的得分，最终求出总评分。若实际得分大于或接近 100 分，则说明财务状况良好；反之，若相差较大，则说明财务状况较差。它开创了企业综合财务比率体系的先河。

1. 沃尔评分法的框架体系

沃尔评分法共包括七项财务比率，如表 8-6 所示。

表 8-6　沃尔评分法财务比率

财务比率	比重	标准比率	实际比率	相对比率	实际得分
	1	2	3	4 = 3 ÷ 2	5 = 1 × 4
流动比率	25	2	2.5	1.25	31.25
净资产/负债	25	1.5	0.9	0.6	15
资产/固定资产	15	2.5	3	1.2	18
营业成本/存货	10	8	10.4	1.3	13
营业额/应收账款	10	6	8.4	1.4	14
营业额/固定资产	10	4	3	0.75	7.5
营业额/净资产	5	3	1.5	0.5	2.5
合　计	100				101.25

2. 沃尔评分法的步骤

运用沃尔评分法对企业财务状况进行分析的程序如下：

第一步：选定评价企业财务状况的比率指标。一般认为企业财务评价的内容主要是盈利能力，其次是偿债能力，此外还有发展能力。盈利能力的主要指标是总资产净利润率、营业收入净利润率和净资产收益率。偿债能力的常用指标是自有资本比率、流动比率、应收账款周转率和存货周转率。发展能力的主要指标是销售增长率、总资产增长率和资本积累率。

第二步：根据各项比率指标的重要程度，确定其评分值，各项比率指标的评分值之和应等于 100。现代社会与沃尔的时代相比，已经有了很大的变化。一般认为，财务评价主要内容的盈利能力、偿债能力和发展能力之间大致可按 5∶3∶2 来分配比重。

第三步：确定各项比率指标的标准值。财务比率指标的标准值是指该指标在本企业现时条件下的最理想的数值，即最优值。

第四步：计算企业在一定时期各项比率指标的实际值。

第五步：求出各指标实际值与标准值的比率，称为关系比率或相对比率。

第六步：求得各项比率指标的综合指数及其合计数。各项比率指标的综合指标是关系比率和评分值的乘积，其合计数可作为评价企业财务挂账款的依据。一般而言，综合评分合计数如果为 100 或接近 100，表明其财务状况基本上符合标准要求；如与 100 有较大差距，则表明企业财务状况偏离了标准要求。

3. 沃尔评分法的局限性

虽然沃尔评价体系在企业财务评价的发展过程中起到了非常重要的作用，但是随着商品经济的不断发展，沃尔最初提出的七项指标已难以完全适用当前企业评价的需要。

沃尔评分法是以利润最大化为业绩评价的目标导向，在若干财务比率中选择了七项财务指标作为评价标准。从理论上讲，它有一个弱点，那就是未能证明为什么要选择这些指标，而不选择别的财务比率，以及未能证明每个指标所占比重的合理性。从技术上讲，沃尔评分法也存在一个问题，就是评价结果对异常值非常敏感。由于该体系的指标数量少且每项指标的权重较高，如果市场出现微小变化，则评价结果就会出现较大的波动。如果市场变化较大，该指标体系可能会因为一个指标变化的相互抵消而显现不出任何异常，从而使评价体系失败。

4. 对沃尔综合评分法的评价

沃尔综合评分法最主要的贡献就是它将互不关联的财务指标按照权重予以综合联动，使得综合评价成为可能。沃尔综合评分法将彼此孤立的偿债能力和营运能力指标进行了组合，做出了较为系统的评价。它的优点可概括为简单扼要，便于操作。各财务指标权重，根据定性分析及过去的评价经验主观给出，并通过几项财务评价指标的线性组合，确定财务综合评价结果。这给实际评价工作带来了很大的方便。评价指标体系较为完整，基本上能反映企业的财务状况，能较好地反映企业的获利能力、偿债能力和营运能力，以便于分析，揭示原因。通过财务指标实际值与标准值的对比分析，便于找出影响企业财务状况的主要因素，以明确改善企业财务状况的方向。

沃尔综合评分法存在的问题主要表现在如下四个方面：

1) 评判指标选择方面

沃尔综合评分法在比率选择上存在主观性、随意性。不同行业不同企业在指标的选择上都会有自己的独特特点，所以无法确定一个固定的体系来作为评判体系。

2) 计算公式方面

沃尔综合评分法的公式为：

$$实际分数 = \frac{实际值}{标准值} \times 权重$$

当实际值大于标准值为理想情况时，用此公式计算的结果正确。但当实际值小于标准值为理想情况时，实际值越小，得分本应越高。但是，直接套用公式计算的结果却恰恰是相反的，实际值变小，得分变低。另外，当某一单项指标的实际值畸高时，会导致最后总分大幅度增加，就会掩盖情况不良的指标，影响最后评价的得分，从而给管理层造成假象。

3) 赋予权重方面

沃尔综合评分法无法提供赋予权重大小的依据。它无法证明每个指标所占权重的合理性。指标权重的赋予具有很大的主观随意性。

4) 评分规则方面

比率的实际值越高，其单项得分就越高，企业的总体评价就越好，这并不符合企业的实际与常识。例如，流动比率就并非越高越好，因为流动比率过高将对企业的盈利能力与发展能力造成不利影响，并削弱其长期偿债能力。

尽管沃尔综合评分法在理论上还有待证明，在技术上也不完善，但它还是在实践中被广泛应用。耐人寻味的是很多理论上相当完善的经济计量模型在实践中往往很难应用，而企业实际使用并行之有效的模型却又在理论上无法证明。这可能是由于人类对经济变量之间数量关系的认识还相当肤浅造成的。

5. 沃尔综合评分法的改进

将财务比率的标准值由企业最优值调整为本行业平均值，设定评分值的上限(正常值的1.5倍)和下限(正常值的一半)。

$$综合得分 = 评分值 + 调整分$$

$$调整得分 = \frac{实际比率 - 标准比率}{每分比率}$$

$$每分比率 = \frac{行业最高比率 - 标准比率}{最高评分 - 评分值}$$

6. 沃尔分析法在我国的应用

沃尔分析法在实践中应用非常广泛。20世纪90年代以来，各部委颁布了一系列的综合评价体系。这些综合评价体系都是以沃尔分析法作为基本思想的。其中，1995年财政部发布的经济效益评价指标体系和1999年发布并在2002年修订的国有资本金绩效评价规则最具代表性。

1) 1995年财政部发布的经济评价指标体系

评价企业财务状况有十大指标：① 销售利润率；② 总资产报酬率；③ 资本收益率；

④ 资本保值增值率；⑤ 资产负债率；⑥ 流动比率(或速动比率)；⑦ 应收账款周转率；⑧ 存货周转率；⑨ 社会贡献率；⑩ 社会积累率十大指标。这些指标主要是从企业投资者、债权人及企业对社会的贡献三个方面进行考虑的，因此可以分为四类：①～④为获利能力指标，⑤～⑥为偿债能力指标，⑦～⑧为营运能力指标，⑨～⑩为社会贡献指标。

该套指标体系综合评分的一般方法如下：

(1) 以行业平均先进水平为标准值。

(2) 标准值的重要性权重总计为 100 分，其中，销售利润率为 15 分、资本收益率为 15 分、资本保值增值率为 10 分，资产负债率为 5 分、流动比率(或速动比率)为 5 分、应收账款周转率为 5 分、存货周转率为 5 分、社会贡献率为 10 分、社会积累率为 15 分。

(3) 根据企业财务报表分别计算这十项指标的实际值，然后加权平均计算综合实际分数。

2) 国有资本金绩效评价规则

1999 年 6 月 1 日，国家财政部、人事部、国家经贸委、国家计委联合颁布了《国有资本金绩效评价规则》和《国有资本金绩效评价操作细则》，2002 年 2 月 22 日，财政部、国家经贸委、中共中央企业工作委员会、劳动和社会保障部、国家计委对《国有资本金绩效评价操作细则》进行了重新修订，修改了某些指标，制定了《国有资本金绩效评价操作细则(修订)》，标志着新型企业绩效评价体系和评价制度在我国初步建立。

现行的国有企业绩效评价体系由三个子体系组成：① 绩效评价制度体系；② 绩效评价组织体系；③ 绩效评价指标体系。根据新修订的操作细则，国有资本金绩效评价指标体系横向通过财务效益状况、资产营运状况、偿债能力状况和发展能力状况四个部分，纵向通过基本指标、修正指标和评议指标三个层次对企业绩效进行深入分析，以全面反映企业的发展经营状况和经营者的业绩。具体指标体系如表 8-7 所示。

表 8-7　国有资本金绩效评价指标体系

评价内容	定量指标(80 分)		定性指标(20 分)
	基本指标	修正指标(±)	评议指标(±)
财务效益状况 (38 分)	净资产收益率(25 分) 总资产报酬率(13 分)	资本保值增长率(12 分) 销售(营业)利润率(8 分) 盈余现金保障倍数(10 分) 成本费用利润率(8 分)	领导班子基本素质(18 分) 产品市场占有能力 (服务满意度)(16 分) 基础管理水平(12 分) 在岗员工素质(10 分) 技术装备更新水平 (服务硬环境)(10 分) 综合社会贡献(8 分) 发展创新能力(14 分) 经营发展战略(12 分)
资产营运状况 (18 分)	总资产周转率(9 分) 流动资产周转率(9 分)	存货周转率(5 分) 应收账款周转率(5 分) 不良资产比率(8 分)	
偿债能力状况 (20 分)	资产负债率(12 分) 已获利息倍数(8 分)	现金流动负债比率(10 分) 速动比率(10 分)	
发展能力状况 (24 分)	销售(营业)增长率(12 分) 资本积累率(12 分)	三年资本平均增长率(9 分) 三年销售平均增长率(8 分) 技术投入比率(7 分)	

8.2.3　雷达图分析法

雷达图分析法(radar chart)亦称综合财务比率分析图法，又可称为戴布拉图、蜘蛛网图、蜘蛛图。它是日本企业界的综合实力进行评估而采用的一种财务状况综合评价方法。按这种方法所绘制的财务比率综合图状似雷达，故得此名。雷达图是对客户财务能力分析的重要工具，从动态和静态两个方面分析客户的财务状况。静态分析将客户的各种财务比率与其他相似客户或整个行业的财务比率作横向比较；动态分析把客户现时的财务比率与先前的财务比率作纵向比较，就可以发现客户财务及经营情况的发展变化方向。雷达图把纵向和横向的分析比较方法结合起来，计算综合客户的收益性、成长性、安全性、流动性及生产性这五类指标。下面对涉及的五类指标进行说明。

1. 收益性指标

分析收益性指标，目的在于观察客户一定时期的收益及获利能力。主要指标含义及计算公式如表 8-8 所示。

表 8-8　企业收益性指标

收益性比率	基 础 含 义	计 算 公 式
资产报酬率	反映企业总资产的利用效果	$\dfrac{净收益 + 利息费用 + 所得税}{平均资产总额}$
所有者权益报酬率	反映所有者权益的回报	$\dfrac{税后净利润}{所得者权益}$
普通股权益报酬率	反映股东权益的报酬	$\dfrac{净利润 - 优先股股利}{平均普通股权益}$
普通股每股收益额	反映股东权益的报酬	$\dfrac{净利润 - 优先股股利}{普通股股数}$
股利发放率	反映股东权益的报酬	$\dfrac{每股股利}{每股利润}$
市盈率	反映股东权益的报酬	$\dfrac{普通股每股市场价格}{普通股每股利润}$
销售利税率	反映企业销售收入的收益水平	$\dfrac{利税总额}{净销售收入}$
毛利率	反映企业销售收入的收益水平	$\dfrac{销售毛利}{净销售收入}$
净利润率	反映企业销售收入的收益水平	$\dfrac{净利润}{净销售收入}$
成本费用利润率	反映企业为取得利润所付的代价	$\dfrac{净收益 + 利息费用 + 所得税}{成本费用总额}$

2. 安全性指标

安全性指的是客户经营的安全程度，也可以说是资金调度的安全性。分析安全性指标，目的在于观察客户在一定时期内的偿债能力。主要指标含义及计算公式如表 8-9 所示。

表 8-9　企业安全性指标

安全性比率	基 本 含 义	计 算 公 式
流动比率	反映企业短期偿债能力和信用状况	$\dfrac{流动资产}{流动负债}$
速动比率	反映企业立刻偿付流动负债的能力	$\dfrac{速动资产}{流动负债}$
资产负债率	反映企业总资产中有多少是负债	$\dfrac{负债总额}{资产总额}$
所有者权益比率 (股东权益比率)	反映企业总资产中有多少是所有者权益	$\dfrac{所有者权益}{资产总额}$
利息保障倍数	反映企业经营所得偿付借债利息的能力	$\dfrac{税前利润 - 利息费用}{利息费用}$

其中，流动负债说明每 1 元负债有多少流动资金作为保证，比率越高，流动负债得到偿还的保障就越大。但比率过高，则反映客户滞留在流动资产上的资金过多，未能有效利用，可能会影响客户的获利能力。经验认为，流动比率在 2：1 左右比较合适。所谓"速动资产"，通俗地讲就是可以立即变现的资产，主要包括流动资产中的现金、有价证券、应收票据、应收账款等，而存货则变现能力较差。因此，从流动资产中扣除存货后则为"速动资产"。经验认为，速动比率在 1：1 左右较为合适。资产负债率越高，客户借债资金在全部资金中所占比重越大，在负债所支付的利息率低于资产报酬率的条件下，股东的投资收益率就越高，对股东有利，说明经营有方，善用借债。但是，比率越高，借债越多，偿债能力就越差，财务风险就越大。而负债比率越低，说明客户在偿债时存在着资金缓冲。因此，资产负债率也要保持适当水平，一般说来，低于 50% 的资产负债率比较好；所有者(股东)权益比率与资产负债率之和等于 1，所有者(股东)权益比率越大，资产负债比率越小，财务风险就越小；利息保障倍数如果比率低于 1，说明客户经营所得还不足以偿付借债利息，因此，该比率至少应大于 1。比率越高，说明按时按量支付利息就越有保障。

3. 流动性指标

分析流动性指标，目的在于观察客户在一定时期内的资金周转状况，掌握客户资金的运用效率。主要指标含义及计算公式如表 8-10 所示。

表 8-10　企业流动性指标

流动性比率	基 本 含 义	计 算 公 式
总资产周转率	反映全部资产的使用效率	$\dfrac{销售收入}{平均资产总额}$
固定资产周转率	反映固定资产的使用效率	$\dfrac{销售收入}{平均固定资产总额}$

续表

流动性比率	基　本　含　义	计　算　公　式
流动资产周转率	反映流动资产的使用效率	$\dfrac{销售收入}{平均流动资产总额}$
应收账款周转率	反映年度内应收账款的变现速度	$\dfrac{销售收入}{平均应收账款}$
存货周转率	反映存货的变现速度	$\dfrac{销售成本}{平均存货}$

　　总资产周转率、固定资产周转率、流动资产周转率分别反映全部资产、固定资产和流动资产的使用效率，比率越高，说明资产利用率越高，获利能力强；应收账款周转率反映年度内应收账款转为现金的平均次数，比率越高，说明客户催收账款的速度越快，坏账损失的可能性越小；存货周转率越高，说明投入存货至销售收回的平均期间就越短，资金回收越快，效率越高。

4. 成长性指标

　　分析成长性指标，目的在于观察客户在一定时期内经营能力的发展变化趋势，一个客户既使收益性高，但成长必不好，也就表明其未来盈利能力下降。因此，以发展的眼光看客户，动态的分析客户财务资料，对战略制定者来讲特别重要。计算这类指标比较简单，见表 8-11。

表 8-11　企业成长性指标

成长性比率	基　本　含　义	计　算　公　式
销售收入增长率	反映销售收入变化趋势	$\dfrac{本期销售收入}{前期销售收入}$
税前利润增长率	反映税前利润变化趋势	$\dfrac{本期税前利润}{前期税前利润}$
固定资产增长率	反映固定资产变化趋势	$\dfrac{本期固定资产}{前期固定资产}$
人员增长率	反映人员变化趋势	$\dfrac{本期职工人数}{前期职工人数}$
产品成本降低率	反映产品成本变化趋势	$\dfrac{本期产品成本}{前期产品成本}$

5. 生产性指标

　　分析生产性指标，目的在于了解在一定时期内客户的生产经营能力、水平和成果的分配。主要指标如表 8-12 所示。

表 8-12　企业生产性指标

生产性比率	基 本 含 义	计 算 公 式
人均销售收入	反映企业人均销售能力	$\dfrac{销售收入}{平均职工人数}$
人均净利润	反映企业经营管理水平	$\dfrac{净利润}{平均职工人数}$
人均资产总额	反映企业生产经营能力	$\dfrac{资产总额}{平均职工人数}$
人均工资	反映企业成果分配状况	$\dfrac{工资总额}{平均职工人数}$

　　上述客户财务能力的五项分析结果可以用雷达图表示出来，如图 8-3 所示。雷达图的绘制方法是：首先，画出三个同心圆，同心圆的最小圆圈代表同行业平均水平的 1/2 值或最低水平，中间圆圈代表同行业平均水平，又称标准线，最大圆圈代表同行业先进水平或平均水平的 1.5 倍；其次，把这三个圆圈的 360 度分成五个扇形区，分别代表收益性、安全性、流动性、成长性和生产性指标区域；再次，从五个扇形区的圆心开始以放射线的形式分别画出相应的财务指标线，并标明指标名称及标度，财务指标线的比例尺及同心圆的大小由该经营比率的量纲与同行业的水平来决定；最后，把客户同期的相应指标值用点标在图上，用线段依次连接相邻点，形成的多边形折线闭环就代表了客户的现实财务状况。

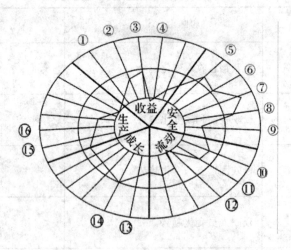

　　收益性：① 资产报酬率；② 所有者权益报酬率；③ 销售利润率；④ 成本费用率。
　　安全性：⑤ 流动比率；⑥ 速动比率；⑦ 资产负债率；⑧ 所有者权益比率；⑨ 利息保障倍数。
　　流动性：⑩ 总资产周转率；⑪ 应收账款周转率；⑫ 存货周转率。
　　成长性：⑬ 销售收入增长率；⑭ 产值增长率。
　　生产性：⑮ 人均工资；⑯ 人均销售收入。

图 8-3　雷达图分析法

根据图 8-3 可以看出，当指标值处于标准线以内时，说明该指标低于同行业水平，需要加以改进；若接近最小圆圈或处于其内，说明该指标处于极差状态，是客户经营的危险标志；若处于标准线外侧，说明该指标处于较理想状态，是客户的优势所在。当然，并不是所有指标都处于标准线外侧就是最好，还要具体指标具体分析。

8.3 公司价值评估

公司作为一种特殊的资产，与股票，债券等金融资产一样，也需要对其进行价值评估。公司价值评估是财务管理的重要工具之一，具有广泛的用途，是现代财务的必要组成部分。因此，对公司价值进行评估与分析也就自然成为公司财务报表分析的衍生内容。

公司价值评估，简称价值评估，是一种经济评估方法，是指在所获取的信息(包括原始信息和加工整理后的信息)的基础上，利用价值评估模型对资产的内在价值进行评估的过程。这里的内在价值是指资产未来收益的现值。公司也是资产，具有资产的一般特征，但是它与实物资产有区别，是一种特殊的资产，公司价值评估与项目价值评估具有类似之处，也有明显区别。

从某种意义上看，企业也是一个大项目，是一个由若干个投资项目组合而成的复合项目，或者说是一个项目组合。因此，公司价值评估与项目价值评估有许多类似之处：① 无论是企业还是项目，都可以给投资者主体带来现金流量，现金流量越大则经济价值越大；② 他们的现金流都具有不确定性，其价值计量都要使用风险概念；③ 他们的现金流都是陆续产生的，其价值计量也要使用现值概念。公司价值评估与项目价值评估也有许多明显区别：① 投资项目的寿命是有限的，而公司的寿命是无限的，因此，要处理无限期现金流折现问题；② 经典的项目投资有稳定的或下降的现金流，而公司通常将收益再投资并产生增长的现金流，它们的现金流分布有不同的特征；③ 项目产生的现金流属于投资人，而公司产生的现金流仅在管理层决定分配它们时才流向所有者，如果管理层决定向较差的项目投资而不愿意支付股利，则少数股东除了将股票出售外别无选择。这些差别，也正是公司价值评估比项目价值评估更难的地方。

价值评估在企业财务分析中处于核心地位，一般情况下，价值评估是企业财务分析的最终结果和最终目标，它综合体现了企业的总体状况。价值评估可用于投资分析，为投资者提供决策依据；且有助于企业兼并收购活动的定价，推动战略重组；可用于以价值为基础的管理，实现理财目标；可用于银行、保险、投资银行等金融服务机构及金融分析师合理定价；可作为政府相关部门的判断标准。

8.3.1 以现金流为基础的价值评估

1. 现金流量折现模型的基本思想及种类

现金流量折现模型是企业价值评估中使用最广泛、理论最健全的模型。现金流量折现模型认为，企业价值在本质上是其未来现金流量的现值。任何资产都可以使用现金流量折现模型来评估。用公式表示为：

$$价值 = \sum_{t=1}^{n} \frac{现金流量_t}{(1+资本成本)^t}$$

可以看出，价值是现金流量、资本成本和现金流量的持续年数(n)三个变量的函数。

1）现金流量

"现金流量"是指各期的未来现金流量。不同资产的未来现金流量的表现形式不同，债券的现金流量是利息和本金，投资项目的现金流量是项目引起的增量现金流量。在价值评估中可供选择的企业现金流量主要有三种：股利现金流量、股权现金流量和实体现金流量。依据现金流量的不同种类，企业估价模型也分为股利现金流量模型、股权现金流量模型和实体现金流量模型三种。

(1) 股利现金流量模型。

股利现金流量模型的基本形式是：

$$股权价值 = \sum_{t=1}^{\infty} \frac{股利现金流量_t}{(1+股权资本成本)^t}$$

股利现金流量是企业分配给股权投资人的现金流量。

(2) 股权现金流量模型。

股权现金流量模型的基本形式是：

$$股权价值 = \sum_{t=1}^{\infty} \frac{股权现金流量_t}{(1+股权资本成本)^t}$$

股权现金流量是一定期间企业可以提供给股权投资人的现金流量，它等于企业实体现金流量扣除对债权人进行支付后剩余的部分。有多少股权现金流量会作为股利分配给股东，取决于企业的筹资和股利分配政策。如果把股权现金流量全部作为股利分配，则上述两个模型是相同的。

(3) 实体现金流量模型。

实体现金流量模型的基本形式是：

$$实体价值 = \sum_{t=1}^{\infty} \frac{实体现金流量_t}{(1+加权资本成本)^t}$$

$$股权价值 = 实体价值 - 债务价值$$

$$债务价值 = \sum_{t=1}^{\infty} \frac{偿还债务现金流量_t}{(1+同等风险资本成本)^t}$$

实体现金流量是企业全部现金流入扣除成本费用和必要的投资后的剩余部分，它是企业一定期间可以提供给所有投资人(包括股权投资人和债务投资人)的税后现金流量。

在数据假设相同的情况下，三种模型的评估结果是相同的。由于股利分配政策有较大变动，股利现金流量很难预计，所以股利现金流量模型在实务中很少被使用。如果假设企业不保留多余的现金，而将股权现金全部作为股利发放，则股权现金流量等于股利现金流量，股权现金流量模型就可以取代股利现金流量模型，避免对股利政策进行估计的麻烦。因此，大多数的企业估价使用股权现金流量模型或实体现金流量模型。

2) 资本成本

"资本成本"是计算现值使用的折现率。折现率是现金流量风险的系数，风险越大则折现率越大，因此折现率要和现金流量相互匹配。股权现金流量只能用股权资本成本来折现，实体现金流量只能用企业实体的加权平均资本成本来折现。

3) 现金流量的持续年数

上述模型中 n 是指产生现金流量的时间，通常用"年"数来表示。从理论上讲，现金流量的持续年数应当等于企业的寿命。企业的寿命是不确定的，通常采用持续经营假设，时间越长，远期的预测越不可靠。为了避免预测无限期的现金流量，大部分股价将预测的时间分为两个阶段。第一个阶段是有限的、明确的预测，称为"详细预测期"，或简称"预测期"，在此期间需要对每年的现金流量进行详细预测，并根据现金流量模型计算其预测期价值；第二阶段是预测期以后的无限时期，称为"后续期"，或"永续期"，在此期间假设企业进入稳定状态，有一个稳定的增长率，可以用简便方法直接估计后续期价值。后续期价值也被称为"永续价值"，或"残值"。这样，企业价值被分为两个部分：

$$企业价值 = 预测期价值 - 后续期价值$$

2. 现金流量折现模型参数的估计

现金流量折现模型的参数包括预测期的年数、各期的现金流量和资本成本。这些参数都是互相影响的，需要整体进行考虑，不可以完全孤立地看待和处理。这里主要说明预测期的确定和现金流量的估计。

1) 预测期的确定

预测期的时间范围涉及预测基期、详细预测期和后续期。

(1) 预测基期。

基期是指作为预测基础的时期，它通常是预测工作的上一个年度。基期各项数据被称为基数，它们是预测的起点。基数数据不仅包括各项财务数据金额，还包括它们的增长率以及反映各项财务数据之间联系的财务比率。

确定基期数据的方法有两种：一种是以上年实际数据作为基期数据；另一种是以修正后的上年数据作为基期数据。如果通过历史财务报表分析认为，上年财务数据具有可持续性，则以上年实际数据作为基期数据。如果通过历史财务报表分析认为，上年的数据不具有可持续性，就应适当进行调整，使之适合未来的情况。

(2) 详细预测期和后续期的划分。

实务中的详细预测期通常为 5～7 年，如果有疑问还应当延长，但很少超过 10 年。企业增长的不稳定时期有多长，预测期就应当有多长。这种做法与竞争均衡理论有关。竞争均衡理论认为，一个企业不可能永远以高于宏观经济增长的速度发展下去。各企业的销售收入的增长率往往趋于恢复到正常水平。高于或低于正常水平的企业，通常会在 3～10 年中恢复到正常水平。

判断企业进入稳定状态的主要标志有两个：

① 具有稳定的销售增长率，它大约等于宏观经济的名义增长率；

② 具有稳定的投资资本回报率，它与资本成本接近。

　　预测期和后续期的划分不是事先主观确定的，而是在实际预测过程中根据销售增长率和投资回报率的变动趋势确定的。

　　【例8-2】A公司目前正处于高速增长时期，2007年的销售增长率为18%，预计2008年可以维持18%的增长率，2009年开始逐步下降，每年下降3个百分点，到2012年增长率下降为6%，2013年及以后各年按6%的比率持续增长。通过销售预测观察到A公司的销售增长率和净资本回报率在2012年恢复到正常水平(如表8-13所示)。销售增长率稳定在6%，与宏观经济的增长率接近；净资本回报率稳定在16.31%，与其资本成本16%接近。因此，该企业的预测期为2008—2012年，2013年及以后年度为后续期。

表8-13　A公司的增长率和净资本回报率　　　　　　　单位：万元

年份	基期	2008年	2009年	2010年	2011年	2012年	2013年	2014年	2015年	2016年
销售增长率	18.00%	18.00%	15.00%	12.00%	9.00%	6.00%	6.00%	6.00%	6.00%	6.00%
经营利润	72	84.96	97.7	109.43	119.28	126.43	134.02	142.06	150.58	159.62
净资本	468	552.24	635.08	711.29	775.3	821.82	871.13	923.4	978.8	1037.5
初期净资本回报率		18.15%	17.69%	17.23%	16.77%	16.31%	16.31%	16.31%	16.31%	16.31%

　　2) 预计利润率和资产负债表

　　未来现金流量的数据需要通过财务预测取得。财务预测可以分为单项预测和全面预测。单项预测的主要缺点是容易忽视财务数据之间的联系，不利于发现预测假设的不合理之处。全面预测是指编制成套的预计财务报表，通过预计财务报表获取需要的预测数据。预测销售收入是全面预测的起点，大部分财务数据与销售收入有内在联系。预计报表主要包括预计利润表、预计资产负债表和预计现金流量表。

　　下面通过前述A公司的例子，说明预计利润表和预计资产负债表的编制过程。该公司的预计利润表和预计资产负债表，分别如表8-14和表8-15所示，其中，基期的数据和各年的各种比率是已知的。

表8-14　A公司的预计利润表　　　　　　　单位：万元

年份	基期	2008年	2009年	2010年	2011年	2012年	2013年
预期假设							
销售增长率/%	18	18	15	12	9	6	6
销售成本率/%	68	68	68	68	68	68	68
(销售、管理费用/销售收入)/%	10	10	10	10	10	10	10
(折旧与摊销/销售收入)/%	6	6	6	6	6	6	6
短期债务利率/%	6	6	6	6	6	6	6
长期债务利率/%	7	7	7	7	7	7	7
平均所得税率/%	25	25	25	25	25	25	25
利润表项目							
经营利润：							

续表

年　份	基期	2008 年	2009 年	2010 年	2011 年	2012 年	2013 年
一、销售收入	600	708	814.2	911.9	993.98	1 053.6	1 116.8
减：销售成本	408	481.44	553.66	620.09	675.9	716.46	759.44
销售与管理费用	60	70.8	81.42	91.19	99.4	105.36	111.68
折旧与摊销	36	42.48	48.85	54.71	59.64	63.22	67.01
二、税前经营利润	96	113.28	130.27	145.9	159.04	168.58	178.69
减：经营利润所得税	24	28.32	32.57	36.48	39.76	42.14	44.67
三、经营利润	72	84.96	97.7	109.43	119.28	126.43	134.02
金融损益：							
四、短期借款利息	7.02	8.28	9.53	10.67	11.63	12.33	13.07
加：长期借款利息	4.91	5.8	6.67	7.47	8.14	8.63	9.15
五、利息费用合计	11.93	14.08	16.19	18.14	19.77	20.96	22.21
减：利息费用抵税	2.98	3.52	4.05	4.53	4.94	5.24	5.55
六、税后利息费用	8.95	10.56	12.15	13.6	14.83	15.72	16.66
七、税后利润合计	63.05	74.4	85.56	95.83	104.45	110.72	117.36
加：年初未分配利润	36	40.8	91.34	141.05	186.77	225.18	253.09
八、可供分配的利润	99.05	115.2	176.9	236.87	291.22	335.9	370.45
减：应付普通股股利	58.25	23.85	35.86	50.1	66.04	82.81	87.77
九、未分配利润	40.8	91.34	141.05	186.77	225.18	253.09	282.68

表 8-15　A 公司的预计资产负债表 单位：万元

年　份	基期	2008 年	2009 年	2010 年	2011 年	2012 年	2013 年
预期假设							
销售收入	600	708	814.2	911.9	993.98	1 053.6	1 116.8
(经营现金/销售收入)/%	1	1	1	1	1	1	1
(经营流动资产/销售收入)/%	38	38	38	38	38	38	38
(经营流动负债/销售收入)/%	11	11	11	11	11	11	11
(长期资产/销售收入)/%	50	50	50	50	50	50	50
(短期借款/净资本)/%	25	25	25	25	25	25	25
(长期借款/净资本/%)	15	15	15	15	15	15	15
项目							
经营资产：							
经营现金	6	7.08	8.14	9.12	9.94	10.54	11.17

续表

年　份	基期	2008 年	2009 年	2010 年	2011 年	2012 年	2013 年
经营流动资产	228	269.04	309.4	346.52	377.71	400.37	424.4
减：经营流动负债	66	77.88	89.56	100.31	109.34	115.9	122.85
＝经营营运资本	168.00	198.24	227.98	255.33	278.31	295.01	312.71
经营长期资本	300	354	407.1	455.95	496.99	526.81	558.42
减：经营长期负债	0	0	0	0	0	0	0
＝净经营长期资产	300.00	354	407.1	455.95	496.99	526.81	558.42
净经营资产总计	468	552.24	635.08	711.29	775.3	821.82	871.13
金融负债：							
短期借款	117	138.06	158.77	177.82	193.83	205.45	217.78
长期借款	70.2	82.84	95.26	106.69	116.3	123.27	130.67
金融负债合计	187.2	220.9	254.03	284.51	310.12	328.73	348.45
股本	240	240	240	240	240	240	240
年初未分配利润	36	40.8	91.34	141.05	186.77	225.18	253.09
股东权益合计	280.8	331.34	381.05	426.77	465.18	493.09	522.68
净负债及股东权益	468	552.24	635.08	711.29	775.3	821.82	871.13

在编制预计利润表和预计资产负债表时，两个表之间有数据的交换，需要一并考虑。下面以 2008 年的数据为例，说明主要项目的计算过程。

(1) 预计经营利润。

① "销售收入"根据销售预测的结果填列。

② "销售成本"、"销售、管理费用"及"折旧与摊销"，使用销售百分比法预计。有关的销售百分比列示在"利润表预测假设"部分。

$$销售成本 = 708 \times 68\% = 481.44 \, (万元)$$

$$销售、管理费用 = 708 \times 10\% = 70.8 \, (万元)$$

$$折旧与摊销费用 = 708 \times 6\% = 42.48 \, (万元)$$

③ 计算"投资收益"需要对投资收益的构成进行具体分析。要区分债权投资收益和股权投资收益。债权投资收益，属于金融活动产生的收益，应作为利息费用的减项，不列入经营收益。股权投资收益，一般可以列入经营性收益。A 公司投资收益是经营性的，但是数量很小，并且不具有可持续性，故预测时将其忽略。

④ "资产减值损失"和"公允价值变动收益"，通常不具有可持续性，可以不列入预计利润表。"营业外收入"和"营业外支出"属于偶然损益，不具有可持续性，预测时通常予以忽略。

⑤　"经营利润"。

税前经营利润 = 销售收入 – 销售成本 – 销售、管理费用 – 折旧与摊销

$$= 708 – 481.44 – 70.8 – 42.48$$

$$= 113.28 \text{ (万元)}$$

税前经营利润所得税 = 预计税前经营利润 × 预计所得税率

$$= 113.28 × 25\%$$

$$= 28.32 \text{ (万元)}$$

税后经营利润 = 113.28 – 28.32 = 84.96 (万元)

接下来的项目是"利息费用"，其驱动因素是借款利率和借款金额，通常不能根据销售百分比直接预测。短期借款和长期借款的利率已经列入"利润表预测假设"部分，借款的金额需要根据资产负债表来确定。因此，预测工作转向资产负债表。

(2) 预计经营资金资产。

①　"经营现金"。现金资产包括现金及其等价物。现金资产可以分为两部分，一部分是生产经营所必需的持有量，目的是为了应付各种意外支付，它们属于经营现金资产。经营现金的数量因企业而异，需要根据最佳现金持有量确定。A 公司的经营现金资产，按照销售额的 1% 预计。超额部分的现金，属于金融资产，列为金融负债的减项。

经营现金 = 708 × 1% = 7.08 (万元)

②　"经营流动资产"。经营流动资产包括应收账款、存货等项目，可以分析预测，也可以作为一个"经营流动资产"的项目预测。预测时使用销售百分比法，有关的销售百分比已列在"资产负债表预测假设"部分。

经营流动资产 = 708 × 38% = 269.84 (万元)

③　"经营流动负债"。表 7-10 将"经营流动负债"列在"经营流动资产"之后，是为了显示"经营营运资本"，在这里，经营营运资本是指"经营现金"加"经营流动资产"减去"经营流动负债"后的余额。

经营流动负债 = 708 × 11% = 77.88(万元)

经营营运资本 = (经营现金 + 经营流动资产) – 经营流动负债

$$= (7.08 + 269.04) – 77.88$$

$$= 198.24(万元)$$

④"经营长期资产"。经营长期资产包括长期股权投资、固定资产、长期应收款等。A 公司假设长期资产随销售增长，使用销售百分比法预测，其销售百分比为 50%。

长期资产 = 708 × 50% = 354(万元)

⑤　"经营长期负债"。经营长期负债包括无息的长期应付款、专向应付款、递延所得税负债和其他非流动负债。它们需要根据实际情况选择预测方法。不一定使用销售百分比法。A 公司假设他们数额很小，可以忽略不计。

⑥　"净经营资产总计"。

净经营资产总计 = 经营营运资本 + 净经营长期资产

= (经营现金 + 经营流动资产 – 经营流动负债)

+ (经营长期资产 – 经营长期负债)

= 经营资产 – 经营负债

$$净经营资产总计 = 198.24 + 354 = 552.24 \,(万元)$$

(3) 预计融资。

预计得出的净经营资产是全部的筹资需要，因此，也可以称为"净资本"或"投资资本"。如何筹集这些资本取决于企业的筹资政策。

A 公司存在一个目标资本结构，即有息负债/净资本为 40%，其中短期负债/净资本为 25%，长期负债/净资本为 15%。企业采用剩余股利政策，需要筹集资金时按目标资本结构配置留存利润(权益资本)和借款(债务资本)，剩余的利润分给股东。如果当期利润小于需要筹集的权益资本，在"应付股利"项目中显示为负值，表示需要向股东筹集的现金(增发新股)数额。如果有剩余现金，按照目标资本结构同时减少借款和留存利润，企业不保留多余的金融资产。在这种情况下，全部股权现金流量都作为股利分配给股东，股利现金流量和股权现金流量是相同的。

① "短期借款"和"长期借款"。根据目标资本结构确定应借款的数额：

$$
\begin{aligned}
短期借款 &= 净经营资产 \times 短期借款比例 \\
&= 552.24 \times 25\% \\
&= 138.06 \,(万元)
\end{aligned}
$$

$$
\begin{aligned}
长期借款 &= 净经营资产 \times 长期借款比例 \\
&= 552.24 \times 15\% \\
&= 82.84 \,(万元)
\end{aligned}
$$

② 内部融资额。根据借款的数额，确定目标资本结构下需要的股东权益：

$$
\begin{aligned}
期末股东权益 &= 净经营资产 - 借款合计 \\
&= 552.24 - (138.06 + 82.84) = 331.34 \,(万元)
\end{aligned}
$$

根据期末股东权益比期初股东权益的增加，确定需要的内部筹资数额为：

$$
\begin{aligned}
内部筹资 &= 期末股东权益 - 期初股东权益 \\
&= 331.34 - 280.8 = 50.54 \,(万元)
\end{aligned}
$$

企业也可以采取其他的融资政策，不同的融资政策会导致不同的融资额预计方法。

(4) 预计利息费用。

现在有了借款的数额，可以返回利润表，预计利息支出。A 公司的利息费用是根据当期期末债务和预期利率预计的。

$$
\begin{aligned}
利息费用 &= 短期借款 \times 短期利率 + 长期借款 \times 长期利率 \\
&= 138.06 \times 6\% + 82.84 \times 7\% \\
&= 8.2836 + 5.7988 = 14.08 \,(万元)
\end{aligned}
$$

$$利息费用抵税 = 14.08 \times 25\% = 3.52 \,(万元)$$

$$税后利息费用 = 14.08 - 3.52 = 10.56 \,(万元)$$

(5) 计算净利润。

$$净利润 = 经营净利润 - 净利息费用 = 84.96 - 10.56 = 74.4 \,(万元)$$

(6) 计算股利和年末未分配利润。

股利 = 本年净利润 − 股东权益增加 = 74.4 − 50.54 = 23.85 (万元)

注：由于在计算中不断四舍五入，累计误差不断扩大，为了避免差别，这里显示的是更精确的结果，类似情况在本章还有许多，以后不再一一注明。

$$年末未分配利润 = 年初未分配利润 + 本年净利润 − 股利$$
$$= 40.8 + 74.4 − 23.85$$
$$= 91.34 (万元)$$

将"年末未分配利润"填入 2008 年的资产负债表相应项目，然后完成资产负债表其他项目的预计。

$$年末股东权益 = 股东 + 年末未分配利润$$
$$= 240 + 91.34$$
$$= 331.34 (万元)$$

$$净负债及股东权益 = 净负债 + 股东权益$$
$$= 220.9 + 331.34$$
$$= 552.24 (万元)$$

由于利润表和资产负债表的数据是相互衔接的，要完成 2008 年利润表和资产负债表数据的预测工作，才能转向 2009 年的预测。

3) 预计现金流量

(1) 现金流量的概念。

现金流量是财务管理中最重要的概念之一。在价值评估中，应注意使用实体现金流量和股权现金流量两个概念。

① 实体现金流量是指企业全部投资人拥有的现金流量总和，包括股东和债权人，它有如下两种衡量方法。

一是加总全部投资人的现金流量：

实体现金流量 = 股权现金流量 + 债权人现金流量 + 优先股股东现金流量

由于我国基本没有优先股，为了简化，下面不再讨论优先股问题，也就是假设企业没有优先股。即：

实体现金流量 = 股权现金流量 + 债权人现金流量

二是以息前税后利润为基础，扣除各种必要的支出后计算得出。在正常的情况下，企业获得的现金首先必须满足企业必要的生产经营活动及其增长的需要，剩余的部分才可以提供给所有投资人。

$$实际现金流量 = 经营现金净流量 − 资本支出$$
$$= 税后经营利润 + 折旧与摊销 − 经营营运资本增加 − 资本支出$$
$$= 税后经营利润 + 折旧与摊销 − 总投资$$
$$= 税后经营利润 − (总投资 − 折旧与摊销)$$
$$= 税后经营利润 − 净投资$$

算式中的"经营现金净流量"是指企业经营活动取得的息前税后利润，加上折旧与长期资产摊销等非付现费用，再减去经营营运资本的增加。如果企业没有资本支出，它就是经营活动给投资人(包括股东和债权人)提供的现金流量。

算式中"资本支出"，是指用于购置各种长期资产的支出减去无息长期负债增加额。长期资产包括长期投资、固定资产、无形资产和其他长期资产。无息长期负债包括各种不需要支付利息的长期应付款、专项应付款和其他长期负债等。购置长期资产支出的一部分现金可以由无息长期负债提供，其余的部分必须由企业实体现金流量提供(扣除)。因此，经营现金净流量扣除了资本支出，剩余部分才可以提供给投资人。

为了简化，本例假设 A 公司有无息长期负债，因此，资本支出等于购置长期资产的现金支出，即等于长期资产增加额与本期折旧与摊销之和。

由于资本支出和经营营运资本增加都是企业的投资现金流出，因此，它们的合计称为"本期总投资"。

$$总投资 = 经营营运资本增加 + 资本支出$$

企业在发生投资支出的同时，还通过"折旧与摊销"收回一部分现金，因此，"净"的投资现金流出是总投资减去"折旧与摊销"后的剩余部分，称为"净投资"。

$$净投资 = 总投资 - 折旧与摊销$$

第一种方法是从现金流量的形成角度计算的，是企业剩余或短缺的现金流量。第二种方法是从融资角度计算的，是企业提供给投资人或从投资人处吸收的现金流量，也可以称为"融资现金流量"。由于企业提供的现金流量，就是投资人得到的现金流量，因此，它们应当相等。

② 股权现金流量与实体现金流量的区别，是它需要再扣除与债务相联系的现金流量。它有如下三种衡量方法。

第一种：

$$
\begin{aligned}
股权现金流量 &= 实体现金流量 - 债权人现金流量 \\
&= 实体现金流量 - 税后利息支出 - 偿还债务本金 + 新借债务 \\
&= 实体现金流量 - 税后利息支出 + 债务净增加
\end{aligned}
$$

第二种：

$$
\begin{aligned}
股权现金流量 &= 实体现金流量 - 债权人现金流量 \\
&= 税后经营利润 + 折旧与摊销 - 经营营运资本增加 - 资本支出 \\
&\quad - 税后利息费用 + 债务净增加 \\
&= (利润总额 + 利息费用) \times (1 - 税率) - 净投资 - 税后利息费用 \\
&\quad + 债务净增加 \\
&= 税后利润 - (净投资 - 债务净增加)
\end{aligned}
$$

第三种：如果企业按照固定的负债率为投资筹集资本，企业保持稳定的财务结构，"净投资"和"债务净增加"存在固定比例关系，则股权现金流量的公式可以简化为：

$$股权现金流量 = 税后利润 - (1 - 负债率) \times 净投资$$

(2) 预计现金流量表。

根据预计利润表和资产负债表编制预计现金流量表，只是一个数据转换过程，如

表 8-16 所示。

表 8-16　A公司的预计现金流量表　　　　　　　　　　　单位：万元

年 份	基期	2008 年	2009 年	2010 年	2011 年	2012 年	2013 年
税后经营利润	72	84.96	97.7	109.43	119.28	126.43	134.02
加：折旧与摊销	36	42.48	48.85	54.71	59.64	63.22	67.01
＝经营现金毛流量	108.00	127.44	146.56	164.14	178.92	189.65	201.03
减：经营营运资本增加		30.24	29.74	27.36	22.98	16.7	17.7
＝经营现金净流量		97.20	116.82	136.79	155.94	172.95	183.33
减：净经营长期资本增加		54	53.1	48.85	41.04	29.82	31.61
折旧与摊销		42.48	48.85	54.71	59.64	63.22	67.01
＝实体现金流量		0.72	14.87	33.22	55.26	79.92	84.71
融资流动：							
税后利息费用		10.56	12.15	13.6	14.83	15.72	16.66
－ 短期借款增加		21.06	20.71	19.05	16	11.63	12.33
－ 长期借款增加		12.64	12.43	11.43	9.6	6.98	7.4
＋金融资产增加							
＝债务融资净流量		−23.13	−20.99	−16.88	−10.78	−2.89	−3.06
＋股利分配		23.85	35.86	50.1	66.04	82.81	87.77
－ 股权资本发行		0	0	0	0	0	0
＝股权融资流量		23.85	35.86	50.1	66.04	82.81	87.77
融资流量合计		0.72	14.87	33.22	55.26	79.92	84.71

① 实体现金流量。

第一种：

经营现金毛流量。经营现金毛流量是指在没有资本支出和经营营运资本变动时，即企业可以提供给投资人的现金流量总和。它有时也被称为"常用现金流量"。

$$经营现金毛流量 = 税后经营利润 + 折旧与摊销$$
$$= 84.96 + 42.68$$
$$= 127.44 (万元)$$

算式中的"折旧与摊销"，是指在计算利润时已经扣减的固定资产折旧和长期资产摊销数额。

经营现金净流量。经营现金净流量是指经营现金毛流量扣除经营营运资本增加后的剩余现金流量。

$$经营现金净流量 = 经营现金毛流量 - 经营营运资本增加$$
$$= 127.44 - (198.24 - 168)$$
$$= 97.2 (万元)$$

实体现金流量。实体现金流量是经营现金净流量扣除资本支出后的剩余部分。它是企业在满足经营活动和资本支出后，可以支付给债券人和股东的现金流量。

$$实体现金流量 = 经营现金净流量 - 资本支出$$
$$= 经营现金净流量 - (净经营长期资产增加 + 折旧与摊销)$$
$$= 97.2 - (354 - 300 + 42.48)$$
$$= 0.72 (万元)$$

第二种：

$$本期总投资 = 经营营运资本增加 + 资本支出$$
$$= (198.24 - 168) + (54 + 42.48)$$
$$= 126.72 (万元)$$
$$本期净投资 = 本期总投资 - 折旧与摊销$$
$$= 126.72 - 42.48$$
$$= 84.24 (万元)$$

或者

$$本期净投资 = 期末净经营资产 - 期初净经营资产$$
$$= (期末净负债 + 期末股东权益) - (期初净负债 + 期初股东权益)$$
$$= 552.24 - 468$$
$$= 84.24 (万元)$$
$$实体现金流量 = 税后经营利润 - 本期净投资$$
$$= 84.96 - 84.24$$
$$= 0.72 (万元)$$

② 股权现金流量。

第一种：

$$股权现金流量 = 实体现金流量 - 税后利息支出 + 债务净增加$$
$$= 0.72 - 10.56 + (21.06 + 12.64)$$
$$= 0.72 - 10.56 + 33.7$$
$$= 23.85 (万元)$$

第二种：

$$股权现金流量 = 税后利润 - (净投资 - 债务净增加)$$
$$= 74.4 - (84.24 - 33.7)$$
$$= 23.85 (万元)$$

第三种：

$$股权现金流量 = 税后利润 - (1 - 负债率) \times 净投资$$
$$= 74.4 - (1 - 40\%) \times 84.24$$
$$= 23.85 (万元)$$

该公式表示，税后净利是属于股东的，但要扣除净投资。净投资中股东负担的部分是"$(1 - 负债率) \times 净投资$"，其他部分的净投资是由债权人提供。税后利润减去股东负担的净投资，剩余的部分成为股权现金流量。

③ 融资现金流量。融资现金流量包括债务融资净流量和股权融资净流量两部分。

债务融资净流量：

债务融资净流量 = 税后利息支出 + 偿还债务本金(或 − 债务增加)

　　　　　　　　 + 超额金融资产增加

　　　　　　　 = 10.56 − 21.06 − 12.64 + 0

　　　　　　　 = − 23.13(万元)

股权融资净流量：

　　股权融资净流量 = 股利分配 − 股权资本发行 = 23.85 − 0 = 23.85 (万元)

融资流量合计：

　融资流量合计 = 债务融资净流量 + 股权融资净流量 = −23.13 + 23.85 = 0.72 (万元)

④ 度现金流量的平衡关系。由于企业提供的现金流量就是投资人得到的现金流量，因此它们应当相等。"实体现金流量"是从企业角度观察的，企业产生剩余现金用正数表示，企业吸收投资人的现金则用负数表示。"融资现金流量"是从投资人角度观察的实体现金流量，投资人得到现金用正数表示，投资人提供的现金用负数表示。实体现金流量应当等于融资现金流量。现金流量的这种平衡关系，给我们提供了一种检验现金流量计算是否正确的方法。

⑤ 后续期现金流量增值率的估计。后续期价值的估计方法有许多种，包括永续增长模型、经营利润模型、价值驱动因素模型、价格乘数模型、延长预测期法、账面价值法、清算价值法和重置成本法等。这里只讨论现金流量折现的永续增长模型。永续增长模型如下：

$$后续期价值 = \frac{现金流量_{t+1}}{资本成本 − 现金流量增长率}$$

在稳定状态下，实体现金流量、股权现金流量和销售收入的增长率相同，因此，可以根据销售增长率估计现金流量增长率。

⑥ 企业价值的计算。

・ 实体现金流量模型。

续前例：假设 A 公司的加权平均资本成本是 16%，用它来折现实体现金流量可以得出企业实体价值，扣除债务价值后可以得出股权价值。有关计算过程如表 8-17 所示。

表 8-17　A 公司的实体现金流量折现　　　　　　　单位：万元

年　份	基期	2008 年	2009 年	2010 年	2011 年	2012 年
实体现金流量		0.72	14.87	33.22	55.26	79.92
平均资本成本/%		16	16	16	16	16
折现系数/%		0.8621	0.7432	0.6407	0.5523	0.4761
预测期现金流量现值	101.52	0.62	11.05	21.28	30.52	38.05
后续期增长率						6.00%
期末现金流量现值	403.32					847.11
总价值	504.84					
债务价值	187.2					
股权价值	317.64					

$$预测期现金流量现值 = \sum 各期现金流量现值 = 101.52(万元)$$

$$后续期价值 = \frac{现金流量_{t+1}}{资本成本 - 现金流量增长率} = 79.92 \times \frac{1+6\%}{16\%-6\%} = 847.11(万元)$$

$$后续期终值 = 后续期价值 \times 折现系数 = 847.11 \times 0.476\,1 = 403.32(万元)$$

$$企业实体价值 = 预测期现金流量现值 + 后续期现值 = 101.52 + 403.52 = 50.84(万元)$$

$$股权价值 = 实体价值 - 债务价值 = 504.84 - 187.2 = 317.64(万元)$$

- 股权现金流量模型。

假设 A 公司的股权资本成本是 22.725 9%,用它折现股权现金流量,可以得到企业股权的价值。有关计算过程如表 8-18 所示。

表 8-18　A 公司的股权现金流量折现　　　　　　　　　　单位:万元

年　份	基期	2008 年	2009 年	2010 年	2011 年	2012 年
股权现金流量		23.85	35.86	50.1	66.04	82.81
股权成本		22.726	22.726	22.726	22.726	22.726
折现系数		0.8148	0.6639	0.541	0.4408	0.3592
预测期现金流量现值	129.2	19.44	23.81	27.1	29.11	29.74
后续期现金流量增长率						6.00%
残值现值	188.44					524.63
股权价值	317.64					
债务价值	187.2					
公司价值	504.84					

3. 现金流量折现模型的应用

1) 股权现金流量模型的应用

股权现金流量模型分为三种类型:永续增长模型、两阶段增长模型和三阶段增长模型。

(1) 永续增长模型。

永续增长模型假设企业未来长期稳定、可持续的增长。在永续增长的情况下,企业价值是下期现金流量的函数。永续增长模型的一般表达式如下:

$$股权价值 = \frac{下期股权现金流量}{股权资本成本 - 永续增长率}$$

永续增长模型的特例是永续增长率等于零,即零增长模型,在此种情况下,有:

$$股权价值 = \frac{下期股权现金流量}{股权资本成本}$$

永续增长模型的使用条件:企业必须处于永续状态。所谓永续状态是指企业有永续的增长率和净投资回报率。使用永续增长模型,企业价值对增长率的估计值很敏感,当增长率接近折现率时,股票价值趋于无限大。因此,对于增长率和股权成本的预测质量要求很高。

(2) 两阶段增长模型。

两阶段增长模型的一般表达式为：

股权价值 = 预测期股权现金流量现值 + 后续期价值的现值

假设预测期为 n，则

$$股权价值 = \sum_{t=1}^{n} \frac{股权现金流量_t}{1+股权资本成本} + \frac{\dfrac{股权现金流量_{n+1}}{股权资本成本-永续增长率}}{(1+股权资本成本)^n}$$

两阶段增长模型的使用条件：两阶段增长模型适用于增长呈现两个阶段的企业。第一个阶段为超常增长阶段，增长率明显快于永续增长阶段；第二个阶段具有永续增长的特征，增长率比较低，是正常的增长率。

(3) 三阶段增长模型。

三阶段增长模型包括一个高速增长阶段、一个增长率递减的转换阶段和一个永续增长的稳定阶段。

假设高速增长期为 n，转换期为 m，则

股价权值 = 增长期现金流量现值 + 转换期现金流量现值 + 后续期现金流量现值

$$= \sum_{t=1}^{n} \frac{增长期现金流量}{(1+资本成本)^t} + \sum_{t=n+1}^{n+m} \frac{转换期现金流量}{(1+资本成本)^t}$$

$$+ \frac{\dfrac{后续期现金流量_{n+m+1}}{资本成本-永续增长率}}{(1+资本成本)^{n+m}}$$

模型的使用条件是被评估企业的增长率应当与模型假设的三个阶段特征相符。

2) 实体现金流量模型的应用

在实务中使用实体现金流量模型较多，主要原因是股权资本成本受到资本结构的影响较大，估计起来比较复杂。债务增加时，风险上升，股权成本会上升，而上升的幅度不容易测定。加权平均资本成本受资本结构的影响较小，比较容易估计。当债务成本较低时，增加债务比重时加权平均资本成本下降。与此同时，债务增加使风险增加，股权成本上升，使得加权平均资本成本上升。在无税和交易成本的情况下，两者可以完全抵消，这就是资本结构无关论。在有税和交易成本的情况下，债务成本的下降也会大部分被股权成本上升所抵消，平均资本成本对资本结构变换不敏感，估计起来比较容易。

实体现金流量模型，如同股权现金流量模型一样，也可以分为三种类型。

(1) 永续增长模型：

$$实体价值 = \frac{下期股权现金流量}{加权平均资本成本-永续增长率}$$

(2) 两阶段增长模型：

实体价值 = 预测期实体现金流量现值 + 后续期价值的现值

假设预测期为 n，则

$$实体价值 = \sum_{t=1}^{n} \frac{实体现金流量}{(1+加权平均资本成本)^t} + \frac{\dfrac{实体现金流量_{n+1}}{加权平均资本成本 - 永续增长率}}{(1+加权平均资本成本)^n}$$

(3) 三阶段增长模型：

假设高速增长期为 n，转换器为 m，则

$$实体价值 = 高速增长期现金流量现值 + 转换期现金流量现值 + 后续期现金流量现值$$

$$= \sum_{t=1}^{n} \frac{成长期实体现金流量}{(1+加权平均资本成本)^t} + \sum_{t=n+1}^{n+m} \frac{转换期实体现金流量}{(1+加权平均资本成本)^t}$$

实体现金流量折现的上述三种模型，在形式上与股权现金流量折现的三种模型一样，只是输入的参数不同，以实体现金流量代替股权现金流量，以加权平均资本成本代替股权资本成本。具体计算不再详述。

8.3.2　以经济利润为基础的价值评估

企业既然以增加价值为目标，计量其价值的增加额就成为非常重要的问题。考察企业价值增加最直接的方法是计算其市场增加值。

$$市场增加值 = 企业市值 - 总资本$$

企业市值是投资人按当时的市价出售企业可获得的现金流入，包括股本市值和债务市值。总资本是指投资人投入企业的总现金，包括股权资本和债务资本。但是，在日常决策中很少使用市场增加值。一个原因是，只有上市企业才有市场价格，才能计算市场增加值，而上市企业只有少数；另一个原因是，短期股市总水平的变化大于企业决策对企业价值的影响，股市行情淹没了管理作为。

经过大量实证研究发现，经济利润(或称经济增加值、附加经济价值、剩余收益等)可以解释市场增加值的变动。经济利润不是什么新的理论，它的大部分内容已经存在了很长时间。现实中日益严重的代理问题，使它成为越来越热门的理财思想。它的诱人之处在于把投资决策、业绩评价和奖金激励统一起来。它把企业的目标定位为经营业绩的尺度，资金的发放也可以根据创造多少经济利润来确定。这就使得基于价值的管理变得简单、直接，具有了逻辑上的一致性。

1. 经济利润模型的原理

1) 经济利润的概念

经济利润是指经济学家所持的利润概念。虽然经济学家的利润也是收入减去成本后的差额，但是经济收入不同于会计收入，经济成本不同于会计成本，因此，经济利润也不同于会计利润。

经济利润是实际收益与资本成本之间的差额。计算经济利润的一种最简单的方法，是用息前税后营业利润减去企业的全部资本费用。复杂的方法是逐项调整会计收入使之变为经济收入，同时逐项调整会计成本使之变成经济成本，然后计算经济利润。斯特恩-斯图尔特公司设计了非常具体的经济增加值计算程序及向经理分配奖金的模型，被许多著名的

公司采用。

下面这里通过例子介绍经济利润最简单的计算方法。

【例 8-3】 B 企业期初投资资本为 2 000 万元，期初投资资本回报率(税后经营利润/投资资本)为 10%，加权平均资本成本为 8%，则该企业的经济利润为 40 万元，即

$$经济利润 = 税后经营利润 - 全部资本费用$$
$$= 2\,000 \times 10\% - 2\,000 \times 8\%$$
$$= 40\,(万元)$$

计算经济利润的另一种方法是用投资资本回报率与资本成本之差，乘以投资资本，即：

$$经济利润 = 期初投资资本 \times (期初投资资本回报率 - 加权平均资本成本)$$
$$= 2\,000 \times (10\% - 8\%) = 40\,(万元)$$

这种方法得出的结果与前一种方法相同，其推导过程如下：

$$经济利润 = 税后净利润 - 股权费用 = 税后经营利润 - 税后利息 - 股权费用$$
$$= 税后经营利润 - 全部资本费用$$
$$= 期初投资资本 \times 期初投资资本回报率 - 期初投资资本$$
$$\times 加权平均资本成本$$
$$= 期初投资资本 \times (期初投资资本回报率 - 加权平均资本成本)$$

按照最简单的经济利润计算办法，经济利润与会计利润的区别是它扣除了全部资本的费用，而会计利润仅仅扣除了债务利息。

2) 经济利润模型

根据现金流量折现原理可知，如果企业的投资回报率等于加权平均资本成本，则企业实体现金流量的净现值等于零。这时企业赚取的收益刚好等于债权人和股权投资人期望的报酬，这样，企业的经济利润为零，企业价值没有增加，还等于各方投资者原始投入的资本额。如果企业的投资回报率大于加权平均资本成本，则企业的现金流量用加权平均资本成本折现后，有正的净现值，引起企业价值增加。由此可见，企业价值能否增加取决于企业获得的经济利润，经济利润为零，也就是企业获得的现金流量刚好等于投资人期望的报酬，企业价值没有增加；经济利润大于零，表明企业获得的现金流量满足投资人期望后还有剩余，企业价值增加；如果小于零，企业价值减少。

因此，企业价值等于期初投资资本加上经济利润的现值：

$$企业实体价值 = 期初投资资本 + 经济利润现值$$

公式中的期初投资资本是指企业在经营中投入的现金：

$$全部投资资本 = 所有者权益 + 净债务$$

【例 8-4】C 企业年初投资资本为 2 000 万元，预计今后每年可取得税后经营利润 200 万元，每年净投资为零，资本成本为 8%，则

$$每年经济利润 = 200 - 2\,000 \times 8\% = 40\,(万元)$$

$$经济利润现值 = \frac{40}{8\%} = 500\,(万元)$$

$$企业价值 = 2\,000 + 500 = 2\,500\,(万元)$$

如果用现金流量折现法，可以得出同样的结果：

$$\text{实体现金流量现值} = \frac{200}{8\%} = 2\,500\,(\text{万元})$$

经济利润模型与现金流量模型在本质上是一致的，但是经济利润模型可以计量单一年份价值增加，而现金流量模型却做不到。因为，任何一年的现金流量都受到净投资的影响，加大投资会减少当年的现金流量，推迟投资可以增加当年的现金流量。投资不是业绩不良的表现，而找不到投资机会反而是不好的征兆。因此，某个年度的现金流量不能成为计量业绩的依据。管理层可以为了改善某一年的现金流量而推迟投资，这样会使企业的长期价值创造受到损失。

经济利润之所以受到重视，关键是它把投资决策必需的现金流量与业绩考核必需的权责发生制统一起来了。它的表现，结束了投资决策用现金流量的净现值评价，而业绩考核用权责发生制的利润评价，决策与业绩考核标准分离，甚至是冲突、混乱的局面。

2. 经济利润模型的应用

以上一节 A 公司为例，说明经济利润模型的应用。有关计算过程如表 8-19 所示。

表 8-19　A 公司的经济利润模型　　　　　　　　　　单位：万元

年　份	基期	2008 年	2009 年	2010 年	2011 年	2012 年	2013 年
税后经营利润		84.96	97.7	109.4	119.3	126.4	134
投资资本(年初)		468	552.2	635.1	711.3	775.3	821.8
投资资本回报率/%		18.15	17.69	17.23	16.77	16.31	16.31
加权平均资本成本/%		16	16	16	16	16	16
差额/%		2.15	1.69	1.23	0.77	0.31	0.31
经济利润		10.08	9.35	7.82	5.47	2.39	2.53
折现系数(16%)		0.862	0.743	0.641	0.552	0.476	
预测期经济利润现值	24.8	8.69	6.95	5.01	3.02	1.14	
后续期增长率							0.06
后续期价值	12.04						25.29
期初投资资本	468						
现值合计	504.8						

1) 预测期经济利润的计算

以 A 公司 2008 年的数据为例：

经济利润 = 期初投资资本 × (期初投资资本回报率 − 加权平均资本成本)

　　　　= 468 × (18.15% − 16%)

　　　　= 10.08 (万元)

或者：

经济利润 = 税后经营利润 − 期初投资资本 × 加权平均资本成本

　　　　= 84.96 − 468 × 16%

　　　　= 10.08 (万元)

2) 后续期价值的计算

A 公司 2013 年进入永续增长的稳定状态，该年经济利润为 2.528 67 万元，以后每年递增 6%。

$$后续期经济利润终值 = \frac{后续期第一年经济利润}{资本成本 - 增长率} = \frac{2.528\ 67}{16\% - 6\%} = 25.29\ (万元)$$

$$后续期经济利润现值 = 后续期经济价值终值 × 折现系数$$
$$= 25.286\ 7 × 0.476\ 1$$
$$= 12.04\ (万元)$$

3) 期初投资资本的计算

期初投资资本是指评估基准时间的企业价值。估计期初投资资本时，可用以下三种方案：账面价值、重置价值或可变现价值。

举例采用的是账面价值，这样做的原因不仅仅是简单，而且是它可靠地反映了投入的资本，符合经济利润的概念。

不采用重置价值主要是因为资产将被继续使用，而不是真的需要重置。此外，企业在使用中的资产缺乏有效的公平市场，其重置价值估计有很大主观性。

可变现价值在理论上是一个值得重视的选择。不过，在实际应用中运用较困难。首先，如果使用市价计量投资资本，为保持计量的一致性，结果必然是将每年的资产收益(存量资产升值)计入当年的经济利润。然而，预计未来每年存量资产的市价变动是很难操作的。存量资产一般没有公开交易的市场，预计的可靠性难以评估。其次，事实上多数资产的变现价值低于账面价值，在账面价值已经提取过减值准备的情况下，使用账面价值不会导致重要的失真。当然，如果通货膨胀严重，资产的可变现价值超出账面价值很多，并且能够可靠估计可变现价值的时候，也可以采用变现价值。

A 公司期初投资资本账面价值是 468 万元，我们以此作为投资资本。

4) 企业总价值的计算

企业的总价值为期初投资资本、预测期经济利润现值、后续期经济利润现值的合计。

$$企业总价值 = 期初投资资本 + 预测期经济利润现值 + 后续期经济利润现值$$
$$= 468 + 24.8 + 12.64$$
$$= 504.84\ (万元)$$

如果假设前提一致，这个数值应该与折现现金流量法的评估结果相同。

8.3.3　以价格比为基础的价值评估

价格比率是指股票价格与公司特定变量之间的比值，如价格与收益比率、价格与账面价值比率以及价格与营业收入比率等，而这些公司特定变量被称为价格比率基数，如每股收益、资产账面价值和营业收入等。其公式为

$$企业价值 = 价格比率 × 价格比率基数$$

$$\frac{V_1}{Y_1} = \frac{V_2}{Y_2}$$

$$V_1 = Y_1 \times \frac{V_2}{Y_2}$$

式中：V_1 表示被评估企业的价值；V_2 表示参照企业的价值；Y_1 和 Y_2 表示价格比率基数；$\frac{V_1}{Y_1} = \frac{V_2}{Y_2}$ 表示价格比率。

常用的价格比率有三个，分别对应着一种评估模型：

价格与收益比率(市盈率)，其公式是

$$价格与收益比率 = \frac{每股市价}{每股收益}$$

价格与账面价值比率(市净率)，其公式是

$$价格与账面价值比率 = \frac{每股市价}{每股净资产}$$

价格与营业收入比率，其公式是

$$价格与营业收入比率 = \frac{每股市价}{每股营业收入}$$

1. 基于价格比率的价值评估步骤

(1) 选择价格比例模型。同一企业选择不同的价格比率，评估结果可能不同。

① 考虑相关程度，通常选取与股票价格相关程度最高的价格比率。

② 考虑相关价格比例基数信息的可靠性。

③ 考虑可行性。

④ 当被评估企业与参照企业的资本结构差异较大，通常选取价格与营业收入比率。

(2) 选择可比公司。具有相似的经营和财务特征的公司，一般选同一行业企业，但并非同行业的所有公司都是可比的。

① 着重考虑可比企业的相似性。

② 财务比率分析可以用评估可比企业的可比性，作为可比性的一个检验方法。

(3) 估算目标企业的价格比率值。被评估企业的价格比率值的确定方法主要有可比公司参照法和回归分析法。

① 可比公司参照法。一是将同行业中企业的该价格比率比例进行平均，通过平均数将各企业的非可比因素抵消掉，而被评估企业成为该行业最具代表性的企业。二是选择行业中最相似的一个或几个企业作为可比企业，通过计算可比企业的价格比率的平均值，来确定被评估企业的价格比率。

② 回归分析法。其基本思路是运用统计方法，对用同行业公司的历史基本数据进行回归分析，找出价格比率与基本数据之间的关系，将某一价格比率 Y 表示成若干基本因素 X_1、X_2、X_3 和 X_4 的代数和，即建立回归方程：$Y = aX_1 + bX_2 + cX_3 + dX_4$，进而通过确定基本数据来得出价格比率值。

(4) 预测价格比率基数。价格比率基数也就是相关价格比率的分母，需要对财务数据进行调整，一是采用的会计方法不同；二是短期内经济条件的变化使得当前的业绩无法反映企业的盈利能力。对财务数据的调整通常采用统计方法进行或者直接调整。一种特定的调整是否合理，可通过考察调整前后价格比率的变化来检验，如果调整是成功的，它应该可以减少价格比率的波动。

(5) 计算评估企业价值：

$$企业价值 = 价格比率 \times 价格比率基数$$

2. 价格与收益比率

价格与收益比率，也被称为市盈率或 PE 比率，是指普通股，每股市价与每股收益之间的比率。其基本公式可以写作：

$$价格与收益比率 = \frac{每股市价}{每股盈利}$$

(1) 稳定增长企业的价格与收益比率。根据高顿公式，可以推导出稳定增长企业的价格与收益比率的理论计算公式为：

$$\frac{P}{E} = \frac{m \times (1+g)}{r-g}$$

可以看出：对于稳定增长的企业来说，其市盈率是股利支付率和增长率的增函数，是公司风险(通过贴现率 r 体现)的减函数。

(2) 两阶段增长公司的价格与收益比率，两阶段增长公司的理论市盈率为

$$\frac{P}{E} = \frac{m \times (1+g) \times \left[1 - (1+g)^n / (1+r)^n \right]}{r-g} + \frac{m_n \times (1+g)^n \times (1+g_n)}{(r-g_n) \times (1+r^n)}$$

根据上式可以观察到，两阶段增长公司的市盈率受以下因素影响：高速增长时期和稳定时期的股利支付比率。市盈率随着支付比例的增加而增加。现金(通过贴现率 r 体现)，市盈率随着风险的增加而降低。高速增长阶段和稳定增长阶段的预期股利增长率。在两个阶段中，市盈率都随着股利增长率的增加而增加。

(3) 价格与收益比例模型的评估步骤：

① 估算目标企业的价格与收益比率。

可比公司参照法：参照的可比企业一般在同行业企业当中挑选，一般做法是首先选择出一组可比企业，计算出他们平均的市盈率，然后根据正在评估的企业和参照企业间的差异，对这个平均值进行主观调整，得出被评估企业的市盈率。回归分析法：回归分析法可以将大量的数据浓缩到一个等式中，以反应市盈率基本财务数据之间的关系。

② 预测比率基数(收益)。

本量利分析法("成本—业务量/生产量/销售量—利润分析法")：

$$利润 = 销售收入 - 总成本 = 销售收入 - 变动成本 - 固定成本$$

相关比率法：

$$利润 = 预计销售收入 \times 销售收入利润率$$

$$利润 = 预计平均资金占用额 \times 资金利润率$$

因素测算法：

　　　计划期利润 = 基期利润 + 由计划期各因素的变动而增加或减少的利润

价格与收益比率模型是证券市场上的投资者在进行企业价值评估时最常用的一个价格比例模型，其优点是，第一，价格与收益比率将股票市场价格与公司盈利状况联系起来，突出了盈利状况对股票价格的影响作用；第二，计算资料容易取得，计算方法简便，即使不具备专业的财务知识的投资者也可以使用该比率；第三，如果会计标准合理，并且不同企业之间对于会计标准应用的差异较少，那么，该指标可以在同类企业之间进行比较；第四，价格与收益比率指标能够反映市场状况和前景预测。它的缺点是，第一，当每股收益是负的时候，价格与收益比率指标就失去意义了；第二，由于各个国家的会计标准不一样，不同企业对同一标准的运用情况也有所不同，限制了不同市场、不同企业的价格与收益之间的可比性。

(4) 价格与收益比率的变形：P/FCFE 表示价格与现金流量比率。其公式为

$$\frac{P}{\text{FCFE}} = \frac{m \times (1+g) \times \left[1 - (1+g)^n / (1+r)^n\right]}{r-g} + \frac{m_n \times (1+g)^n \times (1+g_n)}{(r-g_n) \times (1+r^n)}$$

3. 价格与账面价值比率

价格与账面价值比率也被称为市净率，或 P/BV 比率，是指普通股每股市价与每股账面价值的比率，也可以表述成股权的市场价值与账面价值的比率。

$$\text{价格与账面价值比率} = \frac{\text{每股市价}}{\text{每股账面价值}}$$

(1) 稳定增长企业的价格与账面价值比率：

$$\frac{P}{\text{BV}} = \frac{\text{ROE} \times m \times (1+g)}{r-g}$$

从公式中我们可以看出，价格与账面价值比率是关于净资产收益率、股利支付率和收益增长率的增函数，是关于公司风险的减函数。

(2) 两阶段增长公司的价格与账面价值比率：

$$\frac{P}{\text{BV}} = \text{ROE} \times \left\{ \frac{m \times (1+g) \times \left[1 - (1+g)^n / (1+r)^n\right]}{r-g} + \frac{m_n \times (1+g)^n \times (1+g_n)}{(r-g_n) \times (1+r^n)} \right\}$$

可见，价格与账面价值比率取决于：净资产收益率，市净率是关于净资产收益率的一个增函数。高增长阶段和稳定增长阶段的股利支付比率，市净率随着支付比率的增加而增加，风险通过折现率来表示，市净率随着风险的增加而降低，高增长阶段和稳定增长阶段的收益增长率，市净率随着两个阶段的增长率的增加而增加。

(3) 价格与账面价值比率模型的评估步骤基本一致，比率基数，账面价值的预测可以通过编制预计资产，负债表完成，其优点有：第一，市净率比市盈率能更好地释放风险，保证投资者的利益；第二，市净率指标用来反映企业的内在价值更加具有可靠性；第三，股价存在泡沫时，投资者根据市净率做出投资决策时，所承受的风险明显小于按市盈率做

出的投资决策所承受的风险；第四，即使是收益为负的公司，即不能够用市盈率进行价值评估的公司，也可以使用价格与账面价值比率进行价值评估。其缺点有：第一，与收益一样，账面价值受折旧及其他因素的会计处理方法的影响，当公司之间的会计标准相差比较大的时候，各公司间的价格与账面价值比率就无法进行比较；第二，对于固定资产较少的服务性公司来说，账面价值可能没什么意义；第三，如果一家公司的收益长期是负的，那么，股权的账面价值就会变成负的，价格与账面价值比率也会变成负的，价格与账面价值比率就会变得没有意义。

(4) 价格与账面价值比率的变形：

① 托宾(Tobin)Q 值。

托宾 Q 值是市净率的一种变化形式，这种方法将企业的市场价值与资产的重置成本联系起来。当市场通货膨胀导致资产价格上升或技术进步导致资产价格下降的时候，重置成本往往能够比账面价值更好地反映资产价值的真貌。所以，托宾 Q 值能够提供对资产价值评估更好的判断标准。

$$托宾Q值 = \frac{资产的市场价值}{资产的重置成本}$$

② Estep T 值

Estep T 模型的输入参数就是在前面反复强调的三个变量——净资产收益率、增长率和市净率，并将其结合成一个变量。

$$T = g + \frac{ROE - g}{PBV} + (1+g) \times \frac{\Delta PBV}{PBV}$$

4. 价格与营业收入比率

价格与营业收入比率是指普通股每股市价与每股营业收入之间的比率，也可以表述成股票的市场价值总额与营业收入总额的比值。

$$价格与营业收入比率 = \frac{每股市价}{每股营业收入}$$

(1) 稳定增长企业的价格与账面价值比率：

$$\frac{P_0}{营业收入_0} = \frac{P}{S} = \frac{销售净利率 \times m \times (1+g)}{r - g}$$

可以看出，价格与营业收入比率是销售净利率、股利支付率以及增长率的增函数，是折现率的减函数。

(2) 两阶段增长公司的价格与营业收入比率：

$$\frac{P}{S} = 销售净利率 \times \left\{ \frac{m \times (1+g) \times \left[1 - (1+g)^n / (1+r)^n\right]}{r - g} + \frac{m_n \times (1+g)^n \times (1+g_n)}{(r - g_n) \times (1+r^n)} \right\}$$

价格与营业收入比率取决于以下变量：销售净利率。价格与营业收入比率是销售净利率的增函数。在高增长时期和稳定时期的股利支付比率，随着股息支出比率的增加，价格与营业收入比率也增加。公司的风险，通过贴现率 r 表示，随着风险的增加，价格与营业收入比例降低。高增长阶段和稳定阶段的利润增长率，在这两个阶段，随着增长率的增加，价格与营业收入比率都增加。

其优点在于：第一，与市盈率和市净率不同，价格与营业收入比率不会出现负值，也不会因此出现没有意义的情况，即使对于身处困境的公司来讲，也可以得出一个有意义的比率；第二，与利润和账面价值不同，营业收入不会受公司的折旧、存货等会计处理方法的影响，因而不容易被人为操纵；第三，价格与营业收入比率不像市盈率那样频繁剧烈波动，因此给人以可靠的印象；第四，价格与营业收入比率能更能体现公司的价格政策变化以及公司战略方面的变化。其缺点在于：当公司面临成本控制的问题时，尽管公司的利润和账面价值会大幅度下降，而营业收入可能会保持不变。因此，对于那些存在问题的公司，尤其是有负的利润和账面价值的公司，尝试采用价格与营业收入比率来进行评估，如果不能很好地考虑公司之间的成本和利润率的差别，评估出的价值可能会严重误导决策。

有一些人反对使用价格比率进行价值评估，是因为存在利润质量问题，单一年度问题；也有一些人赞成使用价格比率进行价值评估，他们有一个非常简单的论点就是，因为这个方法被广泛使用，市场中许多公司的价值可能实际上都是基于价格比率确定的。不需要考虑那些认为这种情况不应该发生的理论观点，价格比率实际上决定了许多公司在市场中的价值，由于它被广泛使用，所以，它应该被视为是正确的方法。这两种观点都可能是正确的，我们能够使用价格比率，只要我们理解了以下观点，即实际创造价值的是现金流，而价格比率分析是估计现金流价值的快捷工具，我们就能正确地使用价格比率。我们必须考虑被估值企业的会计方法、利润增长、资本结构以及其他可能影响价格比率的因素，然后针对价格比率基数仔细选择合适的价格比率。

本 章 小 结

财务综合分析就是将偿债能力、营运能力、盈利能力和发展能力等诸方面的分析纳入一个有机的整体之中，全面的对企业的经营状况、财务状况进行解剖和分析，从而对企业经济效益的优劣作出准确的评价。财务综合能力分析的目的：评估企业分析期的经营绩效、分析影响企业财务状况和经营成果的各个因素、挖掘企业的潜力、监督企业执行政策、法令及规章制度的情况和预测企业未来的发展趋势、提供决策的依据。综合分析的方法有：杜邦分析法、沃尔评分法、雷达图分析法等。

传统的杜邦财务分析体系的局限是：计算总资产净利润率的"总资产"与"净利润"不匹配；没有区分经营活动损益和金融活动损益；没有区分有息负债与无息负债。改进的杜邦财务分析体系弥补了以上的不足。杜邦财务分析体系的应用：净资产收益率是财务分析指标的核心；销售净利率是反映企业盈利能力的重要指标；总资产周转率是反映企业营运能力的最重要的指标；权益乘数与资本结构相关，反映企业偿债能力。

沃尔评分法又称沃尔比重评分法。沃尔评分法公式为：沃尔评分法选择了七个财务比率，包括流动比率、产权比率、固定资产比率、存货周转率、应收账款周转率、固定资产周转率、自有资金周转率等，并分别给定了其在总评价中所占的比重，然后确定标准比率，并与实际比率相比较，评出每项指标的得分，最终求出总评分。

雷达图分析法亦称综合财务比率分析图法。雷达图把纵向和横向的分析比较方法结合起来，计算综合客户的收益性、成长性、安全性、流动性及生产性这五类指标。

公司价值评估可分为以现金流为基础的价值评估和以经济利润为基础的价值评估。任何资产都可以使用现金流量折现模型来评估。

经济利润是实际收益与资本成本之间的差额。计算经济利润的一种最简单的方法是用息前税后营业利润减去企业的全部资本费用。

思 考 与 练 习

1. 什么是财务报表综合分析？与单项分析有何区别？财务报表综合分析意义何在？
2. 简述财务报表综合分析的指标体系。
3. 简述杜邦分析法的分析思路和步骤。
4. 简述沃尔评分法的原理、分析步骤，该方法有何局限性？
5. 简述杜邦财务分析体系的局限性。
6. 某公司 2009 年度有关财务资料如下：
① 简略资产负债表(单位：万元)。

表 8-20　资产负债表　　　　　　　　单位：万元

资　产	年初数	年末数	负债及所有者权益	年初数	年末数
现金及有价证券	51	65	负债总额	74	134
应收账款	23	28	所有者权益总额	168	173
存货	16	19			
其他流动资产	21	14			
长期资产	131	181			
总资产	242	307	负债及所有者权益	242	307

② 其他资料如下：2009 年实现销售收入净额 400 万元，销售成本 260 万元，管理费用 54 万元，销售费用 6 万元，财务费用 18 万元。营业外收支净额为 8 万元，所得税率 25%。
③ 2008 年有关财务指标如下：营业净利率为 11%，总资产周转率为 1.5，权益乘数为 1.4。
要求：
(1) 运用杜邦财务分析体系，计算 2009 年该公司的净资产收益率。
(2) 采用连环替代法分析 2009 年净资产收益率指标变动的具体原因。
7. 戊公司是一家上市公司，为了综合分析上年度的经营业绩，确定股利分配方案，公司董事会召开专门会议进行讨论。公司相关资料如下：

资料一：戊公司资产负债表简表如表 8-21 所示。

表 8-21　戊公司资产负债表简表(2012 年 12 月 31 日)　　　单位：万元

资　产	年末金额	负债和股东权益	年末余额
货币资金	4 000	流动负债合计	20 000
应收账款	12 000	非流动负债合计	40 000
存货	14 000	负债合计	60 000
流动资产合计	30 000	股东权益合计	40 000
非流动资产合计	70 000		
资产总计	100 000	负债和股东权益总计	100 000

资料二：戊公司及行业标杆企业部分财务指标如表 8-22 所示(财务指标的计算如需年初、年末平均数时使用年末数代替)。

表 8-22　戊公司及行业标杆企业部分财务指标(2012 年)

项　　目	戊公司	行业标杆企业
流动比率	(A)	2
速动比率	(B)	1
资产负债率	*	50%
销售净利润	*	(F)
总资产周转率(次)	*	1.3
总资产净利率	(C)	13%
权益乘数	(D)	(G)
净资产收益率	(E)	(H)

注：表中"*"表示省略的数据。

资料三：戊公司 2012 年销售收入为 146 977 万元。净利润为 9 480 万元。2013 年投资计划需要资金 15 600 万元。公司的目标资产负债率为 60%，公司一直采用剩余股利政策。

要求：

(1) 确定表 8-22 中英文字母代表的数值(不需要列示计算过程)；

(2) 计算戊公司 2012 年净资产收益率与行业标杆企业的差异，并使用因素分析法依次测算总资产净利率和权益乘数变动对净资产收益率差异的影响；

(3) 计算戊公司 2012 年度可以发放的现金股利金额。

8. D 公司为一家上市公司，已公布的公司 2010 年财务报告显示，该公司 2010 年净资产收益率为 4.8%，较 2009 年大幅降低，引起了市场各方的广泛关注。为此，某财务分析师详细搜集了 D 公司 2009 年和 2010 年的有关财务指标，如表 8-23 所示。

表 8-23 相关财务指标

项　目	2009 年	2010 年
销售净利率	12%	8%
总资产周转率(次数)	0.6	0.3
权益乘数	1.8	2

要求：

(1) 计算 D 公司 2009 年净资产收益率；

(2) 计算 D 公司 2010 年与 2009 年净资产收益率的差异；

(3) 利用因素分析法依次测算销售净利率、总资产周转率和权益乘数的变动对 D 公司 2010 年净资产收益率下降的影响。

第九章　商业银行财务报表分析

 ## 学习目标

(1) 了解商业银行财务报表的基本构成及其区别于普通企业财务报表的特征；

(2) 熟悉商业银行财务报表的分析，能全面解读报表并分析各个指标的含义；

(3) 掌握商业银行各类财务指标的计算，并根据相应指标对银行经营情况作出判断；

(4) 掌握商业银行财务综合分析的基本方法并熟练使用；

(5) 认识商业银行收益与风险的关系。

 ## 案例导读

　　北岩银行是英国主要的住房按揭银行之一，北岩银行的业务模式是向客户提供各种各样的贷款，这些贷款可以有抵押，也可以没有抵押。同时，银行通过吸引存款、同业拆借、抵押资产证券化等方式来融资，并投资于欧洲之外的债券市场，美国次级债也是其重要的投资方式之一。以住房按揭为主打业务的北岩银行，其按揭类型相当细化，住房抵押比例之高也可谓激进，利率优惠。以组合按揭为例，假设贷款人的房产价值为 10 万英镑，那么他可以得到最高 9.5 万英镑的按揭贷款，另外还可能得到最高 3 万英镑的不保障贷款，这 3 万英镑贷款视客户自身需求情况而定，相当于现金储备，利率统一。北岩银行 2006 年年末向消费者发放的贷款占比为 85.498%，加上无形资产、固定资产，全部非流动性资产占比高达 85.867%，而流动性资产仅占总资产的 14.137%，特别是其中安全性最高的现金及中央银行存款仅占 0.946%。在负债方，我们看到北岩银行最主要的两个融资渠道为消费者账户以及发行债务工具，特别是债务工具的发行占比高达 63.651%，而北岩银行的资金来源只有 5% 是存款。

　　北岩银行的贷款利率低于其他贷款机构的重要原因是，北岩银行采取了完全依靠全球的金融批发市场以及流动性的战略，这在三四年前被普遍认为是非常成功的商业模式。但是美国次级债事件发生后，没有银行愿意向北岩银行提供资金，北岩银行头寸不足，只能向英格兰银行求助，消息传出导致北岩银行的投资者与储户丧失信心，股价在短短几个交易日内下跌近 80%，同时出现了英国 140 年来首次挤提，最终倒闭。

　　北岩银行的倒闭震惊了全球的金融行业，具体导致其走向灭亡的真正原因是什么？它能为我国各大商业银行的财务管理带来怎样的启示？

　　由北岩银行的倒闭我们可以得出：银行财务报表分析对银行正常业务运转和经营管理

安全性有着非常重要的作用，通过分析报表计算各类指标，可以了解银行的财务状况，对银行的偿债能力、资本结构是否合理、流动资金充足性作出判断；对行业中的竞争地位、持续发展能力作出判断；可以了解银行获取现金和现金等价物的能力，并预测银行未来的现金流量和发展能力。

9.1　商业银行财务报表的特点

　　商业银行财务报表分析是指商业银行财务信息用户以银行对外提供的财务报表为主要依据，结合相关的环境信息，对商业银行财务状况、经营成果及现金流量的合理性与有效性进行客观确认，并在分析商业银行内在流动性、安全性和盈利性的基础上，预测银行未来的财务趋势和发展前景，为商业银行各利益主体的特定决策提供理性的财务信息支持。

　　在西方银行界，商业银行的财务分析实际上是以"业绩评价""信用分析""评级分析""股票分析""监管分析"等多种形式存在的，是不同分析主体的产物，也是不同分析目的的体现。商业银行与一般经营实物资金的生产型企业不同，是经营货币资金的特殊企业，其创造价值的流程不是货币—实物—货币，而是货币—货币。商业银行的财务报表也与一般工商企业的财务报表不同，它更具金融机构的特点，因此，在财务分析时也有其特殊性：商业银行财务报表分析需注重对银行资本充足的分析，以充分反映银行经营格局与其风险对比；更注重对银行资信的分析，因为商业银行的资信是社会对商业银行综合经济实力和信誉的评价，资信这一表外无形资产的好坏情况直接影响到银行经营收益、成本和风险；更注重对银行资产质量的分析，商业银行贷款资产的内部结构及其变化直接决定了商业银行的经营水平、收入和风险水平。

　　同时，商业银行财务分析的具体内容同一般工商企业也存在较大差异。一般工商企业的资产主要包括存货和固定资产，收入来源主要是销售商品、提供劳务，且筹资渠道较为多元化，故其财务报表分析的具体内容主要是存货周转率、固定资产周转率等资产营运能力分析，销售净利率、权益净利率等盈利能力分析，资产负债率等偿债能力和资本结构分析等等。而商业银行的资产主要是发放的贷款，负债主要是吸收的存款，收入主要来源于存贷利差，且自有资本比重低，运营模式具有较强的资本杠杆作用。这就决定了商业银行的财务分析需大量涉及贷款结构和质量分析、净利差、存贷比、资本充足率、拨备覆盖率、不良贷款率等具体内容。银行的账户体系和报表格式有其独特性，传统的财务比率除少数几个，如权益净利率、总资产收益率及大多数与投资有关的指标外，其他一般的指标对于银行均不具有适用性。所以，财务分析指标的重新构建也是商业银行财务报表分析的一个特点。

　　归纳起来，商业银行财务报表通常有以下六个特征：

　　(1) 商业银行更多地依靠存款和负债获取资金来源，自有资金一般不足 10%，大大低于工商企业自有资金的平均水平。注意，只有银行的资产负债表上有存款这一项目，这是银行与其他任何商业组织相区别的关键；

　　(2) 商业银行对他人提供的借款具有强烈的依赖性，利用财务杠杆增加股东收益；

　　(3) 商业银行收入主要来源于贷款利息收入、证券，支出主要是借款利息成本；

(4) 商业银行总资产中各种金融债权占较大比重，固定资产占比较小；

(5) 商业银行自有资金数量虽然不多，所占比重也较低，但它在银行经营活动中的作用却不可低估；

(6) 由于所处经营环境、面临经济法规不同，开展的业务各有特点，因而商业银行在资产负债表具体科目设置、会计处理上也不尽相同，但总体上大同小异。

9.2　商业银行资产负债表分析

商业银行的资产负债表是综合反映其资产负债科目及数量的会计报表，是进行资产负债统计分析的基本资料。商业银行资产负债表提供的基本信息包括：商业银行在某一特定时点拥有或控制的、能以货币计量的经济资源的分布和机构；商业银行的短期、长期偿债能力；商业银行的财务弹性。和一般企业的资产负债表相比，商业银行资产负债表上资产包括的特殊项目主要有资产项目和负债项目。

1. 资产项目

现金资产：包括库存现金、库存金银、存放同业款项、存入中央银行法定存款准备金和备付金以及其他形式的现金资产。存入中央银行法定存款准备金是按照存款准备金制度的要求，按照确定的缴存范围和缴存比例向中央银行缴存的存款，以保证商业银行的支付能力。存放同业存款是银行机构之间为满足日常结算往来划款的需要而存入其他银行的各种款项。

短期贷款：是指商业银行发放的期限在 1 年以内的各种贷款，包括各种短期贷款和短期信托贷款。短期贷款的特点是：流动性较强，风险小，便于监督管理，便于操作。银行为了保证信贷资金的流动性，必须保持一定的短期贷款。

拆放同业：为灵活调度资金，提高资金运用效率，商业银行之间经常发生资金拆借业务，来调剂资金头寸，实质上是资金拆出行向资金拆入行提供的一种短期贷款。

应收进出口押汇：是指商业银行开展进出口押汇业务而发生的应收押汇款项。其中包括开出信用证后，以国外议付行交来的议付单为抵押代进口单位垫付的款项，以及商业银行对出口单位交来信用证项下的出口单据议付的款项。

应收账款和坏账准备：商业银行的应收账款包括应经营业务而发生的各种应收账款，以及应收利息、应收手续费、应收证券买卖款等。其中，应收利息包括应收贷款利息、应收拆放利息等。坏账准备是会计中预先估计的无法收回的应收账款金额。商业银行按照权责发生制的要求，可以提取用于备抵坏账造成的损失的准备，以正确反映其资产和收益情况。

其他应收款：指商业银行对其他单位和个人的应收及暂付款项。主要包括商业银行办理业务存出的各种保证金、临时性的应收未收款项以及在办理业务过程中发生的临时性垫付款项。

票据融资：指商业银行在经营业务过程中发生的贴现、转贴现、再贴现、买入外币票据和议付信用证等款项。

短期投资：指商业银行根据业务需要而进行的各种能够随时变现、持有时间不超过 1

年的有价证券以及不超过 1 年的其他投资。

代理证券：指商业银行接受客户委托、代理客户进行发行、兑付、代偿、代购证券的款项。

长期贷款：指贷款期限在 1 年(含 1 年)以上的各种放款，包括中期流动资金贷款、中长期基本建设贷款、中长期技术改造贷款、中长期科技开发贷款、中长期住房开发贷款和其他中长期贷款。与短期贷款相比，中长期贷款具有收益高、稳定性强的特点，但流动性差、风险大。

国际融资转贷款：指商业银行根据协议和有关规定发生的转贷外国政府贷款、转贷国际金融组织贷款、国家外汇储备贷款、转贷买方信贷、银团贷款和其他转贷款。

贷款呆账准备：指商业银行对发生贷款损失进行补偿的专项基金。

2. 负债项目

短期存款：指商业银行接受企事业单位的 1 年期以下的各项存款。

短期储蓄存款：指商业银行接受居民个人的 1 年期以下的各种储蓄存款。

同业存放款项：指商业银行与其他商业银行之间因资金往来而发生的同业存放于本行的款项。

联行存放款项：指商业银行联行之间往来发生的联行资金存放于本行的款项。

应解汇款：指银行从事汇款业务收到的待解付的款项以及外地采购单位或个人的临时性存款。

汇出汇款：指银行接受企事业单位或个人的委托汇往外地的款项。

应付代理证券款项：指银行代理客户发行、兑付、买卖证券业务，以及应付费客户的款项。它包括代理发行证券款项、代偿证券款项、代购证券款项等。

中央银行借款：指商业银行向中央银行申请借入的年度性、季节性和日拆性借款。

同业拆入：指商业银行之间利用资金融通过程中的时间差、空间差和行际差来调剂资金头寸的一种短期借贷。

长期存款：反映商业银行接受其他金融机构、单位的 1 年期以上的存款。

长期储蓄存款：反映商业银行接受居民个人的 1 年期以上的储蓄存款。

【例 9-1】　ABC 银行 20X5 年 12 月 31 日的资产负债表如表 9-1 所示。

表 9-1　资产负债表

编报单位：ABC 银行　　　　　　　20X5 年 12 月 31 日　　　　　　　单位：百万元

项　目	行次	期末余额	年初余额	项　目	行次	期末余额	年初余额
资产：				负债：			
现金及中央银行存款	1	3 294 007	3 174 943	向中央银行借款	17	724	1 133
存放同业及其他金融机构款项	2	306 366	411 937	同业及其他金融机构存放款项	18	867 094	1 232 623
贵金属	3	61 821	55 358	拆入资金	19	402 161	254 182

续表

项 目	行次	期末余额	年初余额	项 目	行次	期末余额	年初余额
拆出资金	4	411 618	224 513	以公允价值计量且其变动计入当期损益的金融负债	20	553 607	319 742
以公允价值计量且其变动计入当期损益的金融资产	5	372 556	221 671	衍生金融负债	21	19 168	13 261
衍生金融资产	6	25 020	14 756	卖出回购款项	22	299 304	237 764
买入返售款项	7	331 903	544 579	存款证	23	130 558	38 009
客户贷款及垫款	8	9 681 415	8 583 289	客户存款	24	14 620 825	13 642 910
可供出售金融资产	9	1 000 800	920 939	应付职工薪酬	25	24 529	25 013
持有至到期投资	10	2 624 400	2 576 562	应交税费	26	67 051	68 162
应收款项类投资	11	324 488	364 715	已发行债务证券	27	253 018	232 186
长期股权投资	12	28 515	33 284	递延所得税负债	28	420	552
固定资产	13	135 863	110 275	其他负债	29	400 830	348 221
在建工程	14	24 841	22 604	负债合计		17 639 289	16 413 758
递延所得税资产	15	28 860	22 789	所有者权益(或股东权益):			
其他资产	16	265 279	260 003	股本	30	351 390	349 620
				资本公积	31	108 023	128 524
				盈余公积	32	123 870	98 063
				一般风险准备	33	202 940	189 071
				未分配利润	34	511 949	372 541
				外币报表折算差额		(24 038)	(12 822)
				归属于母公司所有者权益合计		1 274 134	1 124 997
				少数股东权益		4 329	3 462
				股东权益合计		1 278 463	1 128 459
资产总计		18 917 752	17 542 217	负债和股东权益总计		18 917 752	17 542 217

　　由上述资产负债表可知，20X5 年年末，ABC 银行的总资产总计为 189 177.52 亿元，比上年年末增加 13 755.35 亿元，增长了 7.8%。由于银行的性质较为特殊，高负债是十分

正常的。其中，20X5 年发放贷款及垫款比较上年增加了 10 981.26 亿元，增长幅度为 12.79%，该项主要投放于基础设施行业，高信贷等级客户，优质小企业客户，以及个人住房贷款等等。投资增长 2 383.57 亿元，增长 5.8%；现金及存放中央银行款项增加 1 190.64 亿元，增长 3.8%。从结构上看，客户贷款及垫款净额占总资产的 51.2%，比上年年末上升 2.3 个百分点；买入返售款项占比 1.8%，下降 1.3 个百分点。20X5 年年末，各项贷款 99 223.74 亿元，比上年年末增加 11 186.82 亿元，增长 12.7%。

从资金的运用方面，我们可以看到：

存放和拆放同业及其他金融机构款项 7 179.84 亿元，比上年年末增加 815.34 亿元，增长 12.8%。主要是 ABC 银行为了提高资金使用效率，适度开展同业业务，使得存放和拆放同业及其他金融机构款项有所增长。

买入返售款项 3 319.03 亿元，比上年年末减少 2 126.76 亿元，下降 39.1%。主要是 ABC 银行根据流动性管理需要，通过买入返售债券业务向市场融出资金减少所致。

从资金的来源方面，我们可以看到：

20X5 年年末，总负债 176 392.89 亿元，比上年年末增加 12 255.31 亿元，增长 7.5%。这得益于客户基础的拓展和巩固，吸收客户的存款增加了 146 208.25 亿元，这项数据也是银行资金需求的表现之一。银行只要能提供贷款，就能从中获利，这就是银行的特殊性表现。

客户存款是银行资金的主要来源。20X5 年年末，客户存款余额 146 208.25 亿元，比上年年末增加 9 779.15 亿元，增长 7.2%。

ABC 银行进一步优化同业负债结构，有效控制资金成本。同业及其他金融机构存放和拆入款项余额 12 692.55 亿元，比上年年末减少 2 175.50 亿元，下降 14.6%。

卖出回购款项 2 993.04 亿元，比上年年末增加 615.40 亿元，增长 25.9%。主要是报告期末为满足本行流动性管理需要，向市场适度融入资金。

从资产负债表的最后我们可以看到，20X5 年年末，股东权益合计 12 784.63 亿元，比上年增加 1 500.04 亿元，增长 13.3%，归属母公司股东的权益 12 741.34 亿元，增加 1 491.37 亿元，增长了 13.3%。

9.3　商业银行利润表分析

商业银行的利润表是商业银行最重要的财务报表之一，用以反映商业银行在某一会计期间经营成果实现情况的财务报表。损益表与资产负债表主要项目的规模存在密切的关系，因为资产负债表中的收入资产产生大部分的经营收入，负债产生大部分的经营支出。与资产负债表不同的是，损益表是流量表，是银行在报告期间经营活动的动态体现，反映出银行的金融流量，而资产负债表反映的是银行的金融存量。主要包括三个部分：收入、支出和利润。

银行的主要收入来源是利息收入，主要产生于银行的客户贷款、同业贷款或有息收入存款、证券及其他收益资产。银行的主要支出包括存款利息支出、非存款借款的利息支出、股东权益成本、雇员的薪酬和福利支出、有形设备的管理费用(包括固定资产折旧)、贷款损失准备金、应付税金和其他支出。收入和支出的差额即为净利润。

1. 利息收入

利息收入是商业银行发放贷款收取的贷款利息，主要包括银行各项贷款的利息收入、与同业之间发生往来业务和买入返售金融资产等实现的利息收入。利息收入是商业银行主要的收入来源，A银行2009年利息收入占总收入的80%。从发展趋势来看，随着信用卡、基金、保险、证券交易、外汇买卖等业务的拓展，银行中间业务和衍生金融资产交易的收入日益增加，利息收入的比重会有所下降，但利息收入仍是银行收入的主要来源。为银行创造利息收入的资产主要是客户贷款及垫款、存放中央银行款项、存放同业款项、拆出资金、买入返售金融资产、交易性金融资产、投资性证券和外汇存款等。影响银行利息收入的因素很多，外部因素有市场需求、利率政策和法定准备金率等；内部因素有银行自身经营策略和生息资产所占比重等。总的来说，生息资产比重越大，利率越高，银行利息收入越高。

2. 利息支出

利息支出是商业银行获取资金的成本，主要是存款利息支出和借款利息支出，其中，绝大部分是存款利息支出。利息支出是银行支出的主要部分，2009年A银行利息支出占营业支出的50%。20世纪60年代以来，西方商业银行开始推行主动型负债业务，更加注重利用借入资金来获得资金来源，使得借款利息支出比重逐渐上升。其中，短期借款主要包括向中央银行借款、同业拆借、证券回购、发行短期商业票据等。长期借款主要是指发行金融债券，尤其是附属资本债券。

3. 利息净收入

利息净收入也被称为利息边际，是银行利息收入和利息支出的差额。它是决定银行经营业绩的关键因素，也是对银行进行业绩评价的关键指标。

4. 手续费及佣金收入

手续费及佣金收入是商业银行为客户提供服务所取得的收入，主要包括办理结算业务、担保业务、咨询业务和代理业务等收取的手续费及佣金。如银行为客户办理结算与清算的手续费；为客户提供担保业务收取的手续费；顾问和咨询费；代客户买卖证券或贵金属的佣金；承销债券或股票收取的佣金、银行卡手续费和信用承诺手续费等。

5. 投资收益或损失

这是银行金融资产和长期股权投资取得的收益或损失。

6. 公允价值变动损益

这是交易性金融资产、交易性金融负债，以及采用公允价值计量模式的投资性房地产、衍生金融工具和套期保值业务等期末公允价值变动直接计入当期损益的利得和损失。

7. 汇兑损益

这是商业银行外币业务因汇率变动而产生的损益。

8. 其他业务收入

其他业务收入是指商业银行取得的与其经营活动有关的除上述收入以外的收入。如融资租赁收入、出租固定资产收入、出租无形资产收入、信托收入、无形资产转让收入、证券销售(或发行)的差价收入等。

9. 营业税金及附加

这是商业银行在经营过程中发生的各种税费。主要包括营业税、消费税、资源税、城市维护建设费和教育费附加等相关税费。

10. 业务及管理费

管理费是银行为组织和管理银行业务经营所发生的费用,包括员工工资及福利、奖金、津贴和补贴、养老保险、住房公积金、工会经费和职工教育经费、退休金、因解除劳动关系给予的补偿、会议费、差旅费、折旧费、租金和物业管理费、水电费、审计费、聘请中介机构费、诉讼费、咨询费、业务招待费、房产税、土地使用税、车船税、印花税、矿产资源补偿费、技术转让费和行政管理部门等发生的固定资产修理费用等。

11. 资产减值损失

资产减值损失是银行计提的各种资产减值准备计入损益的部分,包括坏账准备、贷款损失准备、持有至到期投资减值准备、长期股权投资减值准备、固定资产减值准备和无形资产减值准备等。

12. 营业外收入

营业外收入是银行发生的与其经营活动无直接关系的各项净收入,主要包括处置非流动资产利得、非货币性资产交换利得、债务重组利得、罚没利得、政府补助利得、确实无法支付而按规定程序经批准后转作营业外收入的应付款项、捐赠利得和盘盈利得等。

【例 9-2】ABC 银行 20X5 年的利润表如表 9-2 所示。

表 9-2　利润表

编报单位:ABC 银行　　　　　　20X5 年 12 月 31 日　　　　　　单位:百万元

项目	行次	本期金额	上年金额
净利息收入:			
利息收入	1	767 111	721 439
利息支出	2	(323 776)	(303 611)
手续费及佣金净收入:			
手续费及佣金收入	3	134 550	115 881
手续费及佣金支出	4	(12 224)	(9 817)
投资收益	5	3 078	4 707
其中:对联营企业和合营企业的投资收益	6	2 097	2 652
公允价值变动损失	7	(151)	(371)
汇兑及汇率产品净收益	8	6 593	4 095
其他业务收入	9	14 456	4 622
营业收入	10	589 637	536 945

项　　目	行次	本期金额	上年金额
营业税金及附加	11	(37 441)	(35 066)
业务及管理费	12	(165 280)	(153 336)
资产减值损失	13	(38 321)	(33 745)
其他业务成本	14	(11 549)	(7 340)
营业支出	15	(252 591)	(229 487)
营业利润	16	337 046	307 458
加：营业外收入	17	2 910	2 767
减：营业外支出	18	(1 419)	(1 538)
利润总额	19	338 537	308 687
减：所得税费用	20	(75 572)	(69 996)
净利润	21	262 965	238 691
归属于母公司所有者的净利润	22	262 649	238 532
少数股东损益	23	316	159
每股收益			
基本每股收益(人民币元)	24	0.75	0.68
稀释每股收益(人民币元)	25	0.74	0.67
其他综合收益	26	(36 629)	(1 178)
综合收益总额	27	226 336	237 513
归属于母公司所有者的综合收益总额	28	226 375	237 245
归属于少数股东的综合收益总额	29	(39)	268

利润表水平分析：

20X5 年的营业利润相比上一年的增长率为 9.62%，净利润比前一年增长了 10.17%，增长了 242.74 亿元。从利润构成上来看，ABC 银行的盈利能力比前一年提高了。20X5 年 ABC 银行净利润相比上一年增加了 10.17%，从分析来看，主要是由于利润总额比上一年增加了 9.67%，也就是 298.5 亿元所引起的。

营业收入 5 896.37 亿元，增长 9.8%，其中，利息净收入 4 433.35 亿元，比上年增加 255.07 亿元，增长 6.1%，占营业收入的 75.2%。利息收入 7 671.11 亿元，增加 456.72 亿元，增长 6.3%；非利息收入 1 463.02 亿元，增长 22.8%。利息支出 3 237.76 亿元，增加 201.65 亿元，增长 6.6%。

营业支出 2 525.91 亿元，增长 10.1%，其中业务及管理费 1 652.80 亿元，增长 7.8%；计提资产减值损失 383.21 亿元，增长 13.6%。所得税费用 755.72 亿元，增加 55.76 亿元，增长 8.0%。

利润表垂直分析：

从利润表中可以看出，20X5 年 ABC 银行年度财务成果的构成情况：营业利润占营业收入比重 57.16%，比上年度的 57.26% 减少了 0.10%；利润总额占营业收入的比重 57.41%，比 20X2 年的 57.49% 减少了 0.08%；净利润占营业利润的比重为 44.6%，比上年 20X4 年 44.45% 增长了 0.15%。由此可见，20X5 年 ABC 银行的利润构成相比上一年营业利润和利润总额所占的比例均减少了，但幅度并不大，最终的净利润相比上年稍有增加。

主要影响营业收入的项目是净利息收入和利息支出，占的比重比较大。业务及管理费用成为营业支出的主要部分，应加强成本管理与控制。

另外，所得税费用 755.72 亿元，比上年增加 55.76 亿元，增长 8.0%。实际税率 22.3%，实际税率低于法定税率主要是由于持有的中国国债利息收入按税法规定为免税收益。

9.4 商业银行现金流量表分析

《企业会计准则——现金流量表》将企业的现金流量分为三类，即经营活动产生的现金流量、投资活动产生的现金流量、筹资活动产生的现金流量。银行同其他企业一样，在一定期间产生的现金流量按其性质也分为三类：一是经营活动产生的现金流量。经营活动是指银行在基本业务经营范围内的经济行为。如存贷款业务、结算业务等。其现金流量主要包括贷款的发放和收回、吸收的存款和支付的存款本金、同业拆入和拆放同业款项、与其他金融企业拆借的资金、利息收入和利息支出、收回的已于前期核销的贷款、买卖证券所收到或支出的现金、融资租赁所收到的现金等。二是投资活动产生的现金流量。投资活动是指银行在现金等价物范围之外的投资和长期资产的购建及其处置活动，既包括对外投资也包括对内投资。其现金流量主要包括收回投资所收到的现金、取得投资收益所收到的现金、处置长期资产收回的现金净额、购建长期资产所支付的现金、投资所支付的现金等。三是筹资活动产生的现金流量。筹资活动是指导致银行资本及债务(不含经营活动的负债)规模和构成发生变化的活动。其现金流量主要包括发行股票(债券)所收到的现金、吸收投资所收到的现金、分配股利、利润或偿付利息所支付的现金等。

【例 9-3】 ABC 银行 20X5 年现金流量表如表 9-3 所示。

表 9-3 现金流量表

编报单位：ABC 银行　　　　　　　　　　20X5 年 12 月 31 日　　　　　　　　　单位：百万元

项　　　目	行次	本期金额	上年金额
一、经营活动产生的现金流量：			
客户存款净额	1	994 119	1 365 818
向中央银行借款净额	2	—	1 025
同业及其他金融机构存放款项净额	3	—	142 798
拆入资金净额	4	154 123	5 899
存放同业及其他金融机构款项净额	5	47 599	—
拆出资金净额	6	33 743	—
买入返售款项净额	7	5 443	—

续表一

项　　　目	行次	本期金额	上年金额
卖出回购款项净额	8	61 540	31 325
为交易而持有的金融资产净额	9	—	10 636
以公允价值计量且其变动计入当期损益的金融负债款项净额	10	234 583	147 651
存款证净额	11	94 351	—
收取的以公允价值计量且其变动计入当期损益的金融资产	12	—	
投资收益	13	358	1 486
收取的利息、手续费及佣金的现金	14	891 079	824 124
处置抵债资产收到的现金	15	872	478
收到的其他与经营活动有关的现金	16	32 813	23 870
经营活动现金流入小计	17	2 550 623	2 555 110
客户贷款及垫款净额	18	(1 159 539)	(1 010 592)
向中央银行借款净额	19	(409)	—
同业及其他金融机构存放款项净额	20	(361 808)	—
拆入资金净额	21	—	
存放中央银行款项净额	22	(319 010)	(179 741)
存放同业及其他金融机构款项净额	23	—	(50 876)
拆出资金净额	24	—	(141 006)
买入返售款项净额	25	—	(35 653)
卖出回购款项净额	26	—	
为交易而持有的金融资产净额	27	(7 804)	—
指定以公允价值计量且其变动计入当期损益的金融资产净额	28	(142 720)	(80 025)
存款证净额	29	—	(3 880)
支付的利息、手续费及佣金的现金	30	(277 232)	(253 217)
支付给职工以及为职工支付的现金	31	(103 936)	(95 483)
支付的各项税费	32	(114 256)	(100 103)
支付的其他与经营活动有关的现金	33	(65 856)	(71 026)
经营活动现金流出小计	34	(2 552 570)	(2 021 602)
经营活动产生的现金流量净额	35	(1 947)	533 508
二、投资活动产生的现金流量：			
收回投资收到的现金	36	1 117 779	965 229
分配股利及红利所收到的现金	37	653	914
处置联营及合营企业所收到的现金	38	493	—

续表二

项　目	行次	本期金额	上年金额
处置固定资产、无形资产和其他长期资产(不含抵债资产)收回的现金	39	1 088	1 271
投资活动现金流入小计	40	1 120 013	967 414
投资支付的现金	41	(1 239 747)	(1 058 490)
投资联营及合营企业所支付的现金	42	—	(19)
取得子公司所支付的现金净额	43	—	(3 723)
购建固定资产、无形资产和其他长期资产支付的现金	44	(32 485)	(18 707)
增加在建工程所支付的现金	45	(11 942)	(13 145)
投资活动现金流出小计	46	(1 284 174)	(1 094 084)
投资活动产生的现金流量净额	47	(164 161)	(126 670)
三、筹资活动产生的现金流量:			
吸收少数股东投资所收到的现金	49	955	600
发行次级债券所收到的现金	50	3 031	20 000
发行其他债务证券所收到的现金	51	41 336	9 640
筹资活动现金流入小计	52	45 322	30 240
支付债务证券利息	53	(10 074)	(8 566)
偿还其他债务证券所支付的现金	54	(17 084)	—
取得少数股东股权所支付的现金	55	(17)	—
分配普通股股利所支付的现金	56	(83 565)	(70 912)
向少数股东分配股利所支付的现金	57	(47)	(41)
筹资活动现金流出小计	58	(110 787)	(79 519)
筹资活动产生的现金流量净额	59	(65 465)	(49 279)
四、汇率变动对现金及现金等价物的影响	60	(12 672)	(4 220)
五、现金及现金等价物净增加额	61	(244 245)	353 339
加：期初现金及现金等价物余额	62	1 201 647	848 308
六、期末现金及现金等价物余额	63	957 402	1 201 647

现金流量表水平分析：

从现金流量表水平分析来看，经营活动产生的现金净流出 19.47 亿元。其中，现金流入 25 506.23 亿元，比上年减少 44.87 亿元，现金流出 25 525.70 亿元，增加 5 309.68 亿元，主要是同业及其他金融机构存放款项净额、客户存款净额比上年减少所致。

投资活动产生的现金净流出 1 641.61 亿元。其中，现金流入 11 200.13 亿元，增加 1 525.99 亿元，主要是出售及兑付债券投资所产生的现金流入比上年增加所致；现金流出 12 841.74 亿元，增加 1 900.90 亿元，主要原因是人民币债券投资所产生的现金支出比上年增加。

筹资活动产生的现金净流出 654.65 亿元。其中，现金流入 453.22 亿元，与 20X3 年相比，变动幅度为 49.87%，主要为境外机构发行债务证券；现金流出 1 107.87 亿元，相比上年变动 39.32%，主要是分配普通股股利所致。

现金流量表的垂直分析如表 9-4 和表 9-5 所示。

表 9-4　20X5 年度现金流量表垂直分析(现金流入部分)

项　　目	金额(元)	结构百分比(%)
经营活动的现金流入	2 550 623 000 000.00	68.64
其中：客户存款和同业存放款项净增加额	1 041 718 000 000.00	40.84
收取利息、手续费及佣金的现金	617 826 000 000.00	34.94
收到其他与经营活动有关的现金	617 826 000 000.00	24.22
投资活动产生的现金流入	1 120 013 000 000.00	30.14
其中：收回投资收到的现金	1 117 779 000 000.00	99.80
取得投资收益收到的现金	653 000.00	0.06
收到其他与投资活动有关的现金	1 581 000 000.00	0.14
筹资活动产生的现金流入	45 322 000 000.00	1.22
其中：发行债券收到的现金	3 031 000 000.00	6.69
收到其他与筹资活动有关的现金	42 291 000 000.00	93.31
现金流入合计	3 715 958 000 000.00	100

从表 9-4 中可以看出，经营活动流入的现金占 68.64%，投资活动流入的现金占 30.14%，筹资活动流入的现金占 1.22%。可以发现，ABC 银行流入的现金主要来自于经营活动，也有一部分来自银行的筹资活动和投资活动。在经营活动流入的现金中，来自客户存款和同业存放款项净增加额的现金流入占 40.84%。银行要增加现金收入，主要还是依靠经营活动，特别是客户存款和同业存放款项净增加额，其次是投资活动中收回投资收到的现金，收入结构较为合理。

表 9-5　20X5 年度现金流量表垂直分析(现金流出部分)

项　　目	金额(元)	结构百分比(%)
经营活动产生的现金流出	2 552 570 000 000.00	64.66
其中：客户贷款及垫款净增加额	1 159 539 000 000.00	45.43
存放中央银行和同业款项净增加额	319 010 000 000.00	12.50
支付的手续费及佣金的现金	277 232 000 000.00	10.86
支付给职工以及为职工支付的现金	103 936 000 000.00	4.07
支付的各项税费	114 256 000 000.00	4.48
支付其他与经营活动有关的现金	578 188 000 000.00	22.65

续表

项　目	金额(元)	结构百分比(%)
投资活动产生的现金流出	1 284 174 000 000.00	32.53
其中：投资支付的现金	1 239 747 000 000.00	96.54
购建固定资产、无形资产和其他长期资产支付的现金	32 485 000 000.00	2.53
支付其他与投资活动有关的现金	11 942 000 000.00	0.93
筹资活动产生的现金流出	110 787 000 000.00	2.81
其中：分配股利、利润或偿付利息支付的现金	93 686 000 000.00	84.56
现金流出合计	3 947 531 000 000.00	100

从表 9-5 中可以看出,经营活动流出的现金占 64.66%,投资活动流出的现金占 32.53%,而筹资活动流出的现金仅占了 2.81%;在经营活动流出的现金中, 客户贷款及垫款净增加额占 45.43%, 存放中央银行和同业款项净增加额占 12.50%;在投资活动流出的现金中, 投资支付的现金占 96.54%,这是引起现金大量流出的主要原因。

9.5　商业银行财务指标分析

在商业银行财务分析实践中发展出了多种多样的分析指标体系, 其中较为著名的是由美国联邦储备系统、货币监理署和联邦存款保险公司于 1979 年 11 月 13 日联合推出的"美国的统一金融机构评级系统", 即骆驼评级体系。骆驼评级体系的得名是因为该系统主要从五个方面分析银行的经营情况：资本充足性(Capital Adequacy)、资产质量(Asset Quality)、管理水平(Management)、收益状况(Earnings)和流动性(Liquidity)。这五个部分的英文名称首个字母恰好构成英文单词 CAMEL。美国银行监管当局推出骆驼评级体系的初衷, 只是用于从监管的角度对商业银行进行综合评级, 但由于这个体系所涉及的分析要素比较全面地反映了银行的财务状况和经营情况, 而且分类科学, 因此, 逐步得到了广泛的认可和使用。本文所介绍的商业银行财务分析体系即以该体系为蓝本, 并结合我国财务管理和会计核算实践, 作出了一定的修改和调整。分析体系主要由资本充足性、资产安全性、管理水平、盈利水平、流动性、敏感度、现金流量分析七个部分组成, 这七个部分相互关联组成了商业银行财务分析的有机整体。

9.5.1　盈利水平方面

盈利水平指标是衡量商业银行的总体业绩和风险的重要指标, 它不仅可以反映盈利的数量和趋势, 还能反映许多影响盈利持久性和质量的因素。商业银行高风险、高杠杆率的特性决定了短期内的大量盈利并不一定代表其有较高的盈利能力。例如, 通常情况下经营风险较高的信贷业务能够在短期内为商业银行带来较高的收益, 但同时其贷款遭受损失的概率也大大增加。信贷风险过度、信贷管理不当可能导致资产损失和损失准备金计提数量的增加，从而使看似较高的收益化为乌有，甚至出现亏损。从某种意义上说，盈利的质量和稳定性比盈利能力更为重要。

1. 盈利水平分析的要点

(1) 盈利的水平，包括趋势和稳定性。

(2) 通过未分配利润提供充足资本的能力。

(3) 盈利的质量和来源。

(4) 相对于经营的支出水平。

(5) 预算系统、预测程序、管理信息系统总体上的适当性。

(6) 贷款损失准备金和其他价值储备的充足性。

(7) 盈利的市场风险敞口，市场风险包括利率风险、外汇风险和价格风险。

2. 盈利水平分析的主要指标

盈利路径分析法是盈利水平分析的有效方法，它是根据损益表的结构顺序分析盈利的来源和形成过程的方法。

1) 分析净利息收入

$$净利息边际 = \frac{净利息收入}{平均资产总额}$$

该比率主要用于揭示商业银行资产的生产率，比率越大说明资产利润率和收益越高，融资成本越低。但由于商业银行中间业务的巨大发展，利息收入在银行收入中所占的比重呈现下降的趋势，可以预计该比率将逐步由反映银行收益水平的综合指标变为仅反映存贷款业务盈利水平的局部指标。

2) 分析其他营业收入

$$其他营业收入比率 \ 1 = \frac{其他营业收入}{营业收入总额}$$

$$其他营业收入比率 \ 2 = \frac{其他营业收入}{平均资产总额}$$

该比率反映了商业银行除贷款利息收入以外，其他日常经营性收入的水平，尤其是中间业务收入的发展状况。随着中间业务在商业银行经营中的重要性和对利润的贡献日趋显著的情况下，该比率的重要性也在日益增长。

3) 分析管理费用

$$管理费用比率 \ 1 = \frac{管理费用}{营业收入总额}$$

$$管理费用比率 \ 2 = \frac{管理费用}{平均资产总额}$$

$$人均费用 = \frac{管理费用}{员工平均总数}$$

控制管理费用是提高盈利水平的一项基础性工作，对该比率的分析应当以历史标准和同业标准两方面同时进行，以分别反映费用控制的成效和管理水平在同行业中所处的地位。应当注意的是，国内部分商业银行在编制《利润表》时将当期计提的贷款损失准备并入管理费用，分析时应注意剔除。

4) 分析贷款损失准备的计提

$$计提贷款损失准备率\ 1 = \frac{当年计提贷款损失准备余额}{平均资产总额}$$

$$计提贷款损失准备率\ 2 = \frac{当年计提贷款损失准备余额}{平均贷款余额}$$

$$净营业负担率 = \frac{管理费用 + 计提贷款损失准备}{平均资产总额}$$

上述比率反映了商业银行每年用于建立准备金以吸收可能的贷款损失费用大小。由于贷款损失准备的计提受到监管当局、税收部门、所有者等多方影响，给这些比率的分析造成了很大的困难，在分析中应当充分考虑上述因素的影响。

5) 分析所得税和非常项目前的收益

$$所得税和非常项目前的资产收益率 = \frac{税前利润}{平均资产总额}$$

$$所得税和非常项目前的权益报酬率 = \frac{税前利润}{平均股东权益}$$

该指标考核了排除税收和非常项目影响之后的收益，收益的稳定性是考核的主要内容。

6) 分析非常项目收支净额

该指标分析的是各个非常项目收支项目，以及收支净额绝对数，目的在于观察非常项目收支发生的原因、频率、金额大小和对盈利的影响。同时，它也从侧面反映了商业银行的管理水平。频繁发生的非常项目收入和支出都提示银行管理的某些方面存在漏洞或问题。

7) 分析净收益

$$资产收益率 = \frac{净收益}{平均资产总额}$$

$$权益报酬率 = \frac{净收益}{平均股东权益}$$

这两项指标是分析商业银行收益水平最常用的指标，反映了银行的最终盈利水平。根据分析目的的不同目标标准、行业标准和历史标准在分析中能够反映出银行盈利能力的不同侧面。

8) 利息回收情况

当期利息回收率 = (本年利息收入 − 本年表内应收利息新增额)
− (本年利息收入 + 本年表外应收利息新增额)

由于采用权责发生制，我国商业银行在计收利息的时候采用按季预计"利息收入"和"应收账款 − 应收利息"，实际收到贷款利息后再冲减应收利息的方法，利息收入并不能反映银行实际收到的贷款利息。当期利息回收率反映了分析期内商业银行实际收到的利息占应当收到利息的比率，即利息收入的质量状况。

9.5.2　流动性方面

在对商业银行流动性头寸的充足性做评价时，应该将流动性当前水平和预期资金来源、资金需要做比较，并充分考虑相对于银行的规模、复杂性和风险。一般而言，在资金管理中应该确保机构的流动性水平能够及时满足其金融债务的偿还，以及客户对银行业务的合理需要。分析应该反映机构管理资金来源意外变化的能力，以及对影响资产流动性的市场条件变化做出反应的能力。另外，由于用于保证流动性的资金收益率往往很低，商业银行应该确保有一个低的流动性维持费用，并且不过度依赖在市场条件发生不利变化时可能难以利用的资金来源。

1. 流动性分析的要点

(1) 与当前和未来比较的流动性来源的充足性，以及机构在不对其经营和状况产生有害影响条件下满足流动性需要的能力。

(2) 可以在没有过度损失条件下随时转换为现金的资产的可得性。

(3) 利用货币市场和其他资金来源的能力。

(4) 在资产负债表的表内和表外资金来源多样化所达到的水平。

(5) 在为长期资产融资时，对包括借入资金和经纪人存款在内的短期易变资金的依赖程度。存款的趋势和稳定性。

(6) 证券化和出售某些资产集合的能力。

(7) 管理层识别、测量、监视和控制机构流动性头寸的能力，包括资金管理战略的效果，流动性实践，管理的信息系统，为突发事件制定的融资计划等方面。

2. 流动性分析的主要指标

流动性分析常用的方法有两种：存量法和流量法。

1) 存量法

存量法适用于相对简单的经营环境，银行业务局限于吸收一般存款、发放贷款的情况。银行的经营管理者可以根据过去的经验和判断确定一个比率，以保证未来的流动性。主要分析指标有：

(1) 流动性资产占资产的比率：

$$流动性资产占资产的比率 = \frac{流动资产}{资产总额}$$

一般认为该比率维持在20%～30%比较适当。由于存在应收账款、法定存款准备金等不能或难以用于满足流动性需求的流动资产，该比率应当和其他流动性比率配合分析，以得出较为准确的结论。

(2) 流动性资产占存款的比率：

$$流动性资产占存款的比率 = \frac{流动资产}{各项存款余额}$$

该比率维持在30%～45%较为恰当。除存在指标1的问题外，该指标中的各项存款余额并不能反映所有的流动性资金需求，因此，该指标不能全面地反映银行的流动性情况。

(3) 短期资产流动性比率：

$$短期资产流动性比率 = \frac{流动资产}{流动负债}$$

在《商业银行法》中规定，商业银行的短期资产流动性比率不得低于25%，人民银行颁布的资产负债比例管理办法中人民币资产的短期流动性比率不得低于25%，外币不得低于60%。该比率反映了短期资产运用与短期负债之间的对应关系。

(4) 存贷款比率：

$$存贷款比率 = \frac{各项贷款余额}{各项存款余额}$$

根据《商业银行法》，该比率不得超过75%。在使用该比率的时候需要注意的是，应当将委托贷款、同业借款从贷款余额中扣除，将财政性存款、同业存款从各项存款余额中扣除。该比率的缺陷在于考核的业务仅有存贷款，范围有限。随着商业银行业务的多元化，该比率的重要性有所下降。

(5) 存款准备金比率：

$$存款准备金比率 = \frac{现金资产 + 在中央银行的准备金存款 + 在中央银行的结算存款 + 在商业银行的同业存款 + 政府债券}{各项存款余额}$$

该比率反映了商业银行支付即期债务的能力，人民银行规定商业银行的法定存款准备金率(法定存款准备金 / 各项存款余额)不得低于6%。

(6) 拆入资金比率：

$$拆入资金比率 = \frac{同业拆入资金余额}{总资产}$$

拆入资金的大量增加反映出商业银行遇到了流动性困难，不得不寻求同业的资金支持。人民银行资产负债比例管理规定拆入资金的比率不得高于4%。

(7) 中长期贷款比率：

$$中长期贷款比率 = \frac{报告日距借款合同到期日超过一年贷款}{报告日距借款合同到期日超过一年存款}$$

该比率反映将短期资金来源用于长期贷款的情况，由于短期负债面临即将支付的压力，而长期贷款在较长的期间之后才能收回，因此，过多的短期负债用于长期资产业务会对商业银行的流动性产生非常不利的影响。在资产负债比例管理规定中，该比率也分为本币和外币，其中，本币部分不得高于120%，外部不得高于60%。

2) 流量法

流量法的出发点就是确定为平衡流入和流出差异所需的流动性储备，即预测即将到期的资产和负债之间的缺口。流量法的主要分析指标有：

(1) 流动性缺口：它是指以合同到期日为基础，按特定方法预测未来各个时间段到期的表内外资产和负债，并将到期资产与到期负债相减获得的差额。缺口为正，表示银行在该期限内到期的资产足够偿还到期的债务；缺口为负，表示银行在该期限内到期的资产无法偿还到期的债务，需要以其他方式筹集资金偿还到期债务。

$$未来各个时间段的流动性缺口 = 未来各个时间段到期的表内外资产$$
$$- 未来各个时间段到期的表内外负债$$

$$未来各个时间段到期的表内外资产 = 未来各个时间段到期的表内资产$$
$$+ 未来各个时间段到期的表外收入$$

$$未来各个时间段到期的表内外负债 = 未来各个时间段到期的表内负债$$
$$+ 未来各个时间段到期的表外支出$$

(2) 流动性缺口率：它是指未来各个时间段的流动性缺口占相应时间段到期的表内外资产的比例。

$$流动性缺口率 = \frac{未来各个时间段的流动性缺口}{相应时间段到期的表内外资产} \times 100\%$$

$$相应时间段到期的表内外资产 = 相应时间段到期的表内资产$$
$$+ 相应时间段到期的表外收入$$

根据《商业银行风险监管核心指标》规定，流动性缺口率不应低于 -10%。流动性缺口率越大，银行流动性风险越低。

9.5.3　现金流方面

现金流量是银行盈利能力和生存能力的反映。一个银行要想具备盈利能力和生存能力，必须拥有足够的现金流量(而不是用收益)来满足提款和偿债要求，履行贷款和投资协议，以及满足其他方面的现金需要。因此，财务分析不仅要分析银行的盈利状况，也要关注银行现金流入和流出的业绩。

银行的收益或盈利水平是按权责发生制原则计算出来的，这种原则有利于收入和费用的配比，但是没有考虑到现金流入和流出的时间。当收入与现金流入或者费用与现金流出出现时间差异时，如果现金流入、流出不被足够的重视，将可能导致银行出现严重的债务支付危机。所以，金融机构的现金流量分析实际上是流动性分析的继续，其主要目的是通过建立以现金偿还债务的基本假设，来清晰的揭示银行的偿债能力。

以前，对于银行业务可能产生哪些现金流量，银行分析者往往只是进行粗略的估计。这种估计的通常做法是在净收益的基础上，简单加减计提贷款损失准备、折旧等项目调整的金额，因而，对现金流量的分析极不全面和深入。较好的做法是依据完整的现金流量表，结合资产负债表和损益表，采用趋势分析法和同业比较法，对银行的现金流量进行系统性分析。

因此，不论是银行内部的分析师，还是银行外部的分析师，获取符合会计准则要求的现金流量表是至关重要的。现金流量表有助于分析银行以下的五个方面：一、创造未来正现金流量的能力；二、偿还债务和支付股利的能力；三、对外部筹资的需求程度；四、净收益与相关的现金收入和现金支出之间的差异；五、投资活动和筹资活动中现金和非现金方面的各种重要情况。

1. 现金流量分析的要点

(1) 银行现金流量是否发生了重大变化。

(2) 银行是否从投资活动或筹资活动，而不是从经营活动中获取或使用了大比例的现金？银行业成长对外部筹资的依赖程度如何？

(3) 经营活动产生的现金流量是否为正数？

(4) 银行的净收益与经营活动产生的净现金流量之间的关系如何？

(5) 银行资本性支出是否与业务经营和发展相适应？

(6) 银行支付未来现金股利的能力如何？

2. 现金流量分析的主要指标

通过现金流量表、损益表和资产负债表，可以计算出许多对分析现金流量有帮助的比率。同业标准是衡量这些比率的主要标准。

(1) 对外部筹资依赖度的衡量比率：

$$筹资活动产生现金 / 现金来源总额$$
$$经营活动产生现金 / 现金来源总额$$
$$投资活动产生现金 / 现金来源总额$$

现金来源总额是指经营、筹资和投资活动产生的现金总额，即现金净增加(或净减少)金额。

(2) 衡量资本性支出的比率：

$$资本性支出 / (折旧 + 出售资本性资产净收入)$$
$$经营活动产生现金流量 / 资本性支出$$

该比率也称为生长率比率，用于衡量资本性支出创造现金的效率。

(3) 衡量自主性现金运用的比率：

$$自主性现金运用总额 / (现金来源总额 + 自主性现金运用总额)$$
$$单项自主性现金运用 / 自主性现金运用总额$$

上述两个指标属于自主性现金流量比率，自主性现金运用包括：发放股利、收购其他公司、投资有价证券等，这些运用由银行酌量而定，不具有强制性和约束性。

(4) 衡量现金股利发放的比率：

$$现金来源总额 / 发行在外普通股股数$$
$$支付现金股利 / 经营活动产生现金$$

对一般企业而言，现金流量表的重要作用是为收益质量分析提供依据，但由于商业银行的经营中没有"货币—实物—货币"的转换过程，现金流动主要表现为本金和利息的收支，对其收益质量的分析主要通过本金的风险程度和利息回收率两个方面的指标来考察。因此，商业银行较少通过现金流量分析来考察收益的质量。

相对而言，根据我国现行的现金流量表，对商业银行的现金流量分析是较为困难的。

一是商业银行的经营现金流动可以分为本金的流动、利息的收支、手续费收入(或中间业务收入)、费用支出四个方面。其中，本金流动对收益的影响体现在贷款的质量(即贷款是否能按期收回)和支付即期存款的能力(即是否能及时兑付到期的存款)，也就是说，本金的流动反映的是资产的安全性和流动性两个方面。利息的收支、手续费收入(或中间业务收入)和费用支出相关的现金流动与一般企业一样，反映了收益的质量。商业银行经营现金流量的主要影响因素是存款和贷款本金的变动情况，而银行营业利润的主要来源是存贷款利息差额，通常只有本金的 1%～3% 左右，一般情况下手续费收入和费用支出数额更小，对现金流量的影响非常小，现金流量表在反映商业银行收益质量方面的作用有限。而目前的现金流量表将这两类性质的现金流动都归入经营活动产生的现金流量，显然给分析造成了一定的麻烦。

二是因为我国商业银行存贷款比率被限制在 75% 以内，另外有 6% 作为法定存款准备金存放在中央银行，即：每吸收 100 元的存款最多只能将其中的 75 元用于发放贷款，同时必须向中央银行存入 6 元。剩余的 19% 可用于存放中央银行、拆借给同业、购买国债等。根据现行的现金流量表，存放中央银行和拆借被列入经营现金流量，而购买国债被列为投资到现金流量中。不同的商业银行经营策略上的差异，导致上述 19% 的资金分配在各业务品种中的比率各不相同，从而造成现金流量的横向比较困难。同样的，同一商业银行在不同时期经营策略上的变化也造成现金流量纵向比较困难。另一方面国债投资是商业银行提高资金利益率和维持流动性的重要手段，在经营的目的和效用上与存放中央银行和拆放同业具有相同或者类似的性质，而前两者纳入经营活动的现金流量中，后者却纳入投资活动的现金流量，划分不十分合理。

三是商业银行是高杠杆率的企业，当其经营活动产生的现金净流量由正值转向负值时，经营已经发生严重危机甚至已经发生挤兑，难以继续维持经营。此数据用于反映商业银行的经营状况时效性和灵敏度太低。如果想要通过上述指标的分析达到现金流量分析要点中的分析目的，就必须根据商业银行业务活动的特点对现有的现金流量表进行适当的调整，即：将存贷款本金、国债投资的本金、拆借资金的本金、存放中央银行和同业存款的本金所产生的现金流量单独划入一个类别，与利息收支的现金流动分开，这样更能体现银行业务现金流动的特点，揭示不同性质现金流动的规律。

9.5.4　资产充足性分析的主要指标

银行业是一个高风险的行业，经营中的资产损失不可避免。银行资本的主要作用之一是承担资产损失，防止发生流动性困难和债务危机导致银行经营困难，为存款人和其他债权人提供资金安全保障，同时满足银行监管当局维持金融体系稳定的要求。通俗地说，就是为银行经营中发生的资产损失提供一个缓冲垫，使其在发生资产损失时，有足够的时间通过加强经营管理、提高盈利水平或者由投资人补充注资等方式予以弥补，化解风险。资本充足性是指可用于维持银行业务正常经营的股东资金是否充足。它的大小一方面取决于银行净资产的多少，另一方面取决于银行资产的多少和从事的业务类型。商业银行投入高风险业务的资产越多，就需要越多的资本金用于防范可能的资产损失。在相同的资产规模下，主要发放无担保中长期贷款的银行比主要发放短期抵押、担保贷款的银行所需要的资本金要多，因为前者承担的信贷风险明显高于后者，它需要更多的资本以保护其债权人的利益。商业银行应该保持与其风险的性质和范围以及管理层识别、测量、监视和控制这些风险的能力相一致的资本量。

对商业银行的经营管理者而言，资本充足性分析的意义在于一方面要保持一定数量的资本以满足维持正常经营、防范风险坏口拓展业务的需要，另一方面需要通过恰当的盈利分配维护投资人的利益。因此，必须根据监管当局的要求、业务发展战略、投资者的要求等，通过资本充足性分析在利润留存和股利分配之间找到理想的平衡点。

1. 资本充足性分析的要点

(1) 资本的水平和质量，以及机构的总体财务状况。

(2) 管理层处理那些需要额外资本才能应付的紧急情况的能力。

(3) 可疑资产的性质、数量和变化趋势，贷款损失备抵和其他价值储备的充足性。

(4) 资产负债表的构成，包括无形资产的性质和数量，市场风险，集中风险，以及与非传统金融活动相联系的风险。

(5) 由表外业务形成的风险敞口。

(6) 盈利的数量和质量，股息的合理性。

(7) 增长的前景和计划，以前管理增长的经验。

(8) 进入资本市场和其他资本源泉的通道，包括母公司提供的支持。

2. 资本充足性分析的主要指标

(1) 资本充足率：

$$资本充足率 = \frac{净资产}{风险加权资产总额} \times 100\%$$

$$核心资本充足率 = \frac{核心资本}{风险加权资产总额} \times 100\%$$

公式中的净资产分为核心资本和附属资本两个部分，其中：

核心资本由不可赎回的永久性优先股(Non-Redeemable and Qualifying Preferred Stock)、已缴普通股(Paid-Up Common Stock)、资本盈余(Capital Surplus)和已披露或永久性储备(Disclosed or Permanent Reserve)之和减去商誉所形成。核心资本的作用在于弥补非预期(突发)风险造成的损失。在我国，核心资本可使用股东权益净额减去商誉计算。

补充资本为次级债务(Sub-Debt)、混合债务资本工具(Hybrid Debt Capital Instruments)、资产重估准备(Asset Revaluation Reserves)、非公开储备(Undisclosed Reserves)、一般准备金或一般贷款损失准备金(General provision or General Loan Loss Reserves)。附属资本主要用于弥补预期风险造成的损失。

风险加权资产由两部分组成，一是将商业银行的资产负债表内资产按照风险权数加权以后计算的表内风险资产；另一部分是根据转换系数计算的表外风险项目。

"资本充足率"源于1988年达成的《巴塞尔协议》(The Basle Capital Accord)。该协议由国际清算银行下属的银行监管委员会制定，并成为国际通行的银行资本充足性的最低标准。该委员会认为一些资产的风险要高于其他资产，因此需要更多的资本作为潜在损失的准备。为了反映这种差异，《巴塞尔协议》将不同类别的资产按照风险大小进行了分类，并对每类资产赋予一个风险权数(Risk Weight)，如现金资产的风险权数为0，向经济合作与发展组织(OECD)国家内的银行发放的贷款为20%，商业房地产贷款为100%。同时，该协议对资产负债表外项目，也根据风险大小设定了类似的转换系数。表内资产经过风险加权以后与按照转换系数计算的表外项目合计，得到风险加权资产。为弥补风险加权资产潜在的损失，要求商业银行保有足够的资本作为损失准备金，其中，资本充足率应不低于8%，对那些"一流"的银行而言，一般应达到10%以上。同时核心资本占净资产的比率不能低于 50%，即核心资本充足率不应低于 4%。

资本充足率的意义在于，要求存在损失风险的资产必须以相应的资本作为损失准备，使商业银行在临时不盈利时期和发生常规的资产损失时可以维持经营，而不至于破产。同时，用于弥补资产损失的资本来源是多方面和多层次的，商业银行除了保证资本在数量上的充足外，还应当优化资本的结构。

资本充足率的主要缺陷在于风险权重的确定不尽科学。一是以 0、20%、50%、100% 为风险权数，分类不够精确。不同时期、不同的经济区域，同类资产的风险是不同的，而自从《巴塞尔协议》签订以来风险权数基本未作过调整。二是部分资产的损失往往产生连锁反应，导致远大于出现问题的资产本身的损失，也就是说部分资产的实际风险权数应当大于 100%。这方面最典型的案例就是巴林银行，由于该银行个别分支机构违规操作金融衍生产品导致了整个银行的破产倒闭。

为了克服上述缺陷，商业银行可以根据已经积累的经验数据对各类资产的平均损失水平进行计算，核定更为准确的风险权数，以做出更精确的计算。

(2) 基本资本比率：

$$基本资本比率 = \frac{权益}{总资产} \times 100\%$$

该公式反映了股东权益占商业银行总资产的比重。通常使用一定期间内的季度或月度平均总资产能够更为合理地反映基本资本比率。其缺陷在于忽视了其他永久性的资金来源，如次级债务通常不列入股东资本。

(3) 股利支付比率：

$$股利支付比率 = \frac{股利}{净收益} \times 100\%$$

该比率反映了管理者在股利支付上的倾向，即储备更多的资金用于银行未来的发展还是发放更多的股利满足投资者的需求。同时它还间接地反映了管理者对当前银行资产风险状况和未来业务发展的判断。一般而言，如果商业银行的经营管理者认为银行在当前或者将来会承受较大的风险，他就会将更多的收益用于防范这些风险。同样的，如果他认为在未来的一段时间将有较大的资产业务发展，就会为此储备更多的资本。但由于股利分配政策常常受到投资人的影响，从而使该比率出现一定程度的失真。

9.5.5　资产安全性方面

资产质量是商业银行盈利能力和财务状况长期良好的重要保障，因为商业银行是高杠杆率的企业，即使是排名世界前 20 名的商业银行，其资产收益率通常也在 1% 以内，因此商业银行用于弥补贷款损失的空间非常小。

虽然同时面临着经营风险、市场风险、名誉风险、战略风险和遵循法规的风险等多种类型的风险，但对于以贷款为主要资产业务的商业银行而言，信用风险一直是最主要的风险和资产质量分析的焦点。这里的信用风险主要是指商业银行发放贷款或提供担保后，由于违约而使银行资产恶化，造成资产损失和盈利水平下降的潜在可能性。提供担保虽然属于或有负债项目，但如果客户违约造成商业银行赔付，就形成了其对该客户的不良债权，例如：银行承兑汇票如果因客户无力付款致使商业银行垫付款项，按照人民银行规定，该银行应将垫付金额作为不良贷款记账。

1. 资产安全性分析的要点

(1) 信贷管理实践的稳健性，以及风险识别实践的准确性。

(2) 在资产负债表的表内和表外，有问题的、已分级的、不再自然增值的、重组的、不流动的和非业绩的资产和交易的水平、分布、严重性和趋势。

(3) 贷款损失备抵和其他价值储备的充足性。

(4) 因为表外交易而产生或被削弱的信用风险，这些表外交易包括没有资金保证的承诺、信贷衍生品、商业和备用信用证、信贷额度。

(5) 贷款和投资组合的多样化和质量。

(6) 证券承销活动的范围和对方违约的风险。

(7) 资产集中的现状。

(8) 在贷款和投资方面，政策、程序和实践的适当性。

(9) 管理层恰当管理资产的能力，包括问题资产的及时识别和回收。

(10) 内部控制和管理信息系统的适当性。

(11) 信贷文件异常的量和性质。

2. 资产安全性分析的主要指标

(1) 资产质量相关指标：

$$不良资产率 = \frac{不良资产}{资产总额} \times 100\%$$

$$按贷款五级分类的各类贷款比率 = \frac{本类别贷款余额}{贷款余额} \times 100\%$$

$$不良贷款率 = \frac{不良贷款余额}{贷款余额} \times 100\%$$

不良资产相关指标是资产安全性指标中最重要的部分，它们直接反映了商业银行资产的质量，即信用风险发生的频率/概率。根据《商业银行法》，商业银行按照"一逾两呆"(逾期贷款、呆滞贷款、呆账贷款)标准划分的不良贷款比率不得高于 18%，其中逾期贷款率不得高于 10%，呆滞贷款率不得高于 5%，呆账贷款率不得高于 3%。

贷款五级分类是国际通行的以风险为依据和核心的贷款分类方法，该方法按照风险程度将贷款划分为正常、关注、次级、可疑、损失五个档次，后三类合称为不良贷款。五级贷款的定义分别是：

正常：借款人能够履行合同，没有足够理由怀疑贷款本息不能按时足额偿还；

关注：尽管借款人目前有能力偿还贷款本息，但存在一些可能对偿还产生不利影响的因素；

次级：借款人的还款能力出现明显问题，完全依靠其正常营业收入无法足额偿还贷款本息，即使执行担保，也可能会造成一定损失；

可疑：借款人无法足额偿还贷款本息，即使执行担保，也肯定要造成较大损失；

损失：在采取所有可能的措施或一切必要的法律程序之后，本息仍然无法收回，或只能收回极少部分。

按照各级次贷款计算的比率反映了商业银行不同质量贷款各自所占的比重，从而揭示其贷款的质量结构。通过贷款分类应达到揭示贷款的实际价值和风险程度，真实、全面、动态地反映贷款的质量；发现贷款发放、管理、监控、催收以及不良贷款管理中存在的问题，加强信贷管理；为判断贷款损失准备金是否充足提供依据等目的。对资产质量指标的分析除了观察当期数据外，更重要的是对其变化趋势进行分析和预测。

(2) 贷款损失保障的相关指标：

$$贷款损失保障率 = \frac{扣除所得税、折旧、计提贷款损失准备金和非常项目前的收益}{计提的贷款损失准备金} \times 100\%$$

$$不良贷款保障率 = \frac{贷款损失准备金}{不良贷款平均余额} \times 100\%$$

$$贷款损失准备金提取比率 = \frac{当年计提贷款损失准备金额}{贷款平均余额} \times 100\%$$

$$贷款损失准备金充足率 = \frac{贷款损失准备金余额}{贷款平均余额} \times 100\%$$

贷款损失保障相关指标反映了除资本金以外，弥补贷款损失的两项资金来源：贷款损失准备金和利润。2002 年实施的新《金融企业会计制度》规定，"金融企业应当在期末分析各项贷款的可收回性，并预计可能产生的贷款损失。对预计可能产生的贷款损失，计提贷款损失准备。贷款损失准备应根据借款人的还款能力、贷款本息的偿还情况、抵押品的市价、担保人的支持力度和金融企业内部信贷管理等因素，分析其风险程度和回收的可能性，合理计提。贷款损失准备包括专项准备和特种准备两种。专项准备按照贷款五级分类结果及时、足额计提；具体比例由金融企业根据贷款资产的风险程度和回收的可能性合理确定。特种准备是指金融企业对特定国家发放贷款计提的准备，具体比例由金融企业根据贷款资产的风险程度和回收的可能性合理确定。"由此可见，贷款损失准备金的提取，依据的是不同风险程度贷款的预期损失率，提取的多少反映了管理者对本银行贷款风险的基本判断和防范风险的态度。通常认为，贷款损失准备金用于弥补"正常"(或称为预计)的贷款损失，而利润主要用于弥补"意外"(或称为非正常)的贷款损失。当动用当期利润仍无法弥补损失的时候，商业银行的股东权益就会受到"侵蚀"，因此，充足的贷款损失准备十分重要。但过度计提准备会降低盈利水平，损害股东的利益。

由于贷款损失准备的计提往往成为银行管理层调节利润的渠道，同时，计提还受到股东、税收部门、监管当局的影响，在对贷款损失保障指标的分析中，关注计提环境，避免产生误导是十分必要的。

(3) 贷款核销的相关指标：

$$贷款核销比率 1 = \frac{贷款核销净额}{平均贷款余额} \times 100\%$$

$$贷款核销比率 2 = \frac{贷款核销净额}{净利息收入} \times 100\%$$

贷款核销比率反映了对问题贷款的"放弃"情况，两项指标均没有具体的标准，在西方发达国家比率 1 低于 0.5%、比率 2 不超过 3%被认为是合理的。

(4) 贷款集中度的相关指标：

$$最大贷款客户贷款集中度1=\frac{余额最大的客户各项贷款余额}{资本余额}\times100\%$$

$$最大贷款客户贷款集中度2=\frac{余额最大的客户各项贷款余额}{各项贷款余额}\times100\%$$

$$前十户最大贷款客户贷款集中度1=\frac{余额前十位的客户各项贷款余额合计}{资本余额}\times100\%$$

$$前十户最大贷款客户贷款集中度2=\frac{余额前十位的客户各项贷款余额合计}{各项贷款余额}\times100\%$$

基于"不能将鸡蛋放在一个篮子里"的思路，商业银行需要通过分散化来防止贷款过度集中。《商业银行法》规定，对同一借款人的贷款余额与商业银行资本余额的比例不得超过 10%，同时人民银行还规定了前十户贷款客户贷款集中度 1 不得超过 50%。

类似的，商业银行还可以对贷款的行业和地区集中度进行分析。

9.6 商业银行财务综合分析

商业银行进行财务分析的方法很多，其基本方法有：杜邦分析法、CAMEL 分析法、比较分析法、比率分析法、趋势分析法、比重分析法和连环替代法。

1. 杜邦分析法

杜邦分析法以资本收益率为主线，将银行在某一时期的经营成果与资产运作全面联系起来，通过层层分解，逐步深入，构成了一个完整的分析体系。这一分析体系可通过各种比较来解释指标变动的原因和变动的趋势，找出问题的症结所在，为采取措施指明方向。

杜邦财务分析体系(The DuPont System)是一种比较实用的财务比率综合分析方法。这种分析方法首先由美国杜邦公司的经理创造出来，故称之为杜邦财务分析体系。这种财务分析方法从评价企业绩效最具综合性和代表性的指标：净资产收益率出发，层层分解至企业基本生产要素的使用、成本与费用的构成和企业风险，从而满足经营者、投资者、财务分析人员及其他相关人员和机构通过财务分析进行绩效评价，了解企业主要效益指标发生变动原因的需要。以下是杜邦分析法的简单图例。

在杜邦分析体系中，净资产收益率是综合性最强的财务比率，是杜邦系统的核心。它反映了公司所有者投入资金的获利能力，以及公司在筹资、投资、资产营运等方面的能力。总资产收益率反映公司全部投资的获利能力，该指标受公司主营业务利润率和总资产周转率两个因素的影响。权益乘数反映公司资产与权益之间的关系，该指标表明公司对负债经营的利用程度。权益乘数大，公司的负债程度高，公司可能获得更多的杠杆收益。通过杜邦体系的分解，为管理者提供了理财的思路，说明提高净资产收益率的关键在于增加主营业务收入、降低成本费用、加快资金流转、优化资金结构等。

净资产报酬率(净资产收益率)可分解为

$$净资产报酬率 = 总资产报酬率(总资产收益率) \times 权益乘数$$

$$总资产报酬率 = \frac{收益}{资产} = \frac{收益}{营业收入} \times \frac{营业收入}{资产} = 银行利润率 \times 资产利用率$$

总资产报酬率是银行经营成果与资产管理的综合体现(见图 9-1)。

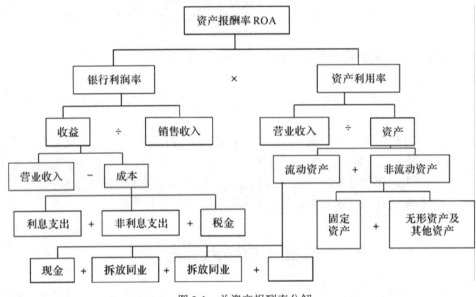

图 9-1　总资产报酬率分解

2. CAMEL 分析法

CAMEL 分析法是美国三大联邦监管部门采用的对商业银行的经营进行全面评估的标准,俗称骆驼评级法。它既是全面评价银行经营状况的评级方法,又可应用于整个实地检查过程中。CAMEL 分析法主要评估商业银行的五个方面,包括资本状况 (Capital Adequacy)、资产质量(Asset Quality)、管理水平(Management)、盈利状况(Earnings)和资产流动性(Liquidity)。

首先,讨论一下资本状况。当前,我们判断一家银行的资本充足与否并对资本状况情况进行评级时,需要考虑几个方面的因素,但其中最根本的因素是资本与总资产的比率。美国的银行监管部门制定了下述一整套标准来衡量一家银行的资本是否充足:

(1) 如果一家银行的资本与资产之比为 7%以上,可以认为该行资本充足。

(2) 如果一家银行的资本与资产之比在 6%~7%之间,同时,有问题贷款很少,管理水平也较好,可以认为该行资本基本充足或接近于充足。

(3) 如果一家银行的资本与资产之比在 6%左右波动,同时该行没有问题贷款,管理水平很好,盈利状况也很好,可以认为该行资本充足。

(4) 另一方面,即使一家银行的资本与资产之比在 6%~7%之间,但存在着大量问题贷款,而且管理水平不够高或该行准备近期扩大业务,就不能认为该行资本充足。

(5) 如果一家银行的资本与资产之比在 6%之下,监管部门一般就认为该行资本不够充足。

其次,在资产质量方面,一家银行的资产质量是衡量一定银行总体经营状况的最重要依据。如果银行对资产的管理较差，致使资产质量不高，对银行造成的损失也较大。资产质量不高还会影响银行的其他经营活动，甚至会导致银行的倒闭。资产质量的分析主要采用不良贷款率这一指标来对银行的资产质量进行评估。当然，在对银行资产质量进行评测时，除了不良贷款率这一指标外，还应考虑银行的贷款政策、贷款摊贩向的集中程度、呆账准备金的数量、贷款将来可能出现的问题、管理人员的素质等等。就国际银行业水平而言，北美银行不良贷款率最低，平均只有 0.96%，欧洲银行其次，日本银行最高，为 5.99%。而在亚洲金融危机前，东南亚各国银行也不超过 6%。然而目前国内四大商业银行的不良贷款率这一指标还存在相当水分，主要是两方面考虑：一是贷款高速增长，其中就有国有银行为创造上市条件，以降低标准来大幅扩张贷款规模，从而扩大总资产规模的嫌疑；二是把已存在的不良贷款通过债务转换和展期来扩大"正常贷款"的规模及其增长。这些做法无疑都是为了扩大分母缩小分子，从而降低比率。

　　管理水平是考核一家银行经营状况的最主要因素之一，同时也是最难评估的一个方面。CAMEL 分析法的其他四个方面的评价均有一些客观的数据、比率(如资本充足率、资产质量比率、流动比率和收益率等)，而在管理水平方面却没有比较客观的数据与比率，只有如银行业务政策、业务计划、管理者经历与经验等一些非定量性因素做参考。本次分析仅选用综合反映银行成本效益管理的一个指标：成本率。在具体评价时，还应综合考虑其他一些定性与定量因素。

　　对一家银行来说，盈利水平是其能否生存和发展的关键，是其能否在激烈的竞争中处于不败的决定性因素，也是最终决定银行资本充足程度的关键。在对商业银行财务报表进行分析时，主要采用三个指标：净资产利润率、资产利润率及利息占总收入的比率。从业务构成和利润来源上看，信贷业务、中间业务和其他金融投资业务构成银行三大利润来源。

　　资产的流动性对于银行来说是相当重要的，只有保持良好的资产流动性才能应付存户的提款和满足客户的贷款需求。在对商业银行的财务报表进行分析时可以选用流动资产比例、存贷比例和备付金比例来进行分析。流动资产比例表明银行的流动资产与流动负债间的关系，系统反映银行的流动性。银行的流动性资产包括：现金、国库券、存放在中央银行款项、一个月内到期的贷款、一个月内到期的拆放同业净额及其他一个月内变现的其他证券、票据。流动性负债则包括各项活期存款、一个月内到期的定期存款及债券。存贷款比例总量管理的核心指标，设置这个比例的目的是要使商业银行的资产负债达到自我平衡，防止过度使用资金。备付金是银行为了满足客户提款和划账而持有的准备金，是银行主要的具有最高流动性的资产。它由存放在人民银行清算账户的资金、超额准备金和银行的库存现金所组成。

　　以上便是对商业银行财务报表分析的五个方面的简介，当然在现实操作中，还应当结合具体的情形，并考虑一些非财务的因素，才能对商业银行的财务状况作出比较全面的评价。

　　3. 比较分析法

　　比较分析法是将彼此相联系的指标进行对照，确定它们之间的差异，用以评价财务活动好坏的方法。比较分析法常用的比较形式有：

　　(1) 比较报告期实际数与计划数，以检查、考核计划的执行进度和结果，评价商业银行各项计划的完成情况，为进一步分析原因和加强管理指明方向。

(2) 比较报告期实际数与历史数据，即动态分析法，以了解财务指标的变化趋势。可比较的历史数据包括：上年同期水平、历史先进水平、特定历史时期水平。运用动态分析的方法，可以考察、研究商业银行的发展趋势，有助于进一步改善商业银行的工作。

(3) 比较报告期实际数与同业数据，比较对象有国内外先进水平，国内外平均水平等。比较分析法无论采取哪种形式，都应当注意指标的可比性，包括指标性质、计算口径、计价基础、时间单位等的一致性。同类商业银行之间进行财务指标对比时，对比双方的经营品种、经营规模和方式应大体相同。

4. 比率分析法

比率分析法是利用两个指标的某种关联关系，通过计算比率来考察、计量和评价商业银行财务状况、经营成果和现金流量的分析方法。比率是用倍数表示的分数式。

比率分析对指标的变动分析不是直接比较，而是通过与某一相关指标作基数求得比值进行间接比较。如对商业银行的利润指标进行分析，除了可以用绝对额直接对比以外，还可以通过对形成利润有关的指标(如代表人力、物力、财力等方面的指标)计算比率进行分析研究。例如甲、乙商业银行年利润额为 20 亿元，无法直接比较两个商业银行的经济效益。如果已知甲商业银行人数为 10 000 人，乙商业银行人数为 8 000 人，则甲商业银行人平均利润为 200 万元，乙商业银行平均利润为 250 万元，由此可以判断乙商业银行经济效益优于甲商业银行。在通常情况下，商业银行常用的比率指标有流动性比率、安全性比率、资本充足性比率、收益性比率和现金流量比率。

(1) 流动性比率。流动性比率用来衡量商业银行用流动资产偿还流动负债的能力。商业银行流动性比率主要包括：备付金比率、资产流动性比率、对流动性负债依赖率、存贷款比率、中长期贷款比率等。

(2) 安全性比率。安全性比率用来衡量商业银行财务结构稳定性的能力。商业银行安全性比率主要包括：不良贷款率、呆坏账贷款率、不良贷款抵补率、最大十家客户贷款比率、最大单一客户贷款比率等。

(3) 资本充足性比率。资本充足性比率用来衡量商业银行稳健经营能力。商业银行资本充足率主要包括：资产加权前资本充足率、资产加权后资本充足率、资产加权前核心资本充足率。

(4) 收益性比率。收益性比率用来衡量商业银行的获利能力。商业银行收益性比率主要包括：资本利润率、资产利润率、利息回收率等。

(5) 现金流量比率。现金流量比率用来综合反映商业银行净利润质量、支付能力、偿债能力和周转能力。商业银行现金流量比率主要包括：现金净流量对当期债务比率、现金净流量对负债总额比率、每股现金流量等。

5. 趋势分析法

趋势分析法是对不同时期财务指标进行对比以确定其增减差异和变动趋势的分析方法。从一定意义上讲，它是将比较分析法和比率分析法结合起来运用的一种方法。

趋势分析法计算指标包括差异数、差异率和趋势比率。

差异数是将不同时期指标直接相减后的差数，它可以给使用者获得明确的增减概念，由此直观地判明某财务指标的变动规模。其计算公式如下：

$$差异数 = 报告期数 - 基期数$$

差异率是差异数与基期数的比值，它可以给使用者获得相对变动的概念，由此判明某财务指标的变动水平，亦称增减幅度。其计算公式如下：

$$差异率 = \frac{差异数}{基期数} \times 100\%$$

趋势比率是将不同时期的财务信息换算为同一基期的百分比，提供一项简明的趋势概念，它不但能单独地表现该项财务指标的变动情况，而且能在一系列比率的横向联系中，显示出未来的发展趋势。

在进行趋势分析时，确定好基期至关重要。在实务中一般有两种选择：一是以某选定时期为基础，以后各期均以该期作为共同基期数，计算出的趋势比率叫定基发展速度，亦称定比。二是以上期为基数，即移动基数、各期数分别以前一期作为基数，基期不固定，且顺次移动，计算出的趋势比率叫环比发展速度，亦称环比。

6. 比重分析法

比重是指某项财务指标的各组成部分占总体指标的百分比。比重分析法通过分析指标结构的变化来反映该项指标的特征和变化规律。在进行比重分析时，首先应按照一定的标准将分析对象划分为若干类，然后测算其所占比重并进行对比。分组项目标准的选定，一般都是根据具体分析的内容和目的要求而有所区别。例如，对银行贷款资产进行分析时，既可以按贷款的经济成分、行业属性的不同划分，也可以按贷款的用途来划分，还可以按贷款期限的不同来划分。

利用比重分析法不仅可以观察部分结构变化对总体的影响，还可以使人们认识和掌握事物的特点，认识其本质和规律。在商业银行财务分析中，运用比重分析法来分析收支项目，费用成本的变化是否合理，可以说明成本会计在商业银行中的落实情况；运用比重分析法分析信贷资产运用状况，可以了解商业银行信贷资产投向结构的变化，考核信贷资产在生产领域，流通领域以及在不同的经济部门，行业之间分配的情况，反映信贷政策的执行情况。比重的计算公式如下：

$$比重 = \frac{构成项目}{总体指标} \times 100\%$$

本 章 小 结

商业银行是经营货币的特殊商业企业，在社会经济中处于资金流动的中心位置，其财务管理与一般企业的财务管理存在着显著的差异，有其自身的特殊之处。商业银行没有一般生产企业生产经营中"货币—实物—货币"的形态转换过程，其经营一直保持货币形态。财务管理是对企业资金的管理，由于商业银行经营对象的特殊性，决定了财务管理在商业银行中有着比一般企业更为核心和重要的地位。

　　财务分析是财务管理工作的重要组成部分,通过设置若干指标,运用专门的分析方法,对企业财务状况和经营成果进行解释和评价,并提出改进的措施,以便于投资者、债权人、管理者以及其他信息使用者使用。财务管理在商业银行经营管理中的中心地位决定了财务分析的重要性。财务分析在商业银行财务管理中的重要作用体现在:(1) 从财务的视角发掘商业银行的资源优势,揭示弱点和问题,从而为商业银行的资源配置提供决策信息;(2) 为商业银行财务战略的制定提供信息支持;(3) 为财务管理指明方向、明确重点,从而提高管理效率,节约管理成本;(4) 为财务成果的考核提供标准和考核指标;(5) 反映商业银行财务状况和经营绩效;(6) 揭示商业银行面临的信贷风险、利率风险、流动性风险、外汇风险、地区风险、操作风险等,为风险控制提供依据。

　　本章通过对商业银行财务报表的综合阐述并结合多种商业银行财务报表分析的综合方法对财务报表进行更深层次的垂直和水平分析,使我们从实践探索中了解到财务报表分析对商业银行财务管理的重要性。因此,我们在对商业银行财务报表分析时应当更加细致谨慎,确保银行会计信息的真实、可靠,以提高财务分析报告的可靠性。

思 考 与 练 习

　　1. 选取一家上市商业银行的年度财务报表,结合其偿债能力、盈利能力和营运能力等,对其进行综合财务分析。

　　2. 结合我国上市商业银行的财务年报,分析我国商业银行的经营状况,并讨论目前的盈利模式和利润的主要来源,思考其未来发展趋势。

　　3. 案例分析

　　案例一(见表 9-6 和表 9-7):

表 9-6　各大商业银行的流动性指标对比

2013 年	上海银行	平安银行	广发银行	浦发银行	宁波银行	北京银行
流动资产/总资产	25.6%	32.5%	24.3%	28.8%	30.4%	36.1%
流动资产/存款与短期资产	28%	35.6%	26.3%	32.3%	35.5%	40.1%
存贷比	70.5%	69.6%	71.8%	73.1%	67.1%	70.1%

表 9-7　各大商业银行的资本充足率等指标对比

2013 年	上海银行	平安银行	广发银行	浦发银行	宁波银行	北京银行
一级资本充足率	9.3%	8.6%	7.5%	8.6%	9.4%	8.8%
总资本充足率	11.9%	9.9%	9.0%	11.0%	12.1%	10.9%
权益/总资产	5.8%	5.9%	5.0%	5.6%	5.5%	5.9%
权益/净贷款余额	13.1%	13.5%	10.4%	12.0%	15.3%	13.8%

　　结合上述各大商业银行的流动性指标及资本充足率等指标的对比情况,说明各大商业银行的流动性强弱和风险大小,以及各自的资本质量情况。

案例二(见表 9-8 和表 9-9)：

表 9-8　上海银行的公司贷款和垫款情况(部分行业)

行业	2011 年 12 月 31 日			2012 年 12 月 31 日			2013 年 12 月 31 日		
	金额	占比	同比增长	金额	占比	同比增长	金额	占比	同比增长
制造业	50 790	19.55%	26%	52 916	18.78%	4.19%	59 814	18.46%	13.04%
房地产业	46 324	17.85%	8.97%	49 897	17.71%	7.6%	61 702	19.05%	23.66%
批发零售业	30 922	11.9%	32.1%	42 195	14.97%	36.46%	52 345	16.16%	24.05%
租赁和商务服务业	47 580	18.31%	3.32%	46 915	16.65%	−1.4%	54 710	16.89%	16.62%
公用事业	40 001	15.39%	−11%	37 838	13.43%	−5.41%	35 621	11%	−5.86%
建筑业	16 909	6.51%	25.9%	20 757	7.37%	22.76%	23 587	7.28%	13.63%
交通运输、邮政业	11 831	4.55%	−2.9%	13 673	4.85%	15.57%	14 852	4.58%	8.62%
住宿餐饮	5 081	1.96%	41.4%	4 622	1.64%	−9.03	9 208	2.84%	99.22%

表 9-9　各大商业银行资产质量指标对比

2013 年	上海银行	平安银行	广发银行	浦发银行	宁波银行	北京银行
LLP/贷款余额	0.5%	0.8%	0.3%	0.6%	0.8%	0.6%
LLP/净利息收益	11.2%	16.4%	9.2%	12.2%	11.7%	12.2%

结合以上表中上海银行 2011—2013 年部分行业的公司贷款和垫款情况以及 2013 年各大商业银行资产质量指标对比，分析这家上海银行的贷款组合结构及变动趋势以及各商业银行的贷款质量及风险。

案例三(见表 9-10 至表 9-15)：

中信银行原称中信实业银行，创立于 1987 年，注册资本 8 亿元，是我国改革开放中最早成立的全国性商业银行之一，从事经批准的人民币和外汇银行业务及其他相关金融业务。

2005 年年底改为现名。中信银行是中国的全国性商业银行之一，总部位于北京，主要股东是中国中信集团公司。2007 年 4 月 19 日，中信银行在上海证券交易所上市(股票代码：601998)。中信银行为中国大陆第七大银行，其总资产为 12 000 逾亿港元，共有 16 000 多名员工及 540 余家分支机构。中信银行在全国设有 35 家一级分行、43 家二级分行和 622 家支行网点，主要分布在东部沿海地区以及中西部经济发达城市。它是香港中资金融股的六行三保之一。

> 核心资本

截至 2010 年年底一级资本为 819.36 亿人民币，仅次于"四大"和交通银行。在英国《银行家》杂志发布的"全球 1000 家大银行排名"中，一级资本排名第 67 位。

> 企业市值

英国《金融时报》按照全球上市公司 2010 年 3 月 31 日的市值排出的"2010 年全球市

值百强"排名中，以约 380 亿美元的市值排名第 185 位。

> 存贷款总量

截至 2010 年年末，本行合并总资产为 2.08 万亿元人民币，新增 3 062.83 亿元人民币，年末贷款余额与增长情况在中等股份制银行中名列前茅。

> 国际业务

全年国际业务收付汇量达 1 727.24 亿美元，结售汇收入首次在中等股份制银行中排名第一。

表 9-10　中信银行合并资产负债表

资产(单位：百万元)	2010 年	占比	2009 年	占比	增减幅度
现金及存放中央银行款项	256 323	12.32%	224 003	12.62%	14.43%
存放同业款项	81 955	3.94%	26 319	1.48%	211.39%
拆出资金	48 633	2.34%	55 489	3.13%	−12.36%
交易性金融资产	2 855	0.14%	4 449	0.25%	−35.83%
衍生金融资产	4 478	0.22%	3 182	0.18%	40.73%
买入返售金融资产	147 632	7.09%	185 203	10.43%	−20.29%
应收利息	6 095	0.29%	4 135	0.23%	47.40%
发放贷款和垫款	1 246 026	59.87%	1 050 479	59.18%	18.62%
可供出售金融资产	136 976	6.58%	94 231	5.31%	45.36%
持有至到期投资	129 041	6.20%	107 466	6.05%	20.08%
长期股权投资	2 386	0.11%	2 254	0.13%	5.86%
固定资产	9 974	0.48%	10 321	0.58%	−3.36%
无形资产	838	0.04%	795	0.04%	5.41%
投资性房地产	248	0.01%	161	0.01%	54.04%
商誉	857	0.04%	887	0.05%	−3.38%
递延所得税资产	2 565	0.12%	2 095	0.12%	22.43%
其他资产	4 432	0.21%	3 562	0.20%	24.42%
资产总计	2 081 314	100.00%	1 775 031	100.00%	17.26%

表 9-11　贷款分布 —— 按地区划分

地　区	2010 年 12 月 31 日		2009 年 12 月 31 日	
	余额	占比	余额	占比
环渤海地区	346 098	27.38%	293 907	27.58%
长江三角洲	327 534	25.91%	284 055	26.66%
珠江三角洲及海峡西岸	174 510	13.80%	145 222	13.63%
中部地区	159 534	12.62%	133 009	12.48%
西部地区	143 237	11.33%	113 499	10.65%

续表

地 区	2010 年 12 月 31 日		2009 年 12 月 31 日	
	余额	占比	余额	占比
东北地区	41 239	3.26%	34 965	3.28%
中国境外	72 093	5.70%	60 992	5.72%
贷款合计	1 264 245	100.00%	1 065 649	100.00%

表 9-12 贷款分布 —— 按行业划分

地 区	2010 年 12 月 31 日		2009 年 12 月 31 日	
	余额	占比	余额	占比
制造业	260 264	26.23%	210 446	25.58%
交通运输、仓储和邮政业	124 734	12.57%	102 557	12.47%
电力、燃气及水的生产和供应业	81 869	8.25%	85 106	10.35%
批发和零售业	128 942	12.99%	85 872	10.44%
房地产开发业	72 433	7.30%	46 312	5.63%
水利、环境和公共设施管理业	81 205	8.18%	74 604	9.07%
租赁和商业服务	48 444	4.88%	49 900	6.07%
建筑业	44 798	4.51%	34 554	4.20%
公共及社会机构	58 163	5.86%	49 560	6.02%
金融业	6 245	0.63%	6 551	0.80%
其他客户	85 175	8.58%	77 173	9.38%
公司贷款合计	992 272	100.00%	822 635	100.00%

表 9-13 贷款质量分析

贷款分类	2007 年		2008 年		2009 年		2010 年	
	余额	占比	余额	占比	余额	占比	余额	占比
正常类	554 892		641 463		1 047 265		1 244 478	
关注类	11 824		14 415		8 227		11 234	
次级类	915		1 001		3 235		2 339	
可疑类	7 085		6 948		5 201		4 870	
损失类	492		1 097		1 721		1 324	
贷款合计	575 208		664 924		1 065 649		1 264 245	
正常贷款	566 716	98.5%	655 878	98.6%	1 055 492	99.0%	1 255 712	99.3%
不良贷款	8 492	1.48%	9 046	1.36%	10 157	0.95%	8 533	0.67%

表 9-14　负债结构分析

负债(单位：百万元)	2010 年	占比	2009 年	占比	增减幅度
同业及其他金融机构存放款项	141 663	6.81%	275 049	15.50%	−48.50%
拆入资金	7 072	0.34%	4 553	0.26%	55.33%
交易性金融负债	10 729	0.52%	2 755	0.16%	289.44%
衍生金融负债	4 126	0.20%	3 628	0.20%	13.73%
卖出回购金融资产款	4 381	0.21%	4 100	0.23%	6.85%
吸收存款	1 730 816	83.16%	1 341 927	75.60%	28.98%
应付职工薪酬	7 853	0.38%	6 987	0.39%	12.39%
应交税费	2 598	0.12%	1 004	0.06%	158.76%
应付利息	8 569	0.41%	6 538	0.37%	31.06%
预计负债	36	0.00%	50	0.00%	−28.00%
应付债券	34 915	1.68%	18 422	1.04%	89.53%
其他负债	4 018	0.19%	3 010	0.17%	33.49%
负债合计	1 956 776	94.02%	1 668 023	93.97%	17.31%

表 9-15　合并利润表(合并)　　　　　　　　　　　　单位：百万元

项 目	2007 年	2008 年	2009 年	2010 年
营业收入	27 838	40 155	40 801	55 765
利息净收入	26 170	36 091	35 984	48 135
利息收入	41 494	58 867	56 131	72 460
利息支出	−15 324	−22 776	−20 147	−24 325
手续费及佣金净收入	2 080	3 045	4 220	5 696
手续费及佣金收入	2 365	3 453	4 718	6 308
手续费及佣金支出	−285	−408	−498	612
投资收益	121	−7	157	43
公允价值变动收益	−812	654	−537	30
汇兑净收益	144	226	792	1583
其他业务收入	135	146	185	278
营业支出	−14 735	−22 540	−21 679	−27 796
营业务税金及附加	−2 034	−2 854	−2 761	−3 685
业务及管理费	−9 713	−13 242	−16 299	−18 862
资产减值损失	−2 988	−6 444	−2 619	−5 249
营业利润	13 103	17 615	19 122	27 969

项目	2007 年	2008 年	2009 年	2010 年
加：营业外收入	117	217	214	817
减：营业外支出	−80	−86	−71	−91
利润总额	13 140	17 746	19 265	28 695
减：所得税费用	−4 850	−4 426	−4 705	−6 916
净利润	8 290	13 320	14 560	21 779

结合上述图表，对中信银行的资产结构、资产变动趋势，贷款分布、贷款质量，负债结构、负债变动趋势、资产负债率，股东权益，盈利概况，以及成本费用与营业收入的配比等方面进行制图分析。

第十章　企业合并财务报表分析

学习目标

(1) 对企业合并的动因、企业合并的方式进行探讨；

(2) 对合并财务报表的作用、特点及相关的合并理论进行探讨；

(3) 对合并财务报表的合并范围以及合并财务报表的编制程序等问题进行探讨；

(4) 对合并财务报表的各个项目的编制进行说明并分析。

案例导读

1999 年 6 月，经中国证监会(以下简称证监会)批准，清华同方与鲁颖电子采用股权交换的方式正式合并，证监会的批准表明它对换股合并方式及所采用会计方法的肯定。这是我国首起以股权交换方式完成的合并，在证券市场上产生了很大影响，对证券监管部门、会计准则制定机构等也提出了诸多前所未有的问题。近年来，中国钢铁企业合并重组的具体例子包括：宝钢(位于上海，年产钢 2 300 万吨)收购八一钢铁(位于新疆，年产 300 万吨钢铁) 69.95%的股权；宝钢同马鞍山钢铁(马钢，位于安徽，年产钢铁 1 千万吨)通过合并均在辽宁的鞍山钢铁与本溪钢铁，创建鞍本钢铁集团(年产粗钢约 1 800 万吨)；长江流域合并了武汉钢铁(湖北省，1 300 万吨)及柳州钢铁(广西，约 460 万吨)；山东省通过合并济南钢铁及莱芜钢铁，组建山东钢铁集团(年产约 2 100 万吨钢铁)；中国第一产钢大省河北省将唐钢、宣钢、承钢三大钢铁集团合并，成立河北新唐钢集团。

这是我国首起以股权交换方式完成的合并，在证券市场产生了很大影响，对证券监管部门、企业合并提出了诸多前所未有的问题。不过现在企业合并的例子不胜枚举，可企业合并中的会计处理问题都有哪些方面呢？这章我们将一一揭晓。

10.1　企业合并概述

随着经济的发展，企业合并逐渐成为当今社会的一种比较普遍的经济现象。自 20 世纪 80 年代中期以来，随着经济体制改革的逐渐深化，我国掀起了企业合并浪潮，在 20 世纪 90 年代初企业合并达到了空前的规模。企业合并的目的在于优化经济资源的配置和组合，推进社会生产力的发展。本章将论述企业合并及其会计处理方法。

10.1.1　企业合并的动因

企业是国民经济的细胞，是国民收入的源泉。任何一个生产商品或提供劳务的企业，不仅是一定生产要素的有机结合，而且还是各种权益在特定状况下的集中表现。生产要素的结合情况反映了社会一定的科学技术水平，而企业的权益构成则体现着社会属性，且权益的变动和转移最终反映着人们利益趋向的变动。在市场经济体制下，企业按照特定的生产技术条件将生产要素结合起来，进行生产和经营活动，并用取得的收入弥补成本、费用、获取利润，求得生存和发展。

但在充分竞争的条件下，企业就会处于不平等的发展状态。有些企业外部条件好，经营管理得当，在市场中处于优势地位；另一些企业则处境维艰，难于立足。企业的所有者必然会对这些状况作出灵活的反映，即在经济状况良好，市场前景广阔时，会不断地注入权益资本，以获取更大的盈利；而当企业经营不善，前景暗淡时，势必会采取相应的措施，其中包括转让企业换取货币性资产，以避免遭受更大的损失。即使有些企业经营状况较好，但通过被其他企业合并，其资产有望得到更加有效的利用，因此，也有必要被合并。另一方面，一些经营管理良好的企业，为了进一步扩大市场份额，提高企业的资信，也有扩张的动机，所以，势必要求以较低的代价获取现有的经济资源，包括已经形成的生产能力。因此，在市场经济条件下，由于企业间的竞争而引发的产权转让，以及产权转让过程中产权交易市场的形成，最终将导致企业间的合并。企业合并是市场经济发展的必然产物。从宏观经济的角度来看，企业合并具有现实的经济意义。

(1) 从整个社会考察，让经营良好的扩张型企业合并那些经营管理不善的企业，至少能做到现有资本的保全，终止亏损企业对经济资源的浪费，避免对社会造成负面影响。由于要将被合并企业的生产要素按照经营良好的企业的客观条件进行组合，因此，使原来效益不佳的经济资源在新的组合下实现增值的目的。

(2) 由企业产权转让引起的合并，能促使有限的经济资源流向社会需要的产业，从而引起产业结构和产品结构的调整。通过优化生产要素组合，调整了生产能力，提高了资产的使用效益。因此，坚持优胜劣汰，通过合并手段，实现生产要素的合理流动，对国民经济的良性循环具有重要的意义。

(3) 与破产这一避免资本损耗的最终手段相比，企业合并无疑是一种积极的措施。企业合并不是破坏被合并企业的生产能力，而是将其生产要素按新的要求重新组合，这样可以避免企业破产给社会带来的震荡，不失为阻止资本损耗的明智之举。

从微观经济角度来看，企业扩大规模可以采取其他办法，何以要通过合并其他企业的办法，而不是新建厂房呢？有人认为，企业合并可以增加市场份额和产品的产量，引进技术，寻求新的管理人才，提高营销能力，并在国内外设立分支机构。诚然，企业合并有各种各样的原因，但主要可概括为如下几条：

(1) 节约成本。通常，一家企业通过企业合并取得所需设备和生产能力，要比自己新建同样设备，形成同样生产能力，节省费用。

(2) 降低风险。购买已有的产品生产线，接受现有的市场，通常要比开发新的产品，拓展新的市场风险小。当企业以分散风险为目标实施企业合并时，尤其如此。

(3) 能较早利用生产能力。通过企业合并取得的固定资产，可望在短期内投入运行，并马上转化为生产能力。而企业新建设备需要政府有关部门的批准，并会耗用几年的建造时间，从而延误生产时机。

(4) 取得无形资产。企业合并可能是为了取得有形的经济资源，但更有可能是为了取得无形资产，如专利权、专营权、管理技术、优越的地理位置，甚至是进出口特许权等。这可能是有些企业合并的主要动因。

(5) 税务优惠。通过企业合并，组建企业集团，可以得到税务上的优惠。我国和有些国家的税务条例、税法，对企业集团的增值税、所得税都给予了优惠条件，如在计算应纳税所得额时，企业集团内某一企业的亏损可抵补其他企业的盈利。企业合并是生产力发展的必然结果，是市场竞争规律"优胜劣汰"的体现。通过企业合并能提高资源配置效率，提高企业的经济效益和竞争力。企业在进行合并活动中，可根据具体的情况采用不同的方式，从而形成不同形式的合并。

10.1.2　企业合并的界定

企业合并是将两个或两个以上单独的企业合并形成一个报告主体的交易或事项。从企业合并的定义看，是否形成企业合并，关键要看有关交易或事项发生前后，是否能引起报告主体的变化。报告主体的变化产生于控制权的变化。在交易事项发生以后，一方能够对另一方的生产经营决策实施控制，形成母子公司关系；当涉及控制权的转移时，该交易或事项发生以后，子公司需要纳入到母公司合并财务报表的范围中，从合并财务报告的角度形成报告主体的变化；交易事项发生以后，一方能够控制另一方的全部净资产，被合并的企业在合并后失去其法人资格，也涉及控制权的变化及报告主体的变化，形成企业合并。

假定在企业合并前 A、B 两个企业是各自独立的法律主体，则企业合并准则中所界定的企业合并，包括但不限于以下情形：

(1) 企业 A 通过增发自身的普通股从企业 B 原股东处取得企业 B 的全部股权，该交易事项发生后，企业 B 仍持续经营。

(2) 企业 A 通过支付对价取得企业 B 的全部净资产，该交易事项发生后，将撤销企业 B 的法人资格。

(3) 企业 A 以自身持有的资产作为出资投入企业 B，取得对企业 B 的控制权，该交易事项发生后，企业 B 仍维持其独立法人资格并继续经营。

除了一个企业对另一个或多个企业的合并以外，一个企业对其他企业某项业务的合并也视同为企业合并。其中，业务是指企业内部某些生产经营活动或资产、负债的组合，该组合具有投入、加工处理过程和产出能力，且能够独立计算其成本费用或所产生的收入，但不构成一个企业，不具有独立的法人资格，如企业的分公司、独立的生产车间、不具有独立法人资格的分部等。

10.1.3　企业合并的方式

企业合并的方式有多种多样，可以按不同的标准分类。从财务会计的角度看，一般将企业合并分为新设合并、吸收合并与控股合并。

1. 新设合并

新设合并是指两个或两个以上企业通过协商或契约，合并为一个新企业的经济行为。参与合并的各方在企业合并后其法人资格均被注销，重新注册成立一家新的企业，由新注册成立的企业持有参与合并各企业的资产、负债，并在新的基础上经营。新设合并作为一种经济行为，其主要特征表现为以下几方面：

(1) 企业合并是在平等基础上通过协商或契约的方式进行，在合并过程的始终，各自都以丧失自身法人资格为代价，以新的法人面貌组成新的经济实体；

(2) 合并各方的资产所有权没有转让，其资产的终极所有权仍属于合并各方的所有者，只是以合并后企业的所有权转换出现；

(3) 合并各方法人所有权的转让是无偿的，并连带将原各自企业资产的使用权、支配权、收益权等一并转让给合并后的企业；

(4) 合并的动机主要是为了避免相互竞争，加强公司间的协作关系；

(5) 新设合并方式与市场经济的关系并无必然的联系，它可以在市场经济下发生，也可在计划体制下进行。

因此，如果甲公司与乙公司以新设合并的方式组成丙公司，则这种合并可用下式表示：

$$甲公司 + 乙公司 = 丙公司$$

2. 吸收合并

吸收合并是指合并方在企业合并中取得被合并方的全部净资产，并将有关资产、负债并入合并方自身的账簿和报表进行核算的经济方式。企业合并后，将注销被合并方的法人资格，由合并方持有在合并中取得的被合并方的资产、负债，并在新的基础上继续经营，该类合并就是吸收合并。

在吸收合并中，因被合并方(或被购买方)在合并发生以后被注销，所以从合并方(或购买方)的角度需要解决的问题是，其在合并日(或购买日)取得的被合并方有关资产、负债入账价值的确定，以及为了进行企业合并支付的对价与所取得的被合并方资产、负债的入账价值之间存在差额的处理。企业合并以后，合并方应将合并中取得的资产、负债作为本企业的资产、负债核算。

吸收合并作为两家或更多的独立企业、公司合并组成一家企业的这种方式，通常是由一家占优势的公司吸收另一家或更多的公司。即吸收合并也是一种合并，但并非是平等的新设合并，而是一种吸收合并。通常融合或相互吸收的一方的价值或重要性要弱于另一方，融合或相互吸收后，较不重要的一方不再独立存在。吸收合并也称为兼并，我国于 1989 年颁布的《关于企业兼并的暂行规定》明确指出：企业兼并是指一个企业购买其他企业的产权，使其失去法人资格或改变法人实体的一种行为，不通过购买方法实行的企业之间的合并，不属于本方法规范。由此可见，兼并虽然是消灭被兼并方法人资格的行为，但它作为吸收合并，只是合并行为中的一种方式。这种合并方式的特点有以下几点：

(1) 企业财产所有权和法人所有权同时有偿转让，企业资产实物形态随交易的确立而整体流动。

(2) 被兼并企业放弃法人资格并转让资产，兼并企业接受产权、义务和责任，并保持企业原有名称而成为存续企业。

(3) 企业兼并是有偿的，它通过有偿转让，把一方所有权转让给另一方。

(4) 从兼并企业的角度看，兼并的动机主要是为了获得协同价值、重组价值等。

(5) 兼并是与市场经济密切联系的，是市场经济发展的结果。

如果甲公司通过吸收合并(或兼并)取得乙公司，则这种合并可用下式表示：

$$甲公司 + 乙公司 = 甲公司$$

3. 控股合并

合并方(或购买方，下同)通过企业合并交易或事项取得对被合并方(或被购买方，下同)的控制权，且在企业合并后能够通过所取得的股权等主导被合并方的生产经营决策并从被合并方的生产经营活动中获益，但被合并方在企业合并后仍维持其独立法人资格继续经营，这种合并方式就称为控股合并。

该类企业合并中，因合并方通过企业合并交易或事项取得了对被合并方的控制权，被合并方成为其子公司，所以，在企业合并发生后，被合并方应当纳入合并方合并财务报表的编制范围内，从合并财务报表角度看，这种方式会形成报告主体的变化。控股合并是指一家公司(称收购公司)在证券市场上，用现金、债券或股票购买另一家公司(称目标公司)的股票或资产，以获得对该公司控制权的行为，一般来说，当一家公司取得了另一家公司50%以上的有表决权的股份时，两个公司之间就形成了母子公司关系，在这种情况下需要编制合并财务报表。母公司或控股公司是指对其他企业拥有控制权的企业，而被母公司控制的企业则成为子公司或附属公司(若合并方购入子公司的全部股份，则该子公司为全资子公司)。控股合并也称为收购，根据收购对象的不同，可以分为股权收购和资产收购。这种合并的主要特点有以下几方面：

(1) 合并后，无论是母公司还是子公司，在法律上均是独立的经济主体或法律主体，它们仍然继续存在。

(2) 合并企业通过购买被合并企业的股票来达到控制目的，但对被合并企业原有的债务不负连带责任，而只以出股的金额为限承担责任。

如果甲公司取得了乙公司50%以上的有表决权的股份，并且实际上控制了乙公司，则这种控股合并可用下式表示：

$$甲公司的会计报表 + 乙公司的会计报表 = 甲公司与乙公司的合并会计报表$$

另外，企业合并根据所涉及的行业进行分类，可以分为横向合并、纵向合并与跨行业合并。横向合并是指同属一个产业或行业、生产或销售同类产品的企业之间发生的合并行为；纵向合并是指生产过程或经营环节紧密相关的企业之间的合并行为；跨行业合并是指生产或经营彼此没有关联的产品或者服务的企业间的合并行为。

除此之外，根据合并支付方式，可以分为现金合并、股票合并和杠杆合并。现金合并是指由合并方支付现金(有时也可用被合并企业所有者所接受的其他资产)，以取得被合并公司的所有权；股票合并是指合并公司采用增加发行本公司的股票的方式达到合并目的；杠杆合并是指一家或几家公司在银行贷款或金融市场借贷的支持下进行的合并。

10.1.4　企业合并类型的划分

我国的《企业会计准则第 20 号——企业合并》将企业合并按照一定的标准划分为同

一控制下的企业合并和非同一控制下的企业合并两大类型。企业合并的类型不同，所遵循的会计处理原则也不相同。

1. 同一控制下的企业合并

同一控制下的企业合并是指参与合并的企业在合并前后均受同一方或相同的多方最终控制且该控制并非暂时性的。

(1) 能够对参与合并各方在合并前后均实施最终控制的一方通常指企业集团的母公司。同一控制下的企业合并一般发生于企业集团内部，如集团内母子公司之间、子公司与子公司之间等。因为该类合并从本质上是集团内部企业之间的资产或权益的转移，不涉及从集团外购入子公司或是向集团外其他企业出售子公司的情况，因此，能够对参与合并企业在合并前后均实施最终控制的一方就是集团的母公司。

(2) 能够对参与合并的企业在合并前后均实施最终控制的相同多方，主要是指根据投资者之间的协议约定，为了扩大其中某一投资者对被投资单位的表决权比例，或者巩固某一投资者对被投资单位的控制地位，在对被投资单位的生产经营决策行使表决权时，采用相同意见表示的两个或两个以上的法人或其他组织。

(3) 实施控制的时间性要求，是指参与合并各方在合并前后较长时间内为最终控制方所控制。具体是指在企业合并之前(即合并日之前)，参与合并各方在最终控制方的控制时间一般在 1 年以上(含 1 年)，且企业合并后所形成的报告主体在最终控制方的控制时间也应达到 1 年以上(含 1 年)。

企业之间的合并是否属于同一控制下的企业合并，应综合构成企业合并交易的各方面情况，以及按照实质重于形式的会计信息质量特征进行判断。

2. 非同一控制下的企业合并

非同一控制下的企业合并是指参与合并各方在合并前后不受同一方或相同的多方最终控制的合并交易，即除判断属于同一控制下企业合并的情况以外其他的企业合并。众所周知，财务会计是对已完成或已发生的交易或事项进行反映的。所谓"交易"是一种特定的外部事项，即两个或多个主体之间转交价值物(未来经济利益)的外部事项。这表明，交易通常是指导致未来经济利益(包括风险与报酬)转移的业务。通常情况下，一笔交易的主体是企业，交易的对象是特定的价值物(单项资产)，交易的价格(历史成本)是比较容易确定同时也是比较客观的，交易的结果也仅是与交易物相关的风险与报酬的转移。但是，企业合并则不同。

企业合并是一种特殊的交易行为，企业合并这一特殊的交易行为，主要表现在以下几方面：

(1) 从交易对象看。它不是传统的单项资产的买卖，而是企业整体资产的转移。

(2) 从交易主体看。它不完全取决于企业，而更多地取决于企业的所有者。

(3) 从交易的价格看。合并交易价格的确定比传统交易要复杂得多。因为，企业合并是整体资产的转移，实际上是企业价值的流动，而企业这种特殊商品的价值，与一般商品的价值是不同的：企业价值是整体价值，它不是企业内部各个要素的简单相加；企业合并是产权交易，当投资者决定转让其产权时，就是转让企业的全部或一部分价值，连同负债一起，而不是转让各个要素的价值；企业合并交易是一项特殊的市场行为过程，其交易价格的确定是一种特殊的定价过程，从表面上看，合并价格是交易双方达成的，应是公允的，但这种结果包含了比一般商品交易定价更为复杂的因素。

(4) 从交易的结果看。吸收合并使被合并企业消失，被合并企业的资产、负债等转移到合并企业之中；新设合并使合并双方企业消失，其资产、负债等转移到新设的企业；企业的控股合并即收购，虽不改变被收购企业的法律主体，但收购与被收购企业之间的关系发生了变化，成为母、子公司关系。

企业合并的这些特点必然对财务会计的基本理论与方法产生一定的影响。

(1) 从会计假设看。企业合并对会计假设的影响主要表现在会计主体和持续经营上。从一般意义上讲，会计主体假设是以业主产权理论、主体理论或企业理论为背景的。企业合并(特别是控股合并)的出现，使主体假设不再局限于解决业主与企业的关系以及经营权与所有权的关系了。企业规模的扩大、企业组织形式的变化，产生了在企业与企业之间、企业与内部组织之间的会计主体重新划分问题，以及法律主体与会计主体背离的问题。持续经营则是指企业或会计主体的经营活动将无限期地经营下去，即在可以预见的将来，企业不会面临破产或清算。那么，企业合并是否意味着企业经营的中断，因此，企业合并对会计假设的冲击，必然影响到其他会计理论和方法。

(2) 从会计确认看。财务会计是对已发生或完成的交易或事项的反映，那么，企业合并作为一项特殊的交易，应如何确认，如何体现这一交易的"特殊性"，是值得深入探讨的问题。

(3) 从会计计量看。由于合并价格确定的复杂性，如何做到计量准确也是需要思考的问题。

(4) 从会计确认和计量结果看。与会计确认、计量相联系，对由于合并价格与被合并企业账面净资产价值的差额而产生的在交易中的价值"不对称"的处理问题，以及它究竟是不是商誉等问题。

(5) 从会计报告看。财务会计是对外报告的会计，合并后的企业会计应向谁报告，报告什么，如何报告，这些都体现了企业合并的特殊性。

本书主要从会计实务的角度进行讨论。从会计实务的角度看，合并会计的主要问题包括以下两方面：

(1) 合并时，如何进行账务处理，即对"合并交易"如何进行确认和计量。

(2) 合并后，合并企业如何编制合并会计报表。

对不同形式的合并而言，其会计问题是不尽相同的。在吸收合并和新设合并的形式下，在合并过程结束后，都是存在一个经济主体和法律主体，只形成一个会计主体，因而只需编制主体的财务报表就可满足信息使用者对信息的需求，不存在合并会计报表问题。但其主要问题是确定交易价格和合并时的账务处理，如吸收合并通常要对被合并企业进行资产评估，以确定合并价格。除此之外，被合并企业应通过解散清算程序，处理其产权转让，并结束会计记录，合并企业则应解决如何记录所取得的资产、承担的负债或其他会计业务。

在新设合并方式下，同样存在评估参与合并双方的资产、负债及净资产，以确定合并后双方在新企业中的产权份额等问题，同时，参与合并的企业都应通过解散清算程序处理其产权的转移，并结束各自的会计记录，新设立的公司则以此为经营的开始，启用账簿，记录合并的资产和负债等。

控股合并则不同。首先，控股合并不改变各自的法人主体，合并后各自仍为独立的会计主体，进行账簿记录和报表编制；其次，母公司对子公司的控制是通过股权投资的形式体现的，因此，其账务处理的重点是进行股权投资的处理；最后，尽管母、子公司各自编制的财务报表在一定程度上能满足信息使用者的要求，但是，母、子公司间又存在着一定的经济联系，即一方面母公司要记录对其子公司的投资，另一方面母公司实际的财务状况和经营成果，与其子公司的财务状况和经营成果也有一定的联系，而母公司在其本身的财务报表上所反映的只是母公司本身的财务状况和经营成果，作为其包括子公司在内的整体财务状况和经营成果却无从反映。因此，从公司集团的角度看，母公司本身的财务报表只反映了母公司全部业务的一部分，或者说，未能全面、完整地反映其财务状况和经营成果。显然，这对母公司的管理者、对其利害关系人(特别是股东)了解公司的全面经营状况和财务成果是不够的，是不利于他们的决策的。因此，为了使报表的使用者了解该公司集团的总体情况，就不得不将该公司集团内的各自财务报表，用一定的方法进行合并，编制成合并会计报表。

10.2　合并财务报表分析概述

合并财务报表，也称合并会计报表，是指反映母公司和其全部子公司形成的企业集团整体财务状况、经营成果和现金流量的财务报表。合并财务报表是以母公司和子公司的个别财务报表为基础，把企业集团假设为单一的会计主体，由母公司编制的用来综合反映集团与集团以外的主体之间的交易及其结果的报告性文件。

当一个企业通过对另一个企业的权益性投资而获得对被投资企业的控制权时，企业之间形成的这种控制与被控制关系的行为称为控股合并。通常把拥有控制权的投资企业称为控股企业(公司)，或简称母公司；把受控制的被投资企业称为被控股企业(公司)，或简称子公司。

从法律角度来看，控股合并后的控股企业与被控股企业仍然是相互独立的法律实体；但从经济角度来看，它们实际上形成了一个统一的经济实体。为了综合、全面地反映这一统一经济实体的经营成果、财务状况以及现金流转情况，需要由控股企业为其编制一套财务报表。这种由控股企业编制的用以综合反映由控股企业与被控股企业组成的企业集团的整体经营成果、财务状况以及现金流转情况的财务报表就是合并财务报表。相应地，在会计上将由母公司和子公司组成的企业集团称为合并主体。

在确定这种主体的界限时，必须解决该主体的信息向谁提供、提供这种信息的目的何在、哪些被投资企业应纳入合并范围、采用的合并方法是否恰当等问题。那么，各自均为独立法人实体的母、子公司为什么要编制合并财务报表，简单地说，合并财务报表编制的必要性来自于会计实务中实质重于形式的原则。

10.2.1　合并财务报表的作用

合并财务报表的作用主要表现在以下两个方面：
(1) 合并财务报表能够对外提供反映由母、子公司组成的企业集团整体经营情况的会计信息。在控股经营的情况下，母公司和子公司都是独立的法人实体，分别编报自己的财务报表，且分别反映企业本身的生产经营情况，但这些财务报表并不能够有效地提供反映整个企业集团的会计信息。为此，要了解控股公司的整体经营情况，就需要将控股公司与被控股子公司的财务报表进行合并，即通过编制合并财务报表提供反映企业集团整体经营的会计信息，以满足企业集团管理当局强化对被控股企业管理的需要。

(2) 合并财务报表有利于避免一些企业集团利用内部控股关系、人为粉饰财务报表的情况发生。控股公司的发展会带来一系列新的问题，一些控股公司利用对子公司的控制和从属关系，运用内部转移价格等手段转移利润或亏损。比如低价向子公司提供原材料、高价收购子公司产品，出于避税考虑而转移利润；再如通过高价对企业集团内的其他企业销售，低价购买其他企业的原材料，转移亏损等。因此，通过编制合并财务报表，可以将企业集团内部交易所产生的收入及利润予以抵销，使财务报表能反映企业集团客观真实的财务和经营情况，有利于防止和避免控股公司有人为操纵利润、粉饰财务报表的现象发生。编制合并财务报表体现了"实质重于形式"这一会计原则的要求。因为从法律形式来看，合并主体不是一个统一的法律实体，而从经济实质来看，它却是一个统一的经济体。为合并主体编制财务报表，显然是将其当作一个特殊的会计主体(报告主体)来看待的。因为现行会计实务并不为合并主体设置账簿体系，也不为其进行日常的会计核算，因而合并主体不是记账主体。由于要为合并主体编制合并财务报表，所以是将其当作一个报告主体来看待的。由此可见，由控股合并所引起的合并财务报表的编制，涉及会计主体(报告体)的变更。合并财务报表是由母公司编制的，且它可以为有关方面提供对决策有用的会计信息，弥补母公司个别财务报表的不足。一般来说，编制合并财务报表是为了满足相关投资者、债权人等有关方面对会计信息的需要。

① 为集团公司的股东提供对决策有用的信息。集团公司的股东最为关心合并主体的财务状况与经营成果，因为集团公司的财务状况与经营成果在很大程度上受子公司相应方面的影响。由于控股关系的存在，子公司的盈亏事实上就是母公司的盈亏。因此，集团公司股东对合并财务报表的需要是第一位的。

② 为集团公司的长期债权人提供对决策有用的信息。集团公司的债权人需要评估母公司、子公司的盈利能力与财务状况，就必然要关心整个合并主体的经营成果与财务状况。

③ 为企业管理者提供有用的信息。外界对于企业管理业绩的评价往往是以整个经济实体为基础的，企业所能分配的红利也通常是基于合并主体的业绩来计算的，因此，合并财务报表提供的信息对企业管理者也具有非常重要的意义。

④ 为有关政府管理机关提供有用的信息。企业的控股合并容易形成市场垄断或竞争上的优势，从而可能对整个国民经济产生重大影响。为此，有关法规为了维护正当竞争，常常对企业的市场占有率规定一个上限。合并财务报表可以为有关政府管理机关评价企业的市场占有情况及其对国民经济的影响提供参考依据。

10.2.2　合并财务报表的特点

合并财务报表是以整个企业集团为一个会计主体，以组成企业集团的母公司和子公司的个别财务报表(指企业单独编制的财务报表，为了与合并财务报表相区别，将其称之为个

别财务报表)为基础,抵销内部交易或事项对个别财务报表的影响后编制而成的。与个别财务报表比较,它具有以下特点:

(1) 合并财务报表反映的是母公司和子公司所组成的企业集团整体的财务状况和经营成果,其反映的对象是由若干个法人组成的会计主体,是经济意义上的会计主体,而不是法律意义上的主体。而个别财务报表反映的则是单个企业法人的财务状况和经营成果,其反映的对象是企业法人。对于由母公司和若干个子公司组成的企业集团来说,母公司和子公司编制的个别财务报表分别反映母公司本身或子公司本身各自的财务状况和经营成果,而合并财务报表则反映母公司和子公司组成的集团这一会计主体综合的财务状况和经营成果。

(2) 合并财务报表是由企业集团中对其他企业有控制权的控股公司或母公司编制的。也就是说,并不是企业集团中所有企业都必须编制合并财务报表,更不是社会上所有企业都需要编制合并财务报表。与此不同的是,个别财务报表是由独立的法人企业编制的,并且所有企业都需要编制个别财务报表。

(3) 合并财务报表是以个别财务报表为基础编制的。企业编制个别财务报表时,从设置账簿、审核凭证、编制记账凭证、登记会计账簿到编制财务报表,都有一套完整的会计核算方法体系。而合并财务报表却不同,它是以纳入合并范围的企业的个别财务报表为基础的,根据其他有关资料,抵销有关会计事项对个别财务报表的影响而编制的,它并不需要在现行会计核算方法体系之外,单独设置一套账簿体系。

(4) 合并财务报表编制有其独特的方法。个别财务报表的编制有其自身固有的一套编制方法和程序;合并财务报表则是在对纳入合并范围的个别财务报表的数据进行加总的基础上,通过编制抵销会计分录将企业集团内部的经济业务对个别财务报表的影响予以抵销,然后根据合并财务报表各项目的数额编制。

合并财务报表也不同于汇总财务报表。汇总财务报表主要指由行政管理部门,根据所属企业报送的财务报表,对其各项目进行加总编制的财务报表。合并财务报表与其相比,首先,编制的目的不同。汇总财务报表的目的主要是满足有关行政部门或国家掌握了解整个行业或整个部门所属企业的财务经营情况的需要;而合并财务报表则主要是满足公司的所有者、债权人以及其他有关方面了解企业集团整体财务状况和经营成果的需要。其次,两者确定编报范围的依据不同。汇总财务报表的编报范围主要是以企业的财务隶属关系作为确定的依据,即以企业是否归其管理、是否是其下属企业作为确定编报范围的依据,凡属于其下属企业,在财务上归其管理,则都包括在汇总财务报表的编报范围之内;而合并财务报表则是以母公司对另一企业的控制关系作为确定编报范围(即合并范围)的依据,凡是通过投资关系或协议能够对其实施有效控制的企业就属于合并财务报表的编制范围。最后,两者所采用的编制方法不同。汇总财务报表主要采用简单加总的方法编制。合并财务报表则必须采用抵销内部投资、内部交易、内部债权债务等内部会计事项对个别财务报表的影响后编制。

10.2.3 合并财务报表的报告主体

在控股合并中,母公司和子公司需要编制合并财务报表。因为在股份制企业中,拥有被投资企业 50%以上的有表决权股份的企业(母公司)是被投资者(子公司)重要财务决策和经营决策的决定者,于是,母公司与子公司的财务状况、经营成果就相互影响,且因控股关系而变得不可分割了。这时,人们需要用一个专业术语来描述它,这就是集团——母公司和子公司形成的实质性整体。

在严格的理论意义上,集团并不是一种实际存在的实体,只是因为资本关系,把母公司与子公司联系得尤为紧密,在许多经济事务中甚至不可分了。正因为这样,母、子公司各自提供的财务报表并不能反映母、子公司作为一个整体的经营成果、财务状况及其变动情况。实际上,如果一个经济组织要成为一个实际存在的实体,它必须具备:① 能在法院独立地应诉和起诉;② 在税务机关有独立的税务登记,独立赋税;③ 有独立的完整的账簿体系和报表体系这三个特征。事实上,日常所说的集团,并不具有这样的特征,有关的法律与税务的权责问题,也不是由集团来处理,而是由有关的母、子公司各自依法处理的。如果集团也有独立完整的账簿体系的话,那就不存在"以母、子公司提供的个别报表为基础,编制合并财务报表"的问题了。因此,集团是为完整地、明晰地反映母、子公司作为一个整体的经营成果、财务状况及其变动情况而"衍生"的一个会计概念。

在我国的实践中,集团的概念常被滥用,出现了各种各样的"集团"。这些所谓的集团,或者是对传统的行政机构的"换牌",即在形式上是企业,实际上是由原来的行政单位改装而成的"非政非企"的利益体;或者是一种管理母公司与子公司的行政(政府)管理机构(这一机构实际属于母公司的某个职能部门),将它独立并冠以"某某集团公司"的牌子,这类集团不是合并财务报表所要报告的主体。从国际会计准则第 27 号《合并财务报表和对子公司投资会计》、第 28 号《对联营企业投资会计》和第 32 号《合营中权益的财务报告》规定的内容看,在集团这一作为合并财务报表的报告主体的概念中,母公司的概念被广义化了,因此,拥有被投资者 50%以上表决权股份的投资者也应包括在内,同时,与其他投资者共同控制被投资企业的投资者(合营者),拥有被投资者 20%以上、50%以下表决权的股份的投资者(联营者),将因为该投资者的投资不仅只有合营投资或联营投资,而且还有控股投资,并伴随控股投资而进入合并财务报表。

集团是因控股关系而将投资者与被投资者联系在一起的会计观念,其本身并不是一个法律实体,但其组成部分一定是法律实体和税务实体,并且在两个或两个以上。这些实体中一个是控股投资者,另一个是受控者,它们有各自独立的完整的会计账簿体系与财务报告体系。判断某些企业是否是某集团的成员,关键是看在它们中是否存在控制关系,有控制关系的就属于一个集团,否则就不属于。

综上所述,集团没有独立的、完整的会计记录体系,它是合并财务报表的报告主体。通常,人们将合并财务报表定义为"将集团视为单个企业呈报的财务报表","拥有一个或一个以上的子公司的母公司应当编制合并财务报表,以综合反映母公司和子公司所形成的企业集团的经营成果、财务状况及其变动情况",这类定义的主要缺陷是没有突出集团内的交易与合并财务报表的关系。其实,这样定义合并财务报表或许更有意义:合并财务报表是以母公司和子公司的个别财务报表为基础,由母公司编制的用来综合反映集团与集团以外的主体之间的交易及其结果的报告性文件。这样,不仅明确了谁来编制,以什么为资料,反映什么,更为重要的是它突出了合并财务报表报告内容的实质——集团与集团以外主体之间交易的结果,集团内各成员之间的交易及其结果被排除在合并财务报表以外,如果将这一点与合并财务报表是以母、子公司的个别财务报表为基础编制而成的结合起来考虑，那么，将很容易解释在编制合并财务报表时，为什么需要"抵销"程序，抵销什么，怎样抵销等问题。

10.3 合并财务报表项目的特点

合并财务报表是反映母公司和全部子公司形成的企业集团整体财务状况、经营成果和现金流量的财务报表。合并财务报表的主要特点包括：(1) 企业集团整体：经济意义上的会计主体；(2) 编制主体：企业集团中对其他企业有控制权的控股公司或母公司；(3) 以个别财务报表为基础编制；(4) 独特的编制方法——抵销分录。

10.3.1 合并资产负债表

1. 对子公司的个别财务报表进行调整

在编制合并财务报表时，首先应对各子公司进行分类，将其分为同一控制下企业合并中取得的子公司和非同一控制下企业合并中取得的子公司两类。

(1) 属于同一控制下企业合并中取得的子公司。

对于属于同一控制下企业合并中取得的子公司的个别财务报表，如果不存在与母公司会计政策和会计期间不一致的情况，则不需要对该子公司的个别财务报表进行调整，即不需要将该子公司的个别财务报表调整为公允价值反映的财务报表，只需要抵销内部交易对合并财务报表的影响即可。

(2) 属于非同一控制下企业合并中取得的子公司。

对于属于非同一控制下企业合并中取得的子公司，除了因存在与母公司会计政策和会计期间不一致的情况，需要对该子公司的个别财务报表进行调整外，还应当根据母公司为该子公司设置的备查簿的记录，以记录的该子公司的各项可辨认资产、负债及或有负债等在购买日的公允价值为基础，通过编制调整分录，对该子公司的个别财务报表进行调整，以使子公司的个别财务报表能反映在购买日公允价值基础上确定的可辨认资产、负债及或有负债在本期资产负债表日的金额。

2. 按权益法调整对子公司的长期股权投资

合并报表准则规定，合并财务报表应当以母公司和其子公司的财务报表为基础，根据其他相关资料，按照权益法调整对子公司的长期股权投资后，由母公司编制。在合并工作底稿中，在按照权益法调整对子公司的长期股权投资时，应按照《企业会计准则第2号——长期股权投资》所规定的权益法进行调整。合并报表准则也允许企业直接在对子公司的长期股权投资采用成本法核算的基础上编制合并财务报表，但是，所生成的合并财务报表应当符合合并报表准则的相关规定。

3. 编制合并资产负债表时应进行抵销处理的项目

合并资产负债表应当以母公司和子公司的资产负债表为基础，在抵销母公司与子公司、子公司相互之间发生的内部交易对合并资产负债表的影响后，由母公司合并编制。合并资产负债表是以母公司和纳入合并范围的子公司的个别资产负债表为基础编制的；个别资产负债表则是以单个企业为会计主体进行会计核算的结果，它从母公司本身或从子公司本身的角度对自身的财务状况进行反映。这样，对于企业集团内部发生的经济业务，从发生内部经济业务的企业来看，发生经济业务的各方都在其个别资产负债表中进行了反映。

例如，集团内部母公司与子公司之间发生的赊购赊销业务，对于赊销企业来说，一方面确认营业收入、结转营业成本、计算营业利润，并在其个别资产负债表中反映为应收账款；而对于赊购企业来说，在内部购入的存货未实现对外销售的情况下，则在其个别资产负债表中反映为存货和应付账款。在这种情况下，资产、负债和所有者权益类各项目的加总数额中，必然包含有重复计算的因素。作为反映企业集团整体财务状况的合并资产负债表，必须将这些重复计算的因素予以扣除，并对这些重复的因素进行抵销处理。这些需要扣除的重复因素，就是合并财务报表编制时需要进行抵销处理的项目。

编制合并资产负债表时需要进行抵销处理的项目，主要有以下几方面：

(1) 母公司对子公司的长期股权投资与母公司在子公司所有者权益中所享有的份额应当相互抵销，同时抵销相应的长期股权投资减值准备。在购买日，母公司对子公司的长期股权投资与母公司在子公司所有者权益中所享有的份额的差额，应当在商誉项目列示。商誉发生减值的，应当按照经减值测试后的金额列示。各子公司之间的长期股权投资以及子公司对母公司的长期股权投资，应当比照上述规定，将长期股权投资与其对应的子公司或母公司所有者权益中所享有的份额相互抵销。

(2) 母公司与子公司、子公司相互之间的债权与债务项目应当相互抵销，同时抵销应收款项的坏账准备和债券投资的减值准备。母公司与子公司、子公司相互之间的债券投资与应付债券相互抵销后，产生的差额应当计入投资收益项目。

(3) 母公司与子公司、子公司相互之间以销售商品(或提供劳务，下同)或其他方式形成的存货、固定资产、工程物资、在建工程、无形资产等所包含的未实现内部销售损益应当抵销。对存货、固定资产、工程物资、在建工程和无形资产等计提的跌价准备或减值准备与未实现内部销售损益相关的部分应当抵销。

(4) 母公司与子公司、子公司相互之间发生的其他内部交易对合并资产负债表的影响应当抵销。

① 母公司长期股权投资的抵销。

母公司对子公司进行的长期股权投资，一方面反映为长期股权投资以外的其他资产的减少，另一方面反映为长期股权投资的增加，在母公司个别资产负债表中作为资产类项目中的长期股权投资列示。子公司接受这一投资时，一方面增加资产的数额，另一方面作为实收资本(或股本，以下同)处理，在其个别资产负债表中一方面反映为实收资本的增加，另一方面反映为相对应的资产的增加。从企业集团整体来看，母公司对子公司进行的长期股权投资实际上相当于母公司将资本拨付下属核算单位，并不引起整个企业集团的资产、负债和所有者权益的增减变动。因此，编制合并财务报表时应当在母公司与子公司会计报表数据简单相加的基础上，将母公司对子公司长期股权投资项目与子公司所有者权益项目予以抵销。

在纳入合并范围的子公司为全资子公司(即母公司拥有子公司全部股权)的情况下，母公司对子公司长期股权投资的数额和子公司所有者权益各项目的数额应当全额抵销。在合并工作底稿中编制抵销分录时，借记"实收资本"(或"股本")"资本公积""盈余公积"和"未分配利润"项目，贷记"长期股权投资"项目。当母公司对子公司长期股权投资的金额与在子公司所有者权益中所享有的份额不一致时，应按其差额计入"商誉"项目。

在纳入合并范围的子公司为非全资子公司(即母公司拥有子公司部分股权)的情况下，应当将母公司对子公司长期股权投资的数额和子公司所有者权益中母公司所拥有的数额相抵销。子公司所有者权益中不属于母公司的份额，即子公司所有者权益中抵销母公司所拥有的数额后的余额，在合并财务报表中则作为"少数股东权益"处理。在合并工作底稿中编制抵销分录时，借记"实收资本""资本公积""盈余公积"和"未分配利润"项目，贷记"长期股权投资"和"少数股东权益"项目。

② 内部债权与债务项目的抵销。

母公司与子公司、子公司相互之间的债权和债务项目，是指母公司与子公司、子公司相互之间的应收账款与应付账款、预付账款和预收账款、应付债券与债券投资等项目。对于这些项目，集团内部企业的一方在其个别资产负债表中反映为资产，而另一方则在其个别资产负债表中反映为负债。但从企业集团整体角度来看，它只是内部资金运动，既不能增加企业集团的资产，也不能增加负债。为此，在编制合并财务报表时也应当将内部债权债务项目予以抵销。

在编制合并资产负债表时需要进行抵销处理的内部债权债务项目主要包括应收账款与应付账款、应收票据与应付票据、预付账款与预收账款、持有至到期投资与应付债券、应收股利与应付股利、其他应收款与其他应付款、应收利息与应付利息。

在某些情况下，因债券投资而持有的企业集团内部债券并不是从发行债券的企业直接购进，而是在证券市场上从第三者手中购进的。在这种情况下，当长期债权投资与发行债券企业的应付债券抵销时，可能会出现差额。对于这种差额，应当计入合并利润表的投资收益或财务费用项目。至于应收股利与应付股利、其他应收款与其他应付款、应收利息与应付利息项目的抵销，也像上边的抵销分录一样，分别借记"应付股利"，贷记"应收股利"项目；借记"其他应付款"，贷记"其他应收款"项目；借记"应付利息"，贷记"应收利息"项目。

③ 存货价值中包含的未实现内部销售损益的抵销

存货价值中包含的未实现内部销售损益是由于企业集团内部商品购销活动所引起的。在内部购销活动中，销售企业将集团内部销售作为收入确认并计算销售损益。而购买企业则是将支付购货的价款作为其成本入账。在本期内因未实现对外销售而形成期末存货时，在其存货价值中也相应地包括两部分内容：一部分为真正的存货成本(即销售企业销售该商品的成本)；另一部分为销售企业的销售毛利(即其销售收入与销售成本的差额)。对于期末存货价值中包括的这部分销售损益，从企业集团整体来看，并不是真正实现的损益。因为，从企业整体来看，集团内部企业之间的商品购销活动实际上相当于一个企业内部物资的调拨活动，既不会实现损益，也不会增加商品的价值。从这一意义上来说，将期末存货价值中包括的这部分销售企业作为损益确认的部分，称之为未实现内部销售损益。因此，在编制合并资产负债表时，应当将存货价值中包含的未实现内部销售损益予以抵销。编制抵销分录时，按照集团内部销售企业销售该商品的销售收入，借记"营业收入"等项目，按照其销售成本，贷记"营业成本"等项目，按照当期期末存货价值中包含的未实现内部销售损益的数额，贷记"存货"项目。

　　④ 内部固定资产交易的抵销处理。

　　内部固定资产交易即在集团内部固定资产购销活动中，销售企业以高于(或低于)成本或净值的价格将产品或固定资产销售给集团内其他企业作为固定资产使用，并由此确认当期损益；而购买企业以支付的价款作为固定资产原价入账，其入账的固定资产原价中就包括有销售企业因该内部销售而实现的利润(或亏损，下同)。这种内部固定资产交易，从企业集团整体来看，只是固定资产内部转移，或者相当于企业内部自行建造固定资产。这种转移或自行建造固定资产，既不能增加固定资产价值，也不能由此而实现利润。故销售企业计入利润表中的因该内部销售确认的收益，对于企业集团整体来说，并不是实现的利润；购买企业计入资产负债表中的固定资产价值也不应包括有销售企业作为利润确认的那一部分数额。因此，在编制合并资产负债表时必须将固定资产原价中包含的未实现内部销售利润予以抵销。

4. 合并资产负债表的编制

　　在编制合并资产负债表时，母公司首先应当设计合并工作底稿，将母公司、子公司个别资产负债表的数据过入合并工作底稿，并计算资产负债表各项目的合计金额。其次，编制调整分录，按照母公司备查簿中所记录的子公司各项可辨认资产、负债及或有负债在购买日的公允价值资料，调整子公司的财务报表，将子公司的财务报表调整成以购买日可辨认资产、负债及或有负债的公允价值为基础编制的财务报表，再按照权益法调整母公司对子公司的长期股权投资。最后，编制抵销分录，将母公司与子公司之间的内部交易对合并资产负债表的影响予以抵销。

5. 合并资产负债表的格式

　　合并资产负债表在个别资产负债表的基础上，主要增加了三个项目，一是在"开发支出"项目之下增加了"商誉"项目，用于反映在企业合并中取得的商誉，即在控股合并下母公司对子公司的长期股权投资与其在子公司所有者权益中享有份额之间抵销后的借方差额。二是在"所有者权益"项目下增加了"少数股东权益"项目，用于反映非全资子公司的所有者权益中不属于母公司的份额。三是在"未分配利润"项目下增加了"外币报表折算差额"，用于反映纳入合并范围的外币资产负债表折算为母公司记账本位币表示的资产负债表时，所发生的折算差额。

10.3.2　合并利润表

1. 合并利润表的抵销项目

　　合并利润表是以母公司和纳入合并范围的子公司的个别利润表为基础编制的。利润表作为以单个企业为会计主体进行会计核算的结果，它们分别从母公司本身和子公司本身反映其一定会计期间经营成果的形成情况。在以其个别利润表为基础计算的收益和费用等项目的加总数额中，也必然包含有重复计算的因素，在编制合并利润表时，还需要将这些重复的因素予以扣除。

　　在编制合并利润表时需要进行抵销处理的项目，主要有：① 内部营业收入和内部营业成本项目；② 内部投资收益项目，包括内部利息收入与利息支出项目、内部权益性资本投资收益项目；③ 内部应收账款计提的坏账准备等减值准备的抵销处理；④ 母公司长期股权投资收益与纳入合并范围的子公司利润分配损益情况。

1) 内部营业收入和内部营业成本的抵销处理

内部营业收入是指企业集团内部母公司与子公司、子公司相互之间(以下称成员企业)发生的购销活动所产生的营业收入。内部营业成本是指企业集团内部母公司与子公司、子公司相互之间发生的内部销售商品的营业成本。在企业集团成员企业之间发生内部购销业务的情况下，各成员企业都从自身的角度，以自身独立的会计主体进行核算反映其损益情况。从销售企业的角度来说，以其内部销售来确认当期收入并结转相应的成本，并计算当期内部销售收入和内部销售成本及其损益。从购买企业的角度来说，其购进的商品可能用于对外销售，也可能作为固定资产使用。在购买企业将内部购进的商品用于对外销售时，可能出现以下三种情况：第一种情况是内部购进的商品全部实现对外销售；第二种情况是内部购进的商品全部未实现销售，形成期末存货；第三种情况是内部购进的商品部分实现对外销售部分形成期末存货。在购买企业将内部购进的商品作为固定资产使用时，则形成其固定资产。因此，对内部营业收入和内部营业成本进行抵销时，应区分不同的情况进行处理。

(1) 购买企业内部购入的商品当期全部实现销售时的抵销处理。

在这种情况下，从销售企业的角度来说，销售给其他成员企业的商品与销售给集团外部企业的情况下的会计处理相同，即在本期确认销售收入、结转销售成本、计算损益，并在其个别利润表中反映；对于购买企业来说，一方面要确认销售收入，另一方面要结转销售内部购进商品的成本，并在其个别利润表中分别作为销售收入和销售成本来反映，并确认损益。

这也就是说，对于同一购销业务，对销售企业和购买企业的个别利润表都作了反映。但从企业集团整体来看，这一购销业务只是实现了一次销售，其销售收入只是购买企业销售该产品的销售收入，其销售成本只是销售企业销售该商品的成本。销售企业销售该商品的收入属于内部销售收入，相应的购买企业销售该商品的销售成本则属于内部销售成本。因此，编制合并财务报表时，就必须将重复反映的内部销售收入与内部销售成本予以抵销。在进行抵销处理时，应借记"营业收入"等项目，贷记"营业成本"等项目。

(2) 买企业内部购进的商品未实现对外销售时的抵销处理。

在内部购进的商品未实现对外销售的情况下，从销售企业的角度来说，同样是按照一般的销售业务确认销售收入、结转销售成本、计算销售利润，并在其利润表中列示。但这一业务从整个企业集团来看，实际上只是商品存放地点发生变动，并没有真正实现对企业集团外销售，不应确认销售收入、结转销售成本以及计算损益。因此，对于该内部购销业务，在编制合并财务报表时，应当将销售企业由此确认的内部销售收入和内部销售成本予以抵销。

对于这一经济业务，从购买企业的角度来说，则以支付的购货价款作为存货成本入账，并在其个别资产负债表中作为资产列示。这样，购买企业的个别资产负债表中存货的价值中就包含有销售企业实现的销售毛利。销售企业由于内部购销业务实现的销售毛利，属于未实现内部销售利润。因此，在编制合并财务报表时，还应将存货价值中包含的未实现内部销售利润予以抵销。

(3) 购买企业内部购进的商品作为固定资产使用时的抵销处理。

在集团内成员企业将自身的产品销售给其他成员企业作为固定资产使用的情况下，对于销售企业来说是作为普通商品销售并进行会计处理的，即在销售时确认收入、结转成本和计算损益，并以此在其个别会计报表中列示；对于购买企业来说，则以购买价格(在此不考虑安装及运输费用)作为固定资产原价入账，该固定资产入账价值中既包括销售企业生产该产品的成本，也包括销售企业由于该产品销售所实现的销售利润。购买企业虽然以支付给销售企业的购买价格作为固定资产原价入账，但对于整个企业集团来说只能以销售企业生产该产品的成本作为固定资产原价在合并财务报表中反映。因此，在编制合并利润表时应将销售企业由于该固定资产交易所实现的销售收入、结转的销售成本予以抵销，并将内部交易形成的固定资产原价中包含的未实现内部销售利润予以抵销。

2) 内部应收账款计提的坏账准备的抵销

在编制合并资产负债表时需要将内部应收账款与应付账款相互抵销，与此相对应需要将内部应收账款计提的坏账准备予以抵销。企业计提坏账准备进行账务处理时，一方面增加当期资产减值损失，即借记"资产减值损失"科目，并在当期利润表中的资产减值损失项目中列示；另一方面增加坏账准备，即贷记"坏账准备"科目；并作为应收账款的备抵项目处理。因此，编制合并财务报表将资产减值损失中包含的本期内部应收账款计提的坏账准备抵销时，应减少当期资产减值损失，减少坏账准备余额，即按照当期内部应收账款计提的坏账准备的数额，借记"应收账款—坏账准备"项目，贷记"资产减值损失"项目。

3) 内部利息收入和利息支出的抵销

企业集团内部成员企业之间可能发生相互提供信贷，以及成员企业之间相互持有对方债券的内部业务。在内部提供信贷的情况下，提供贷款的企业确认利息收入，并在其利润表中反映为收入；而接受贷款的企业则支付利息，在其会计报表中反映为财务费用(在此为了简化合并处理，假设所发生的利息费用全部计入当期损益)。在持有内部成员企业发行债券的情况下，发行债券的成员企业计付利息支出时，应将其作为财务费用处理并在其个别利润表中反映；而持有债券的成员企业，购买债券则作为持有至到期投资列示，当期获得的利息收入则作为投资收益处理，并在其个别利润表中反映。在编制合并财务报表时，应当在抵销内部发行的应付债券和持有至到期投资等内部债权债务的同时，将内部应付债券和持有至到期投资相关的利息费用与利息收入相互抵销，即将内部债券投资收益与内部发行债券的利息支出相抵销。在进行抵销处理时，借记"投资收益"项目，贷记"财务费用"项目。

4) 长期股权投资内部投资收益等项目与子公司利润分配有关项目的抵销

内部投资收益是指母公司对子公司权益性资本投资的收益，即母公司对子公司的长期股权投资收益，它实际上就是子公司销售收入减去销售成本费用和所得税后的余额，与其持股比例相乘的结果。在纳入合并范围的为全资子公司的情况下，母公司对某一子公司投资收益实际上就是该子公司当期实现的净利润。编制合并利润表，实际上是将子公司的销售收入、成本和费用视为母公司本身的销售收入、成本和费用同等看待；与母公司相应的项目进行合并，是将子公司的本期净利润还原为收入、成本和费用，也就是将投资收益还原为合并财务报表中的收入、成本和费用处理。因此，在编制合并利润表和合并利润分配表时，必须将对子公司的长期股权投资收益予以抵销。

由于合并所有者权益变动表中的本年利润分配项目是站在整个企业集团的角度，来反映对母公司股东的利润分配情况，子公司的利润分配各项目的数额，包括提取盈余公积、分出利润和期末未分配利润的数额都必须予以抵销。在纳入合并范围的为全资子公司的情况下，子公司本期净利润就是母公司本期对子公司的股权投资收益。假定子公司期初未分配利润为 0，则子公司本期净利润就是企业本期可供分配的利润，是本期子公司利润分配的来源，而子公司本期利润分配(包括提取盈余公积、应付利润等)的金额与期末未分配利润的金额则是本期利润分配的结果。母公司对子公司的长期股权投资收益正好与子公司的利润分配项目相抵销。在纳入合并范围的为非全资子公司的情况下，母公司本期对子公司的股权投资收益与少数股东本期收益之和就是子公司本期净利润，同样，假定子公司期初未分配利润为 0，则母公司本期对子公司长期股权投资收益与少数股东本期收益之和，正好与子公司本期利润分配项目相抵销。

至于子公司个别利润分配表中的期初未分配利润项目，作为子公司以前会计期间净利润的一部分，在全资子公司的情况下已全额包括在母公司以前会计期间投资收益当中，从而包括在母公司本期期初未分配利润之中。为此，也应将其予以抵销。从子公司个别利润分配表来看，其期初未分配利润加上本期净利润就是其本期利润分配的来源；而本期利润分配和期末未分配利润则是利润分配的结果。母公司本期对子公司长期股权投资收益和子公司期初未分配利润正好与子公司本期利润分配项目相抵销。在纳入合并范围的为非全资子公司的情况下，母公司本期对子公司长期股权投资收益、少数股东本期收益和期初未分配利润与子公司利润分配项目也正好相抵销。将上述项目抵销时，在纳入合并范围的为全资子公司的情况下，应当借记"投资收益"、"未分配利润—年初"项目，贷记"提盈余公积""对所有者分配的利润""未分配利润—年末"项目；在纳入合并范围的为非全资子公司的情况下，则应借记"投资收益""少数股东损益""未分配利润—年初"项目，贷记"提取盈余公积""对所有者分配的利润""未分配利润—年末"项目。

2. 合并利润表的格式概述

为了便于理解合并利润表编制的全过程，现就合并利润表的编制，举例说明如下。

【例 10-1】 某母公司仅拥有一家子公司，并持有其 80%的股份。母公司与子公司个别利润表的资料见表 10-1。

表 10-1　利润表中的一些具体项目(简表)　　　　　单位：元

项　目	母公司	子公司
主营业务收入	111 600	80 900
减：主营业务成本	85 000	62 000
主营业务税金及附加	1 600	1 100
主营业务利润	25 000	17 800

项　目	母 公 司	子 公 司
加：其他业务利润	2 000	800
减：营业费用	5 000	3 000
管理费用	6 000	4 200
财务费用	1 000	600
营业利润	15 000	10 800
加：投资收益	8 000	200
营业外收入	1 000	2 500
减：营业外支出	2 000	1 500
利润总额	22 000	12 000
减：所得税	6 000	4 000
净利润	16 000	8 000
加：年初未分配利润	8 000	3 000
可供分配的利润	24 000	11 000
减：提取盈余公积	2 000	1 000
可供投资者分配的利润	22 000	10 000
减：应付利润	10 000	4 000
未分配利润	12 000	6 000

　　该母公司在编制合并财务报表时，首先应当编制合并工作底稿；其次再根据母公司与子公司之间发生的内部经济业务，编制相应的抵销分录进行抵销处理。其抵销分录如下：

　　① 借：营业收入　　　　　　　　35 000
　　　　　贷：营业成本　　　　　　　　　　　　35 000
　　② 借：营业收入　　　　　　　　20 000
　　　　　贷：营业成本　　　　　　　　　　　　14 000
　　　　　　　存货　　　　　　　　　　　　　　6 000
　　③ 借：营业收入　　　　　　　　5 000
　　　　　贷：营业成本　　　　　　　　　　　　4 000
　　　　　　　固定资产—原价　　　　　　　　　1 000
　　④ 借：应收账款—坏账准备　　　15
　　　　　贷：资产减值损失　　　　　　　　　　15
　　⑤ 借：投资收益　　　　　　　　6 400
　　　　　少数股东损益　　　　　　　1 600
　　　　　未分配利润—年初　　　　　3 000
　　　　　贷：提取盈余公积　　　　　　　　　　1 000
　　　　　　　应付给投资者的利润　　　　　　　4 000

未分配利润—年末　　　　　　　　　　　　6 000

根据上述资料及抵销分录，可编制合并工作底稿见表10-2、表10-3。

表 10-2　合并工作底稿(利润表及利润分配部分)　　　单位：元

项　目	母公司	子公司	合计数	抵销分录借方	抵销分录贷方	合并数
营业收入	111 600	80 900	192 500	①35 000 ②20 000 ③5 000		132 500
减：营业成本	85 000	62 000	147 000	①35 000 ②14 000 ③4 000		94 000
营业税金及附加	1 600	1 100	2 700			2 700
主营业务利润	25 000	17 800	42 800	60 000	53 000	35 800
其他业务利润	2 000	800	2 800			2 800
营业费用	5 000	3 000	8 000			8 000
管理费用	6 000	4 200	10 200	④15		10 185
财务费用	10 000	600	1 600			1 600
营业利润	15 000	10 800	25 800	60 000	53 015	18 815
投资收益	80 000	200	8 200	⑤6 400		1 800
营业外收入	1 000	2 500	3 500			3 500
营业外支出	2 000	1 500	3 500			3 500
利润总额	22 000	12 000	34 000	66 400	53 015	20 615
所得税费用	6 000	4 000	10 000			1 000
少数股东损益				⑤1 600		1 600
净利润	16 000	8 000	24 000	66 400	53 015	9 015
未分配利润—年初	8 000	3 000	11 000	⑤3 000		8 000
可供分配的利润	24 000	11 000	35 000	69 400	53 015	17 015
提取盈余公积	2 000	1 000	3 000	⑤1 000		2 000
可供投资者分配的利润	22 000	10 000	32 000	70 200	54 015	15 015
应付投资者利润	10 000	4 000	14 000	⑤4 000		10 000
未分配利润—年末	12 000	6 000	18 000			

表 10-3　合并工作底稿(资产负债表部分)　　　　　　　　单位：元

项　目	母公司	子公司	合计数	抵销分录		合并数
				借方	贷方	
……						
应收账款—坏账准备	25	20	45	④15		30
……						
存货	31 000	20 000	51 000	②6 000		45 000
……						
固定资产—原价	30 000	20 000	50 000	③1 000		49 000
……						

3. 合并利润表的基本格式

合并利润表的基本格式见表 10-4。

表 10-4　合并利润表

编制单位：XXXX　　　　　　　　　　XX 年　　　　　　　　　　单位：元

项　目	本期金额	上期金额
营业总收入	135 300	
其中：营业收入		
利息收入		
已赚保费		
手续费及佣金收入		
营业总成本	94 000	
其中：营业成本		
利息支出		
手续费及佣金支出		
退保金		
赔付支出净额		
提取保险合同准备金净额		
保单红利支出		
分保费用		
营业税金及附加	2 700	
销售费用	8 000	
管理费用	10 185	
财务费用	1 600	
资产减值损失		

项　　目	本期金额	上期金额
加：公允价值变动收益(损失以"－"填列)		
投资收益(损失以"－"号填列)	1 800	
其中：对联营企业和合营企业的投资收益		
汇兑收益(损失以"－"号填列)		
营业利润(亏损以"－"号填列)		
加：营业外收入	3 500	
减：营业外支出	3 500	
其中：非流动资产处置损失		
利润总额(亏损总额以"－"号填列)	20 615	
减：所得税费用	10 000	
净利润(净亏损以"－"号填列)	10 615	
归属于母公司所有者的净利润		
少数股东损益	1 600	
每股收益：		
(一) 基本每股收益		
(二) 稀释每股收益		

注：① 合并利润表收入、费用项目按照各类企业利润表的相同口径填列；② 同一控制下企业合并的当期，还应单独列示被合并方在合并前实现的净利润。

10.3.3　合并现金流量表

1. 合并现金流量表概述

合并现金流量表应当以母公司和子公司的现金流量表为基础，在抵销母公司与子公司、子公司相互之间发生的内部交易对合并现金流量表的影响后，由母公司合并编制。合并现金流量表是综合反映母公司及其子公司组成的企业集团，在一定会计期间现金流入、现金流出数量以及其增减变动情况的会计报表。现金流量表作为第三张主要报表已经为世界上一些主要国家的会计实务所采用，合并现金流量表的编制也成为各国会计实务的主要内容。

现金流量表要求按照收付实现制反映企业经济业务所引起的现金流入和流出，其编制方法有直接法和间接法两种。我国已经明确规定企业对外报送的现金流量表采用直接法编制。在采用直接法的情况下，以合并利润表有关项目的数据为基础，调整得出本期的现金流入和现金流出数量；分别是经营活动产生的现金流量、投资活动产生的现金流量、筹资活动产生的现金流量等三大类，反映企业一定会计期间的现金流量情况。合并现金流量表的编制方法有两种：

(1) 第一种方法是以合并资产负债表和合并利润表为基础，采用与个别现金流量表相同的方法编制出合并现金流量表。

(2) 第二种方法则是以母公司和纳入合并范围的子公司的个别现金流量表为基础，通过编制抵销分录，将母公司与纳入合并范围的子公司以及子公司相互之间发生的经济业务对个别现金流量表中的现金流量的影响予以抵销，从而编制出合并现金流量表。在采用这一方法编制合并现金流量表的情况下，其编制原理、编制方法和编制程序与合并资产负债表、合并利润表以及合并利润分配表的编制原理、编制方法和编制程序相同。即首先编制合并工作底稿，将母公司和子公司个别现金流量表各项目的数据全部过入合并工作底稿；然后根据当期母公司与子公司以及子公司相互之间发生的影响其现金流量增减变动的经济业务，编制相应的抵销分录，通过抵销分录将个别现金流量表中重复反映的现金流入数量和现金流出数量予以抵销；最后在此基础上计算出合并现金流量表的各项目的合并数，并填制合并现金流量表。需要说明的是，某些现金流量在进行抵销处理后，需站在企业集团的角度上，重新对其进行分类。比如，某公司持有子公司向其购买商品所开具的商业承兑汇票向商业银行申请贴现，则母公司所取得的现金在其个别现金流量表中反映为经营活动的现金流入，在将该内部商品购销活动所产生的债权与债务抵销后，母公司向商业银行申请贴现取得的现金在合并现金流量表中应重新归类为筹资活动的现金流量予以列示。

合并现金流量表补充资料，既可以以母公司和所有子公司的个别现金流量表为基础，在抵销母公司与子公司、子公司相互之间发生的内部交易对合并现金流量表的影响后进行编制，也可以直接根据合并资产负债表和合并利润表进行编制。

2. 在编制合并现金流量表时需要进行抵销处理的项目

现金流量表作为以单个企业为会计主体而进行会计核算的结果，分别从母公司本身和子公司本身反映其在一定会计期间的现金流入和现金流出。在以其个别现金流量表为基础计算的现金流入和现金流出项目的加总金额中，也必然包含有重复计算的因素，因此，编制合并现金流量表时，也需要将这些重复的因素予以剔除。编制合并现金流量表时应进行抵销处理的项目，主要有以下几项：

(1) 母公司与子公司、子公司相互之间当期以现金投资或收购股权增加的投资所产生的现金流量应当抵销；

(2) 母公司与子公司、子公司相互之间当期取得投资收益所收到的现金，应当与分配股利、利润或偿付利息支付的现金相互抵销；

(3) 母公司与子公司、子公司相互之间以现金结算债权与债务所产生的现金流量应当抵销。

(4) 母公司与子公司、子公司相互之间当期销售商品所产生的现金流量应当抵销；

(5) 母公司与子公司、子公司相互之间处置固定资产、无形资产和其他长期资产收回的现金净额，应当与购建固定资产、无形资产和其他长期资产支付的现金相互抵销；

(6) 母公司与子公司、子公司相互之间当期发生的其他内部交易所产生的现金流量应当抵销。

合并现金流量表补充资料可以根据合并资产负债表和合并利润表进行编制。

3. 合并现金流量表中有关少数股东权益项目的揭示

合并现金流量表的编制与个别现金流量表相比，一个特殊的问题就是在纳入合并范围的子公司为非全资子公司的情况下，涉及子公司与其少数股东之间的现金流入和流出的处理问题。对于子公司与少数股东之间发生的现金流入和现金流出，从整个企业集团来看，也影响到其整体的现金流入和流出数量的增减变动，所以，必须在合并现金流量表中予以反映。子公司与少数股东之间发生的影响现金流入和现金流出的经济业务包括：少数股东对子公司增加权益性投资、少数股东依法从子公司中抽回权益性投资、子公司向其少数股东支付现金股利等。为了便于企业集团合并财务报表使用者了解掌握其现金流量的情况，有必要将与子公司少数股东之间的现金流入和现金流出的情况单独予以反映。当子公司的少数股东增加在子公司中的权益性投资时，在合并现金流量表中应当在"筹资活动产生的现金流量"之下的"吸收投资所收到的现金"项目之后单列"其中：子公司吸收少数股东投资所收到的现金"项目来反映。当子公司向少数股东支付现金股利或利润时，在合并现金流量表中应当在"筹资活动产生的现金流量"之下的"分配股利、利润或偿付利息所支付的现金"项目之后单列"其中：子公司支付少数股东股利、利润"项目来反映。当子公司的少数股东依法抽回在子公司中的投资时，在合并现金流量表中应当在"筹资活动产生的现金流量"之下的"支付的其他与筹资活动有关的现金"项目来反映。

4. 合并现金流量表格式

合并现金流量表的格式与个别现金流量表的格式基本相同，其基本格式见表10-5。

表 10-5　合并现金流量表

编制单位：XXXX　　　　　　　　　　XX 年　　　　　　　　　　单位：元

项　　目	本期金额	上期金额
经营活动产生的现金流量：		
销售商品、提供劳务收到的现金		
客户存款和同业存放款项净增加额		
向中央银行借款净增加额		
向其他金融机构拆入资金净增加额		
收到原保险合同保费取得的现金		
收到再保险业务现金净额		
保户储金及投资款净增加额		
处置交易性金融资产净增加额		
收取利息、手续费及佣金的现金		
拆入资金净增加额		
回购业务资金净增加额		
收到的税费返还		
收到其他与经营活动有关的现金		
经营活动现金流入小计		

项　　目	本期金额	上期金额
购买商品、接受劳务支付的现金		
客户贷款及垫款净增加额		
存放中央银行和同业款项净增加额		
支付原保险合同赔付款项的现金		
支付利息、手续费及佣金的现金		
支付保单红利的现金		
支付给职工以及为职工支付的现金		
支付的各项税费		
支付其他与经营活动有关的现金		
经营活动现金流出小计		
经营活动产生的现金流量净额		
投资活动产生的现金流量：		
收回投资收到的现金		
取得投资收益收到的现金		
处置固定资产、无形资产和其他长期资产收回的现金净额		
处置子公司及其他营业单位收到的现金净额		
收到其他与投资活动有关的现金		
投资活动现金流入小计		
购建固定资产、无形资产和其他长期资产支付的现金		
投资支付的现金		
质押贷款净增加额		
取得子公司及其他营业单位支付的现金净额		
支付其他与投资活动有关的现金		
投资活动现金流出小计		
投资活动产生的现金流量净额		
筹资活动产生的现金流量：		
吸收投资收到的现金		
其中：子公司吸收少数股东投资收到的现金		
取得借款收到的现金		

续表二

项　目	本期金额	上期金额
发行债券收到的现金		
收到其他与筹资活动有关的现金		
筹资活动现金流入小计		
偿还债务支付的现金		
分配股利、利润或偿付利息支付的现金		
其中：子公司支付给少数股东的股利、利润		
支付其他与筹资活动有关的现金		
筹资活动现金流出小计		
筹资活动产生的现金流量净额		
汇率变动对现金及现金等价物的影响		
现金及现金等价物净增加额		
加：期初现金及现金等价物余额		
期末现金及现金等价物余额		
(补充资料：略)		

10.3.4　合并所有者权益变动表

1. 合并所有者权益变动表概述

合并所有者权益变动表是反映构成企业集团所有者权益的各组成部分当期的增减变动情况的财务报表。合并所有者权益变动表应当以母公司和子公司的所有者权益变动表为基础，在抵销母公司与子公司、子公司相互之间发生的内部交易对合并所有者权益变动表的影响后，由母公司合并编制。

所有者权益变动表作为以单个企业为会计主体进行会计核算的结果，分别从母公司本身和子公司本身反映其在一定会计期间的所有者权益变动情况。在以其个别所有者权益变动表为基础计算的各所有者权益构成项目的加总金额中，也必然包含有重复计算的因素，因此，编制合并所有者权益变动表时，也需要将这些重复的因素予以剔除。编制合并所有者权益变动表时需要进行抵销处理的项目，主要包括以下几项：

(1) 母公司对子公司的长期股权投资应当与母公司在子公司所有者权益中所享有的份额相互抵销。各子公司之间的长期股权投资以及子公司对母公司的长期股权投资，应当比照上述规定，将长期股权投资与其对应的子公司或母公司所有者权益中所享有的份额相互抵销。

(2) 母公司对子公司、子公司相互之间持有对方长期股权投资的投资收益应当抵销。

(3) 母公司与子公司、子公司相互之间发生的其他内部交易对所有者权益变动的影响应当抵销。合并所有者权益变动表也可以根据合并资产负债表和合并利润表进行编制。

2. 合并所有者权益变动表格式

合并所有者权益变动表的格式与个别所有者权益变动表的格式基本相同。所不同的是在子公司存在少数股东的情况下，合并所有者权益变动表增加"少数股东权益"科目，用于反映少数股东权益变动的情况。合并所有者权益变动表的一般格式见表10-6。

表 10-6　所有者权益变动表

编制单位：XXXX　　　　　　　　　　XX 年　　　　　　　　　　单位：元

项　目	本 年 金 额								上 年 金 额							
	归属于母公司的所有者权益						少数股东权益	所有者权益合计	归属于母公司的所有者权益						少数股东权益	所有者权益合计
	实收资本(或股本)	资本公积	减：库存股	盈余公积	一般风险准备	未分配利润			实收资本(或股本)	资本公积	减：库存股	盈余公积	一般风险准备	未分配利润		
一、上年年末余额																
加：会计政策变更																
前期差错更正																
二、本年年初余额																
三、本年增减变动金额（减少以"－"号填列)																
(一) 净利润																
(二) 直接计入所有者权益的利得和损失																
1. 可供出售金融资产公允价值变动净额																
2. 权益法下被投资单位其他所有者权益变动的影响																
3. 与计入所有者权益项目相关的所得税影响																
4. 其他																

项　目	本　年　金　额								上　年　金　额							
	归属于母公司的所有者权益						少数股东权益	所有者权益合计	归属于母公司的所有者权益						少数股东权益	所有者权益合计
	实收资本(或股本)	资本公积	减：库存股	盈余公积	一般风险准备	未分配利润			实收资本(或股本)	资本公积	减：库存股	盈余公积	一般风险准备	未分配利润		
上述(一)和(二)小计																
(三) 所有者投入和减少资本																
1. 所有者投入资本																
2. 股份支付计入所有者权益的金额																
3. 其他																
(四) 利润分配																
1. 提取盈余公积																
2. 对所有者(或股东)的分配																
3. 其他																
(五) 所有者权益内部结转																
1. 资本公积转增资本(或股本)																
2. 盈余公积转增资本(或股本)																
3. 盈余公积弥补亏损																
4. 其他																
四、本年年末余额																

在分析合并所有者权益变动表时应当注意：

(1) 母公司对子公司的长期股权投资应当与母公司在子公司所有者权益中所享有的份额相互抵销；

(2) 母公司对子公司、子公司之间持有对方长期股权投资的投资收益应当抵销；

(3) 母公司与子公司、子公司之间发生的其他内部交易对所有者权益变动的影响应当抵销；

(4) 有少数股东的，应当在合并所有者权益变动表中增加"少数股东权益"栏目。

10.4　合并财务报表分析

10.4.1　合并资产负债表分析

1. 合并资产负债表相关财务比率分析

合并资产负债表的比率分析主要包括偿债能力分析(长期偿债能力和短期偿债能力分析)和资产营运能力分析。

短期偿债能力分析对于合并财务报表和个别会计报表大体相同，只不过在分析合并财务报表时由于内容的复杂性和编制方法的特殊性，应采取比较分析法，把合并财务报表比率和母、子公司财务报表比率结合起来，才能深刻理解比率的全部意义。合并财务报表所列示的资产是母、子公司经过抵销内部业务之后的金额之和，其计算出的财务比率是综合性比率，与母公司的财务比率不相同。如果合并后的流动比率大于母公司的流动比率，说明合并后公司整体偿债能力大于母公司本身的偿债能力，母公司有依赖于子公司的倾向；反之，母公司本身的偿债能力大于合并后公司的偿债能力，母公司有代子公司清偿债务的倾向，子公司成为一种负担，严重时还存在投资风险。

长期偿债能力分析通常使用资产负债率，若母公司的资产负债率大于合并资产负债表的资产负债率，表明子公司的资产负债率小于母公司的资产负债率，导致了合并财务报表资产负债率的下降。降低了的资产负债率说明控股关系的形成使企业集团的经营方式趋于保守，从而提高了债权人债权投资的安全性。

进行营运能力分析时，存货周转率、流动资产周转率、总资产周转率的计算分析都应该以合并财务报表为基础。抵销后的周转额(营业收入和营业成本)代表在整个集团内完成周转的存货或其他流动资产，它与个别财务报表提供的周转额不相同，后者随中间环节增多而增大，虚假地反映资金周转速度的加快。因而，以合并数据为基础计算的周转率指标，能客观地反映集团整体存货周转速度的实际情况。但是，对于周转率的分析还应具体进行。以存货周转率为例，由于合并财务报表的存货是集团存货之和扣除集团内存货利润之和所得的利润，这就给我们的分析带来一定的难度。一方面，母、子公司的存货及其性质不一定相同，流动性也不一样，如母公司主业是纺织业，而其子公司可能经营房地产。由合并会计报表计算出的存货周转率难以准确反映整个集团的存货周转状况；另一方面，抵销公司之间的存货利润(损失)的金额不受少数股东权益存在的影响，完全抵销公司之间的存货利润(损失)，遵循了合并财务报表揭示单一会计主体的假设，但这样，却使集团公司的存货与销售成本与少数股东权益并未完全配比，使计算所得的比率难免失真。

2. 关联方交易程度分析

合并资产负债表可以揭示内部关联方交易的程度，这里所说的内部关联方是指以上市公司为母公司所形成的纳入合并报表编制范围的有关各方。内部关联方交易在进行合并报表编制时均需被剔除，在合并报表中不予反映。

由此可推断，集团内部依赖关联方交易的程度越高，经过合并抵销后，相关项目的合并金额就应该越小。受关联方交易影响的主要项目有：应收款项、存货、长期投资、应付款项、营业收入、营业成本和投资收益等。

3. 企业集团内部管理的薄弱环节分析

通过比较合并报表与母公司报表的固定资产、存货、货币资金、营业收入、营业成本等项目，了解在母公司和其他纳入合并报表编制范围的子公司之间，哪一部分资产的利用效率更高一些。母公司和合并报表相关项目比较见表 10-7。

表 10-7 母公司和合并报表相关项目比较　　单位：万元

项　　目	2010.12.31	
	合并	母公司
存货净额	1 900	1 000
流动资产合计	7 855	5 970
固定资产原价	6 284	4 100
资产总计	17 389	15 600

从上面的数据可以看出，在整个企业集团内，存货有 52.63% 集中在母公司，而产生存货的技术装备水平——固定资产，则有 62.25% 集中在母公司。这说明从资产的管理效率来说，母公司对固定资产的利用效率是较低的，而子公司对固定资产的使用效率则相对较高。

4. 合并资产负债表分析时应注意的问题

对于信息使用者而言，他们需要做的决策(如交易、借贷、投资等决策)是针对集团内的母公司和子公司的，而不是针对并不实际开展经营活动的虚拟的"集团"这一会计主体的。因此，合并报表对信息使用者的决策并不具有重要的参考价值。

在合并报表的编制过程中，对集团内部交易的提出以及大部分项目的直接相加，使得对个别报表有意义的信息在合并报表中消失或者失去意义。但是各类被剔除的项目对个别企业而言仍是有意义的，债务企业的债务仍然需要偿还，实现销售的企业也已经将实现的收入计入了利润等。

合并报表主要是为母公司的股东服务的，因此，其对子公司的少数股东没有多大意义。子公司的少数股东为了得到他们所需要的对决策有用的信息，还必须使用子公司的单独的报表。

10.4.2　合并利润表分析

1. 基本财务比率分析

和利润表有关的财务比率主要有衡量盈利能力的比率：总资产利润率、净利率和权益净利率。如前所述，以合并后的数据为基础计算的财务比率和以母公司的数据为基础计算的财务比率反映的范围不一样，在此仍然是采用对比分析的方法。

2. 母公司对子公司投资收益占税前利润总额比率

$$母公司对子公司投资收益占税前利润总额比 = \frac{对子公司的投资收益}{母公司的利润总额} \times 100\%$$

该比率反映了母公司对子公司的投资收益占公司税前利润的比重，若投资收益所占母公司税前利润的比重过大，表明母公司的利润大部分来源于子公司，母公司的盈利性对子公司的依赖性较强。

3. 合并利润表分析时应注意的问题

常规的比率分析方法在较大程度上失去意义，就个别企业而言，对其财务状况的分析可以采用常规的比率分析方法来进行，但是在合并报表条件下，合并报表不反映任何现存企业的经营成果。因此，在对合并报表进行常规的比率分析将在很大程度上失去意义。例如，根据合并数计算的集团的净利率，如果母公司拥有多个子公司和业务部分，计算出来的净利率是一个抵销之后的值，基本上不具有代表性，不具有比较的意义。

10.4.3　合并现金流量表分析

从动态的角度对企业集团的现金流量进行分析，对于评价其偿债能力和利润质量具有重要意义。在分析中要特别注意集团内部各公司间的现金转移能力是否受到限制。当母、子公司之间转移现金能力没有受到限制时，根据合并报表计算出来的反映现金流量的指标，比根据单个公司报表计算出来的结果更有意义，因为这样避免了内部交易和事项对单个公司现金流量的影响。反之，当母、子公司间无法转移现金时则必须采用单个公司的报表来计算相应指标，进行分析评价。与个别报表分析方法相比，对合并报表进行财务分析最基本的原则就是将合并报表与个别报表相结合进行比率计算和比较分析，并综合考虑母公司持股目的、母公司调度和使用子公司资金的自由程度等因素。分析人员只有将合并报表的分析与个别报表的分析结合起来，才能得出准确可靠的分析结果。

本　章　小　结

本章介绍了企业合并的相关内容及合并后相关财务报表的编制，从上述内容我们可以看出合并财务报表的主要功能包括：(1) 展示以母公司所形成的企业集团的资源规模及其结构；(2) 有利于避免一些企业集团利用内部控股关系，人为粉饰财务报表情况；(3) 揭示内部关联方交易的程度；(4) 比较相关资源的相对利用效率，揭示企业集团内部管理的薄弱环节。当然，合并报表也存在相应的局限：(1) 合并子公司向母公司转移现金的能力可能会受到某些因素的限制，从而部分合并现金流量表可能无法用来分发股利或者对其他子公司进行再投资；(2) 常规的比率分析方法在很大程度上失去意义；(3) 合并财务报表不具有针对集团内特定企业决策的依据性。

同时，编制合并财务报表的抵销分录的操作程序非常特殊，其调整流程是"抵销分录—虚拟账簿—抵销分录工作底稿—正式合并财务报表"，即抵销分录在编制后不进入各个独立经济实体的正式财务报表系统中。在连续几年编制合并财务报表时，如果上期应该抵销项目的累计影响尚未消除，则在下期编制合并财务报表时，这些项目的影响金额还要与下期重新发生的应该抵销的项目一起再次抵销，以保证整体合并财务报表的真实与公允表达。

本章选择了合并资产负债表、合并利润表和合并现金流量表三个比较重要的报表进行具体分析，在分析过程中，以合并财务报表和个别报表的比较分析为方法，对合并报表合并数的由来、个别报表简单相加的合计数与合数产生差异的原因进行具体分析，使读者能理解合并报表背后隐藏的集团之间的内部关联交易。同时，使用基本财务比率和引申的财务比率，揭示合并报表财务分析中所存在的特殊性，并且，用定性分析的方法把合并财务报表中包含的企业集团整体的财务信息反映出来。

思 考 与 练 习

1. X 公司与 Y 公司分别属于不同的企业集团。2008 年 1 月 1 日，X 公司以银行存款 1 200 万元购入 Y 公司 80% 的股份。X 公司在个别资产负债表中采用成本法核算该项长期股权投资。

2008 年 1 月 1 日，Y 公司股东权益总额为 1 400 万元，其中，股本为 800 万元，资本公积为 600 万元，盈余公积为 0 元，未分配利润为 0 元。2008 年 12 月 31 日，Y 公司股东权益总额为 1 600 万元，其中，股本为 800 万元，资本公积为 650 万元，盈余公积为 40 元，未分配利润为 110 元。

2008 年，Y 公司实现净利润 400 万元，提取法定盈余公积 40 万元，向 X 公司分派现金股利 200 万元，向其他股东分派现金股利 50 万元，未分配利润为 110 万元。Y 公司因持有的可供出售金融资产的公允价值变动计入当期资本公积的金额为 50 万元。

根据 X 公司备查簿中的记录，在购买日 Y 公司某项固定资产(假设该项固定资产为管理部门用)的公允价值高于账面价值 100 万元，使用寿命 20 年。假定 Y 公司的会计政策和会计期间与 X 公司一致，不考虑 X 公司和 Y 公司及合并资产、负债的所得税影响。

要求：

(1) 根据购买日，子公司账面价值与公允价值的差额，编制相应调整分录；

(2) 将长期股权投资由成本法调整为权益法的分录；

(3) 编制母公司长期股权投资与子公司所有者权益抵销的分录。

2. X 公司 2008 年 1 月 1 日对 Y 公司投资 100 000 元，取得其 100%股权。2008 年 12 月 31 日，Y 公司的股本为 100 000 元，2008 年实现净利润 50 000 元，按净利润的 10%提

取盈余公积，按净利润的 30%向投资者分配利润，年末，盈余公积为 5 000 元，未分配利润为 30 000 元。

要求：

(1) 编制将长期股权投资由成本法调整为权益法的分录；

(2) 编制母公司长期股权投资与子公司所有者权益抵销的分录。

3. X 公司和 Y 公司是母子公司关系。X 公司 2008 年年末个别资产负债表中有 285 万元(假定不含增值税)的应收账款系 2008 年向 Y 公司销售商品所发生的应收销售货款的账面价值，X 公司按照规定对该笔应收账款计提了 15 万元的坏账准备。要求根据以上资料编制抵销分录。

4. X 公司和 Y 公司是母子公司关系。X 公司于 2007 年 7 月 1 日向 Y 公司销售商品 500 万元，其销售成本为 400 万元，该商品的销售毛利率为 20%。Y 公司购进的该商品中的 60% 已实现对外销售，另有 40% 形成期末存货。要求根据以上资料编制抵销分录。

5. 甲公司是乙公司的母公司。20X4 年 1 月 1 日销售商品给乙公司，商品的成本为 80 万元，售价为 100 万元，增值税税率为 17%，乙公司购入后作为固定资产用于管理部门，假定该固定资产折旧期为 5 年，没有残值，乙公司采用直线法提取折旧，为简化起见，假定 20X4 年按全年提取折旧。乙公司另行支付了运杂费 3 万元。假定对该事项在编制合并抵销分录时不考虑递延所得税的影响。

要求：根据上述资料，作出如下会计处理：

(1) 20X4～20X7 年的抵销分录；

(2) 如果 20X8 年年末该设备不被清理，则当年的抵销分录将如何处理；

(3) 如果 20X8 年年末该设备被清理，则当年的抵销分录如何处理；

(4) 如果该设备用至 20X9 年仍未清理，作出 20X9 年的抵销分录；

(5) 如果该设备 20X6 年年末提前清理而且产生了清理收益，则当年的抵销将如何处理。

6. 2008 年甲公司与其全资子公司乙公司之间发生了下列内部交易：

(1) 1 月 19 日，甲公司向乙公司销售 A 商品 300 000 元，毛利率为 15%，款项已存入银行。乙公司将所购商品作为管理用固定资产使用，该固定资产预计使用年限为 5 年，预计净残值为 0，从 2008 年 2 月起计提折旧。

(2) 5 月 12 日，甲公司向乙公司销售 B 商品 160 000 元，毛利率为 20%，收回银行存款 80 000 元，其余款项尚未收回(应收账款)；乙公司从甲公司购入的商品在 2008 年 12 月 31 日前尚未实现销售。

(3) 12 月 31 日，甲公司对其应收账款计提了 10%的坏账准备。

要求：根据上述资料编制甲公司 2008 年度合并工作底稿中的抵销分录。

7. 甲公司持有乙公司 70%的股权，能够对乙公司实施控制。有关合并报表编制的资料如下：

(1) 2007 年 6 月，乙公司向甲公司出售商品一批，售价(不考虑增值税)为 980 000 元，销售成本为 784 000 元，款项尚未结算；甲公司所购商品在 2007 年 12 月 31 日前尚有 30% 未售出。乙公司年末按应收账款余额的 1%计提坏账准备。

(2) 2008 年 12 月 12 日，甲公司从乙公司购入的商品全部售出，并将 2007 年所欠乙公司货款予以清偿，2008 年甲公司与乙公司未发生其他商品购销交易。

　　要求：编制甲公司 2007 年、2008 年与合并财务报表有关的抵销分录。

　　8. 2008 年 6 月 30 日，A 公司将其所生产的产品以 300 000 元的价格销售给其全资子公司 B 公司作为管理用固定资产使用。该产品的成本为 240 000 元。B 公司购入当月即投入使用，该项固定资产的预计使用期限为 10 年，无残值，采用平均年限法计提折旧。

　　要求：

　　(1) 编制 A 公司 2008 年度合并工作底稿中的相关抵销分录。

　　(2) 编制 A 公司 2009 年度合并工作底稿中的相关抵销分录。

参 考 文 献

[1] 威廉·H 比弗. 财务呈报：会计革命[M]. 薛云奎，译. 大连：东北财经大学出版社，2000.

[2] 威廉·R 司可脱. 财务会计理论[M]. 陈汉文，等译. 北京：机械工业出版社，2000.

[3] 夏博辉. 金融机构财务分析[M]. 北京：中国金融出版社，2001.

[4] 艾哈迈德·里亚希-贝克奥伊.会计理论[M]. 钱逢胜，等译. 上海：上海财经大学出版社，2004.

[5] 佩普. 运用财务报表进行企业分析与估价[M]. 北京：中信出版社，2004.

[6] 张新民. 企业财务报表分析(教程与案例)[M]. 北京：对外经济贸易大学出版社，2004.

[7] 邱闽泉. 兼并收购财务实务[M]. 北京：清华大学出版社，2005.

[8] 小约瑟夫.F.辛基. 商业银行财务管理[M]. 6 版. 北京：中国人民大学出版社，2005.

[9] 陆正飞. 财务报表分析[M]. 北京：中信出版社，2006.

[10] 陈少华. 财务会计研究[M]. 北京：中国金融出版社，2007.

[11] 戴欣苗. 财务报表分析：技巧·策略[M]. 北京：清华大学出版社，2008.

[12] 池国华. 财务报表分析[M]. 北京：清华大学出版社，2008.

[13] 姜国华. 财务报表分析与证券投资[M]. 北京：北京大学出版社，2008.

[14] 王萍. 财务报表分析[M]. 北京：清华大学出版社，2008.

[15] 孙福明，章颖薇，刘瑾. 财务报表分析[M]. 北京：清华大学出版社，2010.

[16] 徐光华，柳世平. 财务管理：理论与应用[M]. 北京：清华大学出版社，2010.

[17] 张新民，王秀丽. 财务报表分析[M]. 北京：高等教育出版社，2011.

[18] 张铁铸，周红. 财务报表分析[M]. 北京：清华大学出版社，2011.

[19] 张先治，陈友邦. 财务分析[M]. 5 版. 大连：东北财经大学出版社，2011.

[20] 陈少华. 财务报表分析方法[M]. 厦门：厦门大学出版社，2011.

[21] 黄世忠. 财务报表分析：理论、框架、方法与案例[M]. 北京：中国财政经济出版社，2012.

[22] 程婵娟，周好文. 商业银行财务管理[M]. 西安：西安交通大学出版社，2012.

[23] 张桂玲，张宝丽. 财务报表分析[M]. 北京：清华大学出版社，2012.

[24] 张新民 ，钱爱民. 财务报表分析案例[M]. 北京：中国人民大学出版社，2014.

[25] 胡玄能，叶华. 财务报表分析[M]. 北京：清华大学出版社，2014.

[26] 宋传联，吕程远，范旭君. 财务报表分析[M]. 北京：机械工业出版社，2015.

[27] 中国注册会计师协会. 财务成本管理[M]. 北京：中国财政经济出版社，2015-2018.

[28] 池国华. 财务报表分析[M]. 3 版. 北京：清华大学出版社，2017.